개정판

사회복지윤리와 철학

김기덕 · 최소연 · 권자영 공저

양서원

머리말

이 책은 사회복지학을 전공하는 학생들과 실천현장의 전문가들이 사회복지전문직의 '본질'을 보다 '심층적'이고 '체계적'으로 이해하는데 필요한 이론적, 실천적 도구를 제시하려는 목적을 가지고 있다. 모든 사람들이 공감하는 바와 같이 사회복지가 근본적으로 실천을 지향하는 전문직이기 때문에 흔히 사회복지전문직을 실천기술과 방법론을 중심으로 접근하기가 쉽다. 하지만 조금만 유심히 관찰하고 깊이 생각해보면 사회복지전문직은 단순히 주어진 기능을 성찰 없이 수행하는 것이 아니라 나름대로의 지향과 이념을 토대로 하여 논리적이고 과학적인 방식으로 사회적 맥락 속에서 자신의 역할을 수행해 나간다는 것을 금방 알아차릴 수 있다.

따라서 사회복지의 본질을 제대로 이해하기 위해서는 단순히 실용기술들의 패키지처럼 보이는 전문직의 피상적 모습을 넘어 '보다 멀리, 보다 깊이, 보다 넓게' 사회복지를 조망할 수 있는 밝은 눈을 가져야 한다.

현행의 사회복지학 교과목 가운데 이러한 역할을 주로 담당하고 있는 것은 '사회복지윤리와 철학'이다. 사회복지윤리와 철학은 다양한 사회복지방법론과 분야론을 아우르는 공통과목 가운데 가장 사회복지의 본질적이고 심층적인 내용을 다룬다. 즉 사회복지의 사명과 가치, 주요 개념과 연구방법, 역사성과 이념성 등 사회복지 그 자체의 본질(本質)을 명확하게 밝히는(밝을 哲) 학문적 노력(배울 學)이다.

최근 들어 사회복지윤리와 철학에 대한 관심과 필요는 급속하게 증가하고 있다. 이는 일반적인 사회복지의 역사를 볼 때 사회복지전문직이 성숙하면서 나타나는 당연한 현상이며, 특히 최근의 한국의 사회복지 환경의 변화를 볼 때 그 관심과 필요의 정도는 더욱 크게 증가할 것이다.

몇 가지 사례만 들더라도 이러한 상황변화는 피부로 느껴진다. 선거의 쟁점으로 등장한 무상급식 논쟁으로 시작된 보편주의와 선별주의의 대립은 복지 포퓰리즘과 같은 개념을 중심으로 전반적인 국가정책의 기획차원으로 확대되고 있고, 사회복지기관과 시설 이용자의 인권문제로 야기된 현장의 윤리문제는 사회복지기관의 윤리경영과 사회복지전문가 및 사회복지 전담 공무원의 비리, 탈법 등의 문제로 확대되고 있다. 이와 더불어 사회복지사의 윤리적 민감성을 제고하고 역량을 향상하고자 하는 노력이 사회복지교육현장과 사회복지사의 보수교육을 중심으로 확대되고 있다. 뿐만 아니라 엄청난 속도로 확산되고 있는 다문화가족과 성적 소수자 등의 문제는 보다 근본적인 차원에서 사회복지전문직의 본질과 한계에 대한 윤리적, 철학적 문제를 던져주고 있다.

이러한 흐름을 반영하듯 최근 사회복지윤리와 철학 과목의 교재로 활용될 수 있는 다양한 교과서와 참고서의 출간이 활발하게 이루어지고 있는 현상은 매우 고무적이고 다행스러운 것이라고 판단된다. 그럼에도 불구하고 이제 또 한권의 사회복지윤리와 철학 교재를 세상에 내놓는 데는 나름대로 기존의 교재와는 명확하게 구별되는 뚜렷한 이유가 있어야 할 것이다. 이 책은 기존의 사회복지윤리와 철학 교과서와 참고서에 비해 크게 다음과 같은 두 가지 특색을 가지고 있다.

첫째, 이 책은 사회복지윤리와 철학이라는 다소 모호한 교과목 명칭이 상징하듯 그간 불분명하게 제시되었던 사회복지윤리와 철학의 내용들을 일관된 체계로 정리하려는 시도를 하고 있다. 지금까지 출간된 대부분의 사회복지윤리와 철학 교재의 경우 충분한 철학적 지식이 없는 학생들이 이를 접할 경우 사회복지윤리와 사회복지철학이 과연 어떠한 관계이며 그 내용은 어떠한 것이어야 하는지 즉 그 경계와 차이에 대해 혼란스러울 가능성이 많다. 그 이유는 그간 출간된 사회복지윤리와 철학 교재들이 철학, 윤리, 개념, 이념, 가치 등의 내용들을 명확하게 정리하여 제시하지 않고 있으며, 일부 이러한 문제를 다루고 있는 교재들 역시 내용이 매우 간략하여 학생들이 사회복지철학과 윤리의 관계와 내용들을 정확하게 이해하기 힘들게 만들고 있기 때문이다. 그 결과 사회복지윤리와 철학을 마치 사회복지사가 실천현장에서 직면하는 윤리적 갈등을 해결하는 매뉴얼 정도로 매우 협소하게 생각하는 심각한 오류마저 낳고 있는 것으로 보인다.

이러한 문제점을 해결하기 위해 이 책은 사물의 본질을 다루는 철학의 이론과 체계를 이용하여 사회복지윤리와 철학의 체계와 내용을 보다 명확하게 제시하고 있다. 즉 사회복지윤리와 철학이라는 명칭의 학문분야는 이제 사회복지철학체계를 가장 높은 수준의 범주로 하고 그 하위에 철학의 하위분과영역을 따라 사회복지정치철학, 사회복지윤리학, 사회복지미학, 사회복지인식론 등이 배치되는 구조를 가지게 된다. 이와 같은 내용들은 주로 이 책의 제1부에서 다루었다. 따라서 사회복지학을 전공하는 학생이나 실천 전문가들이 이 책의 제1부를 꼼꼼히 읽게 되면 사회복지윤리와 철학이 다루고자 하는 내용을 보다 체계적이고 명확하게 파악할 수 있을 것으로 기대된다.

둘째, 이 책은 사회복지 실천현장의 전문가들이 자신들의 실천과정에서 직면하는 규범적 문제를 이해하고 해결하는데 도움이 될 수 있는 이론적 자원들을 보다 현실적으로 제시한다. 이는 실천현장에 진출할 예비사회복지사나 기존의 현장 전문가들이 실제로 자신의 실천과정에서 이 책을 활용할 수 있게 하려는 의도를 가지고 있기 때문이다. 이러한 의도에서 이 책에서는 사회복지실천의 윤리적 갈등을 분석할 수 있는 도구가 구체적으로 소개되고 이러한 분석도구가 실천사례에 어떻게 적용되는지를 밝히고 있다.

특히 제3부에서는 사회복지현장에서 제기되는 다양한 윤리적 문제들을 구체적인 사례를 들어 설명하고 이를 분석하고 해결할 수 있는 기초를 제공한다. 무엇보다 주목하여야 할 점은 이 책에서 제기되는 사례들이 기존의 번역서나 일부 교과서와는 달리 한국의 사회복지실천현장에서 실제로 제기되었던 사례들이라는 점이다. 따라서 이 책을 읽어가다 보면 사회복지사가 자신이 직면하고 있는 문제가 왜 윤리적인지, 그리고 어떻게 이 윤리적 갈등과 딜레마를 해결할 수 있을지를 자연스럽게 체득하게 될 것이다.

물론 이 책이 사회복지윤리와 철학이 다루어야 할 모든 내용을 포괄하고 있는 것은 아니다. 예를 들어 이 책에서 제시하고 사회복지철학체계를 구성하고 있는 다양한 하위분과 가운데 주로 사회복지윤리학에 집중하고 있어 사회복지정치철학이나 사회복지인식론 등은 전혀 소개하지 못하고 있다. 그리고 실천현장에서 제기될 수 있는 윤리적 쟁점들을 최대한 많이 다루고자 하였으나 그 내용이 부족한 것도 사실이다. 점점 더 보완하고 확충해 나가야 할 것이다.

그럼에도 이 자그마한 책이 세상에 모습을 드러내기까지 참으로 많은 고민과 노력이 있었다. 무엇보다 이 책을 기획하는 과정에서 이론과 현장의 접목을 실체화하려는 공동의 노력에 뜻을 모은 세 사람은 이 책의 발간을 위한 지속적인 만남을 통해 배움 과정의 학생과 실천현장의 사회복지사들에게 보다 의미 있는 작업이 되기를 고대하였다. 이 책의 집필진은 세 사람이다. 이들이 함께 한 것이야말로 사회복지가 지향하는 가치 가운데 하나인 다양성의 공존이라 할 수 있다. 그 동안 한국의 사회복지윤리학과 관련된 담론에 있어 주도적인 역할을 해 온 사회복지윤리학의 이론가인 순천향대학교의 김기덕 교수와 함께 이 작업을 한 것 자체만으로 동료 집필진은 의미를 두고 있다. 이 책의 출간이 사회복지윤리학의 체계를 보다 굳건히 하는 데 기여할 것으로 믿기 때문이다. 또한 현재는 학교에 재직하고 있으나 1980년대 후반부터 20여 년 동안 사회복지현장의 역동적인 변화과정 속에서 지역사회복지관의 실천가로, 그리고 행정가로 경험을 쌓은 남서울대학교의 최소연 교수와 의료와 정신보건 영역에서 의료사회복지사와 정신보건사회복지사로 다양한 클라이언트를 대상으로 전문적인 실천을 지향해 온 세명대학교의 권자영 교수가 함께 하였다. 따라서 이 책에서 소개되는 윤리적인 사안은 현장경험이 풍부한 실천가의 경험에 근거한 살아 있는 사례이며, 이들 사례를 소개하고 분석함으로써 이 책에 생명력을 불어 넣기 위해 노력하였다.

그리고 무엇보다 아직까지 사회복지윤리와 철학 교과목이 사회복지대학에서 전공필수 교과목도 아니고 사회복지사 자격증을 위한 국가고시 과목도 아닌 현실 때문에 이 책의 출판이 사업적인 측면에서 전망이 불투명하다는 것을 충분히 인지하고도 흔쾌히 이 책의 출판을 결정하고 끈기 있게 기다려 주신 도서출판 양서원의 박철용 회장님과 방승준 전무님 그리고 꼼꼼한 편집을 통해 책의 가치를 훨씬 높여주신 편집부 선생님들께도 이 자리를 빌려 깊은 감사를 드린다. 책을 만들어내는 것은 사람이지만 그 책이 또한 얼마나 많은 사람들을 만들어내는지를 실제로 보여주는 고마운 분들이다.

빠르게 변화하는 사회복지의 환경변화와 저자들의 역량부족을 이 책의 부족함에 대한 변명으로 삼으려 한다. 당연히 이 책의 모든 오류와 한계는 우리 저자들의 몫이다. 계속 정진하여 다듬고 보충해 나갈 것을 약속드린다. 다만 저자들이 바라는 것이 있다면 이 책이 오늘도 묵묵히 실천현장에서 자신의 소명과 윤리와 철학을 구현하기 위해 땀 흘리는 사회복지 전문가들에게 조그만 도움이 되었으면 하는 것뿐이다.

2017년 1월

저자일동

목 차

PART 01

사회복지윤리와 철학의 기초이론

CHAPTER

01 사회복지철학의 체계

1. 사회복지와 철학의 만남

이 책의 시작에 해당하는 이 장에서는 철학과 사회복지학의 만남과 대화를 시도해 보고자 한다. 이러한 만남을 통해 사회복지윤리와 철학이라는 학문 분야를 보다 명확하게 규정하고 그 내용을 체계화하고자 한다.

철학과 사회복지의 만남을 모색한다고 하면 아마 철학자들뿐만 아니라 사회복지 학자들마저도 심한 당혹함을 느낄지 모른다. 왜냐하면 사회복지학은 현실 참여를 소명으로 하는 사회과학 가운데에서도 가장 구체적이며 응용적 성격이 강한 것으로 알려져 있고, 철학은 인문과학 중에서도 가장 추상적이고 순수 학문적 성격을 지닌 것으로 알려져 있기 때문이다. 다시 말해 가장 응용적이며 현실 지향적 영역인 사회복지가 왜 가장 추상적이고 이론적 영역과 만나야 하는지 그리고 설령 두 영역이 만난다 하더라도 과연 무슨 대화를 어떻게 나눌 수 있을지에 대해 의문을 가지는 것은 매우 자연스러워 보이기 때문이다.

이 장에서는 사회복지와 철학이 어떠한 이유에서 만나야 하는지 그리고 두 분야가 어떻게 만나는 것이 가장 바람직한지를 체계적으로 살펴보고자 한다.

1) 현행 교과목 명칭에 관한 논의

사회복지와 철학이 왜 만나야 하며 어떻게 만나는 것이 적절한지를 모색하기 위한 출발점으로 우선 한국의 사회복지교육 현장에서 사회복지에 대한 윤리와 철학적 논의들이 어떠한 내용과 방식으로 진행되고 있는지를 자세히 살펴보는 것이 가장 바람직할 것 같다.

현재 사회복지전문가를 양성하는 교육 현장에서는 사회복지에 대한 윤리적 혹은 철학적 접근과 관련된 내용들이 공식적인 교과목의 형태로 제시되어 있다. 한국사회복지교육협의회는 사회복지전문가를 양성하는 대학이라면 반드시 학생들에게 교육해야 할 내용들을 「사회복지학 교과목 지침서」라는 공식적 문건의 형태로 제시하고 있다. 이 문건에 의하면 이 책에서 주로 다루고자 하는 내용인 사회복지에 대한 철학적, 윤리적 접근은 '사회복지윤리와 철학(Social Work Ethics and Philosophy)'이라는 명칭의 교과목으로 소개되어 있다.

지침서에서 제시하고 있는 사회복지윤리와 철학 교과목의 개요는 다음과 같다. 사회복지윤리와 철학은 '사회복지의 사명과 실천활동에 담겨 있는 규범적 측면을 이해하는데 요구되는 가치, 윤리이론 및 관련 철학적 지식에 대하여 학습하고 이를 토대로 실천과정에서 직면하는 다양한 윤리적 갈등을 해결할 수 있는 이론적 지식과 실천능력을 향상시킨다. 이를 위해 학생 자신의 가치체계와 윤리적 정향을 명료화하는 동시에 관련 윤리이론과 전문직 윤리의 학습을 통해 규범적 기초를 마련하고 사회복지실천현장에서 소수자 집단과 함께 일하는데 필요한 문화적 역량을 강화한다. 아울러 윤리적 의사결정론에 대한 이해와 사례적용을 통한 실무능력을 갖춤으로써 직접적인 사회복지실천, 기관행정, 정책 등 사회복지실천 영역에서 사회복지사가 직면할 수 있는 윤리적 갈등상황을 분석하고 해결할 수 있는 전문성을 함양한다'(한국사회복지교육협의회, 2011 : 114).

그런데 사회복지학 교과목 지침서에서 제시하고 있는 사회복지윤리와 철학 교과목의 명칭과 내용을 자세히 살펴보면 크게 두 가지 측면에서 개선되어야 할 문제점이 있는 것으로 보인다.

첫째, 사회복지윤리와 철학이라는 교과목의 공식 명칭은 전통적인 윤리학과 철학의 체계에 비추어 볼 때 논리적으로 조응하지 않으며 내용상의 오해를 불러일으킬 수 있다. 왜냐하면 현행 교과목의 명칭인 사회복지윤리와 철학은 마치 윤리와 철학이 동등한 위상이나 영역인 것처럼 보일 수 있게 하지만 이들은 현재 교과목 명칭에서 사용되고 있는 것처럼 병렬적으로 연결될 수 있는 것은 아니다. 윤리와 철학은 서로 비슷한 위상의 학문이 아니라 윤리는 철학이라는 상위범주에 포함되어야 하는 하위범주이기 때문이다. 따라서 사회복지윤리와 철학이 보다 적절하게 관계 지워지기 위해서는 사회복지철학이라는 학문 분야가 우선적으로 상위에 설정되고 그 하위 범주의 하나로 사회복지윤리학이 포함되어야만 한다(김기덕, 2004 : 18).

둘째, 지침서에서 제시하고 있는 교과목의 내용을 자세히 살펴보면 현행 교과목은 사회복지윤리와 철학이라는 교과목의 명칭과는 달리 주로 사회복지의 규범적 측면, 즉 윤리적 측면에 상대적으로 많은 비중을 두고 있는 것으로 보인다.

위에서 제시한 교과목 개요의 내용만 보더라도 존재론, 인식론, 미학, 정치철학 등 철학의 많은 영역들 가운데 주로 윤리적 측면들이 상대적으로 많이 언급되어 있다. 물론 교과목 지침서의 교과목 목표에 사회복지의 철학적 관점, 인권, 사회정의 등의 개념들에 대한 이해 등이 포함되어 있기 때문에 순수하게 윤리적인 측면만으로 한정되었다고 할 수는 없지만 윤리 이외에 존재하는 많은 여타 철학적 영역들에 대한 이해와 관심이 구체적으로 언급되어 있지 않다.

하지만 이어지는 다음 절에서 보다 자세히 살펴보겠지만 철학은 단순히 윤리적 측면을 중심으로 규범적 문제만 고려하는 것이 아니라 인간과 사회와 관련된 다양한 측면들을 탐구 고찰하는 폭넓은 학문이다. 뿐만 아니라 사회복지 역시 규범적 윤리학을 넘어 폭넓게 철학적 연구대상이 될 수 있는 요소들을 상당히 가지고 있다. 그러므로 사회복지에 대한 철학적 접근을 시도하면서 윤리적 측면에만 주목하는 것은 사회복지에 대한 철학적 접근을 매우 협소하게 규정할 위험을 안고 있다고 볼 수 있다.

그렇다면 사회복지윤리와 철학이라는 현행 교과목은 어떻게 구성되는 것이 보다 바람직한 것일까? 이 문제에 대하여 적절하게 대답하기 위해서는 무엇보다 철학과 윤리학의 관계가 먼저 규명되어야 할 것으로 보인다. 다음 절에서는 철학의 개념과 내용을 보다 상세하게 살펴봄으로써 철학과 윤리의 관계를 명확하게 파악해 보자.

2) 철학과 윤리학

철학이란 어떠한 학문인가? 철학에 해당하는 영어 단어인 필로소피(philosophy)는 원래 그리스어로 사랑하다라는 뜻의 '필레인'과 지혜라는 뜻의 '소피아'가 합쳐져서 이루어진 것으로 알려져 있다. 따라서 이러한 어원에 충실하게 따른다면 철학은 '지혜에 대한 사랑'이라고 이해될 수 있을 것 같다.

현재 우리가 지금 사용하고 있는 한자어 철학(哲學) 역시 필로소피에 기원을 두고 있다. 19세기 말에 일본 학자 니시 아마네(西周)가 philosophy를 한자어 '희철학(希哲學)'으로 번역하였고 이 단어가 나중에 철학으로 굳어지게 되었다고 한다(김세환, 2004). 그런데 철학을 구성하는 한자어 철학 역시 슬기로울 철(哲)과 배울 학(學)으로 구성되어 있어 어원인 필로소피의 뜻을 잘 담고 있다고 하겠다.

학문적으로 볼 때 철학(philosophy)은 일반적으로 "인간과 매우 밀접하게 관련된 주제들에 관해 논리적이며 조직적이고 체계적인 고찰"이라고 정의된다(Burr & Goldinger, 1988 : 6-7). 따라서 철학이란 인간과 그를 둘러싼 세계 전체를 고민하는 매우 근본적이고 포괄적인 학문임을 알 수 있다. 이러한 점을 고려한다면 철학의 역사에서 초기 철학이 '학문일반'을 지칭했으며 따라서 철학자는 오늘날의 개념으로 '학자'를 의미하는 것이었다는 점이 충분히 이해할 만하다(백종현, 2007 : 21).

학문이 다양하게 발달하여 분화하기 이전에는 거의 모든 분야를 다루며 학문일반의 위치에 있던 철학은 점차 자연과학과 사회과학 등이 분리되어 독자적으로 발전함에 따라 이제 개별 학문과는 구별되는 여러 학문 분야의 근본학문(radical science)

으로서의 위치를 차지하게 된다. 이러한 학문상의 위치를 고려할 때 오늘날의 철학은 '자연과 인간 사회문화 제 영역의 최고원리와 제 영역의 통일 원리를 반성적으로 탐구하는 지적 활동 또는 그 결실'이라 할 수 있을 것이다(백종현, 2007 : 17-26).

그런데 철학은 하나의 단일한 체계의 학문이라기보다는 인간과 사회에 대한 질문과 관심의 측면에 따라 몇 가지 뚜렷이 구별되는 하위분과 학문을 가지게 된다. 예를 들자면 인간이 획득할 수 있는 확실한 지식의 내용과 아울러 지식획득의 정당화 방법을 다루는 분야인 인식론(epistemology), 올바르고 정확한 추론에 대한 방법과 원칙들에 관하여 연구하는 분야인 논리학(logic), 아름다움과 기예에 대한 인식과 기호를 연구하는 미학(epistemology), 세상에 존재하는 인간과 사물들의 본질과 성격을 탐구하는 존재론(ontology), 선과 도덕적인 것이 무엇을 의미하며 이러한 의미들이 어떻게 정당화될 수 있는지를 논의하는 분야인 윤리학(ethics) 등이 대표적인 철학의 하위분과 학문들이다(김기덕, 2002 : 23-32).

물론 철학의 분과학문이 여기에서 제시한 것들에 한정되는 것은 아니다. 피퍼는 철학의 하위분과 영역을 소개하면서 위에서 제시한 전통적 분과학문을 포함하여 여성주의철학, 철학교수법, 기술철학 등 무려 20여 가지에 이르는 하위영역들을 소개하고 있다(Pieper, 2005). 따라서 사회복지철학의 하위분과 역시 이와 같은 철학의 분과학문의 발전에 따라 무한히 확대될 수 있을 것이다.

이와 같이 철학의 개념과 내용을 고려해 본다면 사회복지윤리와 철학이라는 현행 교과목의 명칭이 왜 오해를 불러일으킬 수 있는지가 보다 명확해지며 만약 교과목의 명칭을 개선하고자 한다면 어떠한 방향으로 하는 것이 바람직할지 더욱 분명해진다.

3) 사회복지와 철학의 관계 정립

지금까지의 논의를 종합하면 서두에서 제기한 문제제기, 즉 "사회복지에 대한 윤리적, 철학적 접근은 어떤 내용으로 어떻게 조직화되는 것이 타당할까?"라는 질문에 대한 구체적 해답을 제시할 수 있을 것 같다.

일단 무엇보다 사회복지학에 대한 철학적 접근은 지금까지의 모습처럼 철학의 일부 영역과 사회복지의 특정 분야가 단편적으로 만나는 것을 탈피하여 '사회복지철학(social welfare philosophy)'이라고 명명될 수 있는 새로운 학문영역이 체계적으로 수립되는 것이 가장 이상적일 것으로 판단된다.

만일 사회복지와 철학의 관계가 사회복지철학이라는 학문 분야를 중심으로 체계적이면서도 통합적으로 진행된다면 철학의 일부 개별 영역들이 사회복지학의 부분적 측면에 대해 파편적이고 산발적으로 연관되는 것을 넘어 조직적 모습으로 사회복지의 전체 모습을 체계적으로 조망할 수 있을 것으로 기대된다. 뿐만 아니라 특정 사회복지에 대해 철학의 하위분과들이 통합적으로 기여할 수 있는 가능성 또한 증대될 것이다.

그렇다면 사회복지철학의 개념은 어떻게 정의할 수 있을까? 앞서 우리는 철학을 '자연과 인간 사회문화 제 영역의 최고원리와 제 영역의 통일 원리를 반성적으로 탐구하는 지적 활동 또는 그 결실'이라고 개념정의하였다. 이러한 철학의 개념 정의를 활용한다면 사회복지에 대한 철학적 탐구는 '사회복지 그 자체에 대한 최고원리와 제 영역의 통일 원리를 반성적으로 탐구하는 지적 활동 또는 그 결실'이라고 규정할 수 있을 것이다.

이와 같이 사회복지철학에 대한 개념정의가 구성되고 나면 철학을 구성하는 하위분과 영역의 체계를 따라 사회복지에 대한 철학적 탐구의 세부 내용이 자연스럽게 정립될 수 있을 것이다.

예를 들어 사회복지의 규범적 측면을 탐구하는 영역은 사회복지윤리학으로, 사회복지와 관련된 지식의 의미와 정당성을 다루는 영역은 사회복지인식론으로 부를 수 있을 것이다. 그리고 집합적, 사회적 차원에서 공동체와 관련하여 사회복지를 다루는 영역은 사회복지정치철학으로 사회복지를 둘러싼 인간의 미적 인식과 기예를 다루는 영역은 사회복지미학으로 배치할 수 있을 것 같다. 이러한 분류에 따른다면 사회복지윤리와 철학이라는 현행 교과목은 사회복지에 대한 철학적 탐구라는 상위항목과 사회복지윤리학이라는 하위학문으로 체계화되는 것이 바람직할 것으로 보인다.

실제로 미국의 대표적인 사회복지철학자이자 윤리학자인 리이머는 이상의 논의와 매우 유사하게 철학 체계를 활용하여 사회복지의 철학적 기초를 논의하고 있다. 리이머는 철학을 크게 정치철학과 윤리학, 논리학, 인식론, 미학으로 구분하고 이들 분과학문들이 사회복지의 영역들과 어떻게 연관되어 있으며 어떠한 쟁점과 함의를 지니고 있는지를 조망하고 있다(Reamer, 1993).

그에 의하면 철학의 하위분과 가운데 윤리학과 정치철학은 사회복지가 어떠한 존재이며 어떠한 역할을 수행해야 하는지에 대하여 방향을 제시함으로써 사회복지의 존재와 사명을 규명할 수 있는 분야로 기대하고 있으며, 인식론과 논리학은 사회복지로 하여금 타당한 형태로 논쟁을 진행하고 논리적으로 오류가 없는 방식으로 사고할 수 있는 기초를 제공할 수 있을 것으로 보고 있다. 그리고 미학은 사회복지가 스스로의 실천을 인식하고 비판하는 작업과 관련이 있는 것으로 규정하고 있다.

이상의 논의를 종합하여 사회복지철학체계의 도식화를 시도해 보면 [그림 1-1]과 같을 것이다. 그림에서 보듯이 사회복지의 본질과 관련된 총체적이고 근본적인 학문을 사회복지철학으로 규명하고 그 하위영역으로 철학의 분과학문체계를 이용하여 사회복지윤리학, 사회복지정치철학, 사회복지미학 등이 배치될 수 있을 것이다.

이들은 각각 철학이라는 모학문의 성격과 방법론을 공유하지만 각각의 영역에 고유한 쟁점과 내용들을 가지고 사회복지의 다양한 측면을 규명하여 줄 것이다. 그리고 맨 오른쪽에 아직 등장하지 않은 사회복지철학의 하위분야는 철학의 새로운 분야들이 앞으로 등장할 사회복지의 새로운 관심들과 결합하여 채워져 나가게 될 것이다. 예를 들어 페미니즘철학과 사회복지가 만나는 페미니즘 사회복지철학, 다문화주의와 사회복지가 만나는 다문화주의 사회복지철학 등이 새로운 사회복지 철학의 후보가 될 수 있을 것이다.

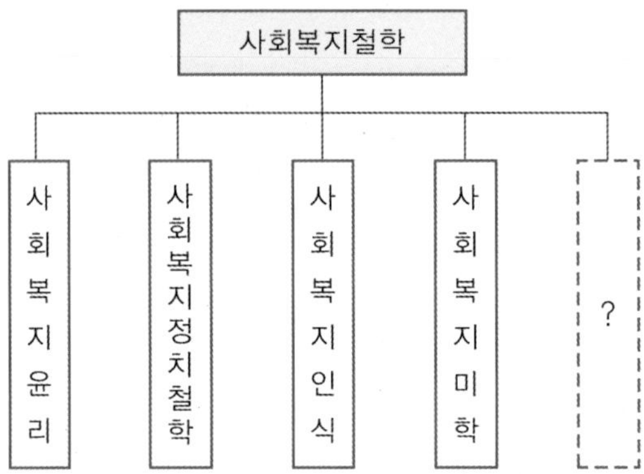

그림 1-1 사회복지철학체계도

2. 철학, 사회철학 그리고 사회과학

1) 철학과 사회과학

그렇다면 사회복지와 철학이 만나야 하는 이유는 무엇일까? 달리 말해 사회복지가 스스로를 설명할 수 있는 다양한 개별 분야를 가지고 있으며 이론적, 방법론적으로 의존할 수 있는 다양한 사회과학 학문들이 존재함에도 불구하고 철학이라는 학문을 접해야 하는 이유가 무엇일까? 그 이유는 간단히 말해 철학이라는 학문이 전통적으로 개별 학문의 기초 토대의 역할을 수행하여 왔다는 것과 연관지을 수 있다(Benton & Craib, 2001 : 1).

이러한 관계를 좀 더 상세히 설명하자면 사회복지학과 같은 개별 학문이 가지고 있는 소명, 연구대상 및 연구방법 그리고 연구의 사회적 함의 등을 명확히 정의하고 그 정당성을 확보하는 작업은 사회복지학과 같은 개별 학문이 스스로 개발한 이론이나 관련된 사회과학에서 도입한 이론으로는 일정 정도 한계가 있을 수밖에 없다는 것이다.

이와 같은 한계들은 개별 학문들에 비하여 보다 근본적 학문(radical science)인 철학의 도움을 받아야만 해결될 수 있으며 이를 위해서 철학의 분과학문들인 존재론(ontology), 인식론(epistemology), 윤리학(ethics), 미학(aesthetics), 정치철학(political philosophy) 등에서 개발된 개념 및 이론들이 적극 활용되어야 한다. 이어지는 절에서 철학이나 사회과학이 사회과학의 개별학문들에 대하여 어떠한 기여를 할 수 있을지에 대해 보다 자세히 살펴보기로 한다. 먼저 사회복지가 속해 있는 사회과학에 대하여 철학이 어떠한 기여를 할 수 있는지를 살펴보고자 한다. 철학이 사회과학에 기여할 수 있는 영역은 일반적으로 크게 세 가지 정도로 제시되고 있다(Benton & Craib, 2001 : 2-3).

첫째, 철학은 사회과학이 탐구하고자 하는 주제와 관련하여 과학적인 것과 비과학적인 것을 구분해 주는 역할을 한다. 다시 말해 사회과학은 철학의 힘을 빌려 자신이 관심을 가지고 있는 연구주제와 사용하고자 하는 연구방법론 가운데 편견이나 미신 혹은 검증되지 않은 전제들을 제거함으로써 과학적 학문으로서의 위치를 유지할 수 있다.

둘째, 철학은 사회과학의 지도와 같은 역할을 할 수 있다. 철학은 현대사회에서 쏟아지고 있는 다양한 지식의 홍수 속에서도 사회과학의 현재 위치나 정체성을 명확하게 확정하는 역할을 할 수 있다. 다시 말해 철학은 사회과학이 스스로의 존재에 대하여 던지는 반성적 질문(reflexive questions)에 대해 분명한 대답을 제시할 수 있다. 예를 들어 사회과학은 사회에 대하여 비판적 역할을 할 수도 있고 특정한 이데올로기를 옹호하거나 맞설 수도 있다. 이러한 사회적 역할에 대한 인식은 개별학문에서 얻기는 힘들고 철학에서 도움을 받을 수 있다.

셋째, 보다 구체적인 측면에서 철학은 사회과학이 사용하는 연구방법을 좀 더 명확하고 정교하게 하는데 기여할 수 있다. 다시 말해 철학은 사회과학이 과학으로서 가져야 할 연구방법론의 조건과 체계에 대한 지식을 제공할 수 있다. 특히 근대과학의 탄생과 더불어 과학적 방법에 대한 체계적인 논의를 제공한 과학철학(philosophy of science)은 사회과학의 과학성 논쟁에도 많은 영향을 미쳐왔다.

이러한 점들을 종합하여 보면 철학은 사회과학의 과학성과 학문적 위치 그리고 연구방법론에 대한 체계적 지식을 제공함으로써 사회과학이 자신의 본질과 정체성에 대하여 알아차릴 수 있도록 돕는 역할을 할 수 있다고 볼 수 있다.

2) 사회철학과 사회과학

앞서 살펴본 바와 같이 자연과학의 논리와 방법을 탐구하는 철학의 분과학문이 과학철학이라면 철학의 다양한 영역 가운데는 사회복지학이 속한 사회과학의 논리와 방법론에 대한 철학적 탐구를 목적으로 하는 하위 분야는 사회철학(philosophy of social science)이다(Audi, 1995 : 615). 만일 사회복지와 철학의 만남을 체계적으로 모색하고자 한다면 사회과학을 중점적으로 다루는 사회철학의 내용과 특성을 자세하게 살펴보는 것이 많은 도움이 될 것이다. 사회철학의 특성과 기능은 크게 다음과 같은 네 가지 측면을 중심으로 제시되고 있다(Martin & McIntyre, 1994 : 18-20).

첫째, 사회철학은 특정한 분류의 기준(classificatory scheme)을 제공함으로써 다양한 사회과학들이 어떠한 일반적인 관점으로 통합될 수 있도록 도움을 줄 수 있다. 이러한 일반 관점을 통해 개별 사회과학들은 자신들이 연구하고 있는 다양한 사회적 현상들과 행위들을 적절하게 설명하고 이해할 수 있는 이론적 도구를 가질 수 있다.

예를 들어 사회과학자들은 자신이 속한 사회현상을 설명하고자 할 때 우선적으로 사회철학에서 제공하는 핵심 관점 가운데 하나인 자연주의 관점(naturalist perspective)

과 인간주의 관점(humanist perspective) 가운데 하나를 선택함으로써 개별과학을 넘어 통합적으로 사회적 현상을 바라볼 수 있는 시각을 가질 수 있으며 이를 통해 자신이 관심을 가지고 있는 현상을 체계적으로 분석할 수 있는 이론적 도구를 유추해 낼 수 있다(Fay & Moon, 1994).

이러한 측면들은 앞서 소개한 철학의 하위분과인 존재론과도 매우 밀접한 관계를 가지고 있다. 사회과학이 자신의 연구 대상인 인간을 자연적으로 타고난 존재로 보는 것과 사회적으로 구성된 존재로 보는 것과 같은 차이는 사회과학의 전반적 기초를 정립하는 데 있어 근본적인 분류기준으로 작용한다.

둘째, 사회철학은 사회과학에서 사용되는 다양한 개념들(concepts)과 연구방법들(methods)을 명확하게 분석할 수 있는 힘을 제공한다. 인간본성과 사회구조에 대한 근본적인 이해는 사회과학에서 사용되고 있는 개념들의 의미와 근거를 이해할 수 있도록 도울 수 있고 논리와 인식에 관련된 지식은 사회과학에서 사용되는 다양한 연구방법론과 조사가 근거하고 있는 원리와 실천전략의 논리적 토대를 제공한다(Rubin & Babbie, 2008 : 48-82).

예를 들어 사회과학에서 자주 사용되는 개념들인 합리성, 근대성, 분화, 전문화 등의 개념들이 명확하게 무엇을 의미하는지의 여부는 개별학문에서 제공할 수 있는 제한된 설명을 넘어 사회철학의 차원에서 보다 근본적으로 규명될 수 있다. 아울러 사회과학이 대상과 방법에서 과학적인 것과 비과학적인 것을 구분하고 이에 대한 탐구를 합리적으로 진행하는 논리적 기초 역시 사회철학에서 제공된다고 볼 수 있다.

셋째, 사회철학은 사회적으로 적절한 도덕적 지침을 제공함으로써 사회과학자들로 하여금 자신들의 연구가 가지는 사회적 책무를 명확히 할 수 있도록 할 뿐만 아니라 사회과학의 사회적 활용과 그 남용을 평가할 수 있는 사회적 비판력을 제공하여 준다. 뿐만 아니라 사회철학은 개념과 방법론이 가진 규범적 측면을 명확히 밝혀 줄 수 있기 때문에 특정한 개념이나 논리가 가진 계급적 성격이나 이념적 기반을 해명해 줄 수 있다.

예를 들어 최근 사회과학계에서 관심을 더해 가고 있는 여성주의 입장의 사회철학은 기존의 전통적인 철학이 어떻게 남성적 시각으로 구성되었는지 그 이념적 토대를 분명히 제시한다. 그 결과 남성위주의 사회과학적 시각이 명확하게 인식되지 않을 경우 이러한 사회과학적 시각이 어떻게 무의식적으로 여성을 배제하고 억압하는 도구로 작동할 수 있음을 분명하게 설명할 수 있다(허라금, 2005).

넷째, 사회철학은 사회과학이 추구하는 궁극적 목표인 과학적이고 타당한 지식이 어떻게 만들어지고 축적되는지를 이해할 수 있는 적절한 자원을 제공함으로써 사회과학의 지식 성장에 대한 이론을 제시할 수 있다. 사회철학의 도움을 통해 사회과학자들은 자신들의 이론이 어떠한 기원과 발달과정을 통해 하나의 이론으로 완성되는지를 총체적으로 볼 수 있는 시각을 갖출 수 있을 뿐만 아니라 이론과 이론 간의 비교와 통약가능성을 논의할 수 있는 논리적 도구를 마련할 수 있게 된다.

예를 들어 인식론과 논리학 분야의 철학적 지식들은 자연과학을 넘어 사회과학의 영역에 이르기까지 하나의 이론이 탄생하고 소멸하는 과정을 이해할 수 있는 유용한 시각을 제공함으로써 지식의 과학성과 사회성에 대한 인식을 제고하는 역할을 충분히 수행해 왔다고 볼 수 있다(Lakatos & Musgrave, 2002).

사회과학에 대해 철학이 가지고 있는 이와 같은 잠재력에 비추어 볼 때 대표적인 응용 사회과학의 하나인 사회복지학 역시 사회철학을 포함한 철학에서 많은 이론적, 실천적 도움을 받을 수 있을 것으로 기대할 수 있다. 물론 아직은 사회복지에 대한 철학적 분석이 이 장에서 논의하고 있는 것과 같이 사회복지철학(social welfare philosophy)이라는 단일한 체계로 분명하게 정립된 것은 아니다. 그렇지만 뒤이어 살펴보는 바와 같이 사회복지의 다양한 측면에서 철학의 분과학문들이 유기적으로 연결될 수 있는 영역들은 충분히 존재하고 있다고 판단된다.

3. 개별 하위 철학 분과와 사회복지[1)]

이 절에서는 앞에서 언급한 철학과 사회철학의 역할을 기초로 하여 사회복지학과 철학의 연관성을 보다 상세하게 살펴보고자 한다. 달리 표현하자면 이 장에서 모색하고 있는 사회복지철학체계의 하위 내용들을 보다 구체적으로 제시하려는 것이다.

일반적으로 사회복지는 사회구성원들의 복지와 원활한 사회적 기능을 위해 이들이 가진 사회적 욕구를 충족시키며 사회적 문제와 사회적 위험들을 해결 혹은 예방하기 위한 법, 프로그램, 서비스 등이 어우러진 하나의 체계로 간주된다(Friedlander & Apte, 1974). 사회복지는 도움이 필요한 이들에게 서비스를 제공하는 방법과 차원에 따라 크게 두 가지 흐름으로 구분된다. 그 하나는 사회복지사라는 전문가가 클라이언트라고 불리는 사회복지 대상자에게 서비스와 프로그램을 직접적으로 제공하는 임상 사회복지(clinical social work)의 흐름이고 다른 하나는 정책과 제도를 통해 대상자들에게 서비스를 간접적으로 전달하는 사회복지행정 및 정책(social welfare administration and policy)의 흐름이다(한인영, 2011).

그러나 이 절에서는 사회복지의 이러한 특성에 크게 구애받지 않고 일반적 차원에서 포괄적으로 사회복지와 철학의 관계를 논의하고자 한다. 따라서 철학의 하위분과 가운데 사회복지학에 대해 상대적으로 많은 함의를 가지고 있다고 생각하는 윤리학, 인식론, 정치철학, 미학 등을 중심으로 각각 어떠한 측면에서 사회복지 영역에 이론적이면서도 실천적으로 기여할 수 있는지를 탐색적으로 살펴보고자 한다.

1) 이 절의 내용은 2009년 5월 14일 순천향대학교 인문과학연구소 주최로 개최된 인문학 콜로키움, "미래형 인문영재학의 정립모색-인문학의 융화와 확산을 위하여"에서 발표한 글을 수정하여 작성된 것임을 밝힘.

1) 사회복지윤리학

(1) 윤리학과 사회복지의 관계

윤리학(ethics) 혹은 도덕철학(moral philosophy)은 철학의 다른 분과학문에 비해 사회복지 분야와 일찍부터 긴밀한 연관을 맺어 왔으며 이러한 친밀성은 사회복지윤리학(social work ethics)이라고 하는 고유 영역이 구축됨으로써 상당한 수준으로 진전되었다고 볼 수 있다(김기덕, 2002).

앞서 소개한 바와 같이 한국 대학의 사회복지 관련 학과에서 개설할 교과목을 소개하는 교과목 지침서에는 「사회복지윤리와 철학」이라는 명칭의 교과목이 이미 사회복지의 대표적 기초 교과목으로 설정되어 있다(사회복지학 교과목 지침서, 2011). 교과목의 내용을 보면 주로 사회복지의 사명 및 실천과 연관된 윤리적 갈등을 해명하기 위한 윤리학의 개념과 이론을 소개하는 것으로 이루어져 있어 윤리학과 사회복지의 친밀한 관계를 잘 보여준다. 뿐만 아니라 사회적 전문가로서의 사회복지사들(social workers)의 소임과 실천방향을 제시하는 윤리강령(code of ethics)을 살펴보더라도 사회복지전문직이 가치와 이념에 기반을 둔 규범적 성격을 그 핵심으로 한다는 것을 분명하게 알 수 있어 사회복지전문직이 윤리학과 떼려야 뗄 수 없는 관계임을 분명히 알 수 있다(NASW, 1996).

일반적으로 윤리학은 윤리적 가치, 곧 선(善)의 의미와 원천을 밝히고 선이 표현된 윤리적 규범들, 곧 도덕법칙을 찾아내고 그것들 위에 서 있는 '도덕의 나라'를 추구하는 철학의 한 분야이다(백종현, 2007 : 239). 다시 말해 윤리학은 도덕적인 것이 무엇을 의미하며 이러한 의미는 어떻게 정당화될 수 있는지를 논의하는 메타윤리학(meta ethics)적 주제와 주어진 도덕적 문제를 해결하는데 가장 적절한 도덕이론을 구체화하는 규범윤리학(normative ethics)적 주제를 동시에 해결하고자 하는 철학적 노력이라고 볼 수 있다(Thompson, 2000 : 28-30).

이와 같이 윤리학의 핵심 내용이 선으로 표현된 윤리적 규범이라면 사회복지와 윤리학의 만남은 결국 이러한 규범적 속성을 중심으로 이루어질 수밖에 없을 것이다. 그렇다면 사회복지전문직 혹은 사회복지학의 핵심 특성을 구성하는 규범적 속성(normative features)은 구체적으로 어떠한 것들일까? 달리 말하면 전문가 집단으로서 사회복지사들이 자신들만의 고유한 전문직 가치나 윤리(professional value and ethics)로 간주하고 있는 것들이 무엇일까?

이러한 질문은 사회복지전문직 윤리를 구성하는 근본적 요소들에 대한 질문이며 이는 사회복지전문직이 지향하는 핵심가치(core values)와 직접적으로 연관되어 있다. 사회복지전문직 윤리가 지향하는 핵심가치가 무엇인가는 해당 사회와 시기에 따라 다를 수 있지만 일반적으로 다음의 세 가지로 요약된다(Clark, 2000; Lieby, 1985)[2].

첫 번째 구성요소는 개인에 대한 존중과 개인적 서비스 윤리(individualism and the ethic of personal service)이다. 이는 사회복지전문직의 궁극적 가치는 인성의 존중과 아울러 이를 실현하기 위해 요구되는 전문적이면서도 개별적인 서비스의 제공에 있다는 것을 의미한다. 두 번째 구성요소는 전문가의 온정적 개입주의(paternalistic intervention)이다. 사회복지가 사회에 등장한 초기 역사부터 강조된 핵심가치인 온정적 개입주의는 어려움에 처한 사람들을 도와 그들이 행복한 생활을 영위할 수 있도록 하는 것이 인간이 가진 의무라는 것에 그 기원을 두고 있다. 이러한 선행의 의무(duty of beneficience)가 전문직으로 체계화된 모습이 사회복지전문직이다. 사회복지전문직 윤리의 세 번째 구성요소는 공적 책임성의 윤리(the ethic of public responsibility)이다. 즉 공공의 일반적 복지(general welfare)에 대한 보호와 이의 증진이다. 사회복지전문직이 여타의 전문직에 비하여 특히 공적 책임을 보다 강조하는 근본적인 이유는 사회복지는 기본적으로 공적으로 후원되고 자원을 지원받는 사회적(societal) 영역이라는 특성에서 기인한다.

---

2) 사회복지전문직의 규범적 속성에 대한 보다 자세한 논의는 이 책의 제3장 사회복지윤리학의 이해 부분을 참조하시오.

그러므로 실천 전문직으로서 사회복지의 규범성은 앞에서 제시한 전문직 가치에서 직접적으로 기인하는 것으로 볼 수 있다. 사회복지학의 윤리적 접근은 이러한 가치의 규범성을 명확히 하는 동시에 전문직 가치들을 추구하는 과정에서 야기되는 윤리적 갈등과 딜레마를 적절하게 해결할 수 있는 이론적 자원과 모델을 마련하는 것이라고 볼 수 있다. 이러한 맥락에서 볼 때 윤리학 혹은 도덕철학은 사회복지학이 해결해야 할 전문직의 규범성의 명확화와 윤리적 고민해결에 가장 적절한 철학의 이론체계이다.

(2) 사회복지에 대한 윤리학의 함의

윤리학은 구체적으로 사회복지학에 어떠한 도움을 줄 수 있을까? 윤리학은 사회복지의 소명을 밝히고 사회복지사가 맺어야 할 사회적 관계의 종류와 내용에 대하여 방향을 제시할 수 있다. 뿐만 아니라 사회복지실천 현장에서 발생하는 윤리적 갈등을 진단하고 해결할 수 있는 분석틀과 실천방법을 지원할 수 있다(김기덕, 2002 : 122-127). 윤리학이 사회복지에 대하여 가질 수 있는 함의들을 간략하게 살펴보도록 하자[3].

첫째, 윤리학을 통해 사회복지는 자신의 사명과 기능의 본질을 명확히 확인할 수 있다. 사회복지는 그 탄생에서부터 스스로에게 부여된 사명과 기능이 본질적으로 도덕, 가치, 윤리적인 것이며 이러한 윤리적 본질은 시대환경과 제도가 변한다 해도 결코 사라지거나 변질될 수 없다고 알려져 있다. 이러한 입장에서 본다면 사회복지를 여타의 전문직과 구별할 수 있는 가장 핵심적인 범주는 가치와 도덕일 것이며 도덕이라는 실체를 본격적으로 다루는 학문이 바로 윤리학이다.

이러한 맥락에서 볼 때 역사적 전개과정 속에서 등장한 다양한 사회복지의 활동이 가진 성격을 분석하고 재해석하는 작업들은 도덕과 가치를 핵심적인 범주로

---

3) 윤리학이 사회복지전문직에 기여할 수 있는 구체적인 내용은 이 책의 제3장 3절 사회복지윤리의 분석틀 부분에서 보다 자세하게 설명된다.

하는 윤리학의 도움이 없이는 거의 불가능할 것이다. 뿐만 아니라 윤리학은 도덕적인 측면에서 사회복지의 사회적 정당성을 뒷받침해 줌으로써 사회복지전문직의 존재 근거를 명확히 할 뿐만 아니라 나아가 사회복지전문직과 관련 활동들을 인정할 수 있는 사회적 근거를 제공할 수 있다.

둘째, 현대 사회복지의 모습은 사회복지 전문기관이 클라이언트라고 하는 사회복지의 실천대상들과 관계를 맺고 서비스를 제공하는 모습으로 이루어져 있다. 사회복지사는 이 과정에서 자신이 선택할 수 있는 다양한 실천대안들 가운데 무엇이 가장 바람직한 것인지에 대해 고민하고 갈등한다. 이 경우 윤리학은 사회복지사가 바람직한 실천수단을 선택하는 데 있어 중요한 직접적 지침 가운데 하나로 작용한다. 다시 말해 사회복지전문직 가치는 사회복지전문직이 도덕적으로 바람직한 실천개입을 결정하는 전략적 수단으로 사용될 수 있다는 것이다. 이러한 수단들은 흔히 사회복지사가 실천 현장에서 경험하는 윤리적 딜레마나 교착상태의 체계적 해결을 지향하는 '윤리적 의사결정론'의 형태로 논의되고 있다.

셋째, 윤리학은 앞에서 언급한 바와 같이 사회복지의 존재론적 정당성의 제공에 기여할 수 있을 뿐만 아니라 인식론적 정당성에도 기여할 수 있다. 만일 앞선 논의와 같이 사회복지의 사명과 본질이라는 존재론적 성격이 윤리적인 것이라면 이러한 대상을 파악하고 연구하기 위한 방법 역시 윤리적이어야 할 것이기 때문이다(Saleebey, 1990).

다시 말해 사회복지와 관련된 개념, 이론, 연구 및 조사방법 역시 사회복지가 근거하고 있는 윤리적 가치나 도덕적 신념의 측면을 파악할 수 있는 형태와 구조여야 할 것이다. 예를 들어 사회과학에서 전통적으로 활용하여 객관적이고 경험적인 연구방법은 사회복지가 지향하고 있는 인간관계의 의미체계나 신념체계를 적절하게 파악하지 못한다는 실증주의적 한계를 가지고 있다. 따라서 사회복지가 지향하는 현상을 분석할 수 있는 인식체계는 가치와 의미, 규범과 도덕이라는 측면을 포괄할 수 있는 것이어야 하며 이러한 인식체계에 대한 논의는 윤리학에서 많은 함의를 얻을 수 있을 것이다.

넷째, 사회복지의 윤리적 본성에 대한 이해는 사회복지학 분야에서 진행되는 그릇된 논리적 추론이 가지는 오류를 지적하며 사회복지의 차원에서 볼 때 타당한 논리적 추론이 어떠해야 하는지에 대하여 적절한 대안을 제시할 수 있다(Weick, 1987). 앞서 언급한 인식론적 정당성이 주로 사회복지와 관련된 연구에서 사용되는 인식도구들, 즉 개념과 측정도구들이면 여기서 언급하는 논리적 측면이란 그와 같은 인식도구를 사용하여 전개하는 논리적 추론의 방식을 주로 의미한다. 예를 들어 어떤 클라이언트를 이해하고자 하는 사회복지사가 클라이언트가 가진 다양한 측면을 사회적 맥락에 따라 통합적으로 파악하지 않고 특정 측면에 주목하고 이를 통해 전체를 설명하고자 하는 환원주의(reductionism)의 입장에 빠져 있다고 가정해 보자. 이 경우 사회복지사가 취하고 있는 클라이언트에 대한 접근 방법은 당연히 과학적으로 타당하지 않을 뿐만 아니라 도덕적으로도 문제를 가진 것이다.

이와 같은 논리적 오류를 범하지 않기 위해서는 결국 사회복지가 가진 도덕적 측면에 대한 타당한 문제제기와 추론방식에 대하여 고민하지 않을 수 없으며 이 과정에서 가장 중요하게 활용될 지적 자원이 바로 윤리학이다.

2) 사회복지인식론

(1) 인식론과 사회복지의 관계

인식론은 인간의 참된 인식에 대한 철학이다. 즉 진리를 진리일 수 있도록 만들어 주는 의심할 여지없는 확고한 기초가 무엇인지를 추궁하고 어떤 인식이 참된 인식이 되기 위한 조건들을 성찰하는 철학의 학문 분야가 바로 인식론(epistemology)이다(백종현, 2007 : 167). 그런데 인간의 참된 인식이란 말은 지식이라는 말과 의미상의 차이가 별로 없기 때문에 인식론은 흔히 지식이론(theory of knowledge) 혹은 지식철학(philosophy of knowledge)과 구별 없이 사용되기도 한다. 그렇다면 이러한 인식론은 사회복지에 대하여 어떠한 함의를 가지고 있을까?

현대 사회의 사회복지는 하나의 전문직으로서 자신만의 고유한 가치(values)와 기술(skills) 그리고 지식체계(knowledge base)를 사용하여 사회적으로 인정된 전문적인 실천활동을 수행해 나간다(Thompson, 2005). 따라서 사회복지가 자신만의 고유한 가치와 지식, 기술 가운데 어느 것 하나라도 충족하지 못한다면 사회복지는 독자적인 전문직으로써의 사회적인 승인을 얻지 못할 것이다.

20세기 초 사회복지가 하나의 전문직으로 도입되고 난 이후 전문직에서 요구되는 과학적 조사와 연구방법들을 하나씩 갖추어 나감에 따라 사회복지가 추구하는 고유한 가치나 기술에 비해 과학적이고 체계적인 지식에 대한 강조가 상대적으로 증가되었다. 이러한 점은 사회복지가 확고한 전문직으로서의 위상을 사회적으로 확보하기 위하여 기울인 노력의 일환이다.

이러한 노력의 과정에서 사회복지가 수행하는 실천활동을 안내하는 동시에 그러한 실천결과가 설정한 목표를 달성하였는지를 알려줄 분명한 논리적 체계가 존재하는지 그리고 그 과정을 통해 구축되는 사회복지 지식이 과연 타당성과 신뢰성을 갖추고 있는지, 나아가 사회복지 지식들이 지식의 대상 및 획득 방법이라는 차원에서 다른 여타의 학문과 구별되는 독특한 특성을 가지고 있는지의 여부 등에 대한 의문들이 지속적으로 제기되었던 것은 매우 자연스러울 수밖에 없었다(김기덕, 2003 : 14-15).

그러나 이러한 의문들을 해결하고자 하는 지속적인 노력에도 불구하고 사회복지 지식에 대한 근본적인 탐구는 지연될 수밖에 없었다. 사회복지 지식에 대한 보다 폭넓은 탐구가 제한되어 왔던 가장 대표적인 이유 가운데 하나는 사회복지 지식에 대한 탐구를 연구방법론(the theory of research methods)이라고 하는 상대적으로 한정된 틀 속에서 접근하였기 때문이다(비판과 대안을 위한 사회복지학회, 2002).

하지만 사회복지 지식에 대한 탐구들이 점점 인식론 혹은 지식철학의 영역과 접하게 되면서 획기적인 발전을 이루게 되었다. 왜냐하면 인식론은 연구방법이라는 한정된 영역을 넘어 앎이란 무엇인가, 그리고 그 앎의 결과로써 지식의 의미와 내용 그리고 믿을 수 있는 참된 지식의 준거 기준과 지식의 종류들에 이르기까지 광범위한 주제에 대하여 포괄적이고 체계적인 이론적 자원들을 제공할 수 있었기 때문이다(Greco, 1999 : 1-31).

이와 같이 사회복지전문직의 발전과정에서 인식론은 계속해서 중요한 이론적 실천적 도구로써 기능하여 왔으며 사회복지의 대상과 개입기법이 갈수록 확대되고 복잡해질 것으로 예측됨에 따라 그 역할은 점점 더 커져갈 것으로 기대된다.

(2) 사회복지에 대한 인식론의 기여

그렇다면 구체적으로 인식론 혹은 지식철학은 어떠한 측면에서 사회복지에 기여할 수 있을까? 고유한 전문직 지식과 관련하여 사회복지학이 인식론과의 만남을 통해 얻을 수 있는 성과는 크게 인식방법, 인식대상 그리고 인식의 사회적 함의로 구분하여 논의할 수 있다.

첫째, 인식방법과 관련하여 인식론은 사회복지학에서 얻을 수 있는 지식의 종류와 내용에 대하여 보다 근본적이면서도 포괄적인 시각을 제시할 수 있을 뿐만 아니라 지식들 간의 관계와 활용에 대해서도 광범위한 이론적 자원을 제공할 수 있었다(Trevithick, 2008).

사회적 실천을 목적으로 응용 전문직으로서의 성격이 강한 사회복지는 전통적인 의미의 명제적 지식(propositional knowledge)만으로는 설명할 수 없는 독특한 유형의 지식을 축적하여 왔다. 예를 들어 경험 많은 노련한 사회복지사가 오랫동안 계속된 자신만의 고유한 실천과정 속에서 획득한 경험적 지혜들(practical wisdoms)은 그 존재가 분명히 인정됨에도 불구하고 명백한 하나의 지식으로써의 실체와 특징을 분명하게 파악하기 힘들었다. 그러나 사회복지 영역에서 진행된 지식에 대한 탐구가 연구방법론을 넘어 보다 폭넓은 인식론으로 확장됨에 따라 지식의 획득근거로써 인식주체의 능력에 대한 관점은 크게 확대되었다. 인식주체인 인간의 지적 능력이 확대되었다는 것의 의미는 사회복지 특유의 지식체계 즉 사회복지사의 고유한 지적 경험들이 특유의 지식체계로써 파악될 수 있는 길이 열렸다는 것을 의미한다.

그 결과 인식주체의 능력을 전통적인 인식도구인 감각과 이성에 한정하지 않고 체험과 직관으로 확대할 수 있었으며 특히 이러한 인식도구들을 이용해서 얻어진 지식들을 인간의 실천활동 속에서 파악될 수 있는 독특한 유형의 지식들인 암묵지(tacit knowledge), 장인적 지혜(craft knowledge), 정서적 지능(emotional intelligence), 몸 지식(body knowledge) 등으로 명확히 규정됨에 따라 사회복지 지식을 파악하는 새로운 장을 열게 되었다(Trevithick, 2008 : 1216).

둘째, 올바른 지식획득 방법을 탐구하는 인식론에 대한 관심은 사회복지가 지식을 획득하는 방법에 대한 비판과 반성으로 이어졌다. 이러한 반성을 통해 확장된 지식획득 방법에 대한 사고는 곧바로 지식의 대상에 대한 확장으로 이어졌고 그 결과 그동안 사회복지의 주류적 인식방법으로 여겨졌던 논리 실증주의(logical empiricism)에 근거하여 설정된 인식대상에 대한 제한적인 시각을 비판하는 다양한 흐름들이 등장하게 되었다.

살아 있는 인간을 주요 연구대상으로 하여 그들의 경험, 관계, 정서 등의 건강함과 행복함을 추구하는 사회복지는 그 속성상 경험적으로 관찰하여 그 타당성을 쉽게 검증하기 힘든 내용들을 다루는데 있어 많은 어려움을 겪어 왔다. 그런데 논리 실증주의적 연구방법론의 기초가 되는 전통적인 자연주의적 인식론에 의하면 이와 같이 명확하게 관찰되지 않은 인식대상들은 객관적이고 과학적인 지식의 대상이 될 수 없는 것들로 분류되었다. 따라서 이러한 분류에 의하면 사회복지가 관심을 가지고 있는 많은 연구대상들은 과학적 지식의 대상이기라기보다는 연구자의 신념이나 정서 혹은 도덕의 일부로 취급되어 마치 심리적 현상의 일부인 것처럼 간주되었다.

그러나 앞서 언급한 바와 같이 인식론에 대한 논의들이 확대되고 이러한 확대된 인식론적 결과를 사회복지학이 수용하게 됨에 따라 그동안 논리 실증주의적 패러다임으로 파악하기 힘들었던 다양한 인간관계(human relationship)와 의미들(meanings)이 해석학과 현상학으로부터 도출된 연구방법론에 힘입어 직접적으로 사회복지 지식의 대상으로 자리를 잡았다. 그리고 보다 확장된 사회복지 지식의 대상과 그에 대한 다양한 접근 시각들이 발견적 접근법(heuristic approach), 질적 접근법(qualitative approach), 포스트모던적 접근법(post-modern approach) 등의 이름으로 속속 등장하게 되었다(Bolland & Atherton, 2002; Gilgun & Abrams, 2002; Pozatek, 1994).

셋째, 사회복지학이 인식론을 접하면서 얻게 된 가장 큰 의의 가운데 하나는 사회복지 지식과 그에 대한 연구방법론이 가진 사회적 함의에 있다. 앞서 살펴본 바와 같이 인간이 관심을 가지고 있는 지식의 대상이 매우 다양하며 이와 같은 다양한 대상을 인식하는 인식방법 역시 다양하다는 것이 알려지면서 지식에 대한 입장은 근본적으로 변화하게 된다. 무엇보다 사회복지학이 알고자 하는 대상과 이들 대상에 대한 접근방법들이 다양할 수 있다는 것에 대한 인식은 인간의 삶과 의미, 행복에 대한 접근방법이 매우 다양하며 그 가운데 가장 올바르고 타당한 접근법이라는 것이 있을 수 없다는 다원주의적 시각을 가지게 되었다는 것을 의미한다.

이러한 점은 사회복지학이 연구대상에 대해 접근하는 기본 태도를 재정립할 수 있는 통찰을 제공하였다. 무엇보다도 그동안 전문가의 인식대상으로써 수동적인 입장에 있던 사회복지의 대상들이 스스로에 대하여 자기 인식을 가진 존재라는 것을 깨닫게 해주었으며 나아가 인식의 대상들이 이제는 인식의 주체로써 자기 인식을 드러낼 수 있는 목소리의 중요성을 깨닫게 해 주었다(Hare-Mustin, 1994).

따라서 이러한 점은 일찍이 사회복지연구자들에게 요구되었던 인지적 능력과 아울러 인식대상과의 의사소통을 할 수 있는 표현적 능력(express ability)에 대한 진지한 고려(Imre, 1984)를 새로운 방식으로 논의할 수 있는 근거를 마련해 주었을 뿐만 아니라 사회복지실천을 위한 연구와 조사에 있어 조사대상자들의 적극적인 참여와 발언을 점점 중요하게 생각하는 흐름을 가져오게 되었다.

3) 사회복지정치철학

(1) 정치철학과 사회복지의 관계

복지국가(welfare state)와 사회복지정책(social welfare policy)으로 대변되는 현대의 사회복지체제를 염두에 두고 볼 때 사회복지와 정치철학의 만남은 거의 필연에 가깝다. 사회가 점점 복잡한 조직체들의 발달과 연계로 전개되면서 사회복지대상자와 사회복지전문가가 개별적으로 직접 대면하는 전통적인 전문직 관계는 점점 다양한 집합체, 제도, 규칙, 법률 등의 사회적 실체가 이들을 매개하는 간접적 관계로 변모, 발전하게 되었다. 달리 표현하자면 개인과 개인 혹은 개인과 소집단과의 관계를 중심으로 이루어졌던 사회복지의 기본관계가 개인 대 사회 혹은 집단 대 사회의 관계로 전환된 것이다.

이제 사회복지 영역의 핵심에는 다양한 의미에서의 정치공동체(political community)라고 하는 개념이 분명하게 자리 잡게 되었고 이러한 정치공동체가 현실적으로 구현된 최고의 수준은 바로 국민국가(nation-state)이다.[4] 이제 국민국가가 자신의 국민들을 대상으로 다양한 복지정책과 서비스를 전개하고 있어 이러한 국가의 형태

4) 물론 개별 국가를 넘어서 전 지구적 차원에서 조직되어 있는 사회복지기관도 존재하고 있고 이들에 의해 국경을 넘어서 진행되는 다양한 사회복지활동 역시 점점 증가하고 있는 것은 사실이다. 그러나 이러한 경향은 부인할 수 없으나 현재까지 규모나 범위면에서 볼 때 사회복지활동의 가장 핵심적인 주체는 여전히 국민국가로 간주하는 것이 적절할 것 같다(김기덕, 2008a : 97-100).

를 복지국가라고 부르며 현대의 복지문제에 대한 고민은 복지국가를 벗어나서는 충분히 논의될 수 없다.

이와 같이 사회적 집합체와 개인의 문제를 집중적으로 탐구하는 철학의 하위 영역이 바로 정치철학(political philosophy)이다. 정치철학은 사회제도(social institution)와 정치적 권위체(political authority) 그리고 그 구성원들을 중심으로 분배정의, 시민으로서의 권리, 자유주의, 공동체주의 등의 정치적 개념과 사상을 자신의 주요 연구내용으로 하는 철학의 갈래이다(Hampton, 1997). 특히 최근의 사회복지 영역에서 가장 중요한 쟁점이 되고 있는 국가의 역할과 분배정의에 대한 논의들 역시 대부분 정치철학에 그 기원을 두고 있다고 볼 수 있다(Reamer, 1999 : 1-9).

이러한 측면을 고려해 볼 때 앞으로 복지국가에 대한 논의가 더욱 더 개인과 사회 사이의 다양한 네트워크와 관계들에 따라 복잡해질 것으로 가정한다면 그동안 다른 철학의 영역들에 비해 상대적으로 많은 관심을 받지 못했던 정치철학은 앞으로 점점 더 사회복지의 영역에 많은 역할과 함의를 가지게 될 것으로 보인다.

(2) 사회복지에 대한 정치철학의 함의

주로 사회와 개인 간의 관계를 고찰하는 정치철학은 어떤 측면에서 사회복지에 함의를 던져 줄 수 있을까? 여기서는 정치철학에서 중요하게 다루고 있는 내용들이 최근 들어 사회복지에서 관심이 증가하고 있는 영역들과 밀접한 연관이 있음을 살펴보면서 정치철학이 사회복지에 줄 수 있는 함의를 정리해 보도록 하자.

첫째, 앞서 언급한 바와 같이 현대의 사회복지는 국민국가를 중심으로 한 복지국가의 차원에서 진행되고 있다. 이와 같이 국민국가 형태의 복지국가가 발달함에 따라 사회복지대상자와 사회복지전문가라는 사적 관계는 국가라고 하는 보다 큰 조직체의 부분 영역으로 편입하게 된다. 이러한 편입은 도움이 필요한 사회복지

대상자로서의 클라이언트라는 위치를 시민권(civil rights)을 가진 국민국가의 구성원이라는 범주로 재규정하고 있다. 이제 한 사회의 구성원으로서의 개인은 타고난 자아를 실현하고자 하는 욕구를 가지고 있으며 이러한 욕구실현 과정에 위협이 되는 사회적 문제나 위험에 대해 국가의 도움을 요청할 수 있는 권리를 가진 존재로 인정되고 있다.

이러한 측면을 고려할 때 무엇보다 정치철학은 최근 들어 사회복지 영역에서 크게 관심을 보이고 있는 개인과 집단의 권리(rights)에 대한 개념을 보다 심층적으로 이해하는데 많은 도움을 준다. 정치철학을 통해 한 개인은 국가의 시민으로서 사회권(social rights) 혹은 복지권(welfare rights)을 가진 주체라는 개념으로 규정될 수 있으며 이를 통해 사회복지대상자는 이제 단순히 사적 관계에서 비롯되는 자선적 시혜의 대상에서 벗어나 법적으로 사회적 책임이 보장되는 권리의 향유자로 전환하는 데 있어 중요한 이론적 근거를 제공하고 있다(김기덕, 2008b : 50).

둘째, 정치철학은 사회복지가 지향하는 핵심 가치 가운데 하나인 사회정의(social justice)에 대해서도 많은 함의를 가지고 있다. 사회복지실천이 개인 간의 관계를 넘어 사회 조직체 차원에서 진행되면 사회정의, 특히 분배정의(distributive justice)와 관련된 쟁점들이 중요한 쟁점으로 등장하게 된다. 앞서 살펴본 바와 같이 사회적 욕구 혹은 문제를 가진 개인을 사적 차원의 시혜나 돌봄의 형태가 아니라 한 사람의 시민으로서 스스로의 삶을 영위할 권리의 주체로 규정하게 되면 당연히 이러한 권리를 어떻게 구현할 것인가에 대한 집단적 노력과 책임의 문제가 자연스럽게 제기된다.

한 사회에서 인간다운 기본적인 생활수준을 영위하기 힘든 경우에 직면하게 된 어떤 개인에 대해 사회가 어떠한 형태로든 조치를 취해야 한다는 것이 공동의 의무로서 결정된다면 다음 순서는 당연히 사회를 구성하는 개인들 가운데 누가 얼마만큼 이와 같은 집단적 도움에 기여해야 하는지 그리고 그러한 기여에 대한 바람직한 분배의 모습과 근거는 무엇인지에 대한 고려와 논증이 필수적으로 요구된다.

이와 같이 한 사회를 구성하는 개인들에게 어떻게 적절한 권리와 의무를 나누어 부과할 것인가의 문제는 정치철학의 오랜 핵심쟁점 가운데 하나이며 이러한 쟁점이 복지국가 차원에서 설정된 것이 바로 분배정의에 관한 영역이다(김기덕, 2005 : 68).

예를 들어 사회보험과 같은 정책의 내용과 형태를 결정할 때 부담금과 수혜는 어떻게 결정되어야 하는지, 기초생활보장제도의 대상으로 국가로부터 일반적인 지원을 받을 수 있는 자격은 누구에게 있는지 그리고 사회복지정책에 사용될 재원으로서의 세금과 기여금은 어떤 방식으로 부과되어야 하는지, 민간과 국가 가운데 누가 많은 부담을 가져야 하는지 등은 현대 복지국가에서 가장 민감한 주제들이며 이러한 문제의 해결에 가장 많은 도움을 줄 수 있는 철학의 영역이 바로 정치철학이다.

셋째, 인권과 분배정의 그리고 이와 관련된 공동체의 성격과 책임에 대한 사회복지 차원의 고려는 곧바로 자연스럽게 개인과 공동체의 본질에 관한 문제를 제기한다. 다시 말해 복지국가 혹은 복지사회란 어떠한 모습이어야 하는가에 대한 고민은 과연 바람직한 사회는 어떠한 사회이며, 그러한 사회 속에서 개인이 차지하는 위치는 무엇인지 그리고 공공선(public good)과 공공이익(public interest)이란 어떻게 구별될 수 있는 것인가 등에 관한 정치철학의 핵심쟁점에 대한 고찰을 통해 그 해답을 얻을 수 있다(Christman, 2004 : 113).

이러한 쟁점들은 특히 1990년대 이후 정치철학의 핵심을 이룬 공동체주의와 자유주의 논쟁을 충분히 이해하지 않고서는 밝혀질 수 없는 내용들이다(Delaney, 1994). 한 사회에서 개인이 누릴 수 있는 자유와 권리의 적절한 한계에 대한 논의는 개인과 공동체 사이의 관계에 대한 정치철학적 논쟁을 통해서만 규명될 수 있다. 예를 들어 개인은 공동체 속에서 낳고 길러지며 특정한 공동체 속에서만 구체적인 인간성을 부여받는다는 공동체주의자의 입장을 견지하는 경우와 자유롭고 평등한 개인이 사회정치적 삶의 기본단위이며 자율적 인간만이 사회를 구성할 수 있다는 자유주의의 논쟁을 따를 경우 인권과 정의에 대한 개념과 구성내용 그리고 이를 실현하는 사회적 방식은 현격하게 달라질 것이기 때문이다.

이러한 면을 고려한다면 우리나라가 지향해야 할 복지국가의 성격에 대한 논의들을 진행하거나 이와 관련하여 선진 복지국가의 성격과 구조에 대한 분석을 위해 복지국가를 유형화하는 작업을 할 때도 정치철학의 쟁점, 특히 개인주의와 집단주의에 대한 구분은 매우 중요한 역할을 담당하게 될 것이다(나영희 · 김기덕, 2009).

넷째, 정치철학의 개념과 이론들은 사회복지학에서 다루고 있는 중요한 개념들이 과연 어떠한 의미를 가지고 있는지를 분석할 때도 많은 도움을 줄 수 있다. 사회복지 영역에서 사용되고 있는 개념들 예를 들어 욕구, 자아, 장애, 배제, 연대 등의 개념에 대한 이해와 분석 그리고 나아가 이러한 개념들과 관련된 문제를 실제 사회에서 해결하려는 사회적 노력과 실천들은 필수적으로 이들 개념들이 가진 의미에 대한 논쟁을 포함할 수밖에 없다(Sayer, 1999 : 129).

그런데 사회복지에서 사용되는 개념들에 대한 논쟁에서 문제가 되는 것은 이러한 개념들이 엄밀하고 객관적 기준에 따라 과학적으로 확정될 수도 있지만 많은 경우 한 사회의 정치적 세력 균형이나 합의에 의하여 결정되기 쉽다는 것이다. 다시 말해 사회복지학에서 사용되는 개념들은 어떠한 선험적 근거를 가지고 존재하기보다는 특정 시대의 정치권력과 지식의 결합물로 우연하게 등장하는 것일 수 있다는 것이다(김기덕, 2004a). 예를 들어 한 사회에서 장애인에 대한 지원을 할 것인가 말 것인가 혹은 그들에게 어느 정도의 지원을 어떻게 할 것인가에 대한 논쟁이 단순하게 장애인에게 도움이 될 수 있는 물적, 인적 자원의 확보라든지 서비스에 접근할 수 있는 기회의 제공 등과 같은 객관적 내용들에 한정될 수 없다. 오히려 이러한 논쟁에서 보다 핵심적인 것은 장애 혹은 장애인이라고 하는 개인 혹은 집단의 정체성(identification)과 관련된 의미에 대한 논쟁이며 이는 정체성의 정치학

(politics of identity)이라는 개념으로 정치철학에서 매우 중요한 쟁점으로 다루어지고 있다(Christman, 2002 : 152-184).

달리 말하자면 한 사회에서 장애인에 대하여 논의할 때 장애(disable)라는 것이 무엇인지 그리고 장애인(the disabled)이란 누구를 의미하는가에 대한 사회적 합의와 인정이 장애인에 대한 물적 지원과 서비스 제공에 대한 논의보다 훨씬 근본적인 것이며 이는 사회과학적 지식의 영역을 넘어서 정치철학적 접근에 의해서만 분명해질 수 있는 내용이다.

최근 들어 사회복지의 대상과 내용을 시민사회의 공론장에서 진행되는 의사소통의 산물로 보고자 하는 이론적 시도들이 등장하고 있는 것 역시 사회복지학의 정치철학적 측면을 적절히 반영하고 있는 것으로 볼 수 있다(송형만, 2009; 김기덕, 2006). 왜냐하면 이러한 접근 역시 사회복지의 대상과 내용이 객관적 혹은 과학적으로 우리의 의지와 관계없이 주어지는 것이 아니라 이와 관련된 집단들 사이에서 일어나는 상호작용과 의사소통의 결과로써 사회적으로 규정된다는 입장을 반영하는 것이기 때문이다.

이러한 측면을 고려해 볼 때 이제 현대사회의 사회복지학의 발전은 인권, 정의, 분배, 권력, 공동선과 공공이익, 정체성의 정치학 등과 같은 정치철학적 개념에 대한 이해를 전제하지 않고서는 힘들다고 보는 것이 바람직할 것 같다.

4) 사회복지미학

(1) 미학과 사회복지의 관계

사회복지와 철학의 만남을 다소 의아스럽게 생각하는 사람들이 그 중에서도 가장 당혹해 할 수 있는 부분이 바로 사회복지와 미학의 관계일 것 같다. 일반적으로 미학(aesthetics)은 미에 대한 철학(philosophy of the beauty) 즉 아름다움(beauty)과 기호(taste)에 대한 철학적 연구라고 정의된다(Reamer, 1993 : 160).

미학이 추구하는 연구대상을 보다 더 자세히 설명하자면 미학은 자연과 예술 등에 담겨 있는 아름다움과 기호를 명확하게 정의하고, 이를 설명하고 정당화하려는 이론적 노력이라고 할 수 있다. 따라서 우리는 미학을 통해 무언가에 대해 아름답다고 느끼고 판단하게 되는 까닭을 이해할 수 있을 뿐만 아니라 그 대상이 아름답다고 판단을 내리는 기준의 내용과 정당성에 대해서도 체계적으로 논의할 수 있게 된다.

그런데 욕구(needs)와 문제(problems)를 가진 개인과 집단에 대해 체계적이고 과학적인 서비스와 프로그램을 제공하는 전문직인 사회복지가 어떻게 아름다움과 기호의 문제와 연결될 수 있다는 것일까? 앞서 살펴본 바와 같이 인간과 사회에 대한 과학적 지식(scientific knowledge)을 통해 체계적인 실천을 조직적으로 수행하는 현대의 대표적인 전문직인 사회복지사들이 어떠한 측면에서 아름다움과 기호를 다루는 학문인 미학의 대상이 될 수 있을지 다소 의아스러울 수 있다.

그런데 사회복지와 미학의 관계에 대한 일반적 생각과는 달리 사회복지사들은 오래 전부터 사회복지사가 수행하는 숙련된 실천에는 예술적이고 미학적인 요소가 담겨 있다는 것을 인식했다(Siporin, 1988; England, 1986; Rapoport, 1968). 예를 들어 우리는 경험이 풍부한 노련한 사회복지실천가가 매우 복잡한 사례를 다루면서 보여주는 새롭고 효과적인 개입기술을 보며 '예술적(artistic)'이라고 언급한다(Reamer, 1993 : 155). 하지만 사회복지의 사명이나 실천과 관련하여 미학이 가진 함의는 단순히 사회복지사의 실천기술에 대한 기예적 속성을 넘어 매우 광범위하다.

(2) 사회복지에 대한 미학의 함의

미학이 사회복지의 사명이나 실천과 관련하여 던져줄 수 있는 함의는 크게 네 부분으로 나누어질 수 있다.

첫째, 미학이 사회복지와 접목될 수 있는 가장 근본적인 이유는 사회복지가 추구하는 목적과 사명이 미학의 주제인 예술적 성격을 가지고 있기 때문이라고 볼 수 있다.

사회복지(social welfare)는 그 개념이 말해주듯 한 사회가 바람직하다고 생각하는 행복한 상태(state of well-being)를 설정하고 이를 사회적으로 구현하고자 하는 노력을 의미한다. 그런데 사회복지가 추구하는 행복한 상태를 단순히 좋은 것(the good)이나 올바른 것(the right)과 연관된 것으로만 파악하면 앞서 언급한 바와 같이 철학 가운데 윤리학의 주제로 다루어질 것이고, 행복의 의미와 수준을 객관적인 기준을 설정하여 과학적으로 측정한다면 논리학의 주제가 될 수 있을 것이다. 그러나 행복에 대한 논의는 이와 다른 측면에서 충분하게 미학적 주제가 될 수 있다(Reamer, 1993 : 163).

그 이유를 사례를 들어 설명하여 보자. 어떤 사회가 행복한 상태를 사회적 이상으로 추구하면서 모든 구성원들이 건강한 사회(healthy society)를 행복한 상태로 개념정의하고 이를 구현하기 위해 사회의 모든 사회구성원이 정신적, 육체적으로 건강(mental or physical health)한 상태를 유지하는 것을 실천 목표로 설정하였다고 가정해 보자. 그런데 여기서 근본적으로 문제가 되는 점은 과연 무엇이 육체적, 정신적으로 건강한 것인가에 대한 판단이다. 그런데 이러한 판단의 밑바탕에는 해당 사회의 구성원들이 공유하고 있는 건강 개념의 속성(attributes)이나 성질(qualities)과 관련된 심미적 판단(aesthetic judgements)이 깊이 관여되어 있다.

뿐만 아니라 건강함과 건강하지 않음에 대한 개념 판단이 순조롭게 이루어진다고 하더라도 이 목표를 달성하기 위해서는 구체적으로 특정한 수단에 의존할 수밖에 없다. 물론 특정한 목표를 달성하기 위한 수단은 우선적으로 과학적 타당도(scientific validity)를 당연히 가져야만 하겠지만 이러한 수단의 구체적인 내용과 절차는 인간이 가진 창의적 상상력(creative imagination)에 의해 수행될 수밖에 없을 것이다. 그런데 이러한 창의성에 대한 논의 역시 대표적인 미학의 주제이다.

둘째, 미학은 사회복지의 내용과 범위를 한정하는 분야에 있어서도 많은 함의를 가지고 있다. 일반적으로 미학은 사람들이 일상생활을 수행하는 과정에서 접하게 되는 심미적 경험(aesthetic experience)의 일부인 마음의 상태에 많은 관심을 가진다(Aesthetics, 1988 : 15). 다시 말해 미학은 특정 대상에 대한 사람들의 다양한 반응(responses)이나 태도(attitude) 혹은 감정(emotions)에 많은 관심을 가진다는 것이다. 왜냐하면 기본적으로 어떠한 것을 보고 이를 예술작품으로 간주하게 만드는 핵심기제는 사람들의 감정적 반응이나 태도이기 때문에 이러한 감정적 반응과 태도의 본질에 대한 관심이 미학의 중요한 주제일 수밖에 없다.

사회복지의 영역에서도 이와 같은 심미적 경험의 메커니즘이 일상적으로 발생하고 있으며 사회복지의 내용과 범위를 확정하는데 중요한 역할을 하고 있다. 앞서 잠깐 언급한 바와 같이 사회복지사가 자신의 실천대상인 개인이나 집단을 직면할 때 오직 과학적 태도만을 가지고 이성적 분석과 판단력만을 사용하는 것은 아니며 이성적 판단뿐 아니라 다양한 정서적, 심리적 반응을 통해 대상에 직면한다.

예를 들어 어떤 사회복지사가 문제 있는 가족이나 가난한 소년소녀가장에 실천활동 중에서 이들에 대한 감정이입(empathy)을 통해 정서적으로 반응하는 것은 일종의 심미적 경험이라고 볼 수 있을 것 같다. 뿐만 아니라 사회복지사가 자신이 직면하는 실천현장에서 가장 윤리적인 대안을 선택하는 윤리적 의사결정을 내릴 때에도 이성적이고 합리적인 요인과 더불어 심리적인 요인이 작동한다고 보고되고 있다(Lewis, 1984).

이러한 심미적 경험은 집단적 차원에서 이루어지기도 하며 이는 종종 한 사회의 사회복지의 전체 모습을 결정하기도 한다. 일반적으로 한 사회의 사회복지의 내용과 범위는 주로 그 사회가 가진 물질적 자원과 정치구조에 의해 결정되는 것으로 간주되지만 이러한 결정과정에는 사람들이 가진 사회복지 대상자 혹은 잠재적 대상자에 대한 태도 및 정서적 반응이 깊이 관여되어 있다.

예를 들어 어떤 지역사회에서 정신지체 장애인 시설 건립을 정치적으로 반대하면서 표면적으로 내세우는 여러 가지 근거와 이유의 밑바탕에는 정상적인(normal) 사람과 비정상적인(abnormal) 사람에 대하여 그 정체성의 차이를 구별하는 태도와 정서적인 반응이 자리하고 있다. 다시 말해 정신지체 장애인 시설을 반대하는 논리의 밑바닥에는 비정상적인 사람들을 바라보는 정상인들의 심리적, 정서적 태도가 깊이 자리하고 있다는 것이다.

물론 사회복지 대상자들에 대하여 사회 구성원들이 가진 심리적 반응들이 모두 부정적인 것만은 아니다. 예를 들어 장애인올림픽 등에서 볼 수 있는 장애인들의 불굴의 노력이나 의지를 통해 일반 사람들이 느끼는 감동 및 정서적 순화는 한 사회의 사회복지 대상자와 범위 그리고 사회복지 가용자원을 근본적으로 규정짓는 토대가 될 수 있는 일종의 집단적인 심미적 경험의 일종이라고 간주할 수 있다.

셋째, 앞서 잠깐 언급한 바와 같이 사회복지사에 의하여 수행되는 전문적 실천활동 그 자체가 예술적 성격을 가지고 있으며 이러한 실천활동을 담당하는 주체인 사회복지사 역시 일종의 예술가로 간주될 수 있다(Wood, 1990; Siporin, 1988).

현대 사회에서 수행되는 대부분의 사회복지활동은 사회복지사라고 하는 전문가가 클라이언트라고 하는 대상자들에 대하여 구체적인 서비스와 프로그램을 실시함으로써 이루어진다. 그리고 이와 같은 실천은 흔히 사회복지 고유의 실천 지식과 이론에 근거하여 체계적이고 합리적인 방식으로 진단과 개입이 이루어지는 과학적 실천활동으로 간주된다.

그런데 여기서 주목해야 할 점은 사회복지사가 실천활동에 활용할 자원인 전문지식이나 이론 혹은 지침들이 사회복지사가 직면하는 구체적인 상황이나 사건에 곧바로 적용될 수 있을 정도의 구체성을 갖추고 있지 않고 대개의 경우 일반적이고 보편적인 개념이나 모델인 경우가 대부분이다. 그러나 사회복지사가 직면하는 실천현장의 현실은 매우 구체적이고 복잡한 관계와 사건들의 복합물로서 그 어떠한 사회복지실천 이론이나 지침도 완벽하게 그 진단과 개입방법을 제시해 줄 수 없는 성질의 것이다. 물론 어떤 경우 다른 사회복지사에 의해 수행된 유사한 실천의 모범사례를 운 좋게 얻을 수도 있지만 이러한 경우 역시 이전에 사용된 진단과 개입을 동일하게 사용할 수 있을 정도로 두 사례가 일치하기는 불가능할 것이다.

따라서 이와 같은 현실과 이론의 차이 속에서 사회복지사는 마치 예술가나 요리사가 주어진 자료를 가지고 자신이 그리고 있는 아름다움을 스스로 독창적으로 구성해 가듯이, 자신만의 독특한 창의성을 가지고 주어진 현실상황의 문제점을 파악하고 해결해 나갈 수밖에 없다. 클라이언트의 문제를 진단하고 해결과정에서 사회복지사에게 요구되는 이와 같은 전문적 자질과 태도는 앞서 언급한 과학적 지식과 구별되는 창의성이며, 이러한 창의성에 대한 논의와 연구 역시 대표적인 미학의 과제이다.

최근 들어 과학적이고 논리 실증주의적인 전통적인 인식방법을 비판하면서 사회복지실천을 적절하게 이해할 수 있는 인식방법으로 거론되고 있는 발견적 접근(heuristic approach) 역시 주어진 문제상황 속에서 자신만의 고유한 창의적 시도와 오류 속에서 스스로 문제해결의 능력을 발휘해나가는 사회복지사의 심미적 자질을 매우 중요한 주제로 다루고 있다(Bolland & Atherton, 2002; Heineman-Pieper, Tyson & Heineman-Pieper, 2002).

넷째, 앞에서 제시한 세 번째 함의가 주로 사회복지의 실천과 관련된 것이라면 학문으로서의 사회복지 영역에서도 미학적 함의는 충분히 발견될 수 있다. 학문으로써 사회복지학이 궁극적으로 추구하는 것은 복지관련 현실을 정확하게 이해하고 설명할 수 있는 개념과 의미체계 그리고 이론을 구축하는 것이다. 그런데 일반적으로 인식론이나 지식철학에서 주장되고 있는 바와 같이 개념과 이론은 단순히 객관적인 사실의 관찰과 이를 통해 얻어진 자료들의 단순한 요약이나 일반화로 이루어지는 것은 아니다(Benton & Craib, 2001 : 31). 오히려 이론이나 개념의 창출은 다양한 은유(metaphor)나 비유(analogy)를 사용하여 주어진 사실들을 적절하게 설명할 수 있는 구조나 기제 혹은 과정을 효과적으로 추상화해낼 수 있는 상상적 도약(imaginative leap)을 절실하게 요구한다(Benton & Craib, 2001 : 36-37). 여기서 주목해야 할 점은 다양한 관련 영역과 장들을 연계하며 넘나들 수 있는 도구인 은유나 비유는 문학과 예술이 중요하게 여기는 창의적 상상력의 산물이라는 것이다. 이러한 측면에서 볼 때 사회복지학 혹은 사회복지사가 과학적 지식뿐만 아니라 인문학이나 예술학과 연계해야 할 이유는 더욱 커지며 특히 사회복지사 자신이 속해 있는 문화공동체의 심미적 가치와 관련 개념에 대한 이해와 활용에 더욱 많은 관심을 가져야만 할 것이다.

이상에서 살펴본 바와 같이 일반적인 가정과는 달리 사회과학으로서의 사회복지학은 많은 부분에서 미학적 요소를 갖고 있다. 하지만 앞서 잠깐 언급한 바와 같이 이 분야는 철학의 영역은 말할 것도 없고 사회복지학의 영역에서도 매우 생소하고 발전이 늦은 분야이다. 이러한 측면에서 보다 적극적인 사회복지학과 철학의 교류 확대가 가장 요청되는 분야라고 할 수 있다.

지금까지 우리는 철학을 구성하고 있는 하위분과 영역들이 사회복지의 개념, 목적, 범위, 실천활동 등과 어떻게 연결될 수 있으며 어떠한 함의를 가지고 있는지 살펴보았다. 그리고 이러한 분과학문들을 포괄하는 분야를 사회복지철학이라고 개념 규정할 수 있다는 것도 언급하였다. 물론 아직까지 사회복지철학체계의 구성과 내용이 명확하게 정립된 것은 아니며 추가적인 조사와 연구가 지속적으로 요구된다고 볼 수 있다.

CHAPTER

02 윤리학에 대한 이해

1. 윤리학의 개념과 체계

1) 도덕개념과 윤리학

윤리학은 도덕적인 가치판단의 구조를 밝히려 하는 철학의 한 분야이다. 가치판단의 구조를 밝힌다는 것은 도덕적인 판단과 선택 그리고 그 기준에 관하여 탐구하고 분석한다는 것을 의미한다(Sahakian, 1986 : 1). 대부분의 학자들이 윤리학이라는 학문이 도덕에 대한 탐구를 주로 수행하고 있다는 것에는 공감을 하고 있지만 학문으로써 윤리학이 무엇인지에 대한 명확한 개념정의에 관해서는 학자들마다 서로 의견을 달리하고 있다.

이는 학자들마다 자신이 받아들이고 있는 도덕적인 판단의 내용과 기준에 대한 견해가 크게 다르기 때문이다. 하지만 이와 같은 견해의 차이에도 불구하고 대부분의 학자들이 공감하는 것은 윤리학의 주요 관심사가 도덕적인 가치판단(moral value judgement)의 내용과 그 근거를 탐구하는 데 있다는 점이다(Sahakian, 1986 : 2). 따라서 윤리학의 개념을 보다 분명히 하고자 하는 이 절의 목표를 성공적으로 달성하기 위해서는 먼저 윤리와 도덕의 내용에 대하여 자세히 살펴보는 것이 중요하다.

(1) 윤리와 도덕의 개념

현재 한국어로 윤리 또는 윤리학이라고 쓰이고 있는 영어 단어인 에틱스(ethics)

는 그리스어 '에티케(ethike)'에서 유래한 것으로써 이 단어는 원래 인격에 관한 학문을 의미하는 것이라고 알려져 있다. 그런데 당시 그리스 사람들은 인간의 인격이란 그 사람이 가진 평소 습관의 결과로 나타나는 것이라고 간주했기 때문에 ethike라는 용어가 인간의 습관을 의미하는 그리스어 '에토스(ethos)'라는 단어가 변형된 것이라는 추측이 우세한 편이다. 이러한 측면에서 볼 때 윤리의 영어단어 ethics는 인간의 습관이나 관습을 의미하는 것으로 추측할 수 있을 것이다.

그런데 한국어 윤리는 원래 한자어이다. 그렇다면 한자어로 우리가 널리 사용하고 있는 윤리(倫理)라는 단어는 어떠한 뜻을 가지고 있을까? 중국의 고전인 『예기』(禮記)에 의하면 윤리란 본래 '동류(同流)'의 사물적(事物的) 조리(條理)를 의미하는 것이었다고 한다. 여기서 동류란 비슷한 종류의 사람이나 사물을 의미하는 것이고 조리란 일이 진행되는 도리(道理)를 의미한다. 그런데 시간이 지남에 따라 동류의 사물이 점점 인간을 의미하는 것으로 쓰이면서 그 범위가 좁혀지게 되자 윤리란 '사람이 사람과 함께 살면서 마땅히 행하여 할 도리'라는 뜻을 가지게 되었다고 한다(백종현, 2007 : 241).

결국 동서양의 개념을 종합해 볼 때 윤리라는 단어가 가진 본래의 의미는 사람과 사람들이 모여 사회생활을 영위하면서 지켜야만 하는 도리나 규칙 등을 말한다고 볼 수 있다. 그런데 윤리와 비슷한 뜻으로 흔히 사용되는 단어로 도덕에 상응하는 모랄(moral)이 있다. 앞서 우리는 윤리학이 도덕에 관한 학문이라고 개념 정의된다는 것도 보았고 윤리학이라는 용어와 도덕철학이라는 용어가 거의 같은 뜻으로 상호 교환되어 사용되고 있다는 것도 볼 수 있었다. 만약 윤리에 관한 학이 윤리학이고 도덕에 대한 학문을 도덕철학이라고 칭한다면 윤리와 도덕은 동일한 뜻을 가진 상이한 용어라고 짐작할 수 있다.

윤리라고 번역되는 에틱스가 그 어원을 그리스어에 두고 있는 것과는 달리 도덕 혹은 도덕적으로 번역되고 있는 모랄이라는 단어는 라틴어에 그 기원을 두고 있다. 이는 기원전 1~2세기에 살았던 로마의 철학자 키케로(Cicero)가 윤리적이라는 것을 의미하는 그리스어 '에티코스(ethikos)'를 라틴어 모랄리스(moralis)로 번역하여 사용한 것에 기인하고 있다. 그런데 라틴어 모랄리스는 원래 모레스(mores)라는 라틴어 단어에 그 어원을 두고 있는데 모레스라는 이 단어 역시 에틱스의 어원인 에토스와 마찬가지로 인간의 생활습관이나 관습을 의미하고 있었다(Singer, 1994 : 5).

이와 같이 윤리와 도덕이라는 용어의 역사적 측면을 보면 도덕이라고 번역되는 모랄 역시 관습적인 것, 바꿔 말해 전통을 통해 수용되고 굳어진 사회의 태도와 규범들의 총체라고 이해할 수 있을 것이다(백종현, 2007 : 293). 이러한 것을 종합해 본다면 결국 윤리와 도덕은 같은 개념을 의미하는 상이한 단어라고 보는 것이 바람직하며 윤리와 도덕 그리고 윤리학과 도덕철학은 특별한 용도를 미리 설정하지 않는 이상 상호 교환하여 사용하여도 무방할 것 같다.

(2) 도덕적 판단의 분류

앞서 이 장의 서두에서 밝힌 바와 같이 윤리학이 도덕적인 가치판단의 내용과 그 근거를 주로 탐구하고 있다고 한다면 윤리학의 개념을 보다 깊이 이해하기 위해서는 '도덕적(moral)'이라는 개념이 과연 무엇을 의미하는 것인지가 보다 분명하게 규명되어야 할 것이다.

철학적인 의미에서 살펴볼 때 '도덕적'이라는 용어는 크게 두 가지 상이한 뜻을 담고 있다(Sahakian, 1986 : 3).

첫째는 도덕적이라는 용어가 옳은 것과 좋은 것에 관한 판단, 즉 가치판단을 할 수 있는 인간의 능력과 관련된 것으로 사용된다. 다시 말하자면 우리가 어떤 행위나 태도를 도덕적이라고 할 때는 이들이 옳거나 좋다고 하는 가치판단을 내릴 수 있는 대상이라는 것을 의미하며 대상에 대하여 이러한 판단을 내리는 주체 역시 도덕적인 가치판단을 내릴 수 있는 능력이 존재한다는 것을 전제한다.

따라서 이러한 경우로 사용되는 도덕적인 용어의 의미와 반대되는 개념은 어떠한 대상이 옳거나 좋은 것과 관련되어 있지 않아 도덕적인 가치판단을 할 수 없다는 것을 의미한다. 이러한 경우를 지칭하기 위해서는 '비도덕(non-moral)'이나 '도덕과 무관한(amoral)' 등의 용어가 사용되고 있다.

두 번째 도덕적이라는 용어의 의미는 윤리적 기준에 부합한다는 뜻을 담고 있다. 만약 우리가 도덕적인 기준에 일치하게 행동하는 사람을 보면서 저 사람은 매우 도덕적이라고 한다면 우리는 바로 두 번째 의미로 도덕적이라는 개념을 사용하고 있는 것이다. 이러한 의미에서 도덕적이라는 용어와 반대되는 개념은 행위나 태도의 방식이 옳지 않고 그르다는 의미이다. 이 경우 사용되는 용어는 옳지 않고 그르다는 것을 의미하는 '부도덕 혹은 반도덕(immoral)'이라는 뜻을 가진 단어이다.

그렇다면 도덕이 가진 이러한 두 가지 차원의 개념을 활용하여 도덕적인 것의 의미를 구체적인 인간의 행위를 사례로 하여 보다 명확하게 확정하여 보자(Pojman, 2002 : 9-10).

어떤 사회에서 올바른 행위라는 것은 넓게 보아 그렇게 행동하는 것이 사회적으로 허용된다(permissible)는 것을 의미한다. 그런데 보다 자세히 살펴보면 한 사회에서 올바른 것으로 허용되는 행위란 적극적인 차원에서 그렇게 행동하는 것이 올바르기 때문에 반드시 그렇게 해야 한다는 의무적인(obligatory) 행위도 있지만, 소극적으로 해석해서 그와 같이 행동하는 것이 올바르지 않은 행동은 아닌 즉 그렇데 행동하는 것이 허용된다는 의미에서 임의적(optional) 행위로 나누어 볼 수 있다. 다시 말해 임의적 행동이란 사회적으로 수행과 준수가 강제되는 의무적인 행동은 아니지만 그렇다고 해서 그와 같이 행동하는 것이 부도덕하거나 반도덕적인 것으로 철저하게 금지되는 행위도 아니라는 것이다.

이러한 임의적 행동에는 또다시 전적으로 도덕중립적(neutral) 행위와 초과의무적(supererogatory) 행위가 있을 수 있다(Rawls, 1971).

도덕중립적인 행위는 앞서 언급한 바와 같이 도덕과 무관한 것에 해당하는 것으로써 옳고 그름에 대한 도덕적인 판단 범주에 해당하지 않는 행위이다. 이와 달리 초과의무적인 행위란 행위 속에 도덕적인 속성이 있고 따라서 그와 같은 행위를 수행하였을 경우 도덕적인 칭송과 찬사를 받지만 그렇다고 해서 그와 같은 행위를 사회가 의무로써 엄격하게 강제하기는 힘든 행위를 말한다. 예를 들어 지나가는 행인이 물에 빠져 허우적거리는 어린이를 보고 용감하게 뛰어들어 구조한 행위는 분명히 사회적으로 칭송받아야 할 도덕적 행위이긴 하지만 사회가 그렇게 하도록 반드시 강제할 수도 없으며 아울러 그와 같이 행동하지 않았다고 하더라고 크게 비난할 수도 없다.

한 사회에서 허용되는 행위 가운데 의무적인 행위를 도덕적(moral) 행위의 범주로 간주할 수 있을 것 같다. 앞서 언급한 도덕적이라는 용어의 두 번째 의미에 해당하는 범주이다. 다시 말해 사회에서 의무적으로 강제되는 행위를 반드시 수행하는 것과 해서는 안 된다고 하는 행위를 반드시 하지 않는 것은 도덕적이라고 볼 수 있는 반면에 의무적인 행위를 수행하지 않거나 해서는 안 되는 행위를 수행하는 행위는 반도덕적(immoral)이라고 볼 수 있다.

그리고 임의적 행위는 도덕적인 판단과 무관한 것을 의미하는 것으로 앞서 언급한 도덕적이라는 의미의 첫 번째에 해당한다고 볼 수 있다. 이러한 행위들은 사회에서 허용되는 행위들이기는 하지만 도덕적 판단과는 무관한 행위들이다. 예를 들어 한 사회에서 개인들이 가지고 있는 패션 취향이나 다양한 취미 등은 도덕과 무관한(non-moral) 대표적인 행위라고 볼 수 있다.

하지만 도덕과 관련된 범주를 이와 같이 도덕적, 비도덕적, 반도덕적인 것으로 구분할 때 반드시 주의해야 할 점이 있다. 그것은 도덕적 구분이라는 것이 명확하게 그 범주와 기준이 확정된 개념은 아니라는 것이다. 어떠한 행위나 태도를 도덕, 비도덕, 반도덕으로 분류하는 방식은 어느 정도 시대와 장소에 관계없이 보편적으로 적용 가능하지만 구체적으로 이러한 범주를 구분하는 기준이나 그러한 구분에

속하는 행위의 종류와 범위는 시대와 장소에 따라 다양하게 변할 수 있다는 것은 인정해야 한다.

예를 들어 불과 얼마 전만 해도 한국 사회의 구성원이라면 반드시 의무적으로 수행해야 되는 행위로 엄격하게 간주되었던 결혼행위는 시대가 변함에 따라 점점 개인의 선택이나 취향인 임의적 행위로 변모했다. 하지만 현재는 젊은 미혼 계층의 결혼 회피나 저출산이 초래하는 사회적 문제의 심각성으로 인해 결혼행위가 강제적 의무는 아니지만 사회적으로 해당 행위의 도덕성을 칭찬하는 초과의무적인 행위로 점점 변모하고 있다.

또 한가지 주의해야 할 점은 도덕과 무관한 행위에 대하여 도덕적인 판단을 내려서는 안 된다는 것이다. 흔히 사회에서 도덕과 무관한 비도덕적인 행위를 마치 반도덕적인 행위로 간주하는 경우가 있는데 이러한 판단행위 자체가 바로 반도덕적인 것이다. 예를 들어 개인의 성적 취향이나 주거 방식 등과 같이 개인적 취향으로 취급될 수 있는 행위를 반도덕적인 행위로 간주하여 사회적으로 비난하는 경우가 있을 수 있는데 이는 본질적으로 반도덕적인 행위라고 볼 수 있다.

이상에서 논의한 도덕개념에 대한 구분들을 도식적으로 표현하면 아래의 그림과 같다.

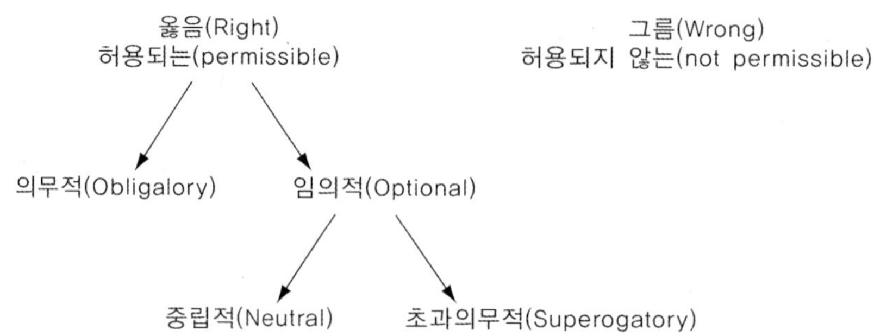

| 그림 2-1 | 도덕적 행위의 유형들(Pojman, 2002 : 10)

(3) 도덕, 종교, 법률의 규범성 비교

이같이 도덕적 판단의 핵심요소는 인간의 행위나 태도에 대하여 옳고 그름을 판단하고 규율하는 규범성에 있음을 알 수 있다. 다시 말해 도덕은 인간들로 하여금 어떠한 행위를 하거나 하지 않도록 강제하는 힘을 가지고 있으며 그 이유는 해당 행위가 옳거나 그른 속성을 가지고 있기 때문이다. 여기서는 도덕이 가지고 있는 규범적 성질을 보다 분명히 이해하기 위해 도덕이 가진 특성을 비슷한 기능을 수행하는 다른 규범체계들과 서로 비교해 보고자 한다(Pojman, 2002 : 3-6).

먼저 바람직한 행동유형을 제시하고 그 이행을 강제함으로써 인간관계의 이해갈등을 조정하고 해결하는 대표적인 사회의 규범체계로 법률을 들 수 있다. 법률은 도덕과 매우 비슷한 규범성을 보이지만 몇 가지 측면에서 도덕과 근본적인 차이를 가진다.

첫째, 법률은 옳고 그름의 타당성을 정의하는 범위가 도덕에 비해 다소 협소하다. 법률에서는 법적으로 타당한 것들이라도 비도덕적인 것으로 비난받을 수 있으며 인간의 내면적인 본성과 동기는 도덕적으로는 중요한 판단의 대상이 될 수 있으나 법률적으로는 규제하는 데 있어서 한계가 있을 수 있다. 예를 들어 클라이언트의 비밀을 공개하도록 강제하는 법원의 명령을 어긴 사회복지사의 행위는 사회복지사의 윤리규정을 준수한 것으로서 도덕적으로 칭송받을 수도 있으며, 사회복지사와 클라이언트 상호 간의 서로 불신하는 마음은 전문직의 윤리에 어긋나는 것으로서 도덕적으로는 바람직하지 않은 것이지만 이를 법률로써 처벌하기는 힘들 것이다.

둘째, 법률과 도덕은 규범적 강제성의 정도에 있어 큰 차이를 보인다. 도덕은 반도덕적인 행위나 태도에 대하여 사회적 비난이나 나쁜 평판을 부여함으로써 당사자의 사회적 가치나 존엄성을 떨어뜨리는 것이 최대한의 규제인 반면 법률은 당사자의 신체나 소유물에 대하여 구체적인 물리적, 재정적 제재를 강제할 수 있다는 면에서 도덕이 가진 강제성을 훨씬 뛰어넘는다.

역사적으로 가장 오랫동안 강력하게 인간의 행동과 태도를 규정하여 온 규범적 판단체계는 종교이다. 종교 역시 인간행위의 옳고 그름에 대하여 규범적 판단을 내릴 뿐만 아니라 강력한 물리적 제재를 강제할 수 있는 제도이다. 그렇지만 종교는 옳고 그름에 대한 판단의 기준을 인간의 이성이나 경험이 아니라 신적 권위와 계시에 두고 있다는 점에서 도덕과는 큰 차이를 보인다. 종교가 가지고 있는 규범적 판단의 기준이 인간의 이성과 경험이 아니라는 점은 종교적 규범의 강제적 성격에 있어서도 큰 영향을 미치게 된다. 다시 말해 해당 종교의 신적 권위와 계시를 신봉하는 인간들에게 있어서는 종교의 규범이 매우 강력한 규제력을 발휘할 수 있지만, 이러한 종교적 권위를 인정하지 않는 인간들에게 있어 그와 같은 규범력은 아무런 힘을 가지지 못한다. 결국 종교가 가지고 있는 규범성은 모든 사람들의 동의와 참여를 이끌어내기에 충분한 보편성을 결여하고 있다고 볼 수 있다.

이상의 비교들을 종합해 보면 도덕은 사회적 존재인 인간의 삶과 행위 그리고 태도를 보다 포괄적이면서도 심층적으로 다루려고 하는 측면에서 법률과는 뚜렷이 구별되며, 권위나 계시와 같은 초월적인 기준보다는 인간의 이성이나 경험과 같은 다소 보편적인 기준을 추구한다는 측면에서 종교와도 분명히 구별된다고 볼 수 있다.

2) 윤리학의 개념과 도덕적 판단체계

(1) 윤리학의 개념정의

도덕적 판단과 기준에 대한 이상의 논의를 기초로 하여 철학자와 윤리학자는 윤리학에 대해 다양한 개념정의들을 제시하고 있다(김기덕, 2002 : 34-37). 그러나 앞서 설명한 바와 같이 윤리학의 핵심개념은 도덕적 판단이기 때문에 학자들이 제시하고 있는 윤리학의 개념정의 역시 도덕이 무엇인가라는 질문을 중심으로 하여 구성되고 있다는 점은 대동소이하다.

먼저 펠트만(Feldman)은 윤리학이란 '도덕에 관한 철학적 연구'라고 매우 간단하게 정의하고 있다(Feldman, 1978 : 1). 이러한 정의는 윤리학이 도덕이라는 대상을 연구하는 철학의 한가지 분과학문이라는 것을 명확히 하고자 함이다. 하지만 펠트만의 개념정의가 철학의 본질을 정확하게 인식하고 있는 것은 사실이나 개념으로 보기에는 너무 간결하게 구성되어 있기 때문에 실제로 윤리학이 어떠한 내용의 활동을 구체적으로 수행하는지에 대해서는 전혀 알 수가 없다는 단점이 있다.

세계적으로 널리 알려진 윤리학자 가운데 하나인 싱어(Singer)는 펠트만에 비해서는 보다 구체적인 내용 설명을 통해 윤리학의 개념을 정의하고 있다. 그는 윤리학이란 '우리가 어떻게 행동해야 하는가를 추론하는 체계적 연구'라고 정의하고 있다(Singer, 1994 : 4). 이러한 싱어의 정의를 보면 윤리학이 한 사회에서 어떠한 기능과 목적을 수행하고 있는지를 명확히 밝히고 있음을 알 수 있다. 하지만 윤리학이라는 학문이 인간 행위의 판단기준을 제공한다는 실용적 측면과 더불어 옳음과 그름의 본질과 정당화라는 이론적, 분석적 차원도 존재하고 있음이 쉽게 드러나지 않는다는 단점이 존재한다. 다시 말해 도덕적 판단은 행위에 대한 실용적 판단이라는 측면과 가치에 대한 분석적 측면이 동시에 존재하고 있다는 사실이 개념에 분명하게 드러나야 할 것이다.

미국의 윤리학자 레이첼스(Rachels) 역시 싱어와 유사하게 윤리학을 '어떻게 살아가야만 하는가라는 의문을 체계적으로 이해하고자 하는 노력'이라고 서술하고 있는데 이러한 개념정의 역시 싱어의 개념과 마찬가지로 윤리학이 가진 실용적 측면만을 강조한 느낌을 준다. 이러한 점은 그가 사회의 다양한 규범적 문제를 보다 현실적으로 해결할 수 있는 윤리체계를 구상하였다는 측면에서 어느 정도 이해 가능하다.

이와 같이 다소 제한적 방식으로 윤리학을 개념정의하는 경우와는 달리 보다 상세하고 포괄적으로 개념정의를 내리고 있는 학자들도 있다.

먼저 프랑케나(Frankena)의 개념정의를 살펴보면 그는 윤리학이란 '도덕 혹은 도덕성과 도덕적 문제 그리고 도덕적 판단에 대한 철학적 사고'라고 정의함으로써(Frankena, 1973), 윤리학의 핵심개념이 도덕이라는 것을 분명히 하면서도 도덕성과 도덕적 문제라는 개념을 명확히 구분하여 윤리학이 도덕에 대한 본성적 탐구의 차원과 문제의 해결이라는 실용적 활용의 차원으로 이루어져 있음을 명확히 하고 있다. 하지만 프랑케나의 개념정의에는 본성적 탐구와 실용적 활용이라는 윤리학의 과제를 어떠한 방식으로 수행할지에 대한 내용이 철학적 사고라는 단어로 너무 간략하게 제시되어 있다는 단점을 가진다. 다시 말해 앞서 언급한 펠트만(Feldman)이 윤리학을 '도덕에 관한 철학적 연구'라고 정의할 때 과연 철학적 연구라는 것이 무엇을 의미하는지에 대한 설명이 여전히 불충분하다고 볼 수 있다.

사하키안(Sahakian) 역시 프랑케나와 유사하게 윤리학을 실용적 측면과 분석적 측면으로 구분하여 보다 포괄적으로 개념정의하고 있다. 그는 윤리학을 '옳은 것, 좋은 것에 관한 연구와 함께 윤리학적 용어와 이론 그리고 신념들에 대한 논리적인 분석을 중요 과제로 삼는 학문'으로 정의한다(Sahakian, 1986 : 4). 그 역시 윤리학이 옳고 그름에 대한 내용과 기준에 대한 연구와 더불어 옳고 그름에 대한 용어와 의미에 대한 연구로 구성되어 있음을 명확히 밝히고 있지만 이들을 연구하는 방법으로써 그가 언급한 '논리적인 분석'이 과연 무엇을 의미하는지는 여전히 불분명하다.

이러한 측면들을 고려할 때 다음에 소개할 포이만(Pojman)의 윤리학에 대한 개념정의는 몇 가지 측면에서 다른 학자들의 개념정의 보다 진전된 것으로 평가된다. 포이만은 윤리학을 '도덕적인 개념을 이해하고, 도덕적 원칙과 이론들을 정당화하고자 하는 체계적인 노력'이라고 정의함으로써(Pojman, 2002 : 2) 윤리학의 핵심개념이 도덕이라는 것을 분명히 하고 있다는 점에서는 다른 개념정의와 동일한 입장을 취하지만 다음의 두 가지 측면에서 볼 때 보다 발전된 개념정의를 내리고 있다.

첫째, 포이만은 윤리학의 연구대상인 도덕을 도덕적 개념, 도덕적 원칙, 도덕적

이론이라는 보다 구체적인 범주를 사용하여 체계적으로 제시하고 있다. 이를 통해 그는 도덕이 추상적인 개념에서 보다 구체적인 원칙들이 도출되며 이러한 원칙들의 관계가 도덕적 이론이라는 것을 윤리학의 개념 속에 적절히 담아내고 있다.

둘째, 포이만은 자신의 개념 속에서 도덕에 대한 연구방법을 보다 구체적으로 제시하고 있다. 그는 자신의 개념에서 윤리학이 수행해야 할 연구의 방법으로 도덕적인 개념을 '파악'한다는 것과 이와 같이 파악된 도덕개념으로부터 파생되는 원칙들과 이론들을 '정당화'하는 것으로 분명히 언급함으로써 도덕을 철학한다고 할 때 철학한다는 것의 의미가 무엇인지를 보다 구체적으로 밝혀주고 있다.

이러한 포이만의 개념정의를 통해 알 수 있는 윤리학의 과제는 크게 두 가지라고 볼 수 있다. 그 하나는 개인 측면과 사회 측면에서 어떠한 삶이 가치 있는 것인지를 규명하는데 도움이 되는 가치와 미덕의 내용과 본성을 밝히는 것이고, 다른 하나는 개인이나 집단이 실제 생활에서 하나의 행동지침으로 활용할 수 있는 원칙을 이론화하는 것이다.

(2) 윤리학의 규범적 판단체계

이상에서 살펴본 바와 같이 윤리학 혹은 도덕철학의 핵심 내용은 도덕에 대한 가치판단이며 다음과 같은 서로 구별되는 세 가지 하위 범주의 유기적인 결합으로 구성되어 있음을 알 수 있다. 도덕적 가치판단을 구성하는 세 가지 하위 개념인 도덕적 판단의 범주, 도덕적 판단의 대상, 도덕적 판단의 한계 등을 차례로 살펴보도록 하자.

첫째, 도덕적인 가치판단은 도덕적인 판단과 비도덕적인 판단이라는 두 가지 분석범주로 구성되어 있음을 알 수 있다. 앞서 살펴본 바와 같이 도덕적인 판단은 도덕과 반도덕으로 구성되는 것이 아니라 '도덕적 판단'과 '도덕과 무관한 판단'으로 구성되는 것이다. 다시 말해 인간이 수행하는 가치판단은 일단 도덕적인 것과 비도덕적(non-moral)인 것으로 크게 구분되고 도덕적(moral)인 것이라는 판단 내부는 도덕과 반도덕(immoral)의 영역을 가지고 있다.

둘째, 도덕적 가치판단은 인간이 행하는 구체적 행위만을 대상으로 하여 이루어지는 것이 아니라 훨씬 더 포괄적이고 다양하다. 도덕적인 판단은 외부적으로 드러나는 행위뿐만 아니라 그 행위와 연관된 동기나 의지와도 관련이 있으며 특히 인간이 가지고 있는 특정한 사물에 대한 태도, 감정, 가치판단, 취향, 취미 등에 대해서도 이루어진다.

다시 말해 인간이라면 모름지기 어떠한 행위를 반드시 수행해야만 한다는 논의 즉 도덕적 의무(obligation)에 대한 논의가 도덕적 판단에 있어 중요한 요소이기는 하지만, 어떠한 사물이나 현상, 가치, 태도, 취향, 상태 등이 과연 올바르고 좋은 것인가라는 질문에 대한 대답 역시 인간이 수행하는 가치판단(value judgement)에서 빼놓을 수 없는 중요한 요소이다. 뿐만 아니라 종교와 같은 경우 외부로 드러난 행위보다 오히려 행위를 유발한 동기나 감정이 더욱 중요한 도덕적 판단의 대상이 될 수도 있다.

셋째, 앞서 도덕과 비도덕에 대한 구분과 판단이 가진 시간적, 공간적 한계를 논의할 때 설명한 것과 같이 어떤 도덕적 판단은 시간적, 공간적, 집단적으로 매우 제한되게 받아들여지는 반면 어떠한 판단과 가치는 이러한 시간적, 공간적 한계를 넘어 보다 보편적이고 일반적인 것으로 받아들여진다. 또한 어떤 도덕적인 판단은 매우 개인적이고 주관적인 것으로 간주되는 반면 어떠한 도덕적 판단은 집단적이고 객관적인 것으로 간주되기도 한다.

이와 같이 도덕적인 판단에 있어 개별적으로 존재하는 세 가지 하위 범주들을 종합하게 되면 도덕적 가치판단과 관련하여 하나의 판단체계를 구성할 수 있으며 현실 사회의 도덕적 판단문제를 통합적이면서도 체계적으로 분류하고 판단할 수 있다는 이점이 생긴다.

예를 들어 미국의 윤리학자인 프랑케나(Frankena)는 도덕－비도덕, 행위－가치,

보편적-특수적이라는 세 가지 범주를 이용하여 다음과 같은 규범적 판단체계를 구성하고 적절한 사례를 통해 이러한 판단체계가 현실문제에 대해 효과적으로 활용할 수 있음을 성공적으로 보이고 있다(Frankena, 1973 : 10-11; 김기덕, 2002 : 48 재인용).

예를 들어 아래의 표에서 사례로 제시되고 있는 판단인 '책상을 만들 때는 테이프보다는 못을 사용해야 한다'는 판단은 도덕과 무관한 비도덕적인 판단이다. 왜냐하면 책상을 만들 때 꼭 못을 사용해야 할 규범적 근거를 찾기 힘들기 때문이다. 그리고 이 판단은 태도를 평가하는 가치판단이 아니라 구체적인 행위를 평가하는 의무판단에 해당한다. 마지막으로 이 판단은 특수한 책상이 아니라 이 세상에 존재하는 일반적인 책상에 대한 보편적인 판단을 의미하는 것이다.

표 2-1 **규범적 판단체계**

도덕적 판단 (Ethical or Moral Judgements)	비도덕적 판단 (Nonmoral Normative Judgements)
A. 도덕적 의무에 대한 판단(Judgements of Moral Obligation) 1. 특수판단(Particular Judgements) 예) 그가 한 행위는 잘못된 것이다. 2. 보편판단(General Judgements) 예) 우리는 스스로 한 약속은 지켜야 한다. B. 도덕적 가치에 대한 판단(Judgements of Moral Value) 1. 특수판단(Particular Judgements) 예) 우리 할아버지는 존경할 만하다. 2. 보편판단(General Judgements) 예) 자선은 미덕이다.	A. 비도덕적 의무에 대한 판단(Judgements of Nonmoral Obligation) 1. 특수판단(Particular Judgements) 예) 당신은 새 옷을 사야만 한다. 2. 보편판단(General Judgements) 예) 책상을 만들 때는 테이프보다는 못을 사용해야 한다. B. 비도덕적 가치에 대한 판단(Judgements of Nonmoral Value) 1. 특수판단(Particular Judgements) 예) 이 차는 정말 좋은 차다. 2. 보편판단(General Judgements) 예) 기쁨이란 그 자체가 좋은 것이다.

2. 윤리학의 구분

1) 기술윤리학, 규범윤리학, 메타윤리학

앞서 윤리학이란 도덕에 관한 철학으로 개념정의할 수 있다는 것을 살펴보았다. 하지만 학문으로써 윤리학은 도덕적인 판단과 관련하여 제기될 수 있는 다양한 문제의 성격과 내용에 따라 여러 가지로 분류될 수 있다. 이 절에서는 도덕에 관해서 제기될 수 있는 문제를 살펴보고 이와 관련하여 어떠한 학문분류가 가능한지 알아보도록 한다.

윤리학자인 프랑케나(Frankena)는 도덕개념을 철학적으로 탐구하고자 할 때 다음과 같은 세 가지 서로 다른 종류의 사고를 펼칠 수 있다고 주장한다(Frankena, 1973 : 4-5).

첫째, 무엇보다도 도덕개념과 관련된 기술적(descriptive)이고 경험적인(empirical) 탐구가 있을 수 있다. 이러한 탐구의 목적은 도덕이라고 규정된 개념이나 관련대상을 객관적으로 관찰 서술하거나 구체적으로 설명하는 것이다. 아울러 이러한 탐구에는 도덕과 관련된 인간의 행위나 태도와 관련된 내용 역시 경험적으로 연구될 수도 있다.

둘째, 인간이 수행하는 행위나 내면의 태도 가운데 과연 어떠한 것이 도덕적으로 바람직한 것이며 옳은 것인지를 규명하는 규범적 사고가 있을 수 있다. 다시 말하자면 인간이란 어떠한 상황에서는 어떻게 행동하는 것이 가장 도덕적으로 올바른 것인가를 끊임없이 탐구하는 존재이고 윤리학은 이러한 의문에 대하여 적절한 답을 제시해야 한다. 당연히 이러한 의문에 대한 해답에는 도덕적 판단을 정당화할 수 있는 적절한 이유와 근거가 존재해야 할 것이다.

셋째, 도덕적인 행위의 구체적인 기준과 내용을 탐구하는 두 번째 문제제기와는 달리 도덕이라는 개념 그 자체에 대한 의문이 제기될 수도 있다. 예를 들어 우리가 어떤 행위를 도덕적이라고 판단하고자 한다면 가장 먼저 정립하여야 할 것은 도덕 그 자체가 무엇을 의미하는지 그리고 우리는 도덕이라는 개념을 어떻게 인식하고 알아차릴 수 있는지에 대한 명확한 설명이다. 이러한 측면에서 볼 때 도덕에 대한 세 번째 사고는 도덕 그 자체에 대한 의미론적이면서 인식론적 질문이라고 볼 수 있다.

윤리학은 도덕에 대한 이러한 세 가지 규범적 질문들에 따라 나누어질 수 있다. 흔히 첫 번째 질문과 관련된 탐구는 기술윤리학(descriptive ethics)으로, 두 번째 질문과 관련된 영역은 규범윤리학(normative ethics), 그리고 세 번째 질문과 관련된 규범적 논의는 메타윤리학(meta ethics)으로 구분된다(Thompson, 2000 : 28-30). 각각의 윤리학의 분과학문이 담고 있는 자세한 내용과 아울러 이들 윤리학이 가진 사회적, 사회복지적 함의를 간략하게 살펴보도록 하자.

(1) 기술윤리학

기술윤리학은 기술(記述)이라는 용어가 의미하듯 인간들이 어떠한 도덕적 판단을 하면서 살아가고 있는가라는 질문에 대한 사실적 정보(factual information)를 제공하고자 한다. 예를 들어 대학생들이 가지고 있는 성도덕에 관한 규범적 질문과 관련하여 혼전 성관계에 대하여 찬성하는 대학생이 전체 대학생 가운데 약 12%에 해당한다는 결과를 제시하는 것은 대표적인 기술윤리학의 과제라고 볼 수 있다. 뿐만 아니라 기술윤리학은 국가가 시행하는 정책과 관련된 규범적 판단에도 적용될 수 있다. 예를 들어 기초생활보장제도에서 부양의 의무와 관련된 정책적 질문과 관련하여 현재 한국에서 부양의 의무를 지고 있는 인구집단의 규모가 어느 정도인가라는 구체적 대답 역시 기술윤리학이 관심을 가지고 있는 대표적인 영역이다.

이와 같이 특정한 규범적 전제 없이 단지 객관적인 행동습관이나 관례를 기술하는 도덕개념은 흔히 실증적 도덕 혹은 기술적 도덕이라고 불리는데(Pojman,

2002 : 2), 기술적 도덕을 주요 연구과제로 상정하고 있는 윤리학의 하위 학문 영역이 바로 기술윤리학이다.

물론 기술윤리학을 윤리학의 종류로 포함시키는 것을 의문시하는 학자들도 다수 존재한다. 이들은 기술윤리학이 명확하게 도덕이 무엇인지에 대한 내용적 판단이나 도덕적으로 행동하기 위해서는 어떻게 해야 한다는 행동지침을 제공하지 못하기 때문에 윤리학이라는 학문의 종류로 분류하기 힘들다고 주장한다. 이러한 주장을 펼치는 학자들은 윤리학을 크게 규범윤리학과 메타윤리학으로만 분류하고 있다(Sahakian, 1986 : 5-9).

하지만 윤리학의 논의에서 기술윤리학이 차지하고 있는 역할은 분명히 존재한다. 어떠한 도덕적 판단이 단순한 믿음이나 확신에 불과한 것이 아니기 위해서는 내적으로 적절한 논리적 타당성을 갖춤과 동시에 경험적으로도 타당한 증거를 제공할 수 있어야 할 것이다. 예를 들어 도덕적 이기주의와 이타주의와 관련된 규범적 논쟁을 수행한다고 가정해 보자. 물론 이기주의와 이타주의 가운데 어떠한 주장이 보다 규범적인 것인지의 여부를 순전히 논리적인 차원에서 전개할 수도 있지만 이러한 주장이 보다 확고한 타당성을 갖추기 위해서는 인간의 본성과 행위에 대한 경험적인 연구와 사실적인 기술이 뒷받침되어야 한다. 결론적으로 말하자면 기술윤리학이 비록 도덕적 판단을 직접적으로 다루지는 않지만 도덕적 판단의 내용과 정당성을 탐구하는 규범윤리학과 메타윤리학의 논의를 지원하는 중요한 역할을 맡고 있다고 볼 수 있다.

(2) 규범윤리학

규범윤리학은 규범(規範; norm)이라는 용어가 의미하고 있는 것과 같이 도덕적 '규범'(moral 'norm')을 연구의 핵심적 주제로 설정하고 수많은 인간의 행위나 태도 가운데 어떠한 것을 의무적으로 수행해야 하는지에 대해 집중적으로 탐구한다.

다시 말해 규범윤리학은 인간들이 지켜야 할 도덕적 의무와 책임을 제시할 수 있는 도덕적 진리(moral truth)를 구축하고자 하는 노력이다(Sahakian, 1986 : 5).

이러한 개념정의를 볼 때 규범윤리학에 대한 연구는 크게 두 가지 방향으로 진행된다. 첫째, 특정행위나 상태에 대한 규범적인 판단을 제시하는 것이다. 예를 들어 '거짓말을 하는 것은 옳지 않다'와 같이 특정상황에서 특정행위에 대한 도덕적인 판단규범을 구축하는 작업이 규범윤리학의 핵심이다. 둘째, 규범윤리학은 어떠한 행위에 대하여 내린 도덕적 판단을 정당화할 수 있는 적절한 이유와 근거를 제시하고자 한다. 다시 말해 윤리적으로 타당하다고 판단되는 특정한 행위의 이면에 깔려 있는 가치(value)와 논거(reasoning)를 고찰하는 것도 규범윤리학의 중요한 과제이다.

실제로 현실 사회문제의 해결과 관련하여 가장 크게 관심을 받고 있는 영역은 바로 규범윤리학이다. 예를 들어 사회복지학과 같은 응용학문이자 실천지향적인 학문은 윤리학의 세 가지 영역 가운데 규범윤리학이 사회복지학과 가장 밀접하게 관련되어 있음은 능히 짐작할 수 있다. 실제로 사회복지가 윤리학적 접근에 대한 관심이 크게 증가한 것은 1970년대 이후 급속하게 성장하기 시작한 응용윤리학(applied ethics)과 전문직 윤리학(professional ethics)의 영향 때문이라고 평가할 수 있는데 이 두 가지 분야의 흐름을 주도한 지적 흐름이 다름 아닌 규범윤리학이었다. 뿐만 아니라 사회복지실천 현장에서 활동하는 사회복지전문가가 주로 수행하는 윤리적 활동의 핵심은 자신에게 주어진 사례에서 가장 윤리적인 실천 대안들을 체계적으로 모색하는 윤리적 의사결정론이다(김기덕, 2002 : 249-265). 그런데 윤리적 의사결정론의 핵심은 사회복지사가 모색하는 여러 가지 실천대안들이 지향하거나 연관되어 있는 다양한 윤리적 가치와 원칙 사이에 규범적인 우선순위를 정하는 작업이며 이러한 우선순위의 결정에 가장 결정적인 도움을 줄 수 있는 학문이 바로 규범윤리학인 것이다.

(3) 메타윤리학

메타윤리학은 도덕적 행위를 단순히 기술하는 것을 넘어 도덕 그 자체에 대한 분석과 논증을 시도한다는 점에서 앞서 언급한 규범윤리학과 맥을 같이 하고 있다. 하지만 규범윤리학은 무엇이 도덕적인 것인가라는 실용적인 질문에 초점을 맞추고 있는 것과는 달리 메타윤리학은 도덕적인 것의 의미와 정당화에 주로 집중하고 있다(김기덕, 2004 : 30).

메타윤리학이라는 용어는 1949년에 윤리학자 에이어(Ayer)가 자신의 논문에서 처음으로 사용한 용어인데 그는 이 용어를 통해 윤리학이란 사람들이 어떠한 도덕적 판단을 해야 한다고 주장하려는 것이 아니라 사람들이 도덕적 판단을 한다고 할 때 과연 무엇을 하고 있는지를 보여주려는 시도라고 언급하고 있다(Ayer, 1949; 1963).

이러한 언급을 통해 볼 때 앞서 설명한 규범윤리학이 제기하는 질문은 주로 무엇이 좋고 나쁘며, 무엇이 옳고 그른 것인가에 대한 것인데 비해 메타윤리학이 던지는 질문은 옳은 것, 좋은 것 그 자체가 과연 무엇을 의미하는 것인가에 집중된다. 따라서 '도덕적으로 옳다고 하는 것의 의미는 무엇인가?', '도덕적으로 옳고 그름을 어떻게 알 수 있는가?', '도덕적인 것과 비도덕적인 것의 차이는 어떻게 정당화할 수 있는가?' 등이 대표적인 메타윤리학적 질문들이다(김기덕, 2002 : 40). 이러한 질문들을 자세히 보면 메타윤리학이 도덕 그 자체에 대한 철학적 질문들이라는 주장이 이해가 된다. 즉 메타윤리학은 도덕에 대한 존재론적, 인식론적, 논리학적 질문들을 제기하는 윤리학의 하위 연구 분야인 것이다.

메타윤리학이 구체적인 문제해결을 위한 실용적 지침을 제공하지는 않기 때문에 실천을 전제로 한 응용학문의 성격이 강한 사회복지학과는 거리가 멀지 않겠느냐는 짐작은 일면으로는 타당하다. 매일매일 실천현장에서 발생하는 문제를 빠른 시간에 분석하고 해결해야 하는 일선 사회복지사들에게 메타윤리학적 질문은 다소 공허하게 들릴지도 모른다. 하지만 최근 들어 사회복지 영역이 점점 다양해지고 복잡해짐에 따라 새로운 문제와 위기집단이 출현하고 과연 이들이 사회복지가 마땅히 다루어야만 할 문제인지에 대한 의문들이 제기된다. 이러한 질문들은 당연히 사회복지가 추구하는 도덕적 규범의 본질과 내용 그리고 그에 대한 정당화를 고민하게 하는 질문들이며 사회복지윤리에 대한 메타윤리학적 접근이 없이는 해결할 수 없는 것들이다. 뿐만 아니라 다음 절에서 소개되는 윤리의 새로운 경향들 특히 포스트모던 윤리학(postmodern ethics)의 경우 윤리학 자체에 대한 인식론과 존재론인 메타윤리학적 지식이 없이는 이들 주장들의 본질과 쟁점을 명확하게 이해하기 힘들다.

2) 근대주의 윤리와 탈근대주의 윤리

(1) 근대주의 윤리

최근까지 주로 논의된 윤리학의 이론은 대부분 근대주의 윤리이론(modernist ethics)의 전통에 근거한 것들이었다. 근대주의 윤리이론은 기본적으로 인간들의 도덕적 의무와 책임을 제시할 수 있는 객관적인 도덕적 진리가 인간과는 독립적으로 분명히 존재하고 있다고 상정하며 이러한 객관적인 기준은 인간의 이성과 경험에 의하며 타당하게 인식될 수 있을 뿐만 아니라 경험적으로 검증 가능한 것으로까지 보고 있다. 근대주의 윤리관에서 무엇보다 중요한 것은 인간 이성의 가능성에 대한 확고한 믿음이다.

칸트의 윤리학에 토대를 두고 있는 근대주의 윤리관은 인간들이 스스로의 이성을 활용하여 자신의 정서, 감정 및 욕망들을 복종시킴으로서 개인은 자율적인 윤리적 가치와 존엄을 가지며 이와 같은 자율적 개인의 윤리적 가치와 존엄은 오직 이성을 통해서 중재될 수 있다는 가정을 함축하고 있다(송재룡, 2001 : 91). 이제 인간은 공동체나 전통으로부터 독립한 채 어떠한 유형의 정서와 감정에도 의존하지 않고 무엇이 옳고 그른지에 대한 스스로의 기준을 합리적 사고로 세울 수 있게 된 것이다.

근대주의 윤리이론은 인간의 행위나 태도의 규범성에 대한 인식을 기준으로 하여 크게 의무론적 윤리관과 목적주의 윤리관으로 나누어진다. 이를 간략하게 정리한다면 의무론적 윤리관은 인간의 행위나 태도의 규범성을 행위 그 자체가 가지고 있는 속성이나 본질로서 규정하는 것으로 칸트주의 윤리관을 대표적인 것으로 들 수 있고, 목적주의 윤리관은 행위의 도덕적 타당성을 행위 자체의 속성이라기보다는 행위의 결과로 주로 판단하는 것으로 공리주의 윤리관을 가장 대표적인 것으로 언급할 수 있다(Hugman, 2003 : 5).

이러한 근대주의 윤리관의 내용은 규범윤리학을 설명하는 다음의 절에서 보다 상세하게 논의될 것이다.

(2) 탈근대주의 윤리

1980년대를 지나면서 전통적인 근대주의 윤리학이 가진 한계를 비판적으로 성찰하면서 새로운 윤리적 입장을 제시하는 흐름들이 등장하였다(Bauman, 1993). 이러한 흐름들은 논의를 주도하는 학자들에 따라 약간의 편차를 보이고는 있으나 하나같이 근대주의 윤리학의 기본적인 전제와 가정들을 비판하고 있다. 이들이 비판하고 있는 근대주의 윤리관의 전제들이란 실증주의, 합리주의, 객관주의, 진리－절대주의, 보편주의 등이다. 그들의 주장에 의하면 이러한 윤리적 전제들은 더 이상 변화하는 사회에서는 철학적 정당성을 확보하기 힘든 근대주의 유산에 근거하고 있음으로 근대주의의 윤리학의 대안인 탈근대적 윤리학을 적극 도입해야 한다는 것이다.

탈근대주의 윤리관의 핵심은 사회적 현실의 급변으로 인해 더 이상 근대적 형태의 도덕적 규정이 논리적 타당성과 실천적 유용성을 상실했다는 인식이다. 다시 말하자면 근대주의 윤리에서 가장 중요한 역할을 담당하는 개별 주체 즉 근대적 자아는 인식론적으로나 실존적으로 절대적이고 보편적인 보장을 담보해 줄 수 있는 도덕적 기준이 될 수 없다고 본다(송재룡, 2001 : 97).

탈근대주의 윤리관의 등장은 사회철학 전반에 큰 영향을 미쳤으나 특히 사회복지를 포함한 응용윤리학의 영역에 매우 큰 영향을 미치고 있다. 예를 들어 탈근대주의 윤리관은 사회복지에서 전통적으로 강조해온 핵심 가치들인 사회적 정의, 인권, 전문직 윤리 등이 이론적 논쟁의 여지가 없는 안정된 개념들이 아니라 매우 불안정한 근거를 가지고 있다고 본다(Ife, 2001 : 212). 따라서 이전까지 이와 같은 가치에 근거하여 전문가로서 사회복지사가 가졌던 권위의 정당성에 대하여 의문이 제기되면서 기존의 전문가와 클라이언트 사이의 권력관계에 대해서도 많은 의심들이 제기되고 있다(Dominelli, 2004 : 39). 결국 탈근대주의 윤리관이 지향하고 있는 것은 근대주의와 근대주의 윤리에 대하여 반성적(reflexive) 사고를 수행하는 것이다(Dean & Fenby, 1989; Bauman, 1993). 이를 통해 근대주의 윤리관이 가진 개별적, 원자적, 억압적 한계를 극복하고 보다 공동체적 동반관계를 전제로 하여 의사소통적이며 관계적인 인간관계로의 전환을 주장한다(Askheim, 2003).

3. 규범윤리학과 메타윤리학

윤리학의 내용을 체계적으로 이해하는 방법에는 여러 가지가 있을 수 있겠지만 이 절에서는 앞서 언급한 도덕에 관한 두 가지 큰 질문에 따라 메타윤리학과 규범윤리학으로 구분하여 보다 상세하게 살펴보고자 한다.

먼저 메타윤리학 분야의 핵심적 질문을 소개하고 이 질문에 대한 다양한 대답들을 중심으로 메타윤리학의 내용과 근거를 제시한다. 이어서 규범윤리학의 주요 내용들을 규범윤리학을 구성하는 몇 가지 이론들을 중심으로 소개한다. 그리고 마지막으로 규범윤리학과 메타윤리학은 서로 어떠한 관계가 있는지에 대해 간략하게 살펴보고자 한다.

1) 메타윤리학

(1) 메타윤리학의 과제와 개념

메타윤리학의 개념과 내용을 손쉽게 이해하기 위해서는 메타윤리학이 주로 다루고자 하는 질문들을 살펴보는 것이 유용할 것이다. 미국의 윤리학자인 프랑케나(Frankena)는 메타윤리학이 해결해야 할 과제로 다음의 네 가지 질문들을 제기한다(Frankena, 1973 : 96).

첫째, 옳은 것, 선한 것 등과 같은 윤리학의 개념들을 사용하여 도덕적 판단을 내리는 행위가 가진 본질과 기능은 무엇인가? 둘째, 도덕적인 것과 비도덕적인 것에는 어떠한 차이가 존재하는가? 셋째, 윤리학에서 사용되고 있는 다양한 용어들과 개념들의 의미는 무엇이며 어떻게 분석될 수 있을까? 넷째, 도덕적인 판단은 어떠한 방법으로 증명될 수 있으며 또 어떻게 정당화할 수 있는 것인가?

메타윤리학이 다루어야 할 이상의 과제들을 종합하여 볼 때 메타윤리학은 도덕적인 것의 의미에 대한 인식과 판단 그리고 정당성을 다루는 학문이라고 개념정의할 수 있다. 부연하자면 메타윤리학은 도덕적 판단의 논리학이자 도덕언어와 규범의 근거를 제시하고자 하는 체계적 연구라고 할 수 있다(Pieper, 2005 : 85).

메타윤리학에서 다루고자 하는 질문들의 핵심이 도덕적인 것의 의미와 정당성이라고 한다면 이러한 질문은 과연 도덕이 무엇인지 그리고 도덕적으로 올바른 것을 판단할 수 있는 객관적이고 절대적인 기준이 존재하는지의 문제로 구체화될 수 있다. 이러한 질문들이 바로 우리가 도덕적인 것을 어떻게 인식하고 정당화할 수 있는지를 탐구하는 도덕인식론(moral epistemology)의 가장 중요한 내용이다. 다음 절에서는 이러한 도덕인식론을 둘러싼 논쟁을 살펴보면서 도덕적인 것의 내용과 인식방법에 대하여 보다 상세히 알아보도록 하자.

(2) 도덕인식론 논쟁

도덕에 관한 메타윤리학적 논의의 핵심은 가치와 규범을 다루는 도덕적 언어를 어떻게 이해하고 정당화할 수 있는지의 여부이다. 이를 다른 방식으로 설명하자면 도덕적 언어에 대한 논의라는 것은 도덕에 대한 논의를 자연과학에서 객관적 사실을 다루는 방식과 동일하게 진행될 수 있는지 그 가능성과 타당성을 해명하는 것과 깊이 연관되어 있다.

이와 관련하여 메타윤리학 분야에서는 도덕적인 것에 대한 인간의 인식가능성을 중심으로 크게 인지주의(cognitivism)와 비인지주의(non-cognitivism)로 구분한다(Beauchamp, 1982 : 359). 인지주의는 도덕적인 개념이 인간의 주관적 의지나 신념과는 독립하여 존재하는 것으로써 객관적인 실체를 가지고 있기 때문에 인간에 의해서 인식될 수 있다는 입장을 취한다. 반면에 비인지주의는 도덕적인 것은 기본적으로 옳고 그름에 대한 객관적인 판단을 내릴 수 있는 독립적인 실체를 가진 존재는 아니라고 본다.

도덕의 객관성을 인정하는 인지주의 내부에서도 도덕적 대상을 인지하는 방식에 따라 크게 자연주의(naturalism)와 직관주의(intuitionism)로 나누어질 수 있고 도덕의 객관성을 부정하는 비인지주의 내부에서도 도덕적 진술의 본질과 성격을 어떻게 바라보는가에 따라 정의주의(情意主義; emotivism)와 규정주의(prescriptivism)로 구분된다(Pojman, 2002 : 211-238).

① 인지주의 윤리이론

가. 자연주의

도덕적인 대상이 객관적으로 존재할 수 있다고 주장하는 인식론의 갈래인 도덕 인지주의의 가장 대표적인 이론 가운데 하나인 자연주의(naturalism)는 도덕적인 대상이란 인간의 상상이나 감정과는 독립적으로 존재할 수 있으며 이는 실재적인 사실관계에 의해 정의됨(defined)으로써 경험적으로 확인할 수 있다고 본다. 다시 말해 도덕적 판단은 그 판단을 정의하는 사실관계로부터 논리적으로 도출될 수 있다는 것이다(Perry, 1954).

예를 들어 어떤 사회에서 '타인을 해쳐서는 안 된다'는 도덕적인 판단이 존재하는 이유는 그 사회에서 타인을 해쳐서는 안 된다는 도덕적 요청이 실제로 존재하고 있기 때문이다. 다시 말해 자연주의자들의 입장에 의하면 특정한 사물이 가치 있는 이유는 사회의 구성원들이 그 사물을 실제로 가치 있게 생각하고 있다는 사실관계 때문이다.

따라서 자연주의자들이 도덕적 판단을 내릴 때 가장 중요한 것은 자신들이 도덕적 판단의 내용으로 정의한 사실이 실제로 존재하는지의 여부이다. 즉 도덕적인 관계는 사실적인 관계로 정의됨으로써 확인된다. 이러한 증명방식은 자연과학에서 사용하고 있는 객관적이고 경험적인 증명방식과 본질적으로 동일하다고 볼 수 있고 이러한 차원에서 도덕적 자연주의를 주장하는 학자들을 흔히 도덕 정의주의자(moral definist)라고 부르기도 한다.

자연주의 윤리이론이 도덕적 대상을 정의하고 인식하는 방법에 대한 비판은 자연주의가 도덕적 문제를 사실적인 관계로 정의하는 방식 그 자체를 문제시하고 있다. 흔히 자연주의의 오류(naturalistic fallacy)라고 불리는 도덕 자연주의에 대한 반론은 도덕적인 관계를 사실적인 관계로 정의하는 것은 논리적 오류라고 주장한다(Moore, 1903). 다시 말해 도덕적인 관계를 사실적인 것으로 정의하는 것과 도덕적인 것을 정당화한다는 것은 전혀 별개의 내용이며 사실관계가 증명된다고 해서 도덕적인 실체가 정당화되는 것은 아니라고 본다.

앞에서 들었던 사례를 통해 자연주의자의 오류를 보다 자세히 알아보도록 하자. 자연주의자들은 한 사회에서 타인을 해쳐서는 안 된다는 사회적 요청이 객관적으로 존재하기 때문에 타인을 해치는 행위는 비도덕적이라고 주장하고 있다. 그런데 자연주의에 반대하는 주장들은 살인을 반대하는 요청이 비록 존재한다고 해서 타인을 해치는 행위가 비도덕적인 것으로 곧바로 정당화될 수는 없다고 본다. 왜냐하면 타인을 해치는 행위가 비도덕적인 이유는 이 행위에 대한 반대가 사회적으로 존재한다는 사실 여부에 달려 있는 것이 아니라 타인을 해치는 행위 자체의 본질이나 혹은 살인으로 발생하는 결과가 어떤 측면에서 도덕적으로 타당하지 않기 때문이라는 것이다. 다시 말해 반대가 존재한다는 사실의 확인이 아니라 왜 살인이 비도덕적인가에 대한 규범적 판단의 내용이 제시되고 정당화되어야만 한다.

이러한 반론에 의한다면 자연주의자의 주장은 자신들이 도덕적인 것으로 개념 정의한 것을 통해 정의하고자 하는 내용을 다시 정의하는 동어반복에 불과하게 된다.

나. 직관주의

자연주의자들이 도덕적인 문제를 객관적 사실의 문제로 정의하는 것을 정면으로 비판하고 있는 직관주의(intuitionism) 역시 도덕적인 문제는 객관적으로 존재하는 것이라고 간주한다는 측면에서는 자연주의자와 입장을 같이 하고 있다. 즉 직관주의 역시 크게는 인지주의 입장의 인식론을 견지하고 있다고 볼 수 있다. 하지만 직관주의에 의하면 도덕적인 문제는 그 속성상 논리적이거나 과학적인 증명을 사실적으로 요구하는 것이 아니라 직관적으로 파악되어야 하는 자명한 존재이다. 다시 말해 도덕적 판단은 인간의 경험이나 관찰로 정의되기보다는 인간의 직관에 전적으로 의지해야 할 비자연적 대상이라고 본다(Sidgwick, 1907; Moore, 1903).

최근까지 많은 윤리학자들에 의해 자연주의에 대한 적절한 대안으로써 지지를 받았던 윤리 직관주의는 그 논리적 정당성과 관련하여 많은 반박을 받고 있다. 직관주의에 대한 윤리이론들의 비판은 무엇보다도 직관주의 자신이 내리는 도덕적 판단을 정당화할 수 있는 윤리적 내용이 실제로 존재한다는 것을 증명할 수 있는 뾰족한 방법이 없다는 것에 집중되고 있다(Frankena, 1973 : 103-105).

다시 말해 우리가 무엇인가를 도덕적 혹은 비도덕적인 것으로 인식할 수 있는 것이 과연 어떠한 방식으로 가능한 것인지에 대해 도덕 직관주의자는 명확한 설명을 제시하지 못하고 있는 것이다.

② 비인지주의 윤리이론

가. 정의주의

정의주의(情意主義; emotivism)는 도덕적인 대상과 판단의 문제가 결코 인간과 독립되어 객관적으로 존재하는 것이 아니라는 기본적인 입장을 취한다. 이들의 입장에 의하면 도덕적으로 옳고 그른 문제는 해당 문제에 대해 인간들이 가지고 있는 주관적 태도 즉 일종의 정의(情意)적이고 감정(感情)적인 상징(emotive symbol)에 불과한 것이다(Ayer, 1946). 예를 들어 '살인은 옳지 못하다'라는 도덕적인 판단은 살인이라는 행위에 대하여 사람들이 느끼는 불쾌하고 비참한 감정표현과 동일한 것으로서 이는 결코 이성적인 논증이나 과학적인 분석의 객관적인 대상은 아니라고 간주한다.

물론 이와 같은 감정적 표현으로서의 도덕적 판단은 단지 주관적인 태도나 상태를 표현하고자 하는 것 이상의 내용을 가지고 있다. 감정적 표현으로서의 도덕적 판단은 어떤 상태나 행위가 옳고 그른 것이라는 긍정과 부정의 판단을 포함하는 동시에 자신의 판단과 다른 판단을 내리는 사람들에 대하여 자신과 동일한 판단을 내리도록 만들려는 의도 역시 존재하고 있다(Stevenson, 1944). 하지만 중요한 것은 정의주의의 입장에서 사람들 사이에 이와 같은 판단의 불일치가 존재한다고 해서 도덕적인 판단과 관련된 불일치가 경험적인 방식에 의하여 해결될 수 있는 객관적인 실체는 아니라고 본다. 즉 정의주의자의 입장에서 볼 때 도덕적 판단은 여전히 비인지주의적인 대상이다.

도덕에 대한 정의주의적 입장은 다음과 같은 몇 가지 측면에서 비판을 받고 있는데(Pojman, 2002 : 221-222), 이러한 비판들은 크게 두 가지 내용으로 요약될 수 있을 것 같다.

정의주의에 대한 첫 번째 비판점은 정의주의자들이 설정하고 있는 도덕적 판단의 성격에 관한 것들이다. 이들의 주장에 의하면 도덕적 판단은 정의주의자들이 주장하고 있는 것처럼 단순한 감정이나 태도를 표현하거나 기술하는 것이 아니라 무엇인가를 올바른 것으로 규정하고 이를 사람들로 하여금 받아들이고 행동하게 만들고자 하는 것이다. 즉 도덕적 판단은 감정이나 태도를 넘어 인간의 행위나 태도를 규율할 수 있는 실체를 가지고 있다고 본다. 따라서 도덕적 판단은 단순히 감정의 문제가 아니라 이성적 판단에 근거한 논리적 판단 역시 포함되어 있다.

정의주의에 대한 비판들이 공유하는 두 번째 입장은 주로 도덕적 판단이 가진 사회적 성격과 연관되어 있다. 도덕적인 판단이 단순히 사람들이 가진 정서와 감정적인 표현이라고 한다면 이는 현실 사회에서 도덕이 실제로 부여받고 있는 사회적 기능, 즉 사람들 사이의 갈등의 해결과 이해관계의 조정이라는 측면에서 매우 무력할 수밖에 없다. 정의주의 이론이 사회적 갈등의 조정에 무력할 수밖에 없는 근본적인 이유는 도덕적인 판단을 기본적으로 주관적인 감정이나 태도로 간주함으로써 이러한 도덕적 판단이 많은 사람들이 공감할 수 있는 보편적 속성을 가진 것과는 거리가 먼 것으로 설정되기 때문이다.

나. 규정주의

처방주의라고 불리기도 하는 윤리 규정주의(規定主義; prescriptivism) 역시 정의주의와 마찬가지로 도덕적 대상이나 도덕적 판단이 인간의 삶과 독립되어 객관적으로 존재하는 것이 아니라고 인식하고 있으나 도덕적 판단이 결코 단순히 인간의 주관적인 감정이나 태도의 표현에 그치는 것은 아니라고 주장한다. 이들이 보기에 도덕적인 판단은 인간의 태도와 행위에 대하여 단순한 감정표시 이상의 규정성(prescriptivism)을 가지고 있을 뿐만 아니라 이러한 규정성은 완전히 순수 객관적인 것은 아닐지라도 어느 정도의 보편성은 가질 수 있다고 본다(Hare, 1952 : 13-14). 즉 규정주의자들은 도덕적 판단의 속성에는 단순히 감정적인 표현을 넘어서 무언가 명령하고자 하는 속성을 가지고 있다고 보고 있다.

그렇다면 이러한 규정성이 어떻게 보편성을 가질 수 있을까? 도덕 규정주의자들은 크게 두 가지 측면에서 도덕적 판단이 어느 정도의 보편성을 가질 수 있다고 본다. 첫째, 규정주의자들이 보기에 도덕적인 판단에는 일정 정도의 논리적인 속성이 있다. 이러한 논리성은 도덕적인 판단이 단순한 감정의 표현이 아니라 일정정도 인간의 태도와 행위에 대하여 규정하고 지시하려는 속성에 기인하고 있기 때문이다. 둘째, 도덕적인 판단이 어떠한 사람들에게 어떠한 행위를 하도록 규정하기 위해서는 비슷한 행위에 대하여 비슷한 규정이 주어져야 하며 이는 어느 정도의 보편성을 가지지 않으면 이루어질 수 없다(Hare, 1952 : 70).

결국 규정주의자들이 설정하고 있는 보편성은 이러한 보편성이 인간의 행위와는 독립된 어떤 객관적인 토대나 근거를 가지고 있는 것은 아니지만 실제로 인간의 행위를 규정하고 지시하기 위해서 그리고 이러한 규정이 받아들여지기 위해서는 어느 정도의 일관성을 가질 수밖에 없다는 실용적 차원의 주장을 펼치고 있다.

물론 도덕에 대한 규정주의 이론은 도덕적 판단이 인간의 삶과 유리될 수 없을 뿐만 아니라 인간에 의해 경험적으로 구성된다고 보기 때문에 도덕적 판단과 현실이 보다 가까워지는 장점을 가진다고 볼 수 있다. 하지만 이러한 장점은 현대 사회가 급변함에 따라 점점 단점으로 바뀌고 있다.

동일한 지역에서 삶의 경험을 공유하던 사회에서는 사회 구성원들이 공감할 수 있는 도덕적 판단의 등장 가능성이 높았고 이에 따라 어느 정도의 보편성을 획득할 수 있었다. 하지만 점점 다원화된 가치를 중심으로 복잡해져 가는 사회 상황은 이와 같은 보편성의 토대와 가능성을 급격하게 약화시키고 있다. 이러한 점은 근본적으로 규정주의가 도덕적인 판단의 객관적인 근거를 설정하지 않기 때문에 비롯된 것으로서 도덕적인 판단이 충돌하는 상황에서 이를 합리적으로 해결할 수 있는 합리적인 가능성이 줄어들기 때문이다.

2) 규범윤리학

도덕적인 것의 의미와 정당성을 주로 분석하는 메타윤리학과는 달리 규범윤리학은 인간의 구체적 행위에 대하여 옳고 그름의 길잡이가 될 수 있는 도덕적 규범(moral norm)을 탐구하면서 특정한 행위를 도덕적으로 올바른 것으로 판단할 수 있는 도덕이론들을 밝히고 그 이론들을 합리적으로 정당화할 수 있는 기반을 구축하고자 한다(Sahakian, 1986 : 5). 달리 말하자면 규범윤리학은 윤리학이 해결하고자 하는 근본적인 문제 즉 인간은 어떤 상황에서 어떠한 행동을 하는 것이 도덕적으로 가장 올바른 것인가(Frankena, 1973 : 12)라는 질문에 대한 현실적인 해답을 찾아가는 노력이라고 할 수 있다.

규범윤리학은 전통적으로 뚜렷하게 구별되는 두 가지 방식으로 그 해답을 탐구했다. 하나는 의무론적 윤리이론(deontological ethical theory)이라고 불리는 방식이고 다른 하나는 목적론적 윤리이론(teleological ethical theory)이라고 불리는 방식이다. 이 절에서는 두 가지 방식이 어떠한 측면에서 구별되는지 그리고 각각에 속한 대표적인 윤리이론들은 어떠한 것이 있는지를 소개하고 이들 이론들이 가진 장점과 단점을 간략하게 짚어보고자 한다.

(1) 의무론적 윤리이론

의무론적 윤리이론은 어떤 행위가 왜 도덕적으로 올바른 것인가에 대한 질문에 대하여 다음과 같은 대답을 제시한다. 어떤 행위가 도덕적인 이유는 그 행위 자체가 어떠한 도덕적 속성을 가지고 있기 때문이며 따라서 행위자는 이러한 속성에 부합하도록 행동하는 것이 도덕적인 의무라고 보고 있다. 이러한 맥락에서 이 이론은 의무론적 윤리이론이라고 불린다.

의무론적 윤리이론에 의하며 어떠한 행위가 도덕적으로 올바른 것인지의 여부는 그 행위로 인해 나타난 결과로 판단하는 것이 아니라 행위 그 자체(act itself) 혹은 해당 행위가 하나의 사례로써 속할 수 있는 어떠한 규칙 자체(rule itself)에 내재되어 있는 본질적인 속성(features)에 의해 결정된다(Pojman, 2002 : 134-135). 결국 이 본질적인 속성이 바로 도덕적인 측면을 가지고 있는 것이다.

그런데 인간이 도덕적이기 위해 의무적으로 따라야 할 규범적 속성이 과연 행위 그 자체에 담겨 있는 것인지 아니면 개별적인 행위를 넘어 특정한 규칙에 담겨 있는지의 여부에 따라 의무론적 윤리이론은 행위의무론적 윤리이론과 규칙의무론적 윤리이론으로 크게 나누어진다.

① 행위의무론적 윤리이론

행위의무론적 윤리이론(act-deontological ethical theory)은 개별 행위주체가 수행하는 각각의 행위 그 자체가 독특한 윤리적 속성을 가지고 있다고 보며 따라서 이러한 개별 행위들이야말로 도덕적 규범(moral norm)의 기준이 되어야 한다고 주장한다. 왜냐하면 행위의무론자들에게 있어 가장 적절한 도덕적 판단의 단위는 개별적인 행위자가 특정한 상황에서 수행하는 구체적인 개별 행위이기 때문이다.

그렇다면 구체적 상황에서 어떤 특정한 행위가 도덕적인 속성을 가지고 있는지 아닌지의 여부는 어떻게 인식될 수 있을까? 구체적 상황에서 구체적 행위를 중요시하는 행위의무론자들의 입장에 따른다면 어떤 행위가 도덕적인지의 여부는 주어진 상황에서 그 행위를 수행하는 사람의 직관이나 결단에 의해 밝혀지게 된다.

앞서 메타윤리학에서 다룬 윤리 인식론에서 살펴본 바와 같이 도덕에 대하여 직관주의적 인식을 주장하는 입장은 행위를 수행하는 개인이 스스로의 양심에 비추어 어떠한 상황에서 어떠한 행위를 수행하는 것이 가장 도덕적인지를 직관적으로 알아차릴 수 있다고 주장한다(Burtler, 1949 : 45).

반면 도덕적 인식에 있어 실존주의적 입장을 취하는 행위의무론자들은 어떠한 상황에서 어떠한 행위가 가장 적절한 것인지를 보여줄 수 있는 객관적인 기준이란 처음부터 존재하지 않는 것으로 단지 행위의 주체인 당사자가 그 상황에서 스스로 판단하여 가장 적절한 행위를 실존적으로 선택하는 것이라고 본다(Sartre, 1957). 따라서 도덕적인 기준이 존재하기 때문에 당사자가 그를 추종하는 것이라기보다는 행위자의 도덕적 결단에 의해 그 행위는 도덕적인 것으로 다루어지게 된다.

행위의무론은 구체적인 현실 행위를 도덕적 판단의 대상으로 삼는다는 점에서 행위당사자의 입장에서 볼 때 주어진 맥락에 충실하면서도 가장 절실한 판단을 내릴 수 있다는 장점이 있다. 하지만 이러한 현실 맥락성과 구체성이라는 행위의무론의 이점은 규범윤리이론이 갖추어야 할 필수 요건을 희생함으로써 얻어진 것이다.

어떤 행위가 도덕적으로 적절한지를 판단하는 방법이 직관과 결단이기 때문에 특정 행위의 도덕성 여부를 둘러싸고 사람들 사이에서는 당연히 이견이 존재할 수 있으며 이와 같은 이견은 결국 도덕적 판단의 타당성 자체를 의심하게 만들 것이다. 만일 그렇게 되면 규범윤리학이 가진 가장 중요한 사회적 기능 가운데 하나인 사람들 사이에서 발생하는 도덕적 이견에 대해 적절한 해답을 제시함으로써 사회적 갈등을 해결해야 한다는 사명에 충실하지 못하다는 커다란 비판에 직면하게 된다. 다시 말해 행위의무론적 윤리이론은 규범윤리학이 반드시 갖추어야 할 도덕적 보편 적용성의 문제(Pojman, 2002 : 7)를 해결하지 못하고 있다고 평가할 수 있다.

② 규칙의무론적 윤리이론

도덕이론으로써 행위의무론적 윤리이론이 가진 근본적인 한계는 규칙의무론적 윤리이론(rule-deontological ethical theory)의 등장으로 일정정도 해결가능하다. 규칙의무론을 지지하는 윤리학자들은 행위의무론의 가장 큰 문제점이 개별적인 행위에 대한 판단이 사람들 사이에서 보편성을 가지지 못한다는 것임을 정확히 인식하고 있다. 따라서 규칙의무론자들은 특정한 행위에 대한 도덕적 판단은 행위 그 자체가 아니라 행위가 속하는 보다 상위의 원칙이나 규칙에 근거하여 판단해야 한다고 주장한다(Ross, 1930).

왜냐하면 일반적으로 인간들은 특정 행위가 아니라 원칙이나 규칙을 사용하여 옳고 그름을 판단하게 되고 이러한 규칙에 속하는 다양한 행위들은 이 규칙에 근거하여 보편적으로 판단할 수 있기 때문이다. 예를 들어 우리는 '친구인 보람이에게 거짓말을 해서는 되는지 안 되는지', '나의 부모님에게 거짓말을 해서는 되는지 안 되는지', '모르는 사람에게는 거짓말을 해서는 되는지'를 매번의 주어진 상황마다 개별적으로 판단하는 것이 아니라 '사람은 다른 사람들에게 거짓말을 해서는 안 된다'라는 보편적인 규칙을 학습하고 이를 개별적인 상황에 적용함으로써 일상적인 판단을 수행한다.

앞서 설명한 바와 같이 규범윤리이론에서 가장 중요한 것은 우리의 행동과 태도의 옳고 그름을 판단할 기준으로서 도덕적 규범(moral norm)을 설정하는 문제인데 규칙의무론적 윤리이론에서는 규칙이 바로 규범이 된다고 볼 수 있다. 그렇다면 우리들은 이러한 규칙을 어떻게 알아차릴 수 있을까?

규칙의무론적 윤리이론은 규칙을 인식하는 방법에 따라 규칙직관주의(rule-intuitionism)와 규칙합리주의(rule-rationalism)로 구분된다. 앞서 행위의무론의 인식론에서 살펴본 바와 같이 규칙직관주의 역시 도덕적 규칙은 특별한 증명의 절차 없이 정상적인 인간이라면 누구나 직관적으로 인식될 수 있는 것이라고 본다. 반면 규칙합리주의는 도덕적으로 올바른 규칙이나 원칙은 직관이나 양심의 대상이라기보다는 인간이 가진 이성을 통한 합리적인 추론과정에서 얻어지는 것이라고 본다.

비록 구체적인 개별행위가 아니라 규칙이라는 보다 보편적인 도덕적 규범을 활용한다는 측면에서 규칙의무론적 이론은 행위의무론적 이론에 비하여 보다 도덕의 사회적 기능에 충실할 수 있는 가능성이 높아졌다고 볼 수 있다. 하지만 행위의무론의 직관주의와 마찬가지로 규칙의무론의 직관주의 역시 규칙의 인식방법을 직관으로 상정하기 때문에 메타윤리학의 차원에서 직관주의에 대하여 쏟아진 비판을 극복하기는 힘들 것으로 보인다. 이러한 규칙직관주의에 대한 비판은 이성을 기반으로 도덕적 규칙을 합리적으로 추론하고자 하는 다양한 시도들을 불러일으키고 있다.

(2) 목적론적 윤리이론

의무론적 윤리이론은 인간의 행위나 규칙에 내재되어 있는 속성 그 자체가 도덕적이기 때문에 이를 도덕적 규범으로 삼아야 한다고 주장하는 반면 목적론적 윤리이론은 어떠한 행위나 태도가 옳은지 그른지의 여부는 그 행위나 태도 그 자체가 가진 속성이 아니라 그 행위나 태도로 인하여 나타나는 비도덕적 결과(consequence)로서 판단되어야 한다고 주장한다(Frankena, 1973 : 14). 따라서 우리가 어떠한 행위를 도덕적이라고 판단하는 기준은 그 행위를 수행함으로써 나타난 결과가 악하기보다는 선하기 때문이다. 이러한 맥락에서 목적론적 윤리이론은 결과론적 윤리이론이라고 불리기도 한다(Anscombe, 1958).

목적론적 윤리이론이 행위나 태도에 내재되어 있는 도덕성이 아니라 행위나 태도에 의한 비도덕적 결과를 도덕적 판단의 기준으로 삼는 데에는 크게 두 가지 이유가 있다.

첫째, 행위에 내재되어 있는 도덕성에 대한 인식은 직관을 사용하든 이성을 사용하든 객관적이거나 경험적이지 않아 보편적인 승인을 얻기가 힘들다. 반면 행위의 결과로 나타나는 선악(good or bad)의 판단은 상대적으로 손쉽게 경험적으로 확인할 수 있기 때문에 많은 사람들의 공감을 얻기가 쉽다. 그런데 여기서 언급하고 있는 선악의 개념은 우리가 일상생활에서 흔히 사용하는 도덕적 성격의 개념이 아니라 도덕과 무관한 비도덕적(non-moral) 성격의 개념이다.

둘째, 객관적으로 확인할 수 있는 결과를 기준으로 삼더라도 그 내용이 도덕적인 판단의 대상일 경우 이는 또다시 그 도덕적 판단의 내재적 속성을 파악해야 하는 부담이 생길 수밖에 없다. 그렇게 되면 도덕적 내용이 무엇인가를 다시 도덕적인 기준으로 밝혀내어야 하는 무한순환에 빠지게 될 것이다. 따라서 도덕적 판단을 비도덕적인 속성으로 파악할 수 있어야만 도덕적 판단의 보편성은 크게 고양될 수 있을 것이다.

이러한 맥락에서 볼 때 목적론적 윤리이론의 중요한 쟁점은 두 가지로 압축된다. 그 하나는 '도덕적 판단의 기준이 되는 비도덕적 가치인 선악을 무엇으로 볼 것인가'이며 두 번째는 '그와 같은 선악 판단의 주체를 누구로 할 것인가'이다. 달리 말해서 첫 번째 쟁점은 선악의 내용과 관련된 것이고 두 번째 쟁점은 특정한 행위나 태도로 인해 나타나는 결과물인 선악이 누구에게 선하고 악한 것인가 하는 것과 연관되어 있다.

지금까지 논의된 선악 판단의 기준은 매우 다양하지만 크게는 쾌락주의자와 비쾌락주의자로 구분할 수 있다. 쾌락주의자(hedonist)로 불리는 목적론적 윤리이론은 인간이 경험하는 고통(pain)과 쾌락(pleasure)을 선악의 판단기준으로 삼는다. 이 경우 당연히 특정 행위나 태도가 인간에게 고통보다는 쾌락이 더 많은 결과물로 나타날 경우 도덕적인 것으로 판단되어야 할 것이다. 반면 비쾌락주의자들(non-hedonist)은 쾌락 이외에도 자유, 우애, 권력, 지식, 자아실현 등 무수히 많은 비도덕적 가치들도 도덕적 판단을 위해서 사용될 수 있다고 주장한다. 행위의 결과로 초래되는 선과 악이 과연 누구에게 선하고 악한 것이어야 하는가에 대하여 목적론자들은 크게 윤리이기주의와 윤리보편주의라는 두 가지 입장 가운데 하나를 취하고 있다.

윤리이기주의자들(ethical egoism)의 경우 행위주체는 항상 자신에게 최대한의 이익을 가져다주는 행위를 추구해야 한다고 주장하는 반면 윤리보편주의자들은 사회 전체에 최대한의 보편적인 선을 가져다주는 행위야말로 가장 도덕적인 행위라는 입장을 펼친다. 물론 윤리이기주의와 윤리보편주의 사이에는 다양한 이기주의가 존재할 수 있다. 예를 들어 가족이기주의, 집단이기주의, 지역이기주의, 민족주의, 국가주의 등은 개인과 전체 공동체 사이에 존재할 수 있는 다양한 인구집단을 선악 판단의 기준으로 삼았을 경우 등장할 수 있는 목적론적 윤리이론의 입장들이라고 볼 수 있다.

다음 절에서는 현대 윤리이론 가운데 가장 대표적인 목적론적 윤리이론들이라고 할 수 있는 윤리이기주의와 더불어 윤리보편주의의 가장 대표적인 이론인 공리주의를 보다 자세히 살펴보도록 하자.

① 윤리이기주의

윤리이기주의(ethical egoism)에 의하면 모든 사람들이 각자 자기 자신에게 가장 이익이 되는 방식으로 행동하는 것이 가장 윤리적인 것으로 본다. 따라서 모든 사람들은 스스로에게 가장 많은 선과 가장 적은 악을 결과할 수 있는 행동을 취해야 한다(Pojman, 2002 : 90). 여기서 중요한 점은 윤리적 이기주의의 입장을 철저하게 취하기 위해서는 타인의 행동에 대한 윤리적인 판단 역시 행위를 취하는 타인의 입장이 아니라 자신의 입장에 비추어 가장 유리한 방식으로 판단해야 한다는 점이다. 달리 말해 타인의 행위가 자신에게 유리하고 나에게 불리한 결과를 초래한다면 그러한 행위를 수행한 당사자는 나에게 도덕적이지 못한 사람이 된다.

그렇다면 규범 윤리이론으로서 윤리적 이기주의의 정당성은 어떻게 확보될 수 있을까? 윤리적 이기주의의 정당성은 크게 세 가지 측면에서 제공된다.

첫 번째 정당성은 인간의 본성과 관련되어 있다. 윤리적 이기주의자들은 기본적으로 인간의 본성은 이기적이기 때문에 이러한 본성을 거슬러 행동하도록 강요하는 것은 바람직하지 못할 뿐 아니라 도덕적으로도 타당하지 않다고 주장한다. 다시 말해 타고난 이기적인 본성과 다르게 행동하도록 강요하는 것은 인간들로 하여금 고통을 가져오게 할 것이며 이러한 고통은 이러한 강요가 도덕적이지 않음을 증명하는 것이라고 본다.

두 번째 정당성은 인간의 기본적인 권리와 관계되어 있다. 이기적으로 행동하는 것이 윤리적인 것이라면 이제 이타적인 목적이라도 타인의 삶에 개입하는 것은 기본적으로 타인의 자유에 개입하는 것이 되고 이는 스스로가 가진 존엄성과 권리를 침해할 수 있다는 주장이다.

세 번째 정당성은 윤리적 이기주의를 통해 얻을 수 있는 사회적 이익들과 관련되어 있다. 다시 말해 윤리적 이기주의를 충족하는 방식으로 사회가 유지되고 운영되어야만 발전이 있다는 입장이다. 예를 들어 우월한 개인들이 자신들의 이익을 위해 행동할 때만 열등한 인간들은 자연스럽게 사라지게 되고 인류사회는 점진적으로 진보할 수 있다고 본다(Nietzsche, 1966). 이러한 점은 근대 자유주의 시장경제제도를 지지하는 사람들에게 있어 자신들의 주장을 정당화해주는 중요한 규범적 근거로 작용하고 있다.

윤리적 이기주의가 가진 장점에 대한 지지에 못지않게 규범 이론으로서 윤리적 이기주의를 반대하는 입장도 다수 존재하고 있다. 이러한 입장들은 윤리적 이기주의가 자신의 타성을 주장하기 위해 제시하는 근거들을 정면으로 반박하고 있다.

첫째, 인간의 본성이 진정으로 이기적인가에 대하여 근본적인 문제제기가 있다. 인간의 본성에서 발견되는 이타주의적 속성에 대해서는 이론적 논의들과 아울러 경험적 연구들이 속속 보고되고 있다(Mansbridge, 1990). 뿐만 아니라 인간의 본성이 이기적이기 때문에 이기적으로 행동하는 것이 도덕적으로 옳다는 주장에 대한 반대 입장도 존재한다. 이러한 입장은 윤리적 이기주의의 입장이 경험적인 것과 규범적인 것을 혼동하고 있다는 전제에서 비롯된다. 다시 말해 인간의 본성이 이기적이라고 해서 반드시 인간이 이기적으로 행동해야 한다고 주장하는 것은 앞서 메타윤리학에서 논의한 것과 같이 사실과 의무를 혼동하는 자연주의자의 오류일 수 있기 때문이다.

둘째, 윤리적 이기주의가 열등한 인간들을 사라지게 하고 전체 사회를 진보하게 만든다는 주장에 대해서도 의문을 제기하는 입장이 있다. 예를 들어 자신의 의사에 관계없이 기아에 시달리는 어린아이들을 위해 도움의 손길을 베풀거나 타고난 장애인들을 위한 사회적인 제도를 정비하는 것이 과연 이들의 권리와 존엄성을 침범하는 것인지에 대해서는 논란의 여지가 있다(Sandel, Rachels, 1986).

셋째, 윤리학적 이기주의는 도덕이론이 가지고 있는 사회적 기능을 제대로 수행할 수 없다는 지적도 있다. 앞서 언급한 바와 같이 규범윤리학이 가진 사회적 기능 가운데 하나는 개인 간 이해관계의 충돌이나 집단 간의 갈등을 해결하는 것인데 윤리적 이기주의자들의 주장에 의하면 유일한 갈등의 해결방법은 보다 더 자신에게 유리한 방식으로 스스로 행동하거나 타인을 그와 같은 방식으로 행동하게 만들어야 한다는 것 밖에는 있을 수 없다. 하지만 모든 사람이 자신에게 유리한 방식으로 행동하게 되면 전체적으로 어떠한 조화로운 상태가 이루어진다는 발상은 이론적으로나 경험적으로 지극히 의심스러운 것이다(Frankena, 1973 : 10).

② 공리주의

공리주의(utilitarianism)는 대표적인 목적론적 윤리이론으로서 현대 사회의 많은 영역에 걸쳐 가장 큰 영향력을 미치고 있는 규범윤리학의 이론이다. 목적론적 규범윤리학으로서 공리주의는 크게 세 가지 기본 원칙을 견지하고 있다(Bentham, 1948).

첫째 원칙은 목적론적 윤리이론이라면 당연히 가져야 할 원칙인 도덕적 판단의 결과주의 원칙(the consequentalist principle)이다. 공리주의는 행위가 가진 속성이나 의도와는 무관하게 오직 그 행위로 인해 초래되는 객관적 결과에만 의지하여 도덕적 판단을 내린다. 둘째 원칙은 효용의 원칙(the utility principle)이다. 공리주의는 인간이 감각적으로 경험할 수 있는 즐거움의 정도인 효용을 기준으로 하여 도덕적 판단을 수행한다. 마지막으로 공리주의로 하여금 윤리이기주의의 한계를 극복하고 규범윤리학의 대표주자로 우뚝 서게 한 원칙은 바로 최대다수의 최대행복(the greatest happiness for the greatest number)의 원칙이다. 한 사회에서 가장 많은 수량의 행복을 가져다 줄 수 있는 행위를 선택하는 것이 가장 도덕적이라는 내용을 담은 원칙은 매우 상식적일 뿐만 아니라 모든 경우에 탄력적으로 적용할 수 있기 때문에 많은 분야로부터 지지를 받고 있다.

그렇다면 공리주의가 수많은 비판에도 불구하고 규범윤리학의 가장 대표적인 이론으로 자리 잡고 있는 이유는 무엇일까? 크게 두 가지 이유를 들 수 있을 것 같다.

첫째, 앞에서 잠깐 언급한 것과 같이 공리주의는 많은 사람들이 쉽게 공감할 수 있는 매우 상식적인 내용으로 구성되어 있다는 점을 들 수 있다. 예를 들어 인간에게 고통을 가져다주는 것은 나쁜 악이며 즐거움을 가져다주는 것이야말로 선한 것이라는 주장이라든지, 최대한 많은 행복을 결과할 수 있는 행동을 수행하는 것이 가장 바람직하다든지, 도덕적 판단은 전통적인 관습이나 미신 또는 신분 등과 같은 기준이 아니라 모든 사람이 객관적으로 확인할 수 있는 행복과 고통의 양으로 평가한다는 내용 등은 시간과 공간을 초월하여 평범한 인간이라면 누구나 쉽게 공감할 수 있는 내용들이다.

둘째, 공리주의가 주창하는 도덕적 판단의 기준은 매우 간결하면서도 절대적이어서 어떠한 상황에서나 쉽게 적용될 수 있는 탄력성을 가진다는 장점을 들 수 있다. 공리주의가 주장하는 유일한 도덕적 기준은 '최대한의 효용을 가져오는 행위를 선택하라'라는 것뿐이어서 어떠한 상황과 조건에서 행위의 주체가 누구든지 간에 손쉽게 적용할 수 있다는 이점이 있다.

결국 규범윤리학으로서 공리주의가 가지고 있는 강점은 내용과 형식이 가지고 있는 간결성과 보편성이라고 할 수 있을 것 같다. 그렇지만 철학과 윤리학계에서 공리주의에 대한 비판적 시각이 전혀 존재하지 않는 것은 아니다. 실제로 많은 철학자들이 공리주의에 대한 비판적 시각을 제시하고 있는데(Sandel, 2009; Rawls, 1971), 그 중에서 중요한 몇 가지 것들만 간략하게 소개하고자 한다(김기덕, 2002 : 93-100).

첫째, 공리주의의 개념과 관련된 비판들이 있다. 공리주의가 주장하는 도덕적 판단기준인 '최대다수의 최대행복'에서 과연 최대다수가 무엇을 의미하는지에 대해 논란이 있을 수 있다. 최대다수라는 표현이 단순히 행복의 총량인지 아니면 행복을 느끼는 사람의 총수를 의미하는지에 따라 공리주의의 적용은 상당히 달라질 수 있다(Gewirth, 1978).

둘째, 공리주의의 원칙을 실제로 적용하는 과정에서 비판이 있을 수 있다. 공리주의가 주장하고 있는 행복 판단을 실제 수행하려고 하면 많은 어려움이 존재한다. 무엇보다 어떤 행위로 인해서 발생하는 많은 결과들을 일목요연하게 선과 악의 측면으로 나누는 것이 쉽지 않다는 점이다. 왜냐하면 판단하는 주체에 따라 어떤 이들에게는 선인 것이 어떤 이들에게는 악이 될 수 있기 때문이고 비록 선악의 항목이 분류된다 하더라도 그 정도를 명확하게 계산하는 것은 쉽지 않기 때문이다(Pojman, 2002 : 110).

셋째, 인간주의적 관점에서 이루어지는 비판들도 있다. 최대다수의 최대행복이라는 공리주의의 원칙을 추구하다 보면 다수에 속하지 못한 소수자 집단의 행복이 무시될 수도 있다. 게다가 공리주의의 원칙은 인간의 존엄성을 침해할 수도 있다. 예를 들어 한 사람을 희생하여 여러 사람의 생명을 구하는 것이 공리주의의 입장에서는 매우 당연한 것일지 모르나 인간주의적 관점에서 볼 때는 다른 판단이 주어질 수도 있다(Sanderl, 2009 : 21-24).

넷째, 정의의 차원에서도 비판들이 제기되고 있다. 공리주의 원칙은 행위로 인해 드러난 결과를 중심으로 도덕적 판단을 하는 것인데 이 경우 결과의 발생과는 무관하지만 인간의 삶에서 반드시 인정해야 할 것들이 무시된다는 비판이 존재한다(Rachels, 1986). 이러한 것들 가운데 가장 대표적인 것들이 바로 공적(merit)과 권리(right)이다. 예를 들어 인간의 삶에는 실현되지 못한 노력들도 다수 존재한다. 열심히 노력하였지만 좋은 결과로 이어지지 못한 경우에 이렇게 실현되지 못한 공적을 충분히 인정하지 않는 사회라면 이 사회는 정의롭지 못할 뿐만 아니라 사회발전을 위한 다양한 시도와 노력 역시 장기적으로 기대하기 힘들 것이다. 또한 개인이나 집단에게 약속된 권리는 비록 전체 사회의 효용을 감소시킨다고 할지라도 무시되거나 부정되어서는 안 될 것이다. 만약 이러한 부정이 지속된다면 개인이나 집단 사이에서 이루어지는 대부분의 약속이나 계약들은 상황에 따라 쉽게 어길 수 있는 것이 될 것이며 틀림없이 이러한 사회는 매우 불안정해질 수밖에 없을 것이다.

분배적 정의와 관련한 비판도 제기될 수 있다. 만약 최대다수의 최대행복의 원칙을 한 사회에 존재하는 분배의 총량을 의미하는 것으로 해석할 경우 사회에서 가난한 사람들의 행복수준은 변화가 없더라도 부유한 사람들의 행복이 지속적으로 증가한다면 이는 도덕적으로 바람직한 사회가 된다. 따라서 다양한 소득계층이 존재하고 있는 사회에서 공리주의의 원칙을 엄격히 적용하더라도 여러 가지의 분배방식이 존재할 수 있으며 공리주의는 이들 가운데 어떤 것을 선택해야 하는지에 대하여 적절한 해답을 제시하지 못하게 된다(Frankena, 1973 : 42).

CHAPTER

3 사회복지윤리학의 이해

1. 사회복지윤리학의 개념, 연구영역, 역할

1) 사회복지윤리학의 명칭과 개념

(1) 사회복지윤리학의 명칭

이 절에서는 제2장에서 소개된 윤리학의 개념과 내용에 근거하여 사회복지철학 체계를 구성하는 대표적 하위 영역인 사회복지윤리학의 개념을 보다 명확하게 정의하려고 한다. 그런데 앞서 잠시 언급한 바와 같이 사회복지와 관련된 철학, 가치, 윤리 등에 대한 논의가 본격적으로 시작된 지가 얼마되지 않으며, 이 분야가 다른 사회복지 영역에 비해 상대적으로 연구의 역사가 짧기 때문에 사회복지학계나 실천 현장에서 공식적으로 통용되는 사회복지윤리학의 개념과 내용은 아직까지 명확하게 존재하지 않는 것으로 보인다.

이러한 이유 때문에 사회복지윤리에 대한 명칭은 매우 다양하게 사용되고 있다. 예를 들어 미국의 경우 휴먼서비스 전문가로서 사회복지사를 배출하는 교육기관이라면 반드시 가르쳐야 할 필수 내용들이 미국사회복지교육협의회에 의해 분명하게 제시되고 있다. 그리고 미국사회복지교육협의회에 의해 사회복지사가 되기 위해서라면 반드시 배워야 하는 필수적인 내용으로 소개된 것 가운데에는 사회복지와 연관된 규범적이면서 윤리적인 내용들이 포함되어 있으며 이는 '사회복지가치와 윤리(Social Work Values and Ethics)'라는 명칭으로 소개되고 있다(CSWE, 1992).

이와 유사하게 한국의 경우에도 한국사회복지교육협의회에서 사회복지사를 양성하는 사회복지대학교라면 모름지기 가르쳐야 할 내용들을 '사회복지학 교과목지침서'에 담아 제시하고 있다. 그리고 사회복지학 교과목지침서에 의하면 사회복지의 규범적 측면에 대한 내용을 담고 있는 교과목에 대해서 '사회복지윤리와 철학(Social Work Ethics and Philosophy)'이라는 명칭이 사용되고 있음은 앞서 살펴본 바와 같다(한국사회복지교육협의회, 2010 : 114-119).

하지만 이러한 공식적 명칭들과는 별개로 사회복지 학문 세계에서는 사회복지의 윤리적 측면을 연구하는 학자들이 가지고 있는 다양한 관심에 따라 여러 가지 명칭들이 사용되어 왔다. 예를 들어 미국의 경우 교과목과 교과서에서 앞서 소개된 '사회복지가치와 윤리'라는 명칭이 상대적으로 많이 사용되기도 하지만, 사회복지윤리학(Social Work Ethics), 사회복지 도덕철학(Moral Philosophy in Social Work), 사회복지윤리 의사결정론(Ethical Decision-Making in Social Work Practice), 윤리적 사정평가론(Ethical Assessment) 등의 용어들이 다양하게 혼용되어 왔던 것이 사실이다(김기덕, 2002 : 116).

그런데 이 책에서는 앞서 소개한 사회복지철학체계와 윤리학에 대한 내용들을 근거로 하여 사회복지의 규범적 측면을 다루는 분과 학문을 '사회복지윤리학(Social Work Ethics)'이라고 명명할 것을 제안한다. 앞서 소개한 다양한 명칭 가운데 특히 '사회복지윤리학'을 바람직한 명칭으로 간주하는 이유는 다음과 같다.

첫째, 앞서 제시한 다양한 명칭들에서 각기 강조되고 있는 가치, 윤리적 의사결정 혹은 윤리적 사정평가 등의 용어는 비록 이들이 윤리학의 중요한 내용과 측면을 담고 있는 것이 분명하기는 하지만 이는 하나의 전체 체계로서 윤리학이 다루고 있는 것들 가운데 일부 특정한 측면에 불과해 사회복지가 담고 있는 다양한 규범적 측면을 체계적이면서도 포괄적으로도 언급할 수 없다는 단점을 가지고 있다.

둘째, 사회복지윤리학이라는 용어는 이미 사회복지에 비해 역사적으로 앞서 있는 다양한 전문직이 각자 사용하고 있는 의료윤리학(Medical Ethics), 경영윤리학

(Business Ethics), 생명윤리학(Bio Ethics) 등의 개념들과 조응하기 쉽다. 따라서 사회복지윤리학이라는 용어는 타 분야에서도 친숙하게 사용할 수 있어 응용 전문직 간의 상호 이해와 교류에 특히 도움이 될 것으로 보인다.

셋째 무엇보다 사회복지윤리학이라는 사회복지 도덕철학, 사회복지윤리 의사결정론, 윤리적 사정평가론 등의 명칭들에 비해 사용되는 용어가 짧고 간결하여 사회복지학계나 실천현장에서 활용하기에 편리하다는 장점이 있다. 따라서 철학체계에 근거하여 보거나 타 전문직 분야에서 사용되고 있는 용어들에 견주어 보거나 여러 가지 측면에서 사회복지의 규범적 측면에 대한 논의는 '사회복지윤리학'으로 설정하는 것이 가장 바람직할 것으로 판단된다.

(2) 사회복지윤리학의 개념

그렇다면 사회복지윤리학은 어떠한 개념 내용을 자신의 명칭에 담아야 할까? 지금까지 논의된 사회복지윤리에 대한 내용들은 주로 휴먼서비스전문가로서 사회복지사의 실천개입에 상대적으로 더 주목하고 있는 것으로 보인다. 예를 들어 미국의 대표적인 사회복지윤리학자 로웬버그와 돌고프는 사회복지윤리를 "사회복지 실무자들로 하여금 무엇이 윤리적으로 올바른 실천방법인가를 인식할 수 있게 도와주며 전문적인 사회복지 실천상황에서 초래되는 윤리적 측면들과 관련된 올바른 실천행위를 결정하고 행동에 옮길 수 있는 하나의 방법"이라고 언급한다(Loewenberg & Dolgoff, 1996 : 8). 다시 말해 사회복지윤리학은 사회복지사라는 전문직이 스스로의 실천활동을 해 나가는 과정에서 직면하는 윤리적 갈등을 해결하는 것을 주요내용으로 한다고 볼 수 있으며 사회복지윤리학을 일종의 실천방법으로 간주하고 있다고 볼 수 있다.

그러나 앞서 2장에서 살펴본 윤리학의 개념과 체계를 충분히 살리면서도 사회복지의 본질과 활동을 보다 정확하게 파악하기 위해서는 사회복지윤리학의 개념을 사회복지사의 실천과 관련된 윤리적 갈등해결에 대한 관심을 넘어 다음과 같이 다소 포괄적으로 설정하는 것이 바람직해 보인다.

이러한 맥락에서 본 교과서에서는 사회복지윤리학을 "사회복지의 기본적 사명(the mission)과 그에 근거한 제반 실천활동(the practices)의 도덕적 측면(the moral aspects)에 대한 개념(concepts), 원칙(principles), 이론(theories) 등을 정립하고 이를 정당화하려는 체계적 노력(systematic efforts)"으로 개념 규정하는 것이 적절할 것 같다(김기덕, 2002 : 118).

사회복지윤리학의 개념 내용을 이와 같이 다소 폭넓게 규정한 이유는 크게 다음의 두 가지 이유이다.

첫째, 사회복지윤리학은 단순히 사회복지사가 수행하는 사회복지실천을 위한 구체적인 지침, 특히 사회복지사가 실천과정에서 직면하는 윤리적 딜레마를 해결하는 행동 매뉴얼에 한정되어서는 안 된다는 것이다. 사회복지윤리학은 하나의 실천 방법론으로서의 기능과 역할을 넘어 사회복지와 사회복지사가 존재해야 하는 기본적 이유와 사명을 밝히는 역할을 다해야 한다. 따라서 이러한 측면을 강조하기 위해서는 사회복지윤리학의 개념에 사회복지사의 실천과 더불어 사회복지의 기본적인 사명을 규명하는 내용이 반드시 포함되어야 할 것이다.

둘째, 사회복지윤리학의 개념을 다소 포괄적으로 설정한 또 다른 이유는 사회복지의 실천활동들과 더불어 존재근거와 사명의 본질을 충분히 밝히기 위해서는 단순히 윤리학의 특정 측면에만 주목할 수 없다는 것을 밝히기 위함이다. 예를 들어 사회복지윤리학의 개념을 설정하면서 윤리학의 한 부분인 가치, 윤리적 원칙, 특정 윤리이론 등을 개별적으로 도입해서는 안 되며, 가치와 원칙과 이론을 포괄적으로 다루기 위해서는 윤리학이라는 고유한 이론체계를 갖춘 학문으로 도입해야만 사회복지실천의 규범성을 체계적으로 정립하고 이를 논리적으로 정당화할 수 있어야 한다는 것이다.

결국 사회복지윤리학의 개념은 사회복지의 본질과 사명을 분명히 하는 동시에 사회복지실천과 관련된 윤리적 문제를 해결할 수 있는 지침을 제공해야 한다는 서로 분리될 수는 있지만 긴밀하게 연관된 두 가지 내용을 모두 담고 있다고 할 수 있으며 이를 위해서는 윤리학이라는 학문체계를 활용하여 접근해야 함을 언급하고 있다고 볼 수 있다.

2) 사회복지윤리의 역할

사회복지의 사명과 실천에 담긴 규범적 내용을 분명히 하고 이를 정당화하고자 하는 체계적인 노력을 통칭하는 개념인 사회복지윤리는 사회복지사의 실천과 관련하여 구체적으로 다음과 같은 역할을 담당하고 있으며 이러한 역할은 사회복지윤리가 담고 있는 가치와 원칙들을 통해 실질적으로 작동하고 있다(Reamer, 1999 : 9-13).

첫째, 사회복지윤리는 사회복지전문직의 기본적인 임무와 목표를 명확하게 제시하는 역할을 수행하고 있다. 앞서 소개한 사회복지윤리의 개념에서 알 수 있듯이 사회복지가 지향하는 가치와 원칙들을 통해 사회복지 또는 사회복지전문직의 본질이 무엇인지 다시 말해 사회복지가 이 세상에 왜 존재하며 또 어떠한 사명을 갖고 있는지를 확인할 수 있다.

이러한 맥락에서 볼 때 사회복지윤리는 사회복지의 정체성을 상징하는 역할을 하고 있으며 당연히 사회나 일반 국민들은 사회복지가 지향하는 전문직 윤리 즉 사회복지윤리를 통해 사회복지사가 어떠한 전문직인지에 대해 판단하고 평가를 내린다. 일반적으로 사회복지전문직과 관련된 다양한 문헌 가운데 특히 사회복지사 윤리강령(code of ethics)은 전문직의 소명과 존재근거를 규범적으로 천명한 대표적인 것으로 간주되고 활용된다.

둘째, 사회복지윤리는 사회복지사나 사회복지기관이 구체적으로 어떠한 종류와 성격의 사회적 관계를 형성해 나가야 할지를 제시한다. 사회복지는 언제나 특정한 클라이언트와 지역사회라는 구체적인 실천대상을 필요로 하는 응용전문직이며 사회복지사는 사회의 다양한 집단들과 전문직 관계를 맺게 된다. 따라서 사회복지사는 언제나 누구를 대상으로 실천을 하며 이를 통해 어떠한 종류의 관계를 형성해야 하는가라는 근본적인 질문에 직면하게 된다.

예를 들어 사회복지사는 직접적으로는 자신이 담당하는 클라이언트와 그의 가족, 나아가 후원자 집단, 국가기관과 사회단체들, 지역사회와 일반 국민들과 실천을 수행하는 과정에서 직, 간접적으로 관계를 맺어나간다. 이 경우 사회복지나 사회복지사가 이러한 실천대상과 어떠한 성격의 관계를 맺어야 할지는 전적으로 사회복지윤리에 의해 결정될 수밖에 없다. 예를 들어 인간의 존엄성과 자기의사결정의 원칙을 전문직의 핵심가치로 지향하는 사회복지사와 그렇지 않은 사회복지사는 자신의 클라이언트와 근본적으로 상이한 성격의 관계를 형성할 수밖에 없을 것이다.

셋째, 사회복지윤리는 사회복지사가 자신의 실천과정에서 선택할 수 있는 다양한 실천대안들 가운데 어떠한 것이 가장 바람직한 것인지를 판단하는 중요한 기준으로 작용한다. 사회복지는 기본적으로 실천을 지향하는 전문직이며 따라서 사회복지사는 실천의 목표설정에서 구체적인 대안의 선택 그리고 실천결과에 대한 평가에 이르기까지 일정 정도 전문가로서의 자율성과 자유재량을 가진다. 그런데 사회복지사는 목표의 설정에서 대안의 선택 그리고 실천결과의 평가에 이르기까지 다양한 대안 가운데 무엇이 가장 적절한 것인가를 판단해야 하는 선택의 고민에 처하게 되는데 이 경우 어떠한 대안이 가장 바람직한 것인가를 결정할 수 있는 실질적 기준이 절대적으로 필요하다.

이 경우 사회복지윤리 특히 핵심가치와 원칙이 사회복지사가 왜 그 같은 목표를 달성하기 위해 그러한 대안을 선택했는지를 적절하게 설명할 수 있다. 예를 들어 사회복지사는 실천을 수행하는 과정에서 효율성이라는 가치를 중시하는 대안과 사회적 정의라는 가치를 중시하는 대안 가운데 어떤 하나를 고를 수 있으며 이러한 선택의 근거는 사회복지전문직이 지향하는 핵심가치에 의해 도출될 수 있다.

넷째, 사회복지윤리가 가지고 있는 또 하나의 중요한 실천적 역할은 사회복지사가 실천과정에서 직면하는 윤리적 갈등과 교착상태를 해결할 수 있는 중요한 도구라는 것이다. 앞서 살펴본 바와 같이 사회복지사는 자신의 실천과정에 다양한 윤리적 갈등에 직면하게 된다. 이는 사회복지사가 주어진 클라이언트의 상황을 이해하고 분석하는 데 있어 그리고 분석된 문제에 대하여 적절한 대안을 선택하는 데 있어 다양한 윤리적 가치나 원칙이 충돌하는 상황에 직면할 수 있음을 의미한다.

예를 들어 클라이언트의 자율성을 존중하고자 하는 가치와 공공성을 실현하고자 하는 가치는 많은 경우 사회복지사의 실천과정에서 화합되지 않고 충돌할 가능성이 높다. 이 경우 가치와 원칙에 대해 체계적인 이론화를 지향하고 있는 사회복지윤리는 이러한 갈등상태를 적절하게 해결할 수 있는 문제해결사의 역할을 담당하게 된다. 특히 사회복지사의 윤리적 갈등상태를 해결하고자 하는 것을 주목적으로 하는 사회복지윤리의 한 가지 영역인 윤리적 의사결정론(ethical decision-making theories)은 사회복지가 지향하는 윤리들을 확정하고 이들 사이에 우선 순위를 정하는 작업을 수행한다.

아닌 게 아니라 지금까지 윤리학과 사회복지학이 가장 견고하게 결합하고 있는 영역은 바로 사회복지실천의 윤리적 의사결정론 분야라고 할 수 있으며 현재 사회복지학에서 진행되는 윤리 관련 교육은 대부분 사회복지사를 위한 윤리적 의사결정론을 중심으로 하여 이루어지고 있는 것이 사실이다(김기덕, 2004b).

3) 사회복지윤리학의 연구영역

(1) 사회복지윤리학의 연구영역

그렇다면 사회복지윤리에 대한 체계적 이론화를 지향하는 학문으로서의 사회복지윤리학은 구체적으로 어떠한 연구영역을 가지고 있을까? 달리 표현하자면 사회복지윤리학을 연구하는 학자들은 어떠한 주제와 내용을 탐구하는 것일까?

앞서 밝힌 바와 같이 사회복지윤리학은 사회복지의 본질과 사명 그리고 실천활동에 대한 규범적 측면을 총체적으로 연구한다. 하지만 사회복지윤리학의 구체적인 연구주제는 연구자들의 관심에 따라 다양한 세부 주제로 분류 가능하며 크게 다음과 같은 연구주제들을 거론할 수 있을 것 같다(김기덕, 2002 : 118-122).

첫째, 가장 일반적인 연구주제는 사회복지의 본질과 사명을 규명하고 사회복지 실천의 지침이 될 핵심가치(core values)를 연구하는 것이다. 예를 들어 사회복지가 지향해야 할 가치는 욕구의 해결인지 아니면 정의구현인지의 문제는 사회복지가 전문직으로 도입된 이래 거의 100여년 이상 논의된 주제이다.

이는 윤리학의 가장 기본적인 논의가 옳고 그름을 판단할 가치 기준에 있음을 반영한 것이며 따라서 이 연구 영역에서는 사회복지의 본질을 규명할 핵심가치를 발견하고 이에 근거하여 실천현장에서 직접 활용할 수 있는 윤리적 원칙과 지침들을 발전시키는 것이 중요한 연구 내용이 된다.

둘째, 사회복지는 기본적으로 실천적 전문직이며 전문직 실천의 중심 주체는 전문가인 사회복지사이다. 따라서 사회복지윤리의 또 다른 연구주제는 사회복지사를 윤리적 판단의 중요한 주체로 간주하고 이들이 실천현장에서 맺는 전문직 관계를 중심으로 연구하는 것이다. 예를 들어 사회복지사가 맺는 관계를 크게 클라이언트와의 관계, 동료 사회복지사와의 관계, 사회복지기관과의 관계 그리고 지역사회의 주민들과의 윤리적 관계로 분류하고 각각의 관계에 대한 규범적 분석과 아울러 정당화 모색 등이 중요한 연구주제가 된다.

셋째, 사회복지실천의 특정 분야를 연구주제로 삼을 수 있다. 사회복지전문직은 전통적으로 특정한 인구집단을 주요 실천대상으로 하여 발달했다. 따라서 이들 인구집단 즉 클라이언트 집단을 대상으로 하여 실천을 하는 과정에서 야기될 수 있는 규범적 주제들을 집중적으로 다룰 수 있다. 예를 들어 가족복지, 아동복지,

가정폭력, 사회보장개혁 등의 영역을 중심으로 이들 분야에서 제기될 수 있는 윤리적 쟁점과 해결방향을 연구할 수 있다.

넷째, 사회복지실천과정에서 발생하는 구체적이고 현실적인 사례를 중심으로 연구할 수 있다. 사회복지실천현장에서 사회복지사가 직면하는 윤리적 갈등과 교착상태는 항상 특정한 쟁점으로 나타난다. 예를 들어 아동복지 영역에서 일하는 사회복지사는 자신에 의해 입양된 어린이가 자신의 친부모에 대한 자료를 요청할 경우 이를 받아들여야 하는지 혹은 거부해야 하는지에 대해 고민할 수 있으며, AIDS 판정을 받은 클라이언트가 자신을 담당하는 사회복지사에게 해당 사항을 비밀로 해 줄 것을 요구할 때 사회복지사는 클라이언트의 비밀을 보장해야 할 것인지 아니면 관계 기관에 신고해야 할 것인지에 관한 윤리적 갈등에 빠질 수 있다. 이러한 영역은 실제 현장에서 사회복지사가 구체적으로 고민하는 부분을 직접적으로 다룰 수 있다는 장점을 가지고 있다.

다섯째, 앞에서 살펴본 사회복지윤리학의 연구영역 가운데 추상적인 윤리적 가치에 대한 연구와 구체적인 갈등사례의 연구를 절충하여 중간 정도의 범주에서 연구를 진행할 수 있다. 예를 들어 앞서 제시한 사례 가운데 아동복지 영역에서 일하는 사회복지사의 윤리적 갈등의 문제는 '클라이언트의 알 권리와 선의의 제3자의 보호'라는 두 가지 전문직 윤리 쟁점 혹은 원칙들이 충돌하는 것으로 볼 수 있다. 따라서 이와 같이 사회복지실천현장의 윤리적 갈등을 서로 대립하고 갈등하는 윤리적 쟁점들을 중심으로 연구하게 되면 가치 연구의 추상성을 극복하는 동시에 개별사례의 해결에 도움이 될 구체적인 지침을 발견할 수 있을 것이다.

여섯째, 사회복지윤리학을 사회복지실천과정과 윤리학이라는 학문체계를 상호 결합하여 일관된 구조로서 파악하려는 연구가 있다. 이는 지금까지 소개한 연구들이 가치, 원칙, 이론 등 윤리학이라는 학문체계의 한 측면만을 연구함으로 인해 사회복지 전체를 일관되고 체계적으로 연구하지 못한다는 반성에서 비롯되었다. 따라서 이 영역에서는 사회복지의 전체적인 실천과정을 윤리학의 체계와 서로 조응되게 하여 일관된 체계로써 연구하려고 한다. 이러한 연구영역에 대해서는 다음에서 보다 자세히 살펴보도록 하자.

(2) 체계로서의 사회복지윤리학의 연구영역

미국의 대표적인 사회복지윤리학자인 리이머(Reamer)는 사회복지윤리학이 다음의 다섯 가지 연구영역을 가지고 있다고 주장하였다(Reamer, 1994 : 198-220). 첫째, 사회복지의 기본가치 및 원칙에 관한 연구, 둘째, 사회복지실천에서 발생하는 윤리적 갈등의 본질과 성격에 관한 연구, 셋째, 윤리적 의사결정에 관한 연구, 넷째, 사회복지실천과정에서 발생하는 윤리적 과실과 위법행위에 관한 연구, 다섯째, 사회복지윤리의 교육과 전파에 관한 연구들이다. 그런데 흥미로운 점은 이들 다섯 가지 연구영역이 얼핏 보기에 서로 독립적인 것처럼 보이지만 사실은 윤리학의 구성요소들을 중심으로 하여 사회복지실천의 과정과 조응하여 일관된 체계를 이루며 연결되어 있다는 것이다.

먼저 사회복지의 기본가치 및 원칙에 관한 연구는 사회복지의 본질과 사명을 표현하면서 기본적이면서도 핵심적인 가치나 원칙이 무엇인지를 발견하고자 하는 것이며, 이러한 가치나 원칙들의 속성이 분명하게 규명되면 자연스럽게 사회복지실천현장에서 발생하는 윤리적 갈등의 원인과 양상도 분명해진다. 만일 사회복지사가 직면하는 윤리적 갈등의 원인과 양상이 분명해진다면 이를 해결하고자 하는 체계적 노력인 윤리적 의사결정론을 구성할 수 있을 뿐만 아니라 이러한 윤리적 해결 노력이 부족하거나 혹은 잘못된 방향으로 이루어지면서 발생하는 전문직의 윤리적 과실과 위법행위 역시 분명하게 확정할 수 있다. 그리고 사회복지의 기본가치와 원칙, 윤리적 갈등과 이를 해결하고자 하는 윤리적 의사결정론, 그리고 윤리적 의사결정의 착오나 위법에 대한 지식과 자료들이 축적되면 다시 이들을 교육현장이나 실천현장으로 환류되어 재교육하는 일들이 순환적으로 반복되고 이를 통해 사회복지윤리학은 자연스럽게 발전하고 성장하게 될 것이다.

사회복지윤리가 이와 같은 방식으로 체계화된다면 사회복지교육현장에서 윤리에 대한 연구와 교육, 사회복지실천현장에서의 적용과 결과의 축적, 사회복지실천과 관련된 위법 및 과실에 대한 사회복지 법률현장과 재교육 현장이 유기적으로 결합되어 상호 발전할 수 있을 것으로 보인다.

종합적으로 살펴보면 앞에서 제시한 여섯 가지 연구영역들이 모두 독립적인 연구주제가 될 수 있다. 하지만 앞에서 제시한 사회복지윤리학의 개념에서 보듯 사회복지윤리학을 사회복지의 사명과 실천을 체계적으로 연구하는 것이라고 이해한다면 위 여섯 가지 연구영역 가운데 여섯 번째 연구영역이 가장 종합적이면서도 체계적인 것으로 간주할 수 있다.

2. 사회복지윤리의 구성요소[1]

1) 사회복지윤리 구성요소의 의미

지금까지 사회복지윤리의 개념과 역할 그리고 사회복지윤리를 연구하는 사회복지윤리학의 연구영역 등을 차례로 살펴보았다. 이를 통해 우리는 사회복지윤리가 사회복지의 본질과 소명을 밝히는 동시에 사회복지사가 실천과정에서 직면하는 윤리적 갈등을 해결할 수 있는 도구의 역할을 수행하고 있음을 알 수 있었다. 그런데 이러한 사회복지윤리의 역할을 보다 구체적으로 파악하기 위해서는 사회복지윤리를 구성하고 있는 핵심적인 요소들에 대한 내용분석이 필수적으로 요구된다. 왜냐하면 사회복지사로 하여금 사회복지의 본질과 자신이 다루는 사례의 윤리적 측면을 파악하게 하고 나아가 사례에 담긴 윤리적 갈등을 해결하게 돕는

1) 제2절과 제3절의 내용은 변화하는 김기덕(2007). "사회복지전문직 윤리 : 그 가능성과 한계", 국민과 함께하는 힘 있는 사회복지사, 39-64의 일부 내용을 재구성하였음을 밝힘.

것은 바로 사회복지전문직 윤리의 구체적인 구성요소들이기 때문이다. 달리 말하자면 사회복지윤리는 특정한 가치와 원칙들을 내용으로 하여 구성되어 있으며 그러한 원칙들의 내용과 근거는 무엇인지에 대한 명확한 이해가 이루어져야만 사회복지윤리는 실제로 활용가능하다.

사회복지윤리를 구성하는 가치와 원칙들이 다양할 수 있음은 당연한 사실이고 이러한 가치와 원칙들이 시간과 공간에 따라 변할 수도 있다. 하지만 사회복지가 사회복지로써 존재하기 위해서는 사회복지의 본질을 구성하고 있는 몇 가지 핵심가치(core value)와 구성요소들이 존재하며 이들은 시간과 공간의 변화에도 불구하고 좀처럼 변화하지 않는다. 달리 표현하면 사회복지윤리를 구성하는 많은 가치와 원칙들을 체계적으로 종합하면 몇 가지 핵심적인 구성요소들로 이루어져 있고 이러한 구성요소들은 상대적으로 안정적인 모습을 보인다. 그리고 이들 핵심 요소 가운데 한 가지라도 누락된다면 사회복지윤리의 존재기반은 크게 흔들릴 것으로 보인다.

그렇다면 사회복지전문직 윤리를 구성하는 핵심적인 요소로는 어떠한 내용들이 제시되고 있을까? 사회복지전문직의 핵심 구성요소를 파악하는 데 있어서 미국의 역사학자 라이비(Leiby)의 연구가 큰 도움을 줄 수 있다.

라이비는 미국의 사회복지를 구성하는 토대를 역사적으로 분석한 후 미국의 사회복지프로그램이 크게 세 가지 분명한 토대를 가지고 있다고 주장한다. 그가 제시한 사회복지전문직의 핵심 토대는 첫째, 법률로써 보호되는 개별인간에 대한 권리(individual rights), 둘째, 종교적 소명에 기원을 두는 자선 전통(religious charity), 셋째는 법률로 인정된 경찰권(police power)의 사용이다(Leiby, 1985; 1978).

그런데 이러한 라이비의 주장이 흥미로운 것은 이러한 역사적 토대가 각각 특정한 신념체계와 도덕적 가치를 구현하고자 하는 노력이라는 것이다. 따라서 개별인간에 대한 권리를 보호하고자 하는 것은 개인의 자유와 자율성을 존중하고 보호하려는 가치를 구현하고자 하는 것이며, 종교적 자선행위는 타인을 돕고자 하는 자비심과 도움에 대한 의무를 구현한 것이고, 경찰권에 대한 합의는 제3자 이웃, 지역사회의 이익을 침해하지 않아야 된다는 가치 즉 보편적인 공공선의 보호라는 도덕적 가치를 제도화한 것이라고 볼 수 있다.

한편 사회복지윤리학자인 클라크는 앞서 라이비가 제시한 개인존중과 서비스의 윤리 그리고 공적 책임성의 윤리 이외에 사회개혁주의와 정의의 윤리(social reformism and the ethic of justice)를 제시한다(Clark, 2000). 그런데 클라크가 제시하고 있는 사회개혁주의와 정의의 윤리의 내용을 자세히 살펴보면 사회정의라고 하는 가치 역시 개인의 행복달성에 저해가 되는 구조적 불의에 대한 대응을 언급하고 있어 한편으로는 개인의 자율과 행복을 존중해야 한다는 것과 이러한 행복에 저해가 되는 구조적인 요인을 사회적으로 제거하는 것이 바람직하다는 것을 천명하는 것으로 볼 수 있다. 게다가 앞서 1장에서 살펴본 바와 같이 사회정의라는 가치는 공공성의 영역을 주로 다루는 철학 영역인 정치철학의 대표적인 주제인 것으로 고려한다면 클라크의 사회정의에 대한 관심은 라이비의 공적 책임성의 윤리로 이해해도 무방할 것으로 보인다. 따라서 클라크의 구성요소와 라이비의 구성요소는 실질적으로 거의 동일하다고 볼 수 있다.

이러한 두 사람의 논의에 근거하여 사회복지전문직 윤리는 '개인에 대한 존중과 개인적 서비스 윤리(individualism and the ethic of personal service)', '전문가의 온정적 개입주의(paternalistic intervention)', '공적 책임성의 원리(the ethic of public responsibility)'라는 핵심요소로 구성되어 있다고 볼 수 있다. 그렇다면 개인존중과 개인적 서비스 윤리, 전문가의 온정적 개입주의, 공적 책임성의 원리라는 세 가지 전문직 윤리의 핵심적인 구성요소들이 구체적으로 어떠한 내용과 의미를 가지고 있는지를 보다 자세히 차례대로 살펴보기로 하자.

2) 사회복지윤리의 세 가지 구성요소

(1) 개인에 대한 존중과 개인적 서비스의 제공

사회복지윤리를 구성하는 첫 번째 구성요소는 개인에 대한 존중과 개인적 서비스의 제공이다. 이는 사회복지전문직 또는 사회복지사의 궁극적인 지향과 사명이 클라이언트를 하나의 개별적 인간으로서 존중하며 이들의 행복한 삶을 유지할 수 있도록 전문적인 서비스를 제공하는 데 있다는 것을 분명히 하는 것이다.

물론 단어상으로는 개인에 대한 존중(individualism)으로 표현되어 있기는 하지만 사회복지전문직이 관심을 가지는 대상은 그 초점에 따라 개별인간이 될 수도 있으며 가족, 소집단, 지역사회도 될 수 있을 것이다. 예를 들어 가족복지에 관심이 있는 사회복지사의 경우 개인은 가족이라는 단위가 될 수 있고, 지역사회조직을 담당하는 사회복지사에게 있어 개인에 대한 존중은 해당 지역사회의 자유와 자율성을 존중하는 것으로 해석될 수도 있다.

개인에 대한 존중은 다시 말해 개개인 혹은 개별 집단이 가진 특성과 소질을 존중하고 이들이 꿈꾸는 행복을 구현할 수 있도록 지원한다는 것을 의미한다. 따라서 이들 개인들이 행복을 추구하는 과정에서 걸림돌이 되는 사회적 문제나 위험을 해결하고 예방하며 사회적 욕구를 충분히 해소할 수 있도록 적절한 서비스를 제공하는 것은 당연히 사회복지윤리에서 가장 중요하고 기본적인 구성요소가 될 수밖에 없을 것이다.

그리고 이 구성요소에서 언급하고 있는 개별인간 혹은 개인적 서비스에서 개인이 담고 있는 의미는 평균적인 뜻으로 전체 중의 개인이 아니라 한 사람 한 사람이 가지고 있는 독특하고 개인적인 욕구와 특성을 구별하여 존중한다는 것을 의미한다. 따라서 사회복지사는 자신의 클라이언트를 전체 구성원의 일부인 평균적 개인이 아니라 전체를 구성하는 고유한 개인으로 존중해야 한다. 결국 사회복지윤리의 첫 번째 구성요소인 개인에 대한 존중과 개인적 서비스의 제공은 개인의 존중이라는 사회복지의 본질과 사명 그리고 이를 달성하기 위한 실천활동으로서 개인적 서비스의 제공을 분명하게 천명하고 있다고 볼 수 있다.

그렇다면 이와 같이 사회복지윤리가 자신의 핵심적 구성요소를 지향하고 있는 개별인간에 대한 존중과 개인적 서비스의 제공이라는 가치의 규범적 근거는 과연 어디에서 찾을 수 있을까?

개별인간에 대한 존중과 개인적 서비스 제공의 근거가 되는 핵심가치는 무엇보다도 자유(freedom)와 자율(autonomy)을 들 수 있다. 이는 개별인간이 가진 본래적 가치는 그 무엇보다 존중되어야 되며 이러한 가치를 가진 인간이 자신과 관련된 문제들을 스스로 결정하고 판단할 수 있어야 하며 이러한 결정들은 타인과 사회에 의해 절대적으로 존중되어야 한다는 것을 의미한다.

역사적으로 볼 때 자유와 자율에 대한 존중은 근대 시민사회의 발달과 깊이 연관되어 있으며 특히 윤리학의 입장에서 보자면 특히 칸트주의 윤리관과 깊이 연관되어 있다. 칸트주의 윤리관에 의하면 인간은 윤리적 주체로써 태어나며 자신이 소유한 고유한 자율성에 그 존재 근거를 두고 있다는 것이다.

사회복지전문직의 첫 번째 구성요소의 핵심이 되는 자유와 자율이라는 가치는 이제 클라이언트의 자기의사 결정이라든지 비밀보장의 원칙과 같은 구체적인 사회복지윤리원칙으로 파생된다. 일반적으로 자유와 자율이라는 가치에서 파생되어 사회복지전문직이 개인에 대한 존중이라는 구성요소를 구현하기 위해 수행해야 할 의무들로서 제기되는 것으로는 클라이언트의 자기의사 결정의 원칙, 비밀보장의 원칙, 클라이언트의 사생활 존중의 원칙, 고지에 입각한 동의, 정보특권의 사용 등을 들 수 있다(김기덕, 2002).

개인에 대한 존중이라는 사회복지전문직의 핵심 구성요소에 대한 확인은 사회복지의 사명을 천명하는 문헌 곳곳에서 발견된다. 먼저 사회복지사의 윤리적 사명을 제시하는 윤리강령에서도 개인의 존엄성과 자유 그리고 자율을 존중함이 사회복지의 사명이라는 것이 명백하게 반영되어 있다.

먼저 미국사회복지사 윤리강령을 보면 '인간에 대한 존엄성과 가치'를 사회복지사 윤리강령의 핵심가치로 명백히 언급하고 있고, 이러한 핵심가치에서 파생된 윤리원칙으로 '사회복지사는 타고난 인간의 존엄성과 가치를 존중해야 한다'라고 분명히 밝히고 있다(NASW, 1996).

이러한 점은 한국사회복지사 윤리강령에서도 동일하게 확인할 수 있다. 한국사회복지사 윤리강령의 전문을 보면 '사회복지사는 모든 인간의 존엄성과 가치를 존중하며 천부의 자유권 보장에 헌신'하고 '개인의 주체성과 자기결정권 보장에 최선을 다할' 것을 명백히 선언하고 있다. 그리고 클라이언트와의 관계를 규정하는 곳에서도 '클라이언트의 권익옹호를 최우선의 가치로 삼고 행동하며', '인간으로서의 존엄성을 존중하며', '자기결정권을 최대한 행사할 수 있도록 도와야 하며', '사생활을 존중하고 보호할 것을' 다짐한다. 그리고 이를 위해 '사회복지사는 클라이언트에게 최상의 서비스를 제공할 책임'이 있음을 명백히 하고 있다(한국사회복지사협회, 2001).

(2) 전문가의 온정적 개입주의

사회복지윤리의 두 번째 구성요소는 전문가의 온정적 개입주의이다. 전문가의 온정적인 개입주의는 사회복지가 전문직으로 첫걸음을 떼어 놓을 때부터 강조되어 온 가장 오래된 구성요소 가운데 하나이다.

온정주의는 인간이 다른 인간에게 느끼는 애틋하고 측은한 마음에 그 가치의 근거를 두고 있다. 이러한 점은 전통적으로 자선(charity), 자비(mercy)에 대한 강조와 더불어 나아가 자신보다 열악한 처지에 있는 사람에게는 적극적으로 도움을 주어야 한다는 것을 일종의 도덕률로써 강조하는 선행의 의무(the duty of beneficience)로 자연스럽게 이어진다.

윤리학자인 도나간(Donagan)은 "한 인간이 다른 인간을 이성적으로 존중한다면 타인에게 해를 끼치는 것을 원하지 않을 뿐만 아니라 타인들 스스로 자신들이 추구하는 것들을 달성하는 것을 보면서 만족을 얻을 것이다"(Donagan, 1977)라고 주장함으로써 타인에 대한 자선과 선행의 의무는 인간에게는 너무나 자연스러운 것으로써 이는 우리가 지켜야 할 당연한 가치의 하나로 간주하고 있다.

이러한 사고에 기초하여 온정주의는 일반적으로 "(자유와 자율성)을 억압당하는 사람 자신의 복지, 행복, 욕구, 이익, 가치 등을 배타적으로 위한다는 근거로 해서 정당화될 수 있는 개인의 자유로운 행위에 대한 간섭"(Dworkin, 1971 : 108, 괄호안의 내용은 필자에 의해 첨가)으로 정의된다.

이와 같은 자선의 가치와 선행의 원칙과 전문직의 온정주의는 사회복지사의 윤리강령에도 명확하게 담겨 있다. 미국사회복지사협회의 윤리강령에서 제시하는 첫 번째 핵심가치는 '서비스'이며 이를 부연 설명하는 윤리적 원칙에서 "사회복지사의 궁극적인 목표는 도움을 필요로 하는 사람들을 돕고 사회적 문제들에 대응하는 것이다"라고 분명하게 제시되어 있다(NASW, 1996).

전문가의 온정주의가 근거하고 있는 또 하나의 윤리적 규범은 사회복지사가 클라이언트 혹은 일반 시민들에 비하여 전문적인 측면에서 역량(competence)의 우위에 있다는 것이다. 사회복지사가 가진 이와 같은 전문적인 역량이야말로 클라이언트 혹은 일반 시민들의 의사에 반해서 전문가가 일정 정도의 배타성을 가지고 개입하게 할 수 있는 윤리적 근거를 제공하게 된다. 이러한 전문가의 개입으로 인해 클라이언트가 일시적으로 자유와 자율성을 상실하더라도 장기적으로는 보다 자율성이 신장될 것이라는 전망에 대한 확신 역시 전문가가 가진 역량에서 도출된다.

이러한 점은 사회복지사의 윤리강령에도 명확하게 표현되어 있다. 미국사회복지사 윤리강령의 핵심가치 중에는 사회복지사의 역량이 분명하게 언급되어 있고 이에 대한 윤리적 원칙을 보면 "전문가의 도움이 전문적인 능력과 기술개발을 통해 이루어져야 한다"라고 분명히 천명되어 있다(NASW, 1996).

한국사회복지사 윤리강령의 전문에도 사회복지사는 자신의 '사명을 실천하기 위하여 전문적 지식과 기술을 개발하고 사회적 가치를 실현하는 전문가로서의 능력과 품위를 유지하기 위해 노력한다'라고 밝히고 있어(한국사회복지사협회, 2001), 사회복지전문직의 능력에 대해 강조하고 있다. 아울러 전문성 개발을 위한 노력을 언급하는 본문에서는 '사회복지사는 최상의 서비스를 제공하기 위해 지식과 기술을 개발하는 데 최선을 다하며 이를 활용하고 전파할 책임이 있다'라고 언급함으로써(한국사회복지사협회, 2001), 사회복지사의 전문적 역량이 최상의 서비스를 제공하기 위한 지식과 기술에 있음을 명확하게 정의하고 있다.

이러한 가치적 규범은 사회복지전문직에 온정주의로 도입되면서 보다 정교하게 다듬어진다. 사회복지사의 전문직 실천과정에서 온정주의는 크게 다음의 세 가지 유형으로 나타나고 있다(Reamer, 1999 : 106-107). 첫째, 사회복지사가 특정한 종류의 정보를 클라이언트에게 숨기고 공개하지 않을 수 있고, 둘째, 단순히 클라이언트에게 정보를 숨기고 공개하지 않는 것을 넘어 적극적으로 거짓정보를 제공할 수도 있으며, 셋째, 클라이언트의 의사에 반하여 실제로 물리적인 개입을 할 수도 있다.

따라서 앞서 언급한 바와 같이 개입의 결과가 클라이언트에게 배타적인 이익을 가져올 것이라는 확신만 분명하다면 사회복지사는 위에서 제시한 유형으로 다양하게 온정주의적 실천을 도덕적으로 당당하게 펼칠 수 있다.

(3) 공적 책임성의 원칙

사회복지윤리의 세 번째 구성요소는 공적 책임성이다. 사회복지는 여타의 전문직에 비해 상대적으로 개인의 행복과 아울러 사회 전체의 복지에 대하여 전통적인 관심을 표명하여 왔다. 그리하여 사회복지전문직은 실천대상인 클라이언트의 행복을 추구하는 동시에 클라이언트와 연관된 제3자라든지 가족, 지역사회 혹은 전체 사회의 행복을 동시에 고려하고 있다.

그렇다면 공공성이라는 사회복지전문직의 윤리적 구성요소는 어떠한 도덕적 가치에 근거하고 있는 것일까? 사회복지가 윤리의 구성요소로서 추구하는 공적 책임성의 규범적 근거는 평등(equality)과 사회정의(social justice)의 가치이다. 달리 이야기 하자면 사회복지사가 자신의 클라이언트만을 위해 배타적으로 활동하는 것은 정의롭지 못하며 평등의 가치에도 위배된다는 것이다.

먼저 제3자인 타인을 해하는 행위는 도덕적으로 정당하지 못한 정의롭지 못한 행위라는 주장이 윤리이론에서는 매우 일반적이다(Ross, 1930). 아울러 타인의 이익을 고려하지 않고 자신의 이익만을 배타적으로 추구하는 것 역시 도덕적으로 정당성이 없다는 주장도 널리 받아들여지고 있다(Gewirth, 1978). 이와 같이 사회복지사가 자신이 담당하고 있는 클라이언트의 행복을 추구해야 하면서도 동시에 제3자와 전체 사회에 대한 도덕적 책임을 외면하지 못하는 보다 근본적인 이유는 사회복지전문직이 자신의 존재근거의 하나로 본질적으로 가질 수밖에 없는 복합적 책임성(complex accountability) 때문이다(Clark, 2000). 복합적 책임성이라는 문제는 사회복지사가 자신의 실천과정에서 책임져야 할 인구집단이나 대상이 여럿이라는 것을 의미한다.

일반적으로 전문직은 자신이 책임을 가지는 대상이 존재하며 이들에 대하여 배타적으로 책임을 다함으로써 전문직의 윤리적 지위를 유지한다. 예를 들어 변호사는 자신의 의뢰인에게 의사는 자신의 환자에 대하여 무한한 책임을 진다. 그러나 사회복지전문직은 이들 전문직에 비해 자신이 담당하고 있는 클라이언트를 넘어 다양한 개인이나 사회에 대해서도 윤리적인 책임을 다해야 한다. 예를 들어 사회복지사는 자신의 클라이언트와 관련하여 실천을 수행하는 과정에서 클라이언트의 가족이나 보호자, 자신이 속한 시설이나 기관의 후원자, 공공기관과 일반국민들에 대하여 상이한 정도의 책임성을 복합적으로 가지게 된다.

사회복지전문직이 공적 책임을 중요한 가치로 간주하고 있다는 것은 사회복지전문직의 윤리적 책임을 규정하는 문헌의 여러 곳에서 확인할 수 있다.

먼저 미국사회복지사 윤리강령을 보면 전문에서 사회복지전문직의 기본적인 사명이 모든 사람들의 기본적인 욕구를 충족케 함에 있다는 것을 분명히 밝히고 있고,

사회복지전문직의 핵심가치를 논의하는 장에서도 공적 책임성의 원칙은 곳곳에서 발견된다. 먼저 핵심가치 가운데 인간의 존엄성과 가치를 강조하는 부문에서 사회복지사는 자신이 담당하고 있는 클라이언트와 사회 전반에 대해 이중적인 책임을 인식해야 한다고 강조하고 있으며 인간관계의 중요성을 핵심가치로 강조하는 영역에서도 사회복지사는 개인, 가족집단, 조직 및 지역사회의 복리에 노력해야 한다고 강조한다. 나아가 사회복지사의 실천의 표준을 제시하는 영역에서도 사회복지사는 사회 전체의 일반적인 복지(general welfare)를 향상시키는데 노력해야 한다고 제시하고 있으며 사회복지사가 클라이언트의 자유와 자율성과 관련된 원칙을 추구하는 과정에서 제3자와 공공의 이익을 침해해서는 안 된다는 규정이 자주 등장하고 있다(NASW, 1996).

한국의 사회복지사 윤리강령에도 미국사회복지사 윤리강령에서와 마찬가지로 공적 책임성에 대한 강조는 분명하게 나타나 있다. 먼저 전문에서 클라이언트, 동료, 기관뿐 아니라 지역사회 및 전체 사회와 관련된 사회복지사의 행위와 활동에 대한 윤리기준을 선언하고 있음을 밝히고 있다. 아울러 사회복지사의 윤리기준에서도 사회복지사는 사회정의 실현과 클라이언트의 복지증진에 헌신하며 이를 위한 환경조성을 국가와 사회에 요구해야 한다고 분명하게 밝히고 있다(한국사회복지사협회, 2001).

3. 사회복지윤리의 분석틀

1) 사회복지윤리의 분석틀

앞서 언급한 바와 같이 사회복지윤리를 구성하는 가치와 이로부터 파생한 원칙들은 사회복지의 소명을 밝힐 뿐만 아니라 사회복지실천현장의 윤리적 문제들을 해결하는 지침으로 작용한다.

달리 말하자면 사회복지가 지향하는 다양한 핵심가치들은 구체적인 윤리적 원칙들(ethical principles)과 실천 표준들(practical standards)로 구현되어 전체적으로 사회복지전문직 윤리체계를 구성한다. 그리고 이러한 사회복지전문직의 윤리체계는 '개인에 대한 존중', '전문가의 온정적 개입주의', '공적 책임성의 원리'라는 세 가지 핵심요소로 구성되어 있고 이들 핵심요소로부터 다양한 윤리적 원칙들이 파생되고 있다는 것도 앞서 살펴보았다.

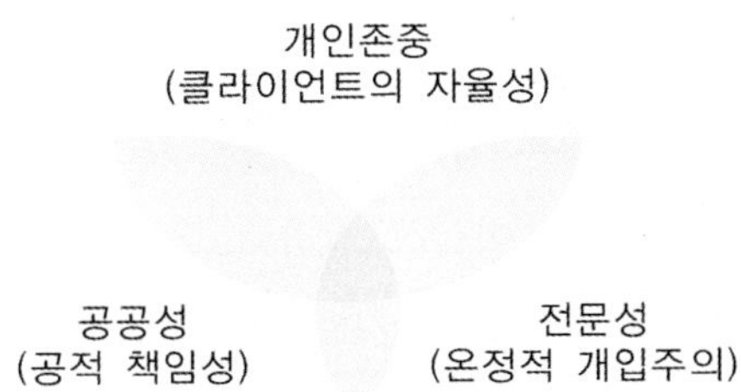

그림 3-1 사회복지윤리의 구성요소와 분석틀

예를 들어 개인에 대한 존중과 인권의 보호라는 사회적 가치는 '개인에 대한 존중과 개별적 서비스의 제공'이라는 사회복지윤리의 구성요소로 나타나게 되고 이러한 구성요소는 클라이언트의 자기의사결정의 원칙, 비밀보장의 원칙, 클라이언트의 사생활 존중의 원칙, 고지에 입각한 동의, 정보특권의 사용 등과 같은 윤리적 원칙들과 표준으로 구현되어 현실의 실천현장에서 적용된다. 따라서 사회복지의 소명과 실천활동에 대한 윤리적 측면을 분석하고자 할 때 사용될 수 있는 분석틀은 이들 세 가지 핵심적인 구성요소들로 이루어진다고 볼 수 있다.

그런데 이러한 구성요소들을 사용하여 사회복지윤리의 분석틀을 구성할 때 가장 문제가 되는 점은 이들 세 가지 구성요소와 각각의 파생된 원칙과 표준들이 어떠한 상황에서도 반드시 구현되어야 하는 절대적인 가치나 원칙들이 아니라 상황에 따라서 가치의 실현이 제한될 수 있는 조건부(prima facie) 가치들이라는 점이다. 예를 들어 사회복지윤리의 분석틀 가운데 가장 중요한 요소인 '개인에 대한 존중'과 그로부터 파생한 원칙들이 자기의사결정의 원칙, 비밀보장의 원칙, 클라이언트의 알 권리 존중과 정보특권의 원칙들은 어떠한 상황과 환경에서도 반드시 지켜져야만 하는 절대적인 것들이 아니라 특정한 경우에 그 정도가 제한될 수 있는 성격을 가진다는 것이다.

그런데 사회복지윤리의 분석틀을 구성하는 요소들이 왜 전문직이 추구해야 할 가치의 구현으로서 확고한 위치를 차지하고 있으면서도 왜 이러한 조건부 가치라는 제한을 가질 수밖에 없을까?

그 이유는 사회복지전문직을 구성하는 세 가지 구성요소가 본질적으로 서로 상충하는 가치를 동시에 지향하며 이를 구현하려고 하기 때문이다. 앞서 살펴본 바와 같이 개인의 자유와 자율성 존중은 사회를 구성하는 개인 주체가 가진 고유한 독자성과 권리를 인정하고 존중하려는 반면에 전문가의 온정주의적 개입은 본질적으로 이와 같은 개인이 가진 자유와 자율권을 침해할 수 있는 역량 있는 외부 전문가의 개입을 지향하고 있다. 또한 사회복지사가 공적 책임성을 강조할 경우 이는 제3자 혹은 일반 사회의 이익을 추구하려는 정의와 평등의 의지를 보여주는 것으로써 클라이언트라는 한 개인의 자유와 자율은 사회의 이익을 추구하는 과정에서 제한될 수 있다는 것이다.

실제로 미국사회복지사 윤리강령을 살펴보면 이러한 구성요소의 충돌 가능성을 확인할 수 있다. 사회복지사 윤리강령에는 전문직으로서 사회복지가 지향하는 여섯 가지의 핵심가치가 제시되고 있는데 그 가운데에는 인간의 존엄성과 가치(Dignity and Worth of the Person), 사회적 정의(Social Justice), 역량(Competence)이라는 상황에 따라 서로 상충될 수 있는 가치들이 동시에 사회복지의 핵심가치로 자리 잡고 있다.

이러한 점은 사회복지윤리의 구성요소와 분석틀을 보여주는 [그림 3-1]을 보면 더욱 분명하게 이해할 수 있다. 사회복지윤리를 구성하는 세 가지 구성요소들은 서로 긴밀하게 연관되어 사회복지윤리의 분석틀을 구성하고 있으면서도 서로 상충하는 부분을 가지고 있다. 따라서 전문가의 온정주의적 개입이 커진다면 자연스럽게 클라이언트의 자유와 자율이 차지하는 부분은 축소될 수밖에 없고, 상황에 따라 공공성의 책무 역시 제한될 수 있을 것이다.

결국 사회복지윤리의 분석틀에 대한 논의의 핵심은 왜 이러한 세 가지 구성요소가 충돌될 수밖에 없으며 충돌할 경우 어떠한 방법으로 이들 충돌을 해결할 것인가를 체계적으로 모색하는 것이다.

2) 사회복지윤리의 구성요소 간의 긴장과 충돌

(1) 개인의 자율성 존중과 전문가의 온정적 개입주의 간의 긴장

개인의 자유와 자율성에 대한 존중이라는 보편적 가치가 사회복지 영역에서 윤리적 원칙으로 구현된 대표적인 사례가 바로 '클라이언트의 자기의사결정원칙(the principle of client self-determinations)'이다(Biestek, 1957 : 19). 이 원칙은 클라이언트는 자신과 관련된 문제를 스스로 결정하고자 하는 욕구와 권리를 가지고 있으며 사회복지사는 실천과정에서 이를 최대한 존중해야 한다는 것을 천명하고 있다. 따라서 사회복지사는 클라이언트의 자기의사결정이 가능하도록 의사결정과 관련된 모든 정보와 실천대안을 거짓 없이 제공해야 하며 이러한 의사결정 과정에 어떠한 압력이나 영향력도 클라이언트에게 행사되어서는 안 된다(Abramson, 1983 : 48).

그런데 사회복지 영역에서 윤리적으로 쟁점이 되는 것은 사회복지라는 전문직 관계의 본질과 이의 구현으로서의 실천에서 클라이언트의 자기의사결정의 원칙을 필연적으로 제한하거나 침해할 수밖에 없다는 사실이다. 이러한 점은 사회복지 전문직의 윤리적 구성요소 가운데 또 다른 하나인 전문가의 온정적 개입주의가 클라이언트의 자유와 자율성에 대한 침해의 소지를 가진 도덕적 원칙이기 때문이다.

타인에 대한 선행이라는 도덕적 가치에 근거하여 '클라이언트에게 서비스를 제공하여 그들의 복지를 향상시키는 것을' 핵심가치(NASW, 1996)로 삼고 있는 사회복지의 실천활동은 필연적으로 클라이언트의 의사결정과 관련하여 일정 정도 지시적인 형태를 취한다(Rothman et al., 1996). 그런데 이러한 지시적인 개입이 정당화되는 규범적인 근거는 전문가에 의한 클라이언트의 자유가 일시적으로 제한되더라도 장기적으로 볼 때 이러한 제한이 보다 큰 자유와 자율성 획득에 도움이 될 수 있다는 것이다. 예를 들어 클라이언트의 의사결정 능력이 약화된 경우 사회복지사의 개입에 대한 도덕적 정당성은 보다 더 커질 수밖에 없을 것이다(Schwartz, 1988).

따라서 사회복지사는 자신의 실천과정에서 클라이언트의 자기의사결정과 전문가의 온정주의적 개입이라는 두 가지 실천원칙의 충돌을 적절히 이해하고 이를 해결하기 위해 노력해야 한다. 무엇보다도 클라이언트의 자기의사결정의 원칙이 제한될 수 있는 근거와 상황에 대한 분명한 기준이 마련되는 것이 중요할 것이다. 예를 들어 NASW 윤리강령은 사회복지사가 클라이언트에 대해 가지는 윤리적 의무에 대해 상세한 표준을 설정하고 있는데, 클라이언트의 자기의사결정 원칙의 제한에 관한 사항도 아래와 같이 분명하게 언급되어 있다.

> 표준 1.02 자기의사결정
> 사회복지사는 클라이언트의 자기결정권리를 존중하고 증진시키며 자신의 목표를 확인하고 명확히 하도록 클라이언트를 도와준다. 사회복지사는 클라이언트의 행동이나 잠재적 행동이 그 자신이나 타인에게 심각하고 예측가능하며 즉각적인 위험을 초래한다고 전문적으로 판단될 때, 클라이언트의 자기결정권을 제한할 수도 있다.

위 표준에서 제시하고 있는 내용에서 볼 수 있듯이 전문가의 온정주의적 개입이 정당화되기 위해서는 다음과 같은 세 가지의 조건이 필요하다.

첫째, 전문가의 개입의 목표가 클라이언트이거나 혹은 타인이어야 한다는 점이다. 이는 온정주의적 개입의 도덕적 정당화가 개입으로 인해 침해당하는 당사자의 이익이 우선적으로 고려되어야 한다는 것을 의미한다. 만일 온정주의적 개입의 목적이 개입하는 주체의 배타적인 목적을 위한 것이라면 이는 온정주의적 개입이 아니라 사이비 개입주의가 되어 전혀 도덕적인 정당성을 가지지 못하게 된다.

둘째, 온정주의적 개입으로 예방하려고 하는 위험이 심각하고 예견가능하며 급박해야 한다는 것이다. 이러한 점은 온정주의적 개입으로 인한 클라이언트의 일시적인 자유와 자율성의 상실이 이후 더 큰 자유와 행복을 가져다 줄 수 있다는 것을 의미하며 이러한 차이에 근거하여 전문가의 개입이 도덕적으로 정당화된다는 것을 의미한다.

셋째, 클라이언트의 자기의사결정에 반하는 온정주의적 개입은 반드시 전문적인 역량을 근거로 한 판단에 의해서만 가능하다는 것이다. 이는 온정주의적 개입의 도덕적 근거 가운데 하나가 역량(competence)임을 다시 한 번 보여주고 있다. 하지만 구체적으로 무엇이 심각하고 예견가능하며 급박한 것인가의 여부는 전적으로 전문가와 관련 당사자들의 자유재량과 전문적 판단에 의해서 결정된다.

(2) 개인의 자율성 존중과 공공복지의 충돌

클라이언트 개인의 자유와 자율성을 존중하기 위하여 사회복지사가 준수해야 할 대표적인 윤리적 원칙 가운데 하나가 바로 '클라이언트 비밀보장(client's confidentiality)의 원칙'이다(Bok, 1983). 본성적으로 자율적인 존재인 인간은 당연히 고유한 사생활을 누릴 수 있는 자격과 권리를 가지며 이러한 권리는 자신만의 생각이나 계획 그리고 비밀 등을 스스로 통제해 나갈 수 있을 때 완전해지기 때문에 당연히 사회복지사는 이러한 클라이언트 권리를 존중하고 보호해야 한다.

뿐만 아니라 사회복지사가 비밀보장과 관련하여 클라이언트와 맺는 전문적 계약은 하나의 약속으로서 사회복지사에게는 당연히 준수의 의무가 발생하여 이를 어길 경우 도덕적, 법적 책임을 면할 수 없다. 그리고 클라이언트의 입장에서 볼 때 자신과 관련된 정보에 대해 완벽하게 비밀이 보장된다는 확신이 있을 때 사회복지사에 대한 신뢰가 높아질 것이며 이러한 신뢰를 바탕으로 했을 경우 전문직 실천의 성과 역시 높아질 것이다. 이러한 측면에서 미국의 사회복지사 윤리강령에서는 사회복지전문직의 핵심가치 가운데 하나로 '충실(integrity)'을 제시하고 사회복지사는 자신의 클라이언트로부터 신뢰받을 수 있는 방식으로 실천해야 한다고 분명하게 제시하고 있다(NASW, 1996).

그런데 클라이언트의 자유와 자율성이라는 윤리적 가치에 근거한 비밀보장의 원칙 역시 사회복지전문직 실천공간에서는 일정 정도 그 보장이 제한될 수밖에 없으며 비밀보장의 원칙에 가장 직접적인 갈등을 일으키는 구성요소가 바로 공공성의 원칙이다. 클라이언트 비밀보장의 원칙을 배타적으로 추구하는 것이 제3자 혹은 공공의 이익에 침해될 경우 이는 도덕적인 차원에서 제한될 수밖에 없다. 왜냐하면 기본적으로 타인에게 위해를 가하여 고통을 야기하는 행위 자체가 도덕적으로 비난받을 수밖에 없고, 타인의 이익을 침해하면서 자신의 이익을 배타적으로 추구하는 것은 평등, 형평 혹은 보편성이라는 차원에서도 정의롭지 않기 때문이다(Gewirth, 1978 : 135).

사회복지윤리학자 리이머는 이러한 점들을 고려하여 클라이언트가 누릴 수 있는 비밀보장의 원칙이 어떠한 경우에도 지켜져야 하는 절대적 원칙이 아니라 조건부 원칙이라는 것을 명확히 하면서 비밀보장의 원칙이 제한될 수 있는 경우를 크게 다음의 네 가지로 구분하여 제시한다(reamer, 1999 : 93-105).

첫째, 비밀보장의 원칙은 제3자를 보호하기 위해 제한될 수 있다. 클라이언트의 이익만을 배타적으로 보호하는 과정에서 선의의 제3자의 이익이나 행복이 침해된다면 이는 도덕적으로 정당화되기 힘들 것이다.

둘째, 비밀보장의 원칙은 클라이언트 자신의 이익을 위해 제한될 수 있다. 클라이언트 본인의 이익을 위해 스스로의 자유나 자율성이 전문가에 의해 제한될 수 있는 도덕적 근거는 앞서 온정적 개입주의를 다루는 부분에서 충분히 소개되었다. 이는 전문직의 윤리적 구성요소들인 개인의 자율성과 선행의 원칙이 충돌하여 간섭적 온정주의라는 원칙으로 해결될 수 있음을 통해 설명되었다.

셋째, 클라이언트의 비밀은 법원의 명령에 의해 공개될 수 있다. 법률이나 법원의 명령에 의해 사회복지사로 하여금 클라이언트의 비밀을 공개하도록 요구하는 경우 사회복지사는 비밀보장과 공공의 이익이라는 두 가지 윤리적 의무 사이에서 직접적인 갈등에 직면하게 된다. 앞서 살펴보았듯이 사회복지의 역사적 발전의 토대를 형성하는 데 있어 법률로 인정한 경찰권의 역할이 중요하게 작용하였으며 이는 제3자 혹은 일반 사회의 이익을 수호하는 것이 사회적 정의에 부합하기 때문이었다.

넷째, 성인이 아닌 미성년자를 대상으로 실천하는 사회복지사의 경우 클라이언트의 비밀보장에 대해 일반 성인 클라이언트와는 다소 상이한 의무를 가질 수밖에 없다. 클라이언트가 자유나 자율성의 권리를 행사하기 위해서는 일정 수준의 인지능력과 실천능력을 가져야 한다는 것이 일반적인 판단인데 미성년자인 경우 이러한 권리를 충분히 누리기에는 한계가 있기 때문이다. 이러한 점은 정신건강 영역의 클라이언트에게도 동일하게 적용될 수 있다. 만약 클라이언트가 사회적으로 요구하는 수준 이하의 인지능력을 가지고 있을 경우에는 이들이 내리는 자유로운 의사결정이 제3자와 일반 사회에 불이익을 가져올 가능성이 있을 것이고 이 경우 클라이언트에 관한 비밀은 완벽하게 보호되기 힘든 경우가 많을 것이다.

이러한 점들을 고려하여 미국의 사회복지사윤리강령은 사회복지사를 위한 실천 표준을 설정하는 항목 가운데 클라이언트의 비밀보장에 관한 규정을 다음과 같이 명확히 제시하고 있다(NASW, 1996).

표준 1.07

사회복지사는 전문적 서비스를 제공하는 과정에서 얻게 된 모든 정보에 관하여 어쩔 수 없는 전문적 이유를 제외하고는 그 비밀을 보장해야 한다. 사회복지사가 정보를 비밀로 취급해야 한다는 일반적인 기대는 클라이언트나 신원을 확인할 수 있는 다른 사람에게 심각하고 예견가능하며 급박한 위험을 야기하거나 혹은 법률이나 규칙이 클라이언트의 동의 없이도 비밀을 밝힐 것을 요구할 경우에는 적용되지 않는다.

그러나 앞서 개인의 자율성 존중과 전문가의 온정적 개입주의 간의 긴장에서 설명한 바와 같이 비밀보장의 원칙과 의무를 파기할 수 있는 이유는 전문적 이유이다. 다시 말해 구체적으로 무엇이 심각하고 예견가능하며 급박한 위험을 야기하느냐의 여부는 전적으로 전문가와 관련 당사자들의 전문적 역량에 달려 있다고 볼 수 있다.

3) 사회복지윤리 분석틀의 활용 사례 : 정신보건사회복지사의 실천경험[2)]

이 절에서는 앞에서 제시한 사회복지윤리의 분석틀이 특정 사회복지실천영역에서 어떻게 구체적으로 활용될 수 있을지를 정신보건사회복지사의 실천경험을 사례로 하여 살펴보고자 한다. 여기서 주목해야 할 점은 두 가지이다. 첫째, 사회복지윤리의 세 가지 구성요소들이 정신건강 사회복지실천영역에서는 어떠한 내용으로 구체화되는가이며 둘째, 사회복지윤리의 세 가지 구성요소 사이의 긴장과 갈등이 정신건강영역에서는 어떠한 맥락과 사건에서 발생하는지를 분명히 하는 것이다.

2) 이 사례는 김기덕 · 장은숙의 연구, “클라이언트의 자기결정에 관한 정신보건사회복지사의 실천경험에 대한 연구”, 사회복지연구(2008)의 문헌연구 부분을 일부 인용한 것임.

(1) 자기결정의 원칙과 무능력 논리

사회복지의 다른 영역에 비해 특히 정신보건영역은 클라이언트의 자기결정의 원칙과 온정주의 원칙이 첨예하게 대립하는 경향을 보인다.

앞서 사회복지윤리의 구성요소 가운데 개인의 자율성을 설명하는 부분에서 살펴보았듯이 한 개인이 스스로 독자적 자기결정을 하기 위해서는 인지와 행위 그리고 표현능력을 갖지 않으면 안 된다(Ross, 1981). 그런데 문제가 되는 점은 정신보건영역의 클라이언트는 대부분의 경우 이러한 인지능력과 행위능력이 사회적으로 요구되는 수준보다 어느 정도 낮다는 것이다. 이러한 점은 흔히 무능력 논리(logic of incompetence)라고 불리며 한 사회에서 개인이 누릴 수 있는 자율성과 자기결정의 원리를 제한하는 대표적 논리로 작동한다(Ladd, 1996).

결국 개념상 정신보건영역의 클라이언트로 구분되기 위해서는 본질적으로 사회가 요구하는 인지나 행위 그리고 표현의 수준보다 어느 정도 낮은 능력을 가져야 하며 그 결과 당연히 정신보건 클라이언트가 누릴 수 있는 자율성과 자기결정의 원칙은 어느 정도까지 제한될 수밖에 없을 것이다.

하지만 클라이언트가 가진 무능력을 인정하기는 하지만 상대적으로 자기결정의 원칙에 대한 해석을 보다 적극적으로 주장하는 입장도 있다. 이 입장에 따르면 정신보건영역의 클라이언트와 같이 기본적으로 인지와 행동능력이 떨어지는 사회적 약자의 경우 기본적으로 자신의 자기결정의 욕구와 권리를 실현하는 데 있어 제한이 있기 때문에 타인과 사회에 의해 자신의 권리가 침해될 가능성이 많다는 것이다. 따라서 이와 같은 취약함을 보완하기 위해서는 일반인에 대한 것 보다 훨씬 더 적극적인 사회적 보호와 지지가 필요하다고 주장한다. 흔히 이러한 입장은 시민권론(civil right theory)이라고 불린다(Chodoff, 1984).

그러나 클라이언트의 자기결정의 원칙을 둘러싼 무능력론과 시민권론의 대립은 쉽게 해소될 수 있는 성질의 것이 아니다. 왜냐하면 앞서 설명한 바와 같이 이 두 가지 주장이 모두 별다른 조건이 없을 경우 엄연히 준수가 강하게 요구되는 조건부

가치들이어서 어느 하나가 다른 하나보다 우월하다는 판단을 내리기 힘들기 때문이다. 뿐만 아니라 무능력론과 시민권론이 보여주는 대립을 현실적으로 해소하기 위해서는 한 사회에서 클라이언트의 능력을 무엇으로 보고 어느 정도 인정하고 제한할 것인가라는 보다 근본적인 사회적 합의가 중요하다.

(2) 자기결정의 원칙과 치료의 결과로서의 건강

정신보건영역의 사회복지사가 실천과정에서 달성해야 할 목표로 설정한 가장 중요한 가치가 클라이언트의 건강과 보건이라면 앞서 논의한 클라이언트의 자기결정의 원칙은 또다시 크게 제한될 수밖에 없을 것이다. 왜냐하면 정신보건영역의 핵심가치가 클라이언트의 건강이라면 정신건강사회복지사의 근본적인 사명은 적절한 치료일 수밖에 없으며 이 경우 적절한 치료와 부합하지 못하거나 갈등을 일으킬 수 있는 클라이언트의 자기결정은 억제되어야 하기 때문이다. 건강과 보건을 가장 중요한 궁극적 가치로 지향하는 이러한 관점은 흔히 정신보건전문직에 대한 의료적 접근(medical model approach)이라고 불린다(서미경, 2003).

만일 정신건강사회복지사가 의료적 관점을 취하게 되면 클라이언트의 권리는 보편적인 시민권이 아니라 환자의 권리로 제한되게 되고 환자의 권리는 정신질환의 치료 및 정신건강의 보전과 유지라는 의료적 결과에 전적으로 의존하게 된다. 그런데 문제가 되는 점은 정신건강을 의료적 관점에서 접근함으로써 가장 중요한 핵심가치를 정신건강의 유지라고 간주한다면 사회복지전문직 관계에서 클라이언트의 권리보다는 전문가의 권위가 상대적으로 우위에 설 수밖에 없다. 왜냐하면 의학적 관점에서 볼 때 기본적으로 전문가가 환자에 비하여 더 많은 의료적 지식과 권위를 가지고 있으며 정신건강영역에서도 여러 전문가 가운데에서 환자의 치료에 있어 전문적 역량을 더 크게 인정받는 의료전문가의 권위가 가장 존중될 수밖에 없기 때문이다(정규원, 2002 : 234).

하지만 클라이언트의 권리를 보편적인 시민권으로 간주하여 질환의 치료보다 우위에 둔다면 정신보건 분야의 전문직 관계의 본질과 전문가의 권위 그리고 온정주의적 개입의 한계는 완전히 다른 차원의 영역을 가지게 될 것이다. 클라이언트의 권리를 보편적인 인권으로서 궁극적으로 인정하고 존중한다면 클라이언트의 생명권을 포함한 모든 판단의 최종적 결정권은 전문가가 아니라 클라이언트가 가지게 될 것이다. 결국 이는 또다시 사회복지전문직 윤리의 궁극적인 원칙의 갈등인 자기의사결정의 원칙과 온정주의의 딜레마로 돌아갈 수밖에 없다.

(3) 자기결정의 원칙과 위해의 원칙

정신건강영역에서 클라이언트의 자기결정 원칙을 견지하고자 할 때 고려해야 할 또 다른 원칙으로 위해의 원칙(harm principle)이 있으며 위해의 원칙은 본질적으로 클라이언트의 자기결정의 원칙과 긴장관계를 가질 수밖에 없다.

앞서 설명한 바와 같이 클라이언트의 자기결정의 원리는 사회복지윤리의 구성요소 가운데 개인의 자율성 요소의 대표적인 원칙이다. 그런데 사회복지윤리의 구성요소 가운데 개인의 자율성 요소와 긴장관계를 이루는 것으로 공공성의 요소가 있다. 사회복지윤리의 구성요소 중의 하나인 공공성의 요소가 정신건강영역에서 구현된 대표적인 원칙이 바로 위해의 논리이다. 따라서 자기결정의 원칙과 위해의 원칙은 사회복지전문직 윤리 내에서 서로 간에 충돌할 수밖에 없는 조건부(prima facie) 윤리원칙인 것이다.

그렇다면 공공성의 구현으로서의 위해의 원칙은 정확하게 무엇을 의미하는 것일까? 위해의 원칙이란 한 개인의 행동이나 태도가 제3자의 타인에게 해를 주어서는 안 된다는 도덕원칙에 근거한 것으로 특정인의 행위가 자신이나 타인에게 심각한 위해를 줄 경우 그러한 위해를 적절히 처리하기 위해 공권력이 동원되어야 함을 의미한다(Chodoff, 1984 : 384).

앞서 무능력 논리는 논의할 때 언급한 바와 같이 전통적으로 정신건강영역에서는 클라이언트가 자신의 행동이나 태도를 통제할 수 있는 능력의 결핍이나 부족으로 인해 자기의사결정이 제한되어 왔었다. 그리고 나아가 이러한 능력의 결핍으로 인해 제3자 혹은 사회에 대하여 위해를 가할 수 있다는 사실에 주목해왔으며 정신건강영역의 클라이언트들이 자신의 행위로 인해 타인에게 해를 끼칠 수 있는 행위는 제한되어야 하며 당연히 끼친 해악에 대해서는 적당한 처벌을 통해 해악을 회복하는 바람직하다는 입장을 견지해왔다. 전통적으로 정신건강영역에서는 이러한 도덕적 입장을 정의모델(justice model)이라고 한다(이동명, 2001 : 139). 위해의 원칙과 관련된 실천모델을 정의모델이라고 명명한 점은 앞서 설명한 바와 같이 공공성의 요소가 근거하고 있는 도덕적 원칙이 평등과 사회적 정의라는 설명과도 정확히 부합한다.

따라서 정신보건영역의 사회복지실천윤리를 살펴보면 서로 간에 긴장관계를 가지는 세 가지 요소들이 서로 밀접히 관계를 맺으면서 맞물려 있다. 클라이언트의 자유로운 의사결정의 원칙을 존중하면서도 클라이언트가 가진 판단능력의 결핍에 근거하여 전문가가 온정주의적으로 개입할 수밖에 없으며 이와 같은 무능력이 자신을 포함한 제3자와 사회일반에 위해를 가할 수 있기 때문에 클라이언트보다 역량이 뛰어난 사회복지사가 클라이언트의 의사에 반하여 클라이언트의 자유를 제한하는 것이 사회를 보호한다는 정의의 원칙을 실현하는 것이 된다.

하지만 과연 어느 정도의 무능력일 때 그리고 어느 정도의 위해 위험이 있을 때 사회복지사의 정의를 달성하는 것인지가 무엇보다 관건이며 기본적으로 이러한 논리가 타당하기 위해서는 클라이언트의 무능력과 제3자에 대한 위해 가능성이 가진 논리적, 경험적 인과관계에 대한 구체적인 자료가 충분히 뒷받침되어야 할 것이다.

PART 02

사회복지실천윤리의 주요 쟁점들

CHAPTER

4 사회복지사 윤리강령

최초의 근대적 윤리강령은 1794년 의료분야에서 단초를 찾을 수 있으나 전문직의 윤리강령 확산은 1930년대 이후라 할 수 있다(Sercombe, 2010). 윤리강령은 윤리적 모호성을 줄이며 윤리적 행동을 강화하기 위한 지침을 제공하는 목적을 갖는다(Dutelle, 2011). 이러한 이유로 원조전문직은 윤리강령의 공포를 통해 윤리적 실천을 위한 구체적 기준을 제공하고 있는데 사회복지전문직도 예외는 아니다.

Bowen(2010)은 윤리강령의 목적으로 2가지를 제시하고 있다. 첫째, 윤리강령은 행동의 도덕적 지침과 전문적 표준을 제공하며, 둘째, 윤리강령은 전문가들 사이에 자부심, 관용, 책임감을 촉진하기 위한 전문적 행동을 규정하는 목적을 갖는다. 그러나 어떠한 윤리강령도 전문가의 모든 행동을 윤리적으로 인도하지 못하며 업무와 관련하여 당면하는 모든 윤리적 이슈에 대해 명료한 해답을 제공하는 것에도 한계가 있다. 그보다는 우리가 직면한 상황에서 윤리적으로 생각할 수 있도록 촉진하는 역할을 한다고 보는 것이 보다 합리적인 견해다(Sercombe, 2010 : 58).

윤리강령이 추상적 문서라는 지적도 있으나(Banks and Nøhr, 2012 : 166), 잘 작성된 윤리강령은 구성원이 비윤리적 행동에 관여하는 것을 단념시킬 수 있으며 징계절차뿐 아니라 비윤리적 행동의 결과에도 영향을 미치기 때문에 결과적으로 윤리적 행동을 장려하게 되는 이점이 있다(Dutelle, 2011). 물론 후자 즉, 징계와 관련된 규제의 측면은 윤리강령의 적극적 의미라기보다는 행동주의에 입각한 소극적인 의미이다. 그러나 윤리강령이 궁극적으로는 윤리적 실천을 장려하기 위한 것이라는 데는 이견이 없는 것으로 보인다. 이러한 이점을 생각하면서 본 장에서는 사회복지사 윤리강령의 목적과 윤리강령의 핵심가치, 그리고 윤리강령의 역사에 대해서 고찰해

보겠다. 아울러 윤리강령의 각 조항과 관련된 사회복지현장의 사례에 대해서 살펴보면서 윤리강령에 대한 이해를 도모하고자 한다.

1. 윤리강령의 목적

1) 윤리강령의 목적

(1) 미국사회복지사협회 윤리강령의 목적(NASW, Code of Ethics)

사회복지사 윤리강령의 목적에 대해서 미국 사회복지사협회는 여섯 가지를 제시하고 있다.

첫째, 윤리강령은 사회복지의 사명이 근간으로 하고 있는 핵심가치들을 확인하고 있다.

☞ 윤리와 가치는 불가분의 관계로 사회복지윤리는 사회복지가치로부터 도출되기 때문에 사회복지 윤리강령은 사회복지가 지향하는 인간존엄성과 사회정의 실현의 가치를 기반으로 하고 있으며 윤리강령의 각 조항들은 사회복지의 핵심가치를 반영하여 구성된다.

둘째, 윤리강령은 전문직의 핵심가치를 반영하는 광범위한 윤리적 원칙을 요약하고 있으며 사회복지실천을 안내하기 위해 활용되어져야 하는 일련의 구체적인 윤리적 표준을 확립한다.

☞ 윤리강령은 사회복지사가 실천과정에서 당위적으로 준수해야 하는 윤리적 표준을 제시하므로 사회복지사의 윤리적 실천을 이끄는 역할을 한다. 윤리강령은 사회복지 실천과정에서 사회복지사가 당면할 수 있는 윤리적 사안에 대한 규칙들을 요약하고 있기 때문에 윤리적 실천을 위한 윤리적 표준을 제시하는 역할을 한다.

셋째, 윤리강령은 사회복지사의 전문적 의무가 갈등상황이거나 윤리적으로 모호한 상황일 때 사회복지사로 하여금 적절한 사안을 확인하는 것을 돕도록 설계되어 있다.

☞ 윤리강령을 검토하면서 사회복지사가 직면하는 윤리적인 딜레마상황이 무엇인지를 알 수 있도록 하며, 이 상황에서 사회복지사가 어떻게 해야 하는지를 알 수 있도록 안내하는 역할을 한다.

넷째, 윤리강령은 일반대중이 사회복지전문직의 책임을 확인할 수 있도록 윤리적 기준을 제공한다.

☞ 윤리강령에 제시된 윤리적 원칙과 기준은 사회복지사뿐 아니라 클라이언트를 비롯한 대중도 사회복지사의 윤리적인 책임이 무엇인지를 인식할 수 있도록 하므로 사회복지전문직의 윤리적 책무성을 지향하도록 한다.

다섯째, 윤리강령은 사회복지의 사명, 가치, 윤리적 원칙, 윤리적 기준의 영역을 알도록 실천가를 사회화한다.

☞ 윤리강령의 근간이 되는 사명과 가치, 그리고 윤리적 원칙과 기준의 범위와 깊이에 대해서 사회복지사가 알고 이를 실천과정에 적용하고 준수하므로 윤리적 실천가로 성장하는데 기여한다.

여섯째, 윤리강령은 사회복지전문가 자신이 비윤리적 실행에 관련되었는지에 대해 사정할 수 있는 기준을 명확하게 제시해 준다.

☞ 윤리강령은 사회복지전문가의 실천이 윤리적으로 문제가 있는지를 평가할 수 있는 도구가 되기 때문에 이를 준수하고 적용하므로 비윤리적인 실천을 예방할 수 있도록 하는 평가도구가 된다.

윤리강령이 윤리적인 이슈와 관련하여 윤리적 의사결정을 이끌기 위한 가치, 원칙, 윤리적 표준을 제공하는 기능을 하는 것은 명확하다. 그러나 윤리강령이 윤리적 행동을 전적으로 보증하는 것은 아니며 모든 윤리적 사안에 대해 명료하게 해답을 제공하는 것도 아니다(www.socialworkers.org). 이러한 이유로 윤리강령의 적용과 관련하여서는 윤리적 의사결정을 지향하기 위한 기관이나 전문가 집단의 체계가 구비되어 있어야 한다.

(2) 돌고프 외의 사회복지윤리강령의 목적

윤리강령의 목적에 대해서 돌고프 외(Dolgoff, Loewenberg & Harrington, 2005)는 다음과 같이 제시하고 있다.

① 윤리강령은 윤리적인 교착상태에서 윤리적인 갈등을 해결하기 위해 실천가를 안내하기 위한 목적을 갖는다.

- 사회복지사는 실천과정에서 두 가지 상황의 타당성이 인정되지만 그 상황이 서로 상충될 때, 하나를 선택해야만 하는 상황에 직면하게 된다. 이 때 사회복지사가 우선적으로 할 수 있는 것은 윤리강령에 제시된 윤리 기준을 검토하는 것이다.

② 윤리강령은 원조전문가의 불완전한 실천으로부터 서비스를 이용하는 대중을 보호하기 위한 목적이다.

- 사회복지사는 자신의 지식과 기술을 기반으로 실천을 한다. 즉, 클라이언트를 원조하기 위해 사회복지사가 도구가 되는 것이다. 그러나 사회복지사가 대상으로 하는 클라이언트는 비자발적인 동기에 의해 서비스를 받기도 하고, 서비스 과정에서 저항하기도 한다. 또한 사회복지사의 실천경험, 지식, 그리고 기술은 다양한 클라이언트를 원조하기 위한 완전한 결정체가 아니다. 사회복지현장에서 활용되는 지식과 기술은 불확정적인 특성을 갖게 되며(Hasenfeld, 1980) 원조전문가의 실천 또한 완전할 수 없다. 따라서 불완전한 사회복지사로부터 최선의 실천을 지향하기 위해 윤리강령이 요구된다.

③ 윤리강령은 정부의 조정이나 통제보다는 전문직의 자율에 의한 규정을 강조하기 위한 목적이다.

- 사회복지조직은 사회로부터 위임받은 서비스를 제공해야 하는 특성을 가지며(Hasenfeld, 1992), 이러한 이유로 외부의 조정과 통제에서 자유롭지 못하다. 외부의 조정과 통제가 때로는 전문직이 추구하는 가치와 상충될 수 있고, 최선의 실천이기보다는 차선의 실천을 수행하기도 하며 사회복지의 본래의 가치와 다른 방향의 실천을 우선으로 행해야 하는 경우도 발생한다. 이러한 상황에서 윤리강령은 전문직의 자율에 의한 실천을 지향하기 위한 목적을 갖는다.

④ 윤리강령은 전문가 동료들과의 상호작용을 위한 기준을 제시하고 올바른 동료관계가 기능하도록 하기 위한 목적이다.

- 사회복지사는 복합적 욕구를 지닌 클라이언트의 문제를 돕기 위해 여러 전문직과 팀의 동료와 협력적으로 수행한다. 이 경우 다른 전문직이나 동료와 견해 차이가 있을 수 있으며 전문적 경계에 모호성이 야기될 수 있다. 따라서 전문가 동료와 전문적인 관계와 경계를 유지하면서 실천을 하도록 윤리강령이 조직 내의 다양한 인간관계를 안내하는 역할을 하게 된다.

⑤ 윤리강령은 원조과정에서 야기될 수 있는 소송으로부터 전문가를 보호하기 위한 목적이다.

- 윤리강령을 준수하는 것은 서비스 수행과정에서 클라이언트의 권리보장과 관련하여 야기될 수 있는 실천과오로 인한 소송으로부터 전문가를 보호할 수 있다. 이는 윤리강령이 소송을 피하기 위한 기제로 활용된다는 의미라기보다는 클라이언트에게 최선의 실천을 지향하므로 원조과정에서 야기되는 실천상 오류를 방지한다는 적극적인 의미로 이해되어야 할 것이다.

이러한 윤리강령의 목적은 서비스 제공자의 자기규제를 통한 전문가 보호라는 소극적인 목적이 일부 포함되고 있을지라도 궁극적으로는 클라이언트에게 질적인 서비스를 제공하기 위한 적극적인 목적에 초점을 두고 있는 것이라 하겠다.

2) 윤리강령의 조건

윤리강령이 단지 미사여구의 문서로만 존재해서는 안 된다. 윤리강령이 실질적으로 기능을 하기 위해 몇 가지 조건이 있다(Dutelle, 2011).

① 윤리강령은 바람직해야 한다(desirable).

☞ 사회복지사 윤리강령은 사회복지전문직의 가치를 근간으로 사회복지가 추구하고 지향하는 바람직한 방향의 내용을 포함해야 한다.

② 윤리강령은 실현가능해야 한다(feasible).

☞ 윤리강령은 사회복지사가 사회복지실천 현장에서 이를 적용할 수 있어야 하고 이를 적극적으로 준수할 수 있는 실현가능한 내용으로 구성되어야 한다. 강령이 이상추구적인 개념화된 문서에 그친다면 강령으로써의 실효성은 없다.

③ 윤리강령은 강제할 수 있어야 한다(enforceable).

☞ 윤리강령은 법적 구속력을 가질 수는 없으나 전문가 협회, 사회복지사가 속한 기관에서 이 윤리강령의 적용을 강제할 수 있는 권한이 있어야 한다.

④ 윤리강령은 의무적으로 지켜져야 한다(enforced).

☞ 윤리강령을 지키는 것이 실패할 경우 윤리강령에 대한 존중은 결여될 것이다. 따라서 사회복지실천현장에 윤리강령은 반드시 준수되어야 한다.

사회복지사 윤리강령은 사회복지가 지향하고 있는 가치를 기반으로 하며, 바람직하고, 실행가능하며, 윤리강령의 준수와 관련하여 전문가 협회가 권한을 행사할 수 있어야 하고 반드시 준수되어야 한다. 이를 위해 윤리강령은 윤리강령의 대상 집단이 이해 가능한 언어로 작성되어야 하며 사회복지사가 준수해야만 하고 준수할 수 있는 내용을 담아야 한다. 아울러 명료하고 구체적이며 논리적인 순서로 제시되어야 한다.

윤리강령의 조건들을 염두에 두고 4장의 내용을 다 학습한 후, 여러분은 한국사회복지사 윤리강령과 미국사회복지사 윤리강령을 비교하면서 한국사회복지사 윤리강령이 개정된다면 어떤 조건들이 강화되어야 할지에 대해서 논의해보기 바란다.

2. 윤리강령의 핵심가치

1) 미국 윤리강령의 핵심가치

미국사회복지사협회(NASW) 윤리강령 전문에는 사회복지전문직의 핵심가치에 따른 윤리적 지침을 '서비스, 사회정의, 인간존엄성, 인간관계의 중요성, 성실, 역량'의 6가지로 제시하고 있다(www.naswdc.org). NASW 윤리강령의 핵심가치는 사회복지의 가치인 인간존엄성에 기반하고 있다. 이 윤리강령은 미시적 측면에서는 개인에 대한 원조와 거시적 측면에서는 사회문제에 대한 대응의 이중의 초점을 지향한다. 또한 개인에 대한 직접적인 원조뿐 아니라 사회적 약자에 대한 옹호나 불의에 대한 도전과 같은 사회정의를 포함하며 원조과정에서 관계의 중요성과 사회복지사의 역량과 태도 등의 역할책임의 중요성을 강조한다. NASW 윤리강령 전문에 제시된 핵심가치와 원칙은 다음과 같다.

(1) 핵심가치 : 서비스

• 윤리원칙 : 사회복지사의 최우선의 목표는 욕구가 있는 사람들을 원조하고 사회문제를 해결하는 것이다.

사회복지사는 자신의 이익보다 클라이언트에 대한 서비스를 우선순위에 두어야 한다. 사회복지사는 욕구가 있는 사람들을 돕고 사회문제에 대응하기 위해 자신의 지식, 가치, 기술을 활용한다. 사회복지사는 자신의 전문적 기술의 일부를 재정적 보상에 대한 기대를 하지 않고 자발적으로 제공하도록 권장된다.

(2) 핵심가치 : 사회정의

• 윤리원칙 : 사회복지사는 사회적 부정의에 도전한다.

사회복지사는 취약하고 억압받는 개인이나 집단과 함께 이들을 위해 사회적 변화를 추구하며, 우선적으로 빈곤, 실업, 차별이나 여러 형태의 사회적 불평등에 초점을 맞춰 노력한다. 이를 위해 사회복지사는 억압이나 문화적 · 인종적 다양성에 대한 민감성과 이에 관한 지식 증진에 적극적이어야 한다. 사회복지사는 필요한 정보 · 서비스 · 자원에 대한 접근, 기회균등, 그리고 의사결정에 있어 모든 사람의 실제 참여를 보장하려고 노력한다.

(3) 핵심가치 : 인간의 존엄과 가치

• 윤리원칙 : 사회복지사는 인간의 본질적인 존엄과 가치를 존중한다.

사회복지사는 개인 간 차이, 문화적 다양성에 주목하면서 관심과 존경의 자세로 모든 사람들을 대해야 한다. 사회복지사는 클라이언트가 사회적으로 책임있는 자기결정을 내리도록 도와야 한다. 사회복지사는 클라이언트 스스로 욕구를 변화시키며 해결할 수 있도록 클라이언트의 역량과 기회를 강화시켜야 한다. 사회복지사는 클라이언트와 사회전반에 대한 이중적 책임을 인식해야 한다. 또한 클라이언트와 일반사회의 이익 간 갈등이 발생했을 경우 전문직의 윤리적 기준에 입각하여 사회적으로 책임있는 자세로 해결해야 한다.

(4) 가치 : 인간관계의 중요성

- 윤리원칙 : 사회복지사는 인간관계의 본질적 중요성을 인식한다.

사회복지사는 사람 간 관계가 변화의 중요 수단이라는 것을 인식해야 한다. 사회복지사는 원조과정의 모든 사람과 파트너로서 관여한다. 사회복지사는 개인, 가족, 집단, 조직 및 지역사회 복리의 증진·회복·유지·향상을 위한 인간관계 강화를 위해 의도적으로 노력해야 한다.

(5) 가치 : 성실

- 윤리원칙 : 사회복지사는 신뢰받을 수 있는 행동을 한다.

사회복지사는 전문직의 사명, 가치관, 윤리원칙, 윤리적 기준을 항상 숙지하며 이에 입각하여 실천을 한다. 사회복지사는 정직하고 책임있게 행동하며 소속 기관의 입장에서 윤리적 실천을 증진해야 한다.

(6) 가치 : 능력

- 윤리원칙 : 사회복지사는 자기의 능력 안에서 실천하며 전문직의 전문기술을 발전, 향상시킨다.

사회복지사는 전문적 지식이나 기술을 증진시키고 이를 실천에 적용하고자 힘쓴다. 또한 전문직의 지식기반에 이바지하기 위해 노력해야 한다.

사회복지전문직의 핵심가치에 따른 윤리적 지침

핵심가치	윤리적 지침
서비스	사회복지사의 일차적 목표는 어려운 사람들을 돕고 사회문제를 해결하는 것이다.
사회정의	사회복지사는 사회적 부정의에 도전한다.
인간 존엄성	사회복지사는 인간의 본질적인 존엄과 가치를 존중한다.
인간관계의 중요성	사회복지사는 인간관계의 핵심적 중요성을 인식한다.
성실	사회복지사는 신뢰받을 수 있는 행동을 한다.
역량	사회복지사는 자기 전문분야 내에서 실천하며 전문직의 전문성을 개발하고 향상시킨다.

❙그림 4-1❙ **미국사회복지사 윤리강령의 핵심가치**

2) 한국 윤리강령의 가치

우리나라 윤리강령은 미국사회복지사 윤리강령처럼 핵심가치를 별도로 제시하고 있지 않지만 윤리강령 전문에 핵심가치가 포함되어 있다. 우리나라 사회복지사 윤리강령 전문은 사회복지사가 지향해야 하는 가치와 역할, 사회복지사의 업무태도와 자세 그리고 선언적인 다짐의 세 단락으로 구성되어 있다.

윤리강령 전문에 제시된 한국사회복지사 윤리강령의 핵심가치와 윤리적 원칙을 살펴보면 다음과 같다. 먼저, 인본주의와 평등주의를 기반으로 인간존엄성, 사회정의와 평등, 자유와 민주의 가치를 핵심으로 한다. 이러한 핵심가치에 따른 윤리적인 지침은 미시적으로는 클라이언트 개인의 변화와 거시적으로는 사회제도 개선이라는 이중초점을 지향하고 있는데, 이는 사회복지의 핵심가치인 인간존엄성과 사회정의 실현이라는 개인과 사회에 대한 이중초점이 반영된 것으로 미국사회복지사협회 윤리강령의 이중적 초점과도 같은 맥락이다.

또한 클라이언트의 권리의 중요성을 강조하면서 사회복지사의 솔선성과 주도성을 지향하므로 사회복지사 자신이 도구가 되어 실천을 하는 휴먼서비스 전문직임을 강조하고 있다.

사회복지사 윤리강령 전문

사회복지사는 인본주의 · 평등주의 사상에 기초하여, 모든 인간의 존엄성과 가치를 존중하고 천부의 자유권과 생존권의 보장활동에 헌신한다. 특히 사회적 · 경제적 약자들의 편에 서서 사회정의와 평등 · 자유와 민주주의 가치를 실현하는데 앞장선다. 또한 도움을 필요로 하는 사람들의 사회적 지위와 기능을 향상시키기 위해 저들과 함께 일하며, 사회제도 개선과 관련된 제반 활동에 주도적으로 참여한다. 사회복지사는 개인의 주체성과 자기결정권을 보장하는 데 최선을 다하고, 어떠한 여건에서도 개인이 부당하게 희생되는 일이 없도록 한다. 이러한 사명을 실천하기 위하여 전문적 지식과 기술을 개발하고, 사회적 가치를 실현하는 전문가로서의 능력과 품위를 유지하기 위해 노력한다.

이에 우리는 클라이언트 · 동료 · 기관 그리고, 지역사회 및 전체 사회와 관련된 사회복지사의 행위와 활동을 판단 · 평가하며 인도하는 윤리기준을 다음과 같이 선언하고 이를 준수할 것을 다짐한다.

출처 : www.welfare.net / 전문하단 이후에 제시된 윤리기준 내용은 부록 참조

토론

우리나라 윤리강령 전문에 제시되어 있는 "특히 사회적 · 경제적 약자들의 편에 서서 사회정의와 평등 · 자유와 민주주의 가치를 실현하는데 앞장선다"의 내용에 대해서 각자의 의견을 제시해 보자.

☞ 현재 한국 사회에서 가장 취약한 사회적 · 경제적 약자는 누구라고 생각하는가?

☞ 사회복지사들은 사회적 약자의 편에서 어떤 사회정의 실현의 역할을 하고 있는지 사례가 있다면 나눠보자. 또한 여러분은 가장 취약하다고 생각되는 사회적 약자의 편에서 사회복지사로서 어떤 역할을 하고자 하는지 자신의 생각을 논해 보자.

3. 윤리강령의 역사

사회복지 윤리강령의 역사는 사회복지 윤리의 발달 역사 속에서 살펴볼 수 있다. 사회복지 윤리의 발달역사에 대해 김기덕(2002)은 사회복지윤리학자인 리이머(Reamer, 1998)의 논의를 인용하여 4단계로 제시하고 있다. 이 4단계는 '도덕성의 시기', '사회복지가치의 시기', '체계적 이론화 및 의사결정의 시기', '윤리적 표준화의 노력과 위기관리의 시기'로 명명되고 있다. 사회복지 윤리 발달의 각 시기별 쟁점과 그 쟁점의 배경에 대해 살펴보겠다.

1) 사회복지 윤리발달의 역사

(1) 도덕성의 시기(the morality period)

이 시기는 사회복지실천 활동이 태동한 19C말부터 1940~1950년대의 시기이다. 사회복지전문직의 태동으로 사회복지의 사회적 기능과 가치에 대한 논의가 등장한 시기로, 이 때를 도덕성의 시기라고 한 것은 개인과 지역사회의 문제가 도덕성의 부재에서 야기된다는 인식의 팽배로 전체 사회의 도덕성에 관해 근본적인 관심을 가지고 있던 시기이기 때문이다. 따라서 사회복지사들은 클라이언트와 지역사회의 도덕성의 부재나 약화로 문제가 야기된다고 보았기 때문에 클라이언트의 비도덕적인 성향을 제거하는 것을 목표로 하여 도덕성에 근거한 바람직한 지역사회를 구축하고자 하였다.

실로, 자선조직협회(COS)의 우애방문원(friendly visitor)은 빈민을 가치있는 빈민과 가치 없는 빈민으로 구분하면서 개인의 나태나 태만을 없애며 근면하고 성실한 도덕성을 갖춘 사람으로 만드는 것에 초점을 두었다. 반면 인보관운동을 통해서는 개인적인 교화를 넘어 사회문제를 촉발하는 사회적 환경과 구조에 관심을 갖던 시기이다. 이러한 도덕성과 관련된 초점의 차이는 사회복지사가 클라이언트 개인의 도덕성 회복에서부터 개인의 문제와 관련된 사회구조의 도덕적 회복을 목표로 하는 사회정의 및 개혁의 노력에까지 관심을 갖도록 하였다.

(2) 사회복지가치의 시기(the value period)

1950년부터 1970년 중반의 시기로, 클라이언트와 사회 전체의 도덕성에서부터 전문직으로서의 사회복지와 그들이 행하는 실천활동의 가치 즉, 윤리적 측면으로 이동하는 시기이다. 이 시기에는 인권운동, 반전운동 등이 전개되면서 시민들의 사회운동이 비교적 활발했던 시기이다. 존슨 대통령(1963~1969)재임 기간 위대한 사회(Great Society)프로그램을 시행하여 인권과 복지와 관련된 법률들이 제정되고 저소득층의 생활수준 향상을 위한 빈곤과의 전쟁(war on poverty)이 선포된 시기이기도 하다. 모든 차별을 금지하는 인권법(Civil Rights Acts), 흑인들의 투표권을 보장하는 투표권법(Voting Rights Acts), 노인과 저소득층을 위한 의료보험제도, 공립학교의 재정지원을 위한 교육법 등이 제정되었으며 인권운동, 여성운동, 장애인, 이민자, 동성애자 등 취약계층 및 소수자 등 억압받는 클라이언트에 대한 옹호와 사회정의를 실현하기 위한 활동이 전개되었던 시기이다(Streissguth, 2009; Jasson, 2012). 이러한 시대적 조류는 사회적 취약계층에 대한 우선적 헌신이라는 사회복지의 근본가치와 일맥상통한 것이다.

이 시기는 사회복지 분야에서 윤리적 실천이 강조된 시기로 윤리적 지침을 선언하는 윤리강령이 공식적으로 등장했으며 윤리적 토대와 실천활동의 근거가 되는 핵심 가치에 대한 토론과 논쟁이 전개된 시기이다. 이 핵심가치에 대한 토론과 논쟁은 사회복지의 존재목적과 중심가치가 무엇인지, 사회복지의 핵심가치가 갖는 실질적인 의미와 정당성은 타당한지, 그리고 사회복지사는 어떤 가치를 소유하고 있는지를 탐구하는 것이었다(김기덕, 2002).

(3) 체계적 이론화 및 의사결정시기
(the ethical theory and decision-making period)

1970년대 말부터 1980년대 초 윤리적 의사결정에 대한 관심이 본격적으로 시작되어 현재까지 지속되고 있는 시기로 윤리적 딜레마를 분석하고 해결하기 위한 노력에 적극적이었던 시기이다. 이 시기는 특별히 비영리조직에 대한 책무성이 강조된 시기이다. 정부의 비영리조직에 대한 예산지원 삭감으로 방만하게 운영되던 기존 조직들은 조직의 존폐위기에 직면하여 생존을 위해 조직운영의 전문성과 책임성을 입증해야하는 현실에 처하였다. 이로 인해 그 동안 등한시 되어 왔던 비영리 기관의 효율적이며 효과적 운영에 대한 사회적 요구가 팽배해지면서 과학적이고 체계적인 방법의 운영이 사회복지조직에 접목되었다(Rossi & Freeman, 1985).

이러한 시대적 상황에서 사회복지분야에서도 사회복지의 핵심가치와 같은 본질적이고 단편적인 것에서 보다 본격적으로 전반적인 이론체계 개발의 노력이 돋보였다. 또한, 다양한 사회문제의 출현으로 인해 사회복지실천영역이 확장되면서 여러 영역의 사회복지활동에서 직면하는 윤리적 교착상태를 분석하고 해결하고자 하는 노력이 본격화된 시기로 윤리적 의사결정에 대한 체계적 이론화의 노력이 적극적으로 진행된 시기이다.

(4) 윤리적 표준화의 노력과 위기관리시기
(the ethical standards and risk management period)

이 시기는 그 동안의 사회복지 윤리와 가치에 대한 논의와 연구들이 토대가 되어 사회복지 윤리가 성장한 시기이며 미국사회복지사협회에서 1996년 윤리강령을 개정을 하면서 광범위한 영역에서 세부적인 윤리적 실천활동의 표준을 제시한 시기이다. 이러한 이유로 윤리적 표준화의 시기라고 명명된다. 아울러 사회복지실천영역에서 실천과오(malpractice)로 인한 소송이 증가하면서 위기관리의 필요성이 강조되었으며, 이와 관련하여 고지된 동의를 더욱 잘 할 것이(well informed consent)

강조되면서 클라이언트에 대한 자기결정권, 비밀보장 등 윤리적인 사안에 대해서 더욱 주목한 시기이다.

1996년 의료분야에서 등장한 증거기반실천(evidence-based practice)이 이후 사회복지영역에도 접목되면서 클라이언트를 위한 서비스 제공과정에서 전문가의 판별능력과 최선의 임상적 근거를 중시하게 되었다. 증거기반실천에 대한 비판적인 견해도 존재하지만, 사회복지실천에서 과학적으로 입증된 최선의 근거에 기반한 증거기반실천을 적용하면서(Roberts and Yeager, 2006) 실천과오를 최소화하는 접근이 강조되었다.

그럼에도 불구하고 사회복지사의 실천과오로 인한 소송증가로 미국사회복지사협회에서는 회원을 대상으로 실천과오 및 영업배상 보험을 안내하는 등 위험관리(risk management)를 위한 체계를 구축하고자 노력하고 있다. 아울러 최선의 실천을 지향하기 위해 사례관리, 아동, 약물중독, 상이군인과 가족, 노인부양가족, 보건, 임상사회복지실천, 문화적역량, 테크놀로지 등 다양한 분야의 실천을 안내하기 위해 미국사회복지사협회 표준(NASW Standard)을 제시하고 있다(http://www.naswpress.org/publications/standards).

리머의 사회복지 윤리 발달에 대한 분류 이후 2000년대는 사회환경의 변화가 윤리강령에 반영되면서 2008년 윤리강령 개정 시 다양성과 문화적 역량이 강조되었다. 특히, 사회복지환경 변화에 따른 책무성의 재강조로 조직관리 측면에서 효율성과 효과성에 대한 제고와 함께 조직 맥락의 윤리적 실천의 중요성이 강조되고 있다.

사회복지 가치에 대한 논의가 지속되고 있지만, 사회, 문화, 정치, 기술의 변화 상황에서 예측할 수 없는 새로운 가치의 출현으로 전문직의 가치와 윤리적 딜레마와 관련된 새로운 도전에 직면하고 있는 상황이다. 이러한 상황에 대해 리머는 사회복지윤리의 발전 방향과 관련된 과제를 세 가지로 제시하였다(Reamer, 1999).

첫째, 사회복지가치와 윤리를 어떻게 사회복지전공학생이나 실무자에게 효과적으로 전달할 수 있는가의 문제이다. 사회복지윤리와 가치가 개념적인 논의가 아니라 실천현장에서 구체적으로 적용될 수 있도록 하기 위해서는 사회복지전공학생과 실무자들에게 사회복지윤리와 가치에 대한 교육을 어떤 방법으로 효과적으로 전달해야 하는지에 대해 고려해야 한다.

둘째, 사회복지의 사명과 가치가 약화되는 문제를 어떻게 해결할 것인가의 문제이다. 가장 취약한 계층에게 헌신한다는 사회복지의 사명과 가치가 정책이나 정치의 논리로 인해 훼손되는 상황에서, 이러한 윤리적 문제에 사회복지사들이 대처하기 위한 체계적인 노력이 요구된다.

셋째, 기술발달이 사회복지의 윤리적 실천에 미칠 영향에 어떻게 대처해야 하는가의 과제이다. 의료기술, 과학기술 등 기술의 진보로 인해 야기되는 최근의 다양한 윤리적 문제에 사회복지사들이 대응해 나가기 위한 논의의 확장이 있어야 한다.

2) 미국사회복지사 윤리강령

(1) 윤리강령의 태동

미국은 1947년 미국사회복지사협회 대의원회에서 사회사업윤리강령을 비공식적으로 채택하였다. 이후, 윤리강령이 공식 채택된 것은 1960년 10월 13일이다. 그 당시 윤리강령은 사회복지전문직과 사회복지사의 책임에 대한 정의와 함께 사회복지사의 윤리적 책임과 관련된 14개를 요약하고 있다. 아래의 14개의 요약은 미국사회복지사협회 공식적 윤리강령의 초기 버전이다(www.nasw.org).

〈1960년 14개 항목의 사회복지사의 책임에 대한 NASW의 윤리강령〉

- 나는 서비스를 제공받는 개인과 집단의 복지와 사회적 여건을 개선하기 위한 행동을 나의 가장 중요한 의무라고 생각한다.
- 나는 나의 개인적인 이익보다 나의 전문적 책임을 우선한다.
- 나는 내가 제공하는 서비스의 질과 범위에 대해 스스로 책임을 진다.

- 나는 내가 서비스를 제공하는 사람의 프라이버시를 존중한다.
- 나는 전문적 관계에서 획득한 정보를 책임 있게 사용한다.
- 나는 동료의 판단, 견해, 행동을 존경으로 다루고 이러한 문제에 대한 판단은 적절한 수단을 사용하여 표현한다.
- 나는 전문직으로서 인정된 지식과 역량의 범위 내에서 사회사업을 실천한다.
- 나는 사회복지 지식과 실천의 전반에 나의 아이디어와 발견을 더하는 것이 나의 전문적 책임이라고 인식한다.
- 나는 사회복지 활동에 관여하는 개인과 조직에 의한 비윤리적 실천으로부터 지역사회를 보호하도록 도울 책임이 있다는 것을 인정한다.
- 나는 공공의 비상사태에 직면하여 적절한 전문적 서비스를 제공할 준비가 되어 있다.
- 나는 개인으로서의 말과 행동과 조직의 대표로서의 말과 행동을 분명히, 공공연히 구분한다.
- 나는 전문적 실천은 전문적 교육을 필요로 한다는 원칙을 지지한다.
- 나는 사회복지사들이 이 윤리강령에 입각하여 행동할 수 있도록 기관 내부에 필요한 여건을 만들고 유지하기 위해 노력할 책임이 있음을 인정한다.
- 나는 인간복지 프로그램에 나의 지식, 기술, 지지를 제공한다.

(2) 윤리강령의 개정 및 발전

1960년 공식 채택된 윤리강령의 1차 개정은 1967년에 이뤄졌다. 1차 개정시, 클라이언트에 대한 비차별 조항이 신설되었다. 그 후 1979년 2차 개정이 있었으며 이 때 현재와 같은 영역별 윤리강령이 제시되었다. 2차 개정 시에는 '사회복지사의 실천을 위한 방법이나 행동의 원칙', '클라이언트, 동료, 고용인들과의 관계와 행동 원칙', '고용된 조직들과의 관계', '사회복지실천 전문가와 사회에 대한 윤리적 책임'의 네 개 원칙으로 구성되었다.

(3) 1990년대의 윤리강령의 개정

미국사회복지사협회 윤리강령은 1990년대에 4차례 개정작업을 진행하였다. 1990년,

1993년, 1996년, 1999년에 개정이 진행되었으며 각 시기별 개정된 내용의 특징은 다음과 같다.

- 1990년 개정 : 미국연방무역협회(US Federal Trade Commission)의 연구결과에 따라 개정- 클라이언트 호객행위관련, 의뢰에 대한 보상 등에 대한 원칙
- 1993년 개정 : 다섯 개의 기본 원칙으로 구성되면서 상처를 받았거나 문제가 있는 동료에 대한 책임을 다하는 내용, 사회복지사의 이중관계를 금지하는 내용 등이 추가
- 1996년 개정 : 6대 핵심가치 중심으로 윤리적 원칙 분류
- 1999년 개정 : 클라이언트의 동의 없는 비밀정보의 유출과 관련된 내용의 미미한 개정

(4) 윤리강령 최근 동향

2008년에는 비차별조항의 기존 내용에 성 취향, 성 정체성, 이민자의 지위에 관한 내용을 통합하고 있다. 미국윤리강령 원문은 미국사회복지사협회 홈페이지(www.naswdc.org)에서 확인할 수 있으며 번역본은 이 책의 뒷부분에 부록으로 제시되어 있다.

3) 우리나라 사회복지사 윤리강령 연혁

한국사회복지사협회는 1965년 개별사회사업가협회의 창립총회로 활동을 시작하였으며 1967년에 한국사회사업가협회로 명칭을 변경하였다. 1969년 사회단체로 인가를 받았고, 제1회 전국사회사업가대회를 개최하였다. 1972년에 국제사회복지사연맹(IFSW) 회원국에 가입을 하였으며 1977년에 사단법인 한국사회사업가협회로 개칭, 1985년 7월에는 사단법인 한국사회복지사협회로 명칭을 변경하였고 1996년부터는 사회복지사를 위한 법정단체로써 활동하고 있다.

한국사회복지사협회의 사회복지사 윤리강령은 1973년에 초안제정을 결의하였으며 1982년 1월 15일에 제정되었다. 이후 1988년 3월 26일에 일부 개정작업을 거쳐(1차 개정), 같은 해 4월 14일에 공포하였다. 그 당시 전문과 강령 8개 조항으로 구성되었다.

1992년에는 2차 개정이 되면서 10월 22일 '사회복지사 윤리강령'이라는 이름으로 공포되었으며, 2001년 12월 15일 3차 개정으로 전문직의 헌신성, 전문성, 진보성이 포함되면서 전문, 6개의 윤리기준(46개 조항), 선서로 구성된 지금의 윤리강령이 제시되었다(우리나라 윤리강령은 한국사회복지사협회 홈페이지에서 확인 가능하며(www.welfare.net) 본 장의 4절에 항목별로 제시하였고 부록에 전체를 제시하였다).

윤리강령 준수를 촉진하며 윤리적 실천을 지지하기 위한 기능을 수행하기 위한 목적으로 한국사회복지사협회는 윤리위원회를 두고 있다. 이 위원회는 1999년 3월 6일 제정된 위원회운영규정에 근거를 두고 있다. 윤리위원회는 사회복지윤리실천의 질적 향상을 도모하고 윤리강령을 위배하거나 침해하는 행위를 접수받아, 공식적 절차를 통해 대처하는 역할 등 윤리적 사안과 관련된 '회원의 윤리 · 징계제도에 관한 사항', '사회복지사 윤리강령의 준수에 관한 사항'을 다루고 있다. 또한, 2006년에는 윤리상담소를 설치하여 실천 현장의 윤리적인 교착상태에 대한 자문을 주고자 한국사회복지사협회의 홈페이지를 통해 윤리적 사안에 대한 상담을 실시하고자 하였으나 활성화되지는 못하고 그 활동이 중단되었다. 2005년부터 윤리강령 개정에 대한 필요성이 제기되어 2009년부터 윤리강령 개정을 위해 지속적인 논의를 전개하였으나 실효성 있는 결과는 제시되지 못하였다.

기업의 사회적 책임과 윤리경영의 필요성이 사회적으로 부각되는 상황에서 사회복지조직의 윤리적 실천을 위해서는 조직맥락의 윤리경영이 중요성하다는 인식을 반영하여 2007년에 한국사회복지사협회는 '사회복지시설 윤리경영 시범사업'을 실시하였다. 2007년 20개소의 사회복지시설이 윤리경영 시범사업에 참여하였고 2009년까지 3년 간 50여 개 이상의 사회복지시설이 윤리경영사업에 동참하였다. 2007년 「사회복지윤리경영 교육 · 실천 매뉴얼」을 발간하면서 사회복지실천 윤리와 함께 사회복지시설의 윤리경영을 촉진하였고 윤리경영우수기관을 발굴하여 윤리경영을 확산하고자 하였다. 이러한 움직임을 통해 이후 현재까지 많은 사회복지기관들이 자발적으로 윤리경영에 동참하면서 투명 경영과 책임 경영을 지향하고 있다.

〈한국 윤리강령의 역사 요약〉

- 1973년 2월 초안제정 결의
- 1982년 1월 15일 제정(공포되지 못함)
- 1988년 3월 26일 1차 개정 4월 14일 공포(전문과 강령 8개 조항으로 구성)
- 1992년 10월 22일 2차 개정 '사회복지사 윤리강령'이라는 이름으로 공포
- 2001년 12월 15일 3차 개정으로 헌신성, 전문성, 진보성이 포함(전문, 6개의 윤리기준(46개 조항), 선서로 구성)

4. 사회복지사 윤리강령 이해

한국사회복지사 윤리강령은 전문, 윤리기준, 선서로 구성되어 있다. 윤리기준은 '사회복지사의 기본적 윤리기준', '사회복지사의 클라이언트에 대한 윤리기준', '사회복지사의 동료에 대한 윤리기준', '사회복지사의 사회에 대한 윤리기준', '사회복지사의 기관에 대한 윤리기준', '사회복지윤리위원회의 구성과 운영'의 6가지 범주로 제시되고 있다(www.welfare.net).

1) 사회복지사의 기본적 윤리기준

(1) 전문가로서의 자세

전문가로서의 자세는 사회복지사가 지녀야할 업무 자세와 태도의 윤리기준을

나열하고 있다. 사회복지사의 업무자세와 태도는 클라이언트에 대한 존중과 배려가 표현되는 방식의 일부이지만 '사회복지사-클라이언트'의 관계를 중시하는 사회복지실천 특성 상 서비스의 질에도 영향을 미치는 요인이 된다(이준상, 박영준, 2005; 이동수, 2010).

사회복지사의 '전문가로서의 자세'에 대한 윤리강령은 사회복지사 개인의 전문적인 품위와 자질 유지, 책임성 있는 업무수행 태도, 클라이언트의 다양성을 인정하고 수용하는 태도, 취약 계층에 대한 헌신을 위한 사회정의 실현의 적극적인 역할 등, 사회복지사의 태도와 역할행동의 내용을 담고 있다. 이 부분의 윤리적 기준은 클라이언트에 대한 미시적 개입에서부터 사회정의 실현과 관련된 거시적인 측면까지를 포괄하고 있다.

전문가로서의 자세

1. 사회복지사는 전문가로서의 품위와 자질을 유지하고, 자신이 맡고 있는 업무에 대해 책임을 진다.
2. 사회복지사는 클라이언트의 종교·인종·성·연령·국적·결혼상태·성 취향·경제적 지위·정치적 신념·정신, 신체적 장애·기타 개인적 선호, 특징, 조건, 지위를 이유로 차별 대우를 하지 않는다.
3. 사회복지사는 전문가로서 성실하고 공정하게 업무를 수행하며, 이 과정에서 어떠한 부당한 압력에도 타협하지 않는다.
4. 사회복지사는 사회정의 실현과 클라이언트의 복지 증진에 헌신하며, 이를 위한 환경 조성을 국가와 사회에 요구해야 한다.
5. 사회복지사는 전문적 가치와 판단에 따라 업무를 수행함에 있어, 기관 내외로부터 부당한 간섭이나 압력을 받지 않는다.
6. 사회복지사는 자신의 이익을 위해 사회복지전문직의 가치와 권위를 훼손해서는 안된다.
7. 사회복지사는 한국사회복지사협회 등 전문가단체 활동에 적극 참여하여, 사회정의 실현과 사회복지사의 권익옹호를 위해 노력해야 한다.

(2) 전문성 개발을 위한 노력

사회복지사는 질적 서비스를 제공하기 위해 자신을 도구로 활용하는 전문직이기 때문에 보수교육은 필수적이다. 인적자원 반감기(half-life cycle)에 의하면 인적자원의 지식과 기술은 평균적으로 3년마다 50%씩 감소된다고 한다(이학종 · 양혁승, 2005). 물론 사회복지분야의 지식반감기는 3년보다는 길다고 볼 수 있으나 사회복지사는 새롭게 등장하는 이론과 기법에 대해서 꾸준히 학습해야 하는 윤리적인 책임이 있는 것이다. 사회복지사는 새로운 관점과 기법에 대해 적극 학습하면서 질적 서비스를 제공하기 위해 지속적으로 노력해야 하며, 이러한 전문성 개발 노력은 사회복지사의 클라이언트에 대한 책무성이다.

전문성 개발을 위한 노력

1. 사회복지사는 클라이언트에게 최상의 서비스를 제공하기 위해, 지식과 기술을 개발하는데 최선을 다하며 이를 활용하고 전파할 책임이 있다.
2. 클라이언트를 대상으로 연구하는 사회복지사는 저들의 권리를 보장하기 위해, 자발적이고 고지된 동의를 얻어야 한다.
3. 연구과정에서 얻은 정보는 비밀보장의 원칙에서 다루어져야 하고, 이 과정에서 클라이언트는 신체적, 정신적 불편이나 위험 · 위해 등으로부터 보호되어야 한다.
4. 사회복지사는 전문성을 개발하기 위해 노력하되, 이를 이유로 서비스의 제공을 소홀히 해서는 안 된다.
5. 사회복지사는 한국사회복지사협회 등이 실시하는 제반교육에 적극 참여해야 한다.

(3) 경제적 이득에 대한 태도

클라이언트는 결코 이윤창출의 대상이 될 수 없다. 이는 역으로 지불능력이 없을지라도 서비스가 필요한 클라이언트가 있다면 서비스를 제공받을 수 있도록 최대한 보증을 해야 함을 의미한다. 가장 취약한 대상에 헌신을 한다는 사회복지의 가치를 지향할 경우 지불능력에 관계없이 도움이 필요한 클라이언트에게 서비스를 제공해야 할 것이다. 그러나 서비스가 필요하지만 비용 지불능력이 없는 클라이언트가 있다면 기관의 손실을 감수하면서 서비스를 제공하기란 쉬운 일은 아니다. 경제적 이득에 대한 윤리강령은 서비스를 이용하기 위한 클라이언트의 경제적 여건보다 클라이언트의 필요에 따른 서비스 제공의 의무를 우선적으로 강조하고 있다. 또한 서비스 이용비용과 서비스 과정에서의 부당이득에 대한 문제를 담고 있다.

경제적 이득에 대한 태도

1. 사회복지사는 클라이언트의 지불능력에 상관없이 서비스를 제공해야 하며, 이를 이유로 차별대우를 해서는 안 된다.
2. 사회복지사는 필요한 경우에 제공된 서비스에 대해 공정하고 합리적으로 이용료를 책정해야 한다.
3. 사회복지사는 업무와 관련하여 정당하지 않은 방법으로 경제적 이득을 취하여서는 안 된다.

2) 클라이언트에 대한 윤리기준

(1) 클라이언트와의 관계

클라이언트와의 관계에 대한 윤리강령의 세부내용은 클라이언트의 권리부분과 사회복지사와 클라이언트와의 관계(경계) 부분으로 구분된다. 먼저, 클라이언트의 권리는 클라이언트에 대한 권익옹호, 자기결정권의 보장, 알 권리와 고지된 동의, 사생활과 비밀보장, 서비스 이용정보에 대한 비밀보장에 대한 것이다. 사회복지사와의 관계는 전문적 관계의 경계와 클라이언트와의 협력적인 관계에 관한 내용이다.

클라이언트와의 관계

1. 사회복지사는 클라이언트의 권익옹호를 최우선의 가치로 삼고 행동한다.
2. 사회복지사는 클라이언트에 대하여 인간으로서의 존엄성을 존중해야 하며, 전문적 기술과 능력을 최대한 발휘한다.
3. 사회복지사는 클라이언트가 자기결정권을 최대한 행사할 수 있도록 도와야 하며, 저들의 이익을 최대한 대변해야 한다.
4. 사회복지사는 클라이언트의 사생활을 존중하고 보호하며, 직무 수행과정에서 얻은 정보에 대해 철저하게 비밀을 유지해야 한다.
5. 사회복지사는 클라이언트가 받는 서비스의 범위와 내용에 대해, 정확하고 충분한 정보를 제공함으로써 알 권리를 인정하고 존중해야 한다.
6. 사회복지사는 문서 · 사진 · 컴퓨터 파일 등의 형태로 된 클라이언트의 정보에 대해 비밀보장의 한계 · 정보를 얻어야 하는 목적 및 활용에 대해 구체적으로 알려야 하며, 정보공개 시에는 동의를 얻어야 한다.
7. 사회복지사는 개인적 이익을 위해 클라이언트와의 전문적 관계를 이용하여서는 안 된다.
8. 사회복지사는 어떠한 상황에서도 클라이언트와 부적절한 성적관계를 가져서는 안 된다.
9. 사회복지사는 사회복지 증진을 위한 환경조성에 클라이언트를 동반자로 인정하고 함께 일해야 한다.

(2) 동료 클라이언트와 관계

동료의 클라이언트에 대한 전문적 경계에 대한 내용을 담고 있다. 1항의 경우는 동료나 다른 기관의 동의없이 그들 클라이언트와 전문적인 관계를 맺는 것의 윤리적인 이슈를 말하고 있는 것이고, 2항의 경우는 적절한 절차로 동료 클라이언트를 담당하게 된 경우에는 자신의 클라이언트와 동등하게 서비스를 제공해야 함을 강조하고 있다.

동료 클라이언트와 관계

1. 사회복지사는 적법하고도 적절한 논의 없이 동료 혹은, 다른 기관의 클라이언트와 전문적 관계를 맺어서는 안 된다.
2. 사회복지사는 긴급한 사정으로 인해 동료의 클라이언트를 맡게 된 경우, 자신의 의뢰인처럼 관심을 갖고 서비스를 제공한다.

3) 동료에 대한 윤리기준

(1) 동료와의 관계

효과적인 업무를 위해서는 동료와 협력적 관계가 중요하다. 그러나 적당한 선에서의 타협에 대해서는 경계해야 하는 것이 동료와의 윤리적 관계이다. 동료와의 관계에서 중요한 것은 업무와 관련된 공식적이고 전문적인 관계라는 것이다. 클라이언트를 위해 동료와 협력이 요구되며 아울러 동료의 비윤리적 실천에 대해서는 적절한 대응을 해야 하는 것이 동료에 대한 윤리적 책무임을 제시하고 있다.

동료와의 관계

1. 사회복지사는 존중과 신뢰로써 동료를 대하며, 전문가로서의 지위와 인격을 훼손하는 언행을 하지 않는다.
2. 사회복지사는 사회복지전문직의 이익과 권익을 증진시키기 위해 동료와 협력해야 한다.
3. 사회복지사는 동료의 윤리적이고 전문적인 행위를 촉진시켜야 하며, 이에 반하는 경우에는 제반 법률규정이나 윤리기준에 따라 대처해야 한다.
4. 사회복지사가 전문적인 판단과 실천이 미흡하여 문제를 야기시켰을 때에는, 적절한 조치를 취하여 클라이언트의 이익을 보호해야 한다.
5. 사회복지사는 전문직 내 다른 구성원이 행한 비윤리적 행위에 대해, 제반 법률규정이나 윤리기준에 따라 조치를 취해야 한다.
6. 사회복지사는 동료 및 타 전문직 동료의 직무 가치와 내용을 인정·이해하며, 상호간에 민주적인 직무관계를 이루도록 노력해야 한다.

(2) 슈퍼바이저와 슈퍼바이지의 관계

사회복지현장의 슈퍼바이저와 슈퍼바이지(직원, 실습생, 수련생 등)의 전문적 관계에서 슈퍼바이저의 권력오남용이 발생해서는 안 되며, 역으로 슈퍼바이지는 슈퍼비전의 목적에 대해서 이해하고 적극적 자세로 학습하며 슈퍼바이저와 전문적인 관계를 유지해야 하는 기준을 안내하고 있다.

슈퍼바이저와 슈퍼바이지의 관계

1. 슈퍼바이저는 개인적인 이익의 추구를 위해 자신의 지위를 이용해서는 안 된다.
2. 슈퍼바이저는 전문적 기준에 의해 공정하게 책임을 수행하며, 사회복지사·수련생 및 실습생에 대한 평가는 저들과 공유해야 한다.
3. 사회복지사는 슈퍼바이저의 전문적 지도와 조언을 존중해야 하며, 슈퍼바이저는 사회복지사의 전문적 업무수행을 도와야 한다.
4. 슈퍼바이저는 사회복지사·수련생 및 실습생에 대해 인격적·성적으로 수치심을 주는 행위를 해서는 안 된다.

4) 사회에 대한 윤리기준

사회복지사의 중범위와 거시범위에 대한 역할책임을 강조하고 있는 윤리기준이다. 사회복지사는 클라이언트의 삶의 기능향상을 위한 역할뿐 아니라 클라이언트를 둘러싼 환경의 변화를 위한 역할을 수행하는 이중의 초점을 갖는다. 사회에 대한 윤리기준은 사회복지사가 사회적 약자를 위한 옹호, 대변, 정책제언 및 입법을 위한 역할에도 적극적이어야 함을 강조하고 있다.

사회에 대한 윤리기준

1. 사회복지사는 인권존중과 인간평등을 위해 헌신해야 하며, 사회적 약자를 옹호하고 대변하는 일을 주도해야 한다.

2. 사회복지사는 필요한 사회서비스를 개발하기 위한 사회정책의 수립 · 발전 · 입법 · 집행에 적극적으로 참여하고 지원해야 한다.
3. 사회복지사는 사회환경을 개선하고 사회정의를 증진시키기 위한 사회정책의 수립 · 발전 · 입법 · 집행을 요구하고 옹호해야 한다.
4. 사회복지사는 자신이 일하는 지역사회의 문제를 이해하고, 그것을 해결하는 일에 적극적으로 참여해야 한다.

5) 기관에 대한 윤리기준

사회복지사는 조직성원으로 업무역할을 책임 있게 수행해야 하며 조직의 규율을 준수하고 조직의 발전을 위해 헌신을 해야 하는 책임이 있다. 그리고 조직의 규정이 클라이언트의 복지와 상충될 경우 이를 시정하기 위한 합법적 노력을 해야 한다.

기관에 대한 윤리기준

1. 사회복지사는 기관의 정책과 사업목표의 달성 · 서비스의 효율성과 효과성의 증진을 위해 노력함으로써, 클라이언트에게 이익이 되도록 해야 한다.
2. 사회복지사는 기관의 부당한 정책이나 요구에 대하여, 전문직의 가치와 지식을 근거로 이에 대응하고 즉시 사회복지윤리위원회에 보고해야 한다.
3. 사회복지사는 소속기관 활동에 적극 참여함으로써, 기관의 성장발전을 위해 노력해야 한다.

6) 윤리위원회의 구성과 운영

윤리위원회와 관련된 내용은 사회복지사의 윤리의식의 제고와 윤리적 실천을 돕기 위한 한국사회복지사협회의 역할에 대한 것이다. 기관이나 개인이 직면한 윤리적 교착상태에서 윤리적 의사결정이 어려운 경우에는 윤리위원회를 통해 자문을 받을 수 있도록 제시하고 있다.

윤리위원회의 구성과 운영

1. 한국사회복지사협회는 사회복지윤리위원회를 구성하여, 사회복지윤리실천의 질적인 향상을 도모해야 한다.
2. 사회복지윤리위원회는 윤리강령을 위배하거나 침해하는 행위를 접수받아, 공식적인 절차를 통해 대처해야 한다.
3. 사회복지사는 한국사회복지사협회의 윤리적 권고와 결정을 존중해야 한다.

이상과 같이 한국사회복지사 윤리강령에 대해서 범주별로 고찰해 보았다. 우리나라 사회복지사 윤리강령은 클라이언트의 권리, 조직의 동료와 상사, 개인의 전문성, 기관과 사회와 관련된 내용을 담고 있어 윤리적인 실천을 지향하기 위한 체계적이면서 포괄적인 틀을 갖고 있다고 할 수 있다. 그러나 현재의 윤리강령은 몇 가지 보완되어야 할 부분이 있다.

첫째, 우리나라 윤리강령은 사회복지실천과정에서 야기되는 윤리적인 교착상태에 실질적인 지침과 원칙을 제공하기에는 구체성이 부족하다. 다양한 윤리적인 사안을 위해서 보다 세부적이고 구체적으로 윤리적인 기준을 제공할 필요가 있다.

둘째, 전문가의 자기규제를 통해 클라이언트를 보호하기 위한 목적으로 현장에서 활용성이 활발하지 않다. '사회복지윤리와 철학'교과목을 사회복지 교육과정에서 선택적으로 수강하고 있기 때문에 사회복지사들의 윤리강령에 대한 이해 수준이 충분하지 못한 상황이며 윤리강령에 제시된 윤리기준을 실천현장과 연결하는 능력 또한 부족한 측면이 있다.

셋째, 사회의 변화상황에서 요구되는 윤리적인 기준을 담고 있지 못한 한계가 있다. 사회의 변화상황을 반영한 윤리강령의 개정이 필요하지만, 우리나라 윤리강령은 2001년 개정 이후 보완작업이 진행되지 못하였다. 그로 인해 사회복지환경 변화로 야기되는 새로운 윤리적 딜레마에 대한 윤리적 책임의 기준이 반영되지 못하고 있다.

넷째, 실천현장의 윤리적 딜레마와 관련하여 한국사회복지사협회 윤리위원회의 역할이 활성화되어야 한다. 사회복지사 윤리강령이 실천현장에서 생동감 있게 적용되기 위해 한국사회복지사협회 윤리위원회의 실질적인 역할이 강조되어야 한다. 아울러 윤리강령에 입각하여 이 강령이 현장에서 반드시 준수될 수 있도록 협회의 역할과 위상이 강화되어야 하며, 각 지역별 사회복지사 협회에서도 현장전문가 중심의 윤리위원회 소위원회를 구성·운영할 필요가 있다.

5. 사회복지사 윤리강령 적용사례

실천현장에서 직면할 수 있는 윤리적 이슈에 대해 이해를 돕기 위해 각 윤리기준의 범주와 관련된 윤리적 사안의 사례를 제시하였다. 각 사례의 윤리적 쟁점에 대한 윤리강령의 기준을 토대로, 어떠한 윤리적인 이슈들이 있으며 어떻게 하는 것이 윤리적으로 책임있는 실천인지 논의해 보자.

1) 사회복지사의 기본적 윤리기준

◎ 전문가로서의 자세

- 사회복지사는 사회정의 실현과 클라이언트의 복지 증진에 헌신을 하며, 이를 위한 환경 조성을 국가와 사회에 요구해야 한다.

☞ A씨는 사회주의 국가에서 정치적 신념의 차이로 인해 한국에 아내 B와 8살 딸 C와 동반 입국해 난민 자격취득을 기다리고 있다. 그러나 난민신청 절차가 늦어지면서 불법체류자로 지내게 되었다. 그로 인해 8살 C는 공식적인 교육을 받을 수 없는 상황이다.

사회복지사가 이 불법체류 가족에게 어떻게 해야 하는지에 대해서 토론해 보자.

- 여기에서 클라이언트는 누구인가?

- 난민신청이 허용될지 불확실한 상황에서 사회복지사는 A가족을 위해 어떠한 역할을 수행해야 하는가?

- 현재 불법체류자인 이 가족에 대해서 기관에 소속된 사회복지사로서 어떠한 역할을 어떤 방법으로 수행하는 것이 최선이라고 생각하는가?

- A가족을 위해 가장 우선적으로 해야 할 역할은 무엇인가? 그리고 그 이유는?

◎ 전문성 개발을 위한 노력

- 클라이언트를 대상으로 연구하는 사회복지사는 저들의 권리를 보장하기 위해, 자발적이고 고지된 동의를 얻어야 한다.

☞ S복지관에 자문을 주던 김교수와 이 복지관의 이관장은 그 지역 노인의 우울수준에 대해 함께 연구조사하기로 하였다. 이 연구를 위해 실습생을 활용하였다. 실습생과 조사대상 어르신은 이 연구를 구청 노인실태조사로 알고 있었으며, 조사과정은 용이하지 않았다. 조사를 위한 공간이 없어 사람들이 오고가는 복도 구석에서 면접이 진행되었다. 그런데 조사를 진행하던 중, 실습생들은 이 연구가 구청과 무관한 개인의 연구라는 것을 알게 되었다.

당신이 S복지관의 실습생이라면 아래의 상황에서 어떤 방법으로 접근을 할 것인가? 그리고 왜 그렇게 하고자 하는가?

- 이 연구조사는 자문교수님의 연구 프로젝트라고 응답대상 노인에게 말하고 동의절차를 거치고 조사를 할 것인가?

- 조사와 관련된 정확한 사실을 응답 대상노인들에게 알려야 하고 불이익 없이 거부

할 수 있는 것을 알려야 한다고 실습지도자나 기관에 건의를 한 후, 그 결과에 따라서 조사연구의 참여여부를 결정을 할 것인가?

• 연구의 주체와 무관하게 의미있는 연구이기 때문에 실태조사를 지속할 것인가?

◉ 경제적 이득에 대한 태도

• 사회복지사는 업무와 관련하여 정당하지 않은 방법으로 경제적 이득을 취하여서는 안 된다.

☞ Y장애인복지관에서 미술치료가 필요한 영호에게 J미술치료사를 연결하였다. 여러 미술치료사가 있으나 영호는 경미한 상태라 시간당 3만 원의 초급미술치료가 적절하다는 판단에서이다. 그런데 J가 신혼여행을 가게 되어 한 시간에 6만 원 비용을 지불해야 하는 심화미술치료사인 L이 영호에게 2회의 미술치료를 제공하게 되었다.

이 경우 L이 제공한 미술치료에 대해 영호는 얼마의 비용을 지불해야 하는가? 또한 기관은 영호에게 얼마를 요구하는 것이 적절한 것인가?

• 당신이 Y장애인복지관 L미술치료사라면 얼마를 받겠다고 하겠는가?

• 당신이 Y장애인복지관 미술치료를 관리하는 사회복지사라면 어떻게 할 것인가?

• 당신이 미술치료를 받는 영호라면 얼마를 지불하는 것이 적당하다고 할 것인가?

2) 클라이언트에 대한 윤리기준

◉ 클라이언트와의 관계

• 사회복지사는 클라이언트가 자기결정권을 최대한 행사할 수 있도록 도와야 하며,

저들의 이익을 최대한 대변해야 한다.

☞ D노인복지관은 독거노인 실태조사를 구청으로부터 위임받아 실시하였다. 독거노인들 중에는 사례관리 대상으로 등록하여 집중관리가 요구되는 분들이 계셨다. 그러나 사례관리 대상자로 등록을 하려면 실태조사 내용에 대해 어르신의 개인정보이용 동의가 있어야 하나 도움이 필요한 어르신 중 30%에 해당되는 분은 절대 정보이용 동의를 할 수 없다고 하는 상황이다. 이유는 "우리 아들이 절대 아무것에나 서명하면 안 된다고 했다"고 하고 있다. 자녀들에게 전화를 걸어서 상황을 설명을 한다고 해도 자녀의 전화번호도 알려줄 수 없다고 하고 계시다.

- 정보제공에 대한 동의 없이 사적정보를 활용할 경우 법적인 문제가 야기될 수 있어 서비스를 제공할 수 없는 상황이며, 서비스를 제공하지 않는다면 클라이언트의 삶의 질에 위해가 될 수 있는 상황이다. 클라이언트의 자기결정권의 존중과 클라이언트에 대한 최대한의 보호제공 사이의 윤리적 교착상태에 당면한 사회복지사로 어떤 역할을 취해야 하는가?

◎ 동료 클라이언트와의 관계

- 사회복지사는 적법하고도 적절한 논의 없이 동료 혹은, 다른 기관의 클라이언트와 전문적 관계를 맺어서는 안 된다.

☞ A지역사회복지관 사례관리 대상자로 서비스를 제공받고 있던 순덕어르신은 인근 B노인복지관을 방문하여 앞으로는 이 노인복지관을 이용하겠다고 받아달라고 하고 있다. 그러나 이 지역은 사례관리 대상자에 대한 중복서비스를 방지하기 위해 지역사회복지기관 간 서비스 대상자와 영역을 구분한 상태이다.

- 클라이언트의 서비스 선택권을 인정하여 노인복지관의 서비스를 이용하게 하면 되는 것인가? 아니면 이전에 이용하던 기관 담당자에게 말하고 다시 그곳으로 보내야 하는 것인가? 순덕어르신의 입장에서 그리고 A기관과 B기관의 입장에서 어떻게 하는 것이 최선이라고 생각하는지 논의해 보자.

3) 동료에 대한 윤리기준

◎ 동료와의 관계

- 사회복지사가 전문적인 판단과 실천이 미흡하여 문제를 야기시켰을 때에는, 적절한 조치를 취하여 클라이언트의 이익을 보호해야 한다.
  - ☞ 나와 절친한 동료 사회복지사가 실습지도를 제대로 하지 않아서 매학기 실습생들이 불평을 하고 있지만 실습생은 실습종료 후 기관과 연결이 종결되기 때문에 상급자는 이러한 사실을 전혀 모르고 있다. 그 동료에게 몇 차례 실습지도를 잘 할 것을 충고했으나 전혀 개선되지 않고 있다.

- 이 상황에서 당신은 어떻게 할 것인가? 실습지도의 불성실에 대해서 상사에게 보고를 할 것인가? 아니면 절친한 동료가 문제가 될 수 있기 때문에 묵인을 할 것인가?

◎ 슈퍼바이저와 슈퍼바이지의 관계

- 슈퍼바이저는 사회복지사 · 수련생 및 실습생에 대해 인격적 · 성적으로 수치심을 주는 행위를 해서는 안 된다.
  - ☞ C기관은 지역주민대상 모금행사를 진행하면서 지역복지팀 실습생에게 행사를 돕도록 하였다. 행사 중 '물풍선 던지기'가 있었는데, 기관에서는 실습생에게 물풍선 표적역할을 맡겼다. 이 역할은 실습생들만 담당했고 직원들은 물풍선을 피해 물이 튀지 않은 곳에 자리하고 있었다. 심지어 '신발에 물이 묻었네'라며 멀리서 행사를 모니터링하였다. 실습생들은 모금행사의 취지를 공감하기보다 옷과 신발이 젖는 것은 물론, 물풍선을 맞아 얼굴이 아프기도 하고 자신들을 보면서 재미있어하는 지역주민들에게 웃음거리의 도구가 된 느낌을 받게 되었다.

- 슈퍼바이저가 간과한 것은 무엇인가? 이 사업이 꼭 필요한 것이고 누군가가 해야 하는 것이었다면 어떻게 하는 것이 좋겠는가?

- 여러분이 슈퍼바이저라면 어떻게 해야 하는가?

- 여러분이 실습생이라면 어떻게 대응을 하겠는가?

4) 사회에 대한 윤리기준

◉ 지역사회옹호

- 사회복지사는 자신이 일하는 지역사회의 문제를 이해하고, 그것을 해결하는 일에 적극적으로 참여해야 한다.
  - ☞ A지역사회복지관은 청소년비행과 왕따문제 증가로 청소년복지와 관련된 다양한 프로그램의 신설이 필요한 상황이다. 그러나 관장님은 청소년복지는 예산대비 가시적 효과가 적어 대신 노인특화로 기능을 전환을 하겠다고 한다. 노인여가 활동을 증설하면서 청소년사업을 축소하거나 폐지하겠다는 것이다. A지역복지관 인근에는 노인복지관은 있으나 청소년을 위한 복지기관은 전무한 상황이다.

- 지역사회복지관의 성과중심을 지향하기 위한 사업전환과 지역사회문제 해결을 위해 현 사업의 유지 및 확장 사이에서 사회복지사인 당신은 어떤 역할을 취하는 것이 윤리적인 실천이라고 생각하는가?

5) 기관에 대한 윤리기준

◉ 기관의 정책과 방침

- 사회복지사는 소속기관 활동에 적극 참여함으로써, 기관의 성장발전을 위해 노력해야 한다.
  - ☞ 한 장애인복지관은 매주 수요일 오전 8시~10시까지 팀성원이 스터디하고 있다. 이러한 팀 학습은 박성호 사회복지사 입사 전부터 진행된 것이다. 8시에 스터디를 하는 것은 10시부터는 클라이언트의 이용이 많기 때문에 학습 후 업무에 몰입하기 위해서다. 직원들도 이러한 상황을 공감하여 일주일에 한 시간 일찍 출근하여 학습을 하고 있다. 그러나 박성호사회복지사는 8시 스터디시작이 못 마땅한 상황에서 자신은 8시 스터디에는 참석할 수 없기에 업무시간 중에 하겠다고 하고 있다.

- 당신이 이 기관의 신입사회복지사라면 일주일 한 시간 일찍 출근하여 팀 학습을 하는 것에 대해 어떻게 반응을 하겠는가?

- 당신이 박성호사회복지사의 팀장이라면 위의 사안에 어떻게 대응할 것인가? 조직의 학습문화와 신입직원의 조직문화에 대한 부적응, 업무 시간 중 클라이언트에 대한 몰입과 직원교육시간의 조화, 기관의 성장을 위한 정책과 직원 개인의 특성에 대한 고려 등을 감안하여 자신의 의견을 제시해 보자.

6) 윤리위원회의 구성과 운영

◎ 윤리적 의사결정체계

- 사회복지윤리위원회는 윤리강령을 위배하거나 침해하는 행위를 접수받아, 공식적인 절차를 통해 대처하여야 한다.
  ☞ C센터는 이왕빈소장과 최수리 사회복지사가 근무하는 소규모 사회복지시설이다. 최수리선생은 이왕빈센터장의 업무운영 방식이 클라이언트의 권익보다는 센터의 이익에 치중되어 있고 전문성은 뒤로 한 채 센터 유지에만 초점 두는 것에 회의를 느끼면서 이 상황을 어떻게 해야 할지 고민 중이다. 최수리선생은 조직에서 이를 논의하거나 상의할 동료도 없기 때문에 더욱 난감한 상황이다.

- C센터와 같이 윤리적 사안에 대해 내부적으로 논의할 체계가 없는 소규모의 시설의 경우 윤리적 실천을 지향하기 위해 어떤 기제를 마련하는 것이 좋겠는가?

- 여러분이 만일 소규모 기관의 센터장이라면 윤리적 실천을 위해 어떤 방안을 마련할 것인가?

- 그리고 최수리 사회복지사처럼 기관의 유일한 직원이라면 윤리적 갈등상황에 어떤 방식으로 대응을 하겠는가?

CHAPTER

5 윤리적 의사결정

의사결정은 가능한 대안들 중에서 하나를 선택하는 과정으로 문제와 기회를 도출하고 그것을 해결하는 과정을 말한다(Daft & Marcic, 2013). 사회복지실천현장에서도 클라이언트와 관련된 직간접의 다양한 업무 중에 많은 의사결정이 행해진다. 조직 외부환경과 관련하여서는 조직의 정책과 방향설정에 관한 결정, 그리고 조직 내부환경과 관련하여서는 인적자원, 예산, 프로그램, 그리고 클라이언트와 관련된 서비스 결정 등 실로 매일상의 업무 중 다양한 의사결정이 행해지고 있다. 이러한 의사결정은 조직구조의 위계절차를 거치는 것에서부터 전문직의 자율에 위임된 의사결정까지 조직 전반에서 행해지는 데 옳은 의사결정을 하는 것은 쉬운 과정은 아니다.

사회복지조직의 의사결정은 클라이언트에 대한 서비스와 직간접으로 관련이 되기 때문에 의사결정에 있어서 윤리적인 측면이 배제되어서는 안 된다. 일반적으로 윤리적 의사결정은 사회복지실천 현장에서 야기되는 다양한 윤리적 딜레마를 해결하기 위해 여러 개입행위와 대안 중 가장 윤리적인 결정을 하는 것을 말한다(Reamer, 1998). 윤리적 의사결정을 위해서는 당면하고 있는 윤리적인 딜레마가 무엇인지, 윤리적 딜레마를 해결하기 위한 가능한 대안들은 어떤 것이 있는지에 대한 인식이 전제되어야 한다. 그러나 만일, 윤리적 의사결정이 요구되는 상황에서 윤리적 민감성이 결여되어 있다면 윤리적 딜레마의 상황자체를 인식하지 못하는 오류가 발생할 수 있기 때문에 윤리적 의사결정을 기대하기는 어렵다. 따라서 윤리적 의사결정을 위해서는 윤리적인 이슈에 대한 사회복지사의 민감한 인식이 전제되어야 한다.

본 장에서는 윤리적 의사결정의 특성과 원칙, 윤리적 의사결정의 모델에 대해서 소개하고자 한다. 그리고 윤리적 민감성의 고양을 위해 윤리적 의사결정의 과정을 사례중심으로 제시하고자 한다.

1. 윤리적 의사결정의 특성

1) 윤리적 딜레마

어떤 윤리적인 의무를 위해 다른 윤리적 의무를 보류해야 하는 윤리적 딜레마 상황에 직면하여 사회복지사는 최선의 윤리적 선택을 해야 한다. 사회복지사는 윤리적 딜레마가 야기되는 갈등상황에서 '과연 클라이언트에게 최선은 무엇인가?', '무엇이 윤리적으로 올바른 선택인가?' '어떤 윤리적 의무가 최소한의 손실을 가져올 것인가?', '실천과오를 야기하는 부분은 없는 것인가?'와 같은 질문을 하는 것은 필요한 과정이다.

윤리적인 의사결정은 클라이언트에 대한 실천가의 책임이 따르는 것이기 때문에 신중하게 접근해야 한다. 만일 결정이 잘못되었을 때는 클라이언트의 삶을 위해하거나 부정적인 결과를 초래할 수 있고, 심지어 돌이킬 수 없는 실천상의 과오가 야기될 수 있기 때문이다.

로웬버그, 돌고프, 그리고 해링턴(2005)은 사회복지실천과정에서 윤리적 문제는 행동체계의 각기 다른 참여자들이 가지고 있는 대안적인 결정안 혹은 대안적인 가정의(assumption) 불일치가 사회복지사의 윤리적 의사결정을 어렵게 할 경우 발생한다고 제시하고 있다([그림 5-1] 참조).

아래의 상황에서 갈등이 생길 때					
문제의 정의	목표설정	수단에 대한 결정	전략에 대한 결정	원하는 결과	평가결과의 보고

↓

다음의 대상에 의해 제기되는데					
클라이언트	실천가	기관	지역사회	전문직	사회

↓

아래에 대해 각기 다른 가정을 하기 때문이다.			
인간 본성	가치	이슈들	체계수준

| 그림 5-1 | 윤리적 딜레마의 발생

출처 : Dolgoff, Loewenberg & Harrington(2005)의 내용을 도식으로 재구성

따라서 사회복지사는 윤리적인 딜레마 상황에서 다음의 사항을 고려하면서 윤리적 의사결정이 되도록 해야 한다.

- 현재 직면하고 있는 윤리적 딜레마와 관련된 사회복지사 자신의 가치가 무엇인지를 아는 것이 중요하다.
- 윤리적 결정에 관련되는 사회의 가치, 그리고 전문가 가치가 무엇인지를 확인하는 것이 필요하다.
- 의사결정을 위해 가능한 대안이 무엇인지, 어떤 것을 선택하는 것이 가장 최선인지, 그 선택을 통해 이익을 받는 사람과 불이익을 받는 사람이 누구인지, 클라이언트의 권리가 최대한 보장이 되는지를 파악해야 할 것이다.
- 실천가가 취하고자 하는 대안이 효율성과 효과성의 측면에서 최선인지, 그러면서 윤리적인 것인지를 확인해야 할 것이다.

2) 윤리적 의사결정과 관련된 체계들

윤리적 딜레마에 처했을 때, 사회복지사는 조직의 여러 관련체계로부터 도움을 받

을 수 있다. 동료와 논의할 수 있고 슈퍼바이저나 상위 책임자로부터 지도를 받을 수 있다. 조직 외적으로는 보수교육을 통해 윤리적 의사결정의 역량을 강화할 수 있으며 윤리적인 사안과 관련된 관련자로부터 자문을 받을 수도 있다. 그리고 기관의 윤리적인 문제를 처리하는 체계를 이용하여 다룰 수 있을 뿐 아니라, 클라이언트의 권리에 관한 규정이나 강령 등을 참조할 수 있다. 더 나아가 전문직 단체인 한국사회복지사협회의 윤리위원회 혹은 윤리적 이슈를 다루는 전문가 집단을 통해서 도움을 얻을 수 있다.

윤리적 의사결정을 위해서 사회복지사는 자신이 속한 업무환경의 다양한 체계와 관계할 수 있는데 최선의 결정을 위해서는 단일 체계보다는 여러 체계의 검토와 자문을 받는 것이 유용하다. 윤리적 의사결정에 도움이 되는 다양한 체계는 다음과 같다.

(1) 동료검토

윤리적 딜레마가 발생했을 경우 동료들과 해당 사안에 대해 논의할 수 있다. 그러나 동료는 대게 책임체계와 경험, 지식수준에 있어 수평적 관계의 체계라는 점이다. 윤리적인 딜레마 상황에서 다양한 관점을 공유하면서 최선의 방향을 함께 검토하는 것에는 도움이 될 수 있지만 동료검토의 내용에 대해서 상위 체계의 검토가 있어야 한다.

(2) 슈퍼비전체계

슈퍼바이저는 슈퍼비전을 통해 슈퍼바이지의 비윤리적인 실천을 감독하며 슈퍼바이지가 윤리적인 실천을 수행하도록 지도감독해야 하는 책임이 있다(Remer, 2001). 슈퍼비전은 사회복지사들이 공식적인 채널을 통해 윤리적 의사결정을 지원하는 기능을 한다. 슈퍼바이저는 슈퍼바이지의 실천과정 전반에 대해서 모니터링하고 필요시에 자문을 제공해야 하는 윤리적 책임이 윤리강령에 제시되어 있기 때문에 슈퍼바이지의 업무상의 윤리적 이슈와 관련된 지도의 책임을 갖는다(NASW, 2008). 아울러 비윤리적 실천에 대해서도 즉각 개입을 하므로 실천상의 과오를 방지할 의무가 있다.

(3) 윤리적 의사결정을 위한 교육체계

윤리적 민감성을 고양하고 윤리적 의사결정을 위한 역량강화를 위해 교육체계를 활용하는 것은 중요하다. 교육을 통해 윤리적 의사결정의 역량을 증진하는 것은 단시간에 가능한 것이 아니다. 따라서 즉각적으로 활용하는 것에는 제약이 따른다. 그러나 윤리적 사안에 대한 검토, 토론, 사례분석 등, 윤리적 민감성을 증진하고 대안을 도출하기 위한 지속적인 학습과 교육을 통해 윤리적 의사결정과 관련된 역량을 증진할 수 있다.

(4) 클라이언트를 위한 권리규정

윤리적 의사결정에서 다루는 많은 사안들이 취약한 클라이언트의 권리와 관련된 것일 수 있기에, 의사결정과정에서 클라이언트의 권리를 보호하고 증진하기 위한 규정을 참고하여 그 규정에 준해 결정하는 것이 요구된다. 클라이언트의 권익과 권리와 관련된 규정은 이미 제시되어 있는 것을 참조할 수도 있으나(예, 유엔인권선언문, 장애인 차별금지법, 아동권리장전 등) 각 기관에서 클라이언트의 권리장전을 구비하고 그것에 기초하여 윤리적 의사결정의 지침으로 활용할 수 있다.

(5) 전문가집단

윤리적인 교착상태에서 기관의 윤리위원회나 한국사회복지사협회 윤리위원회의 도움을 받을 수 있다. 사회복지사가 소속되어 있는 기관에 윤리위원회가 구성되어 있다면 윤리적 사안에 대한 신속한 대응이 가능할 수 있다. 만일, 기관이나 지역사회에 윤리위원회가 구성되어 있지 않은 경우나 기관의 윤리위원회에서 충분한 대안이 제시되지 않을 경우는 한국사회복지사협회의 윤리위원회의 자문을 통해 윤리적 의사결정을 위한 도움을 지원받을 수 있다.

(6) 판례집의 활용

윤리적 교착상태에서 사회복지사는 윤리적 의사결정의 판례집을 활용하므로 윤리적인 의사결정의 도움을 받을 수 있다. 우리나라는 윤리적 의사결정과 관련된 판례집이 없기 때문에 이를 활용하는 것은 아직까지는 현실적 대안은 아니지만, 향후 윤리적인 갈등상황의 사례에 대한 판례집이 제시될 경우 윤리적 의사결정을 위한 유용한 지침이 될 것이다.

윤리적 딜레마는 사안에 따라서 단일 혹은 소수의 체계를 활용할 수도 있고, 때로는 다중체계로부터 검토가 요구될 수도 있다. 그 과정에서 윤리적인 의사결정의 결과가 각 체계 간에 다를 경우 다른 상위체계의 도움을 받는 것이 필요할 수 있다. 바람직한 윤리적 의사결정은 여러 체계의 공통적인 견해를 채택하는 방식이 될 수도 있다.

3) 윤리적 의사결정의 특성

윤리적 의사결정이 갖는 특성에 대해서 김기덕(2005)은 여덟 가지로 제시하고 있다.

첫째, 윤리적 의사결정은 기본적으로 이성적인 작업이다 : 사회복지사는 클라이언트에게 최선의 실천을 지향하기 위해 노력한다. 그 과정에서 다양한 정보를 종합적으로 분석하면서 클라이언트의 문제를 완화하기 위해 어떤 방법의 원조가 가장 적합한지, 원조과정에서 비윤리적인 실천을 어떻게 피할 수 있는지 등을 판단하면서 비합리적이고 무계획적이며 비윤리적인 요소를 최소화하게 된다.

둘째, 윤리적 의사결정은 순간적인 판단이 아니라 일련의 단계로 이루어지는 하나의 과정이다 : 윤리적 의사결정은 일련의 단계로 이루어지는 합리적인 과정이다. 물론 합리성에 있어 제한적인 합리성(bounded rationality)이 작용할지라도 누가 클라이언트인지, 클라이언트의 문제가 무엇인지, 클라이언트를 원조하기 위한 최선의 방법은 무엇인지, 가치의 상충으로 인한 윤리적인 교착상태에서 어떤 규칙과 원칙을 적용해야 하는지 등 클라이언트의 원조와 관련된 제반 사항에 대해 합리적이고 체계적인 과정을 통해서 의사결정을 하게 된다.

셋째, 윤리적 의사결정 과정에는 이성적, 합리적 요인과 함께 심리적 요인도 영향을 미친다 : 의사결정이 이성적이고 합리적인 과정을 거치지만, 그 과정에서 야기되는 정서적이고 심리적인 요인을 배제한 상태의 의사결정은 클라이언트에게 불만족한 결정이 될 수 있다. 클라이언트에게 이로운 의사결정이라 하더라도 클라이언트가 그 결정에 대해서 주관적으로 불만족하고 불편하게 인식하는 경우는 만족스러운 결정이 될 수 없다. 객관적 사실만큼 중요한 것은 그 사실에 대해서 클라이언트가 어떻게 인식을 하고 있는가이다.

넷째, 윤리적 의사결정은 기본적으로 다양한 가치 사이에서 이루어지는 하나의 절충(a compromise)이다 : 실천과정에서 명백하게 옳거나 명백하게 그른 것 중에 선택을 하는 경우는 고민이 필요 없을 것이다. 그러나 대부분의 윤리적 딜레마는 서로 양립할 수 없는 두 상황의 가치를 인정하나 그 중 하나를 선택해야 하기 때문에 야기되는 것이다. 절대적으로 옳거나 절대적으로 나쁜 상황이라면 타협이 필요 없을 것이다. 그러나 윤리적 딜레마는 간단명료한 상황이 아니므로 윤리적 교착상태에서 어떤 가치를 지향할 것인지, 어떤 선택이 누구에게 손실이 가고 그 결정으로 누가 이득을 받는지 등에 대해 종합적으로 분석하면서 결정의 우선순위를 정하여 선택을 하게 되는 것이다.

다섯째, 윤리적 의사결정은 '결정절차(the process)'와 '결정원칙(the principle)'이라는 두 가지 핵심적인 요소로 이루어져 있다 : 윤리적 교착상태에서 우선순위를 정하기 위해서는 절차와 원칙이 요구된다. 윤리적인 딜레마를 해결하기 위해서 우선순위를 확인하고 합리적인 절차를 거쳐 결정하기 위한 조직화된 과정이 요구된다. 또한 가치와 연관된 우선순위를 판단하기 위한 기준이 필요하다. 의사결정을 위한 절차와 원칙은 분리되기보다는 원칙하에 절차를 밟게 되는 유기적인 관계이다.

여섯째, 윤리적 의사결정이라고 해서 사례의 윤리적 측면만을 고찰하는 것이 아니다 : 의사결정을 할 때 사회복지사들은 과학적인 근거만을 활용하는 것은 아니다. 의사결정과 관련된 사회복지사의 실천경험, 직관, 상황적인 요소 등 비합리적인 요소들이 관여될 수 있다. '사회복지는 과학과 예술의 결합이다'라는 표현과 같은 맥락에서 이해될 수 있다. 의사결정과 관련된 정서적이고 심리적인 것을 계량화하여 명확한 의사결정을 지향하는 것은 쉬운 작업이 아니다. 무엇이 최선이고 그 상황에서 무엇이 옳은가를 지향하는 것은 과학적이고 합리적으로 설명되지 않는 실천적인 요소들이 결합되는 것이다.

일곱째, 사회복지분야에서 이루어지는 윤리적 결정이 합리적, 체계적인 기준과 절차에 의한 것이라 해도 그 과정에는 필연적으로 의사결정자가 가지는 자유재량의 요소가 있다 : 윤리적 의사결정을 위한 자료수집과 분석, 어떤 이론에 근거하여 개입할 것인지에 대한 고려, 어떤 실천방법을 지향하며 누구를 과정에 포함시킬 것인지와 관련하여 많은 재량권을 갖는다. 이러한 재량은 전문가의 재량일 수 있다. 그러나 이 재량권의 결과에 따라서 의사결정의 결과가 달라질 수 있다면, 그 실천이 과연 윤리적이라고 할 수 있겠는가? 따라서 이러한 문제와 관련된 대응을 위해 윤리적 의사결정론이 있는 것이다.

여덟째, 윤리적 의사결정과정은 한 명의 의사결정자가 독단적으로 진행하는 것이 아니라 이러한 결정에 영향을 미칠 수 있고 또 영향을 받을 수 있는 모든 당사자가 전체적으로 참가한 결과이다 : 윤리적 의사결정이 이성적이며 합리적인 작업

과정을 거치기 때문에 의사결정과 관련된 여러 체계가 관여되게 된다—클라이언트와 클라이언트와 관련된 체계, 담당 사회복지사, 슈퍼바이저, 관련 체계의 다양한 전문가들. 물론 여러 체계가 참여하는 것이 윤리적 의사결정을 지향한다고 단언할 수 없다. 의사결정의 과정과 상황에서 야기되는 다양한 개연성이 존재하게 된다. 가족성원 중 독단적이고 가부장적인 아버지의 의견이 더 반영될 수 있으며, 여러 전문가들의 다양한 관점을 수용하기 위한 과정으로 최선책보다 차선책이 부각될 수도 있다. 따라서 이 과정에서 요구되는 것이 윤리적 의사결정과 관련된 민주적인 의사결정 정서이다. 민주적인 의사결정은 단지 다수결을 의미하는 것이 아니라 의사결정체계에 관여된 사람들이 억압적이지 않은 상황에서 의사결정과정에 참여하는 것을 의미한다.

2. 윤리적 의사결정 모델

윤리적 사안을 해결하기 위해 윤리강령을 참고하지만, 윤리강령이 모든 윤리적 사안에 대한 명확한 지침을 제공하는 것은 아니다. 사회복지현장에서 직면하게 되는 윤리적 딜레마와 관련하여 윤리적 의사결정을 위한 모델을 적용해 대안을 모색할 수 있다. 이 절에서는 윤리적 의사결정과 관련된 모델을 제시하고자 한다. 여러 학자들이 윤리적 의사결정을 위한 모델을 제시하고 있으나 롯즈(Rodge, 1986), 콩그레스(Congress, 1999 : 2009), 홉디(Hobdy, www.nasw.org), 조셉(Joseph, 1987), 로웬버그, 돌고프, 그리고 해링턴(Roewenberg, Dolgoff, & Harrington, 2005)이 제시한 내용을 중심으로 살펴보고자 한다.

윤리적 의사결정 모델은 윤리적 딜레마를 해결하기 위해 유용한 지침이 될 수 있으나 각 모델은 의사결정에서의 가정, 중요요소, 구체성의 측면에서는 차이가 있을 수 있다. 학자들이 제시한 윤리적 의사결정의 모델을 김기덕(2005), Congress (1996), Fossen, Andersen-Meger, & Zellmer(2014), NASW(www.nasw.org)의 내용을 참고하여 제시하였다.

1) 롯즈의 윤리적 의사결정 분석틀

의사결정은 다분히 정치적인 특성을 갖는다. 롯즈는 윤리적 의사결정의 정치적인 특성과 그것을 가능하게 하는 이념적인 체계에 대해 고찰하였다. 그러면서 윤리적 의사결정을 위해 대화식의 질문에 대한 답을 얻고자 하였다. 윤리적 의사결정을 위해 롯즈가 제시한 질문은 다음과 같다.

- 클라이언트의 관점은 무엇인가?
- 사회복지사로서의 나의 관점은 무엇인가?
- 사회복지사로서 나 자신과 클라이언트 사이에 존재하는 시각 차이를 어떻게 해결해야 하는가?
- 어떠한 선택이 필요한 것인가?
- 어떤 실천의 대안이 존재하는가?
- 각각의 행동 대안은 어떠한 입장을 대변하는 것이며, 각각의 입장에 대해서 어떤 논의가 가능한가?
- 내가 결정한 해결책이 사회복지사로서의 목표와 부합하는 것인가?

(1) 클라이언트의 관점은 무엇인가?

원조과정의 결과로 클라이언트가 원하고 해결하기를 원하는 것이 무엇인지를 알고 그것에서 시작하는 것은 매우 중요하다. 사회복지사는 무의식적으로 클라이언트의 문제에 대해서 가장 잘 아는 사람은 자신이라고 생각한다. 이러한 이유로 클라이언트의 선호나 열망에서 시작하기보다는 사회복지사의 전문적인 지위에서 사회복지사의 관점을 중심으로 시작하는 경우가 많다. 클라이언트가 자신에 대해서 가장 잘 알고 있으며, 자신의 문제와 관련된 활동주체라는 시각을 갖고 클라이언트의 관점을 파악해야 한다.

(2) 사회복지사로서의 나의 관점은 무엇인가?

사회복지사가 원조과정에서 어떤 관점을 지향하는가는 과정 뿐 아니라 목표와 결과에도 영향을 미친다. 이러한 관점은 개인적 관점이 아니라 사회복지사인 전문가의 관점이 무엇인가를 의미하는 것이다. 사회복지사는 사회복지사로서 자신의 관점이 무엇이고, 이러한 관점을 지향하는 것이 과연 클라이언트에게 어떤 영향을 미칠지를 파악하고 있어야 한다.

(3) 사회복지사로서 나 자신과 클라이언트 사이에 존재하는 시각 차이를 어떻게 해결해야 하는가?

한 상황에 대해서 사회복지사와 클라이언트 간 견해 차이가 존재할 수 있다. 상황에 대한 해석과 예측되는 결과가 가져다 줄 이득에 대한 차이의 폭을 어떻게 줄이며, 이 차이를 어떻게 처리하며 해결해 가는가는 윤리적인 관점을 필요로 한다.

(4) 어떠한 선택이 필요한 것인가?

클라이언트가 직면하고 있는 문제가 무엇이며, 이러한 문제 중 가장 우선적인 문제가 무엇인가, 클라이언트와 함께 문제를 해결하기 위해 어떤 방법을 선택해야 하는가? 이와 같은 질문을 고려하는 것이 윤리적인 결정의 과정이다.

(5) 어떤 실천의 대안이 존재하는 것인가?

대안은 가용자원이나 사회적 지지망과도 연결된다. 즉, 클라이언트의 문제를 해결하고 원조하기 위한 가용자원이 부재할 경우 선택을 할 대안이 없거나 선택의 범위가 제한이 된다. 따라서 실천의 대안이 가능하도록 자원을 극대화하고 제약을 최소화하면서 대안을 모색해야 한다.

(6) 각각의 행동 대안은 어떠한 입장을 대변하는 것이며, 각각의 입장에 대해서 어떤 논의가 가능한가?

클라이언트를 원조하기 위한 대안이 여러 개일 경우, 어떤 대안을 선택하는 것이 클라이언트에게 최선이며 제3자에게 피해를 주지 않거나 최소화할 수 있을까? 여러 대안 중 이 대안이 과연 클라이언트의 문제를 해결하기 위한 최선의 대안인 것인가? 다른 대안을 선택했을 경우 어떤 점이 유용한가 등을 고려해야 한다. 실천의 대안이 어떤 입장에서 도출된 것인가에 대한 질문을 던져보아야 한다.

(7) 내가 결정한 해결책이 사회복지사로서의 목표와 부합하는 것인가?

윤리적 의사결정을 지향하기 위해 첫 번째부터 여섯 번째까지의 과정을 거쳤을지라도 결정된 대안이 사회복지사의 가치와 부합하는 것인지를 재확인해야 한다. 가장 취약한 사람을 보호하고 있는지, 이 결정으로 클라이언트의 삶이 향상되고 있는지, 클라이언트에 대한 존엄성에 기초한 정의로운 결정인지 등에 대한 재점검이 필요하다.

〈롯즈의 의사결정 모델에 입각하여 아래의 사례를 분석해 보자〉

고등학교를 졸업하자마자 결혼을 하게 된 영희와 철수씨는 현재 동갑내기로 26세이다. 철수씨는 마트 물류센터 기사로 일을 하고 있으며 영희씨는 장애아들 양육으로 일을 못하고 있다. 자녀는 둘인데, 큰 딸 봄이는 8세로 초등학생이고 둘째 아들 여름이는 6세 발달장애아동이다. 여름이는 바우처로 복지관의 여러 치료프로그램을 이용하고 있다.

바우처를 이용한 치료프로그램은 한도액이 소멸되어 앞으로 치료를 받기 위해서는 자비로 부담해야 한다.
그러나 최근 이 가족은 경제적 상황이 좋지 않아 장애아들의 치료를 더 이상 받기 어려운 상황이다. 철수씨는 사회복지사인 당신에게 제안을 한다. 올해 아들의 치료 바우처가 한도액을 초과해 앞으로 두 달간 8회의 치료는 현금대신 자신이 물류센터에서 받은 생활필수품으로 치료비용을 대신할 수 없냐고 한다. 이 상황에서 어떻게 하는 것이 최선의 접근인지 윤리적 의사결정 모델로 분석하고 논의해 보자.

- 클라이언트의 관점은?

- 사회복지사로서의 나의 관점은?

- 사회복지사와 클라이언트 사이에 존재하는 시각 차이를 어떻게 해결해야 하는가?

- 어떠한 선택이 필요한가?

- 어떤 실천의 대안이 존재하는가?

- 행동 대안은 어떠한 입장을 대변하며, 각 입장에 대해 어떤 논의가 가능한가?

- 내가 결정한 해결책이 사회복지사로서의 목표와 부합하는가?

2) 의사결정 과정에 주목한 모델

(1) 콩그레스의 초기 ETHIC모델

전문적 가치가 같다고 사회복지사가 윤리적 딜레마를 해결하는 방법이 같은 것은 아니다. 윤리적인 딜레마를 다루기 위해 여러 학자들은 사회복지전문직의 가치에 기반을 두고 윤리적 의사결정의 모델을 제시하고 있다. 콩그레스(Congress,

1999)는 사회복지의 가치, 윤리강령, 그리고 사회복지의 맥락을 고려하여 신속하고 효과적으로 적용 가능한 윤리적 의사결정의 ETHIC모델을 제시하였다. 이 모델은 윤리(ETHIC)의 철자로 의사결정의 과정을 제시하고 있다.

- 개인, 사회, 기관, 전문적 가치를 검토하고(Examine),
- 상황과 관련된 윤리규정, 관련 법규의 적용에 대해 생각하고(Think),
- 다른 결정의 결과를 가정해 보고(Hypothesis),
- 결정과 관련하여 혜택 받는 사람과 피해 받는 사람을 확인하고(Identify),
- 자문(Consult)을 받으므로 윤리적인 의사결정을 할 수 있다고 제시한다.

① 윤리적인 사안과 관련된 개인, 사회, 기관, 클라이언트와 전문가의 가치를 검토한다

개인, 사회, 기관, 클라이언트와 전문가의 가치는 모두 윤리적 의사결정에 영향을 미친다. 윤리적 의사결정과 관련된 체계들 사이에 존재하는 가치의 차이로 윤리적 딜레마가 야기될 수 있다. 특히, 윤리적인 사안과 관련하여 지향해야 하는 가치가 무엇인지를 검토한다.

② 윤리적 딜레마 상황에 사회복지사협회의 윤리강령 중 어떤 것을 적용할지, 어떤 관련 법규와 판례를 적용할지를 숙고한다

윤리적 딜레마 상황에서 우선적으로 지침이 될 수 있는 것이 윤리강령이다. 윤리강령의 각 조항들을 윤리적 의사결정의 지침으로 활용할 수 있다. 특히, 취약한 클라이언트에 대한 권리나 인권, 차별 등과 관련된 윤리적인 사안과 관련 법규를 확인하는 과정도 중요하다. 이를 위해서 사회복지사는 윤리강령을 숙지하고 있어야 함은 물론 클라이언트와 관련된 제반 법률에 대한 지식도 있어야 하며 관련된 판례도 참고할 수 있어야 한다.

③ 각기 다른 결정으로 인한 결과를 가정해 본다

윤리적 딜레마와 관련하여 내릴 수 있는 결정을 가정해 보면서, 각 결정이 가져올 결과를 예측해 보는 것은 중요하다. 영화 'I am Sam'과 같은 사례를 가정해 보자. 발달장애인 아버지와 아동인 딸의 요구를 받아들여 아버지가 딸을 양육하는 것을 수용할지, 아니면 아버지와 딸이 함께 살기를 희망하지만 현실적으로 어렵다는 전문가들의 판단을 채택하여 딸을 위탁가정에서 양육하도록 할지의 결정이 있을 수 있다. 이 때 각각의 결정이 가져올 결과를 가정해 보는 것은 클라이언트의 권리를 극대화하며 손실을 최소화하는 윤리적 결정에 유용할 수 있다.

④ 가장 취약한 사람에게 헌신한다는 사회복지사의 관점에서 결정으로 인해 이득을 받는 사람과 해를 입는 사람이 누구일지를 확인해 본다

위에서 각기 다른 결정으로 야기될 결과를 가정해 본 후, 이 결정으로 인해 이득을 받는 사람과 손실을 입는 사람을 확인해야 한다. 이 과정에서 가장 취약한 사람에게 해가 되지 않는 결정이 되도록 해야 한다.

⑤ 최선의 윤리적 결정과 관련하여 슈퍼바이저와 동료의 자문을 구한다

윤리적 의사결정을 위한 E → T → H → I의 과정을 거친 후, 현재 선택한 대안이 윤리적 결정인지, 이 결정으로 제3자가 불이익을 받는 것은 없는지, 취약한 클라이언트를 보호하고 있는지, 다른 대안이 더 바람직한 것은 아닌지 등의 사안에 대해 슈퍼바이저와 동료의 자문을 구하여 윤리적 의사결정을 제시하게 된다. 이는 사회복지사가 강령확인과 판례검토, 여러 대안에 대한 가정의 과정으로 현재의 결정에 도달했다 하더라도 상사와 동료의 슈퍼비전을 통해서 지금의 윤리적 결정이 최선일 수 있다는 것을 검증하는 과정이다.

윤리적 의사결정모델(Congress, 1999)

E	**Examine** : 관련된 개인의 가치, 사회의 가치, 기관의 가치, 클라이언트의 가치와 전문적 가치를 검토한다(Examine relevant personal, societal, agency, client and professional values).
T	**Think** : 어떤 사회복지사협회 윤리강령상의 윤리규정이나 관련 법규와 판례를 그 상황에 적용할지를 생각한다(Think about what ethical standard of the NASW Code of Ethics applies to the situation, as well as about relevant laws and case decisions).
H	**Hypothesize** : 다른 결정을 했을 경우 가능한 결과에 대해 가정해 본다(Hypothesize about possible consequences of different decisions).
I	**Identify** : 가장 취약한 사람에게 헌신한다는 사회복지의 관점에서 누가 혜택을 받고 누가 피해를 받는지를 확인한다(Identify who will benefit and who will be harmed in view of social work's commitment to the most vulnerable).
C	**Consult** : 최선의 윤리적 선택에 관하여 상급자와 동료들에게 자문을 구한다(Consult with supervisor and colleagues about the most ethical choice).

(2) 사회복지 윤리교육을 위한 ETHICA모델과 ETHICS-A모델

윤리적 의사결정을 위한 학부생 교육모델로 미국 대학교육 과정에서 비교적 많이 활용되고 있는 것이 Congress의 ETHIC모델이다(Fossen, et al., 2014). Congress는 초기 ETHIC모델에 'Advocacy(옹호)'의 단계를 추가하여 ETHICA모델을 제시하였으며(Congress, 2009), ETHICA모델은 사회복지교육협의회에서 회원과 학생의 피드백을 통해서 '선택과 지지(Select and Support)'의 단계를 추가하여 ETHICS-A모델로 재설계되었다. 이 모델은 대학교육과정에서 학생들의 윤리적 의사결정을 지원하기 위한 것으로 학습과 교육에서 활용하기 위한 것이다(Fossen 외, 2014). ETHICS-A모델에서 'S의 선택과 지지(Select and Support)'는 윤리적 교착상태에서 학생들의 의사결정의 선택과 그 선택에 대한 교수의 지지의 단계를 의미한다. '선택과 지지'의 단계는 의사결정 과정과 그 결정이 통상적이고 합리적이며 신중한 것이었는가의 결정의 적법성을 검토하는 단계이다(Fossen, 외, 2014 : 68).

〈마산 어린이 손가락 절단사건 : ETHICS-A모델을 적용〉

1998년 친아버지가 보험금 천만원을 노리고 어린 아들의 새끼 손가락을 절단했던 사건이다. 당시 아들은 아버지를 감싸며 같이 살고 싶다고 호소했다. 아버지는 정신병력 등을 이유로 선처를 받아 3개월만에 풀려났다. 그러나 이후 아버지는 청년이 된 아들이 정신적으로 문제가 있다고 주장하며 수년 동안 정신과 치료제를 복용하게 했다. 이는 성금과 후원금을 탕진한 후 청년이 된 아들이 장애판정을 받도록 하여 기초생활수급대상이 되기 위한 것이다(경향신문, 디지털뉴스타임, 2011년 3월 27일자).

➡ 아버지가 기초생활비를 수급받기 위해서는 아들의 정신병력과 무직 상태가 필요하다. 이 청년에게 기자가 질문을 했다. "이 상황에서 벗어나서 일하고 젊은이답게 살고 싶지 않냐?" 아들은 대답했다 "어떻게 하겠어요? 그냥 이렇게 사는 거죠?"

※ Fossen 외(2014)의 ETHICS-A모델을 적용하여 위의 사례에 대한 윤리적 의사결정을 연습하고 함께 토론해 보자. 여러분이 제시한 대안적 결정에 대해서 교수나 슈퍼바이저가 지지를 하는지, 그리고 그 결정이 클라이언트를 충분히 옹호하고 있는지를 검토해 보자.

① E : 어떠한 윤리적, 도덕적, 법적 문제가 관련되어 있는지 적어보자. 그리고 개인의 가치, 사회복지 전문직의 가치, 사회의 가치를 기준으로 어떠한 가치가 상충되고 있는지도 확인해 보자.

② T : 어떠한 윤리적인 이슈와 윤리적인 원칙에 해당되는가? 이 사안과 관련하여 적용 가능한 법규나 정책은 무엇인지 생각하고 적어보자.

③ H : 이 사안과 관련하여 가능한 대안들은 무엇인지 제시해 보자.

④ I : H에서 제시한 가능한 대안들이 어떠한 결과들을 가져올지에 대해서도 확인해보면서 대안들의 우선순위를 정해 보자.

⑤ C/S : 여러분이 제시한 대안에 대해 상사(교수)나 동료는 어떻게 조언을 하고 있으며, 그 결정이 윤리적인 의사결정이라는 지지를 하고 있는가? 만일 긍정적인 피드

백이 아니라면 여러분이 생각하지 못한 부분은 무엇인가?

⑥ A : 클라이언트를 옹호하기 위해서 당신은 무슨 행동을 취하려 하며, 윤리적 의사결정의 과정과 그 결과는 최선의 것이고 이 과정과 절차는 문서화되어 있는지 검토하자. 또한 법적으로 야기되는 문제는 없는지에 대해서도 확인해 보기 바란다.

(3) Hobdy의 DECISIONS Approach

미국사회복지사협회에 윤리적 의사결정을 위한 접근법으로 제시되어 있는 Hobdy의 모델은(www.nasw.org) 의사결정의 영어단어로 윤리적 의사결정의 과정을 제시하고 있다.

- Determine the facts
  사실이 무엇인지를 결정한다.
- Ethical considerations? If so, what ethical standards apply?:
  그것이 윤리적인 문제인가? 만일 그렇다면 어떠한 윤리적 기준이 적용되어야 하는가?
- Consider the impact of values. Determine the personal and moral values involved.
  가치의 영향을 고려하기. 개인적, 도덕적 가치를 결정(사정)한다.
- Impact of Self(Consider how the combination of professional knowledge and values and aspects of one's personality, belief systems and life experiences are impacting the decision)
  자신의 영향 ((1)전문적인 지식과 가치와 (2)개인의 성격, 신념체계, 그리고 생애경험의 결합이 어떻게 의사결정에 영향을 미치는지 생각한다)
- Stakeholders, who are they?
  이해관계자가 누구인가?
- Incorporate professional literature review.

전문적 문헌고찰을 포함한다.

- Other considerations: standards of practice, agency policies, regulatory and/or legal considerations, consultation.
  다른 고려사항: 실천의 기준, 기관의 정책, 규제 그리고/또는 법적 심리, 상담
- Narration of your decision: be prepared to articulate your decision. Do some critical thinking and be confident.
  당신의 결정에 대한 기술: 당신의 결정을 분명히 표현하기 위한 준비를 한다. 비판적 사고를 하고 확신을 갖는다.
- Secure and support your decision thorough excellent documentation and evaluation of the outcome of the decision.
  결정의 결과에 대한 탁월한 문서화와 평가를 통해서 당신의 결정을 확실히 하고 지지한다.

〈DECISIONS모델을 활용하여 아래 사례를 분석해 보자〉

순자씨는 노숙여성으로 우리복지관 근처 터미널 노상에서 생활하고 있다. 순자씨에게 우리 복지관 직원이 가끔 커피를 사주기도 하고 음식을 가져다주기도 한다. 지난 여름철 무더위에 그녀는 몇 겹의 옷을 입고 지냈다. 위생상태도 매우 불결하며 영양상태도 좋지 않은 것으로 추정된다. 사회복지사인 당신이 순자씨에게 인근 쉼터에 입소할 것을 권유하였지만 그녀는 노상을 떠나는 것을 주저하고 있다. 이 상황에서 당신이라면 어떻게 하겠는가? 그녀의 생활이 위험하기 때문에 쉼터나 병원에 입소하도록 경찰의 도움을 받겠는가, 아니면 쉼터에 입소해야 한다는 것을 말해주고서 알아서 하도록 둘 것인가, 그것도 아니라면 순자씨에게 여러 거주지와 노숙 이외의 방법을 알려주고 입소여부를 스스로 결정하도록 할 것인가?

- D (사실) :

- E (윤리적 이슈) :

- C (가치) :
- I (영향) :
- S (이해관계자) :
- I (문헌) :
- O (다른 사항) :
- N (결정내용 기술) :
- S (결정 확인) :

(4) 조셉의 의사결정 모델

조셉은 윤리적 갈등에 적용할 수 있는 의사결정과정을 단계로 제시하고 있다(Joseph, 1985). 조셉의 모델은 사회복지사가 클라이언트에게 직접 개입을 하는 미시적 실천뿐 아니라 사회정책, 기획과 같은 거시적 실천상황의 윤리적인 갈등에도 적용할 수 있는 문제해결과정으로 4단계로 제시하고 있다.

① 윤리적 쟁점을 명확히 하는 단계

사례의 상황에 대한 분명한 이해를 통해 가장 문제가 되는 핵심적인 가치갈등이 무엇인지, 이와 관련된 윤리적 쟁점이 무엇인지 명확히 하는 단계이다.

② 윤리적 쟁점과 관련된 배경정보 수집 및 고찰 단계

윤리적 쟁점과 관련된 정보를 수집함에 있어 중요한 것은 객관성을 확보하는 것이며, 따라서 대립되는 체계의 입장을 지지하는 정보를 고르게 수집하는 것이다. 이 과정에서 요구되는 것은 사례의 입장을 정당화할 윤리적 기준과 원칙에 대한 문헌연구, 현 사례와 유사한 사례에 대한 경험적 근거 및 사례연구결과 확인, 현 사례를 구성하고 있는 배경사실에 대한 지식 등이 고려되어야 한다.

③ 우선순위 설정단계

갈등상황을 구성하는 가치들을 확인하면서 그 가치의 상대적인 중요도를 결정하여 우선순위를 정하는 것이다. 이 과정에서 사회복지사의 가치가 관여되지 않도록 하는 것이 중요하다. 그렇게 하기 위해서 사회복지사는 개인의 가치를 확인하고 윤리적 쟁점과 관련된 개인의 편견과 선호를 확인하면서 개인의 가치가 이 우선순위를 정하는 과정에 영향을 미치지 않도록 가치중립적인 자세를 취해야 한다.

④ 대안 확정과 논리적 근거제시단계

윤리적 선택을 정당화할 수 있는 논리적 근거를 제시해야 한다. 여러 대안 중에 선택된 대안이 다른 대안에 비해 가져다 줄 결과가 더 긍정적이라는 확고한 신념이 뒷받침되어야 한다.

〈조셉의 윤리적 의사결정 모델을 적용하여 사례의 대안을 제시해보자〉

복지관에 온 14세의 희진이는 학교를 무단결석하고 자주 밖에서 보낸다. 첫 면담에서 희진이는 자신이 임신을 했고 아기 낳기를 희망한다고 말하였다. 희진이는 이 사실을 아직 부모에게 말하지 않았는데, 그 이유는 부모님이 매우 화를 내실 것이고 자신으로 하여금 낙태를 강요할 것이라고 믿고 있기 때문이다. 어떤 개입이 전문적 가치에 부응하는 최선의 방법이겠는가? 희진이에게 부모님의 뜻을 따르는 것이 좋겠다고 조언을 해야 하는가, 부모님을 모시고 와서 이 문제에 대해서 논의하면서 다양한 대안적인 행동과정에 대해서 논의할 것을 권면할 것인가, 희진이가 아이를 낳겠다는 의지가 확고하기 때문에 희진이에게 미혼모시설에 입소하도록 연결하는 것이 최선인가, 아니면 아직 미성년자인 희진이의 상황에 대해서 보호자인 부모의 알 권리를 보호하고 낙태는 불법이기 때문에 절대 안 된다는 논리 속에서 부모님이 법을 지키도록 설득할 것인가? 희진이의 요구, 보호자인 부모님의 의견대립 등 여러 관련자들의 상충되는 이해관계 속에서 여러분은 어떤 과정을 통해서 의사결정을 하도록 지원을 하겠는가?

3) 돌고프, 로웬버그 그리고 해링턴의 윤리적 딜레마를 해결하기 위한 지침 : 윤리적 규칙과 윤리적 원칙의 적용

돌고프 외(2005)의 윤리적 의사결정 모델은 크게 두 부분에서 고려해볼 수 있다. 하나는 의사결정의 과정에 대한 것이고, 다른 하나는 윤리적 의사결정 과정을 통해 사회복지사가 고려해야 하는 윤리적 원칙의 우선순위이다.

(1) 윤리적 의사결정 과정

돌고프 외(2005)의 윤리적 의사결정 과정은 일반적인 의사결정과정에서도 활용될 수 있는 모델이다. 즉, 의사결정과 관련된 일반적인 사고의 절차라고 할 수 있다. 이들은 이 의사결정의 일반적인 가정 모델에 대해서 11단계로 제시하고 있다 (Dolgoff, Loewenberg & Harrington, 2005).

이 윤리적 의사결정 모델은 일반적 의사결정의 모델을 기반으로 사회복지사의 주도적 역할을 중심으로 전개하고 있는 점에서 다른 학자들의 의사결정 과정모델과는 구별되는 특성이 있다. 따라서 문제 확인에서부터 평가까지의 체계적인 과정을 따르고 있다.

- 1단계 : 문제가 무엇인지, 그리고 문제를 야기하는 요인이 무엇인지를 확인한다.
- 2단계 : 누가 클라이언트로 피해자인지, 지지체계와 다른 전문가 등 해당되는 문제와 관련된 사람과 단체는 누구인지를 확인한다.
- 3단계 : 2단계에서 확인된 다양한 주체들이 주어진 문제와 관련하여 어떤 가치를 가지고 있는지를 확인한다. 즉, 사회적 가치, 전문가로서의 가치, 클라이언트의 가치, 사회복지사 개인의 가치 등을 확인한다.
- 4단계 : 주어진 문제를 해결하거나 최소한 문제의 정도를 경감시킬 수 있는 개입목표를 명확히 한다.
- 5단계 : 개입수단과 개입대상을 분명하게 확인한다.
- 6단계 : 확정된 목표에 따라 설정된 개입방안의 효과성과 효율성을 평가한다.

- 7단계 : 누가 의사결정에 참여할 것인가를 결정한다.
- 8단계 : 가장 적절한 개입방법을 선택한다.
- 9단계 : 선택된 개입방법을 수행한다.
- 10단계 : 선택된 개입방법이 수행되는 것을 검토하며, 예상하지 않았던 결과가 나타나는지를 주지한다.
- 11단계 : 결과를 평가하고 추가적인 문제들이 무엇인지를 확인한다.

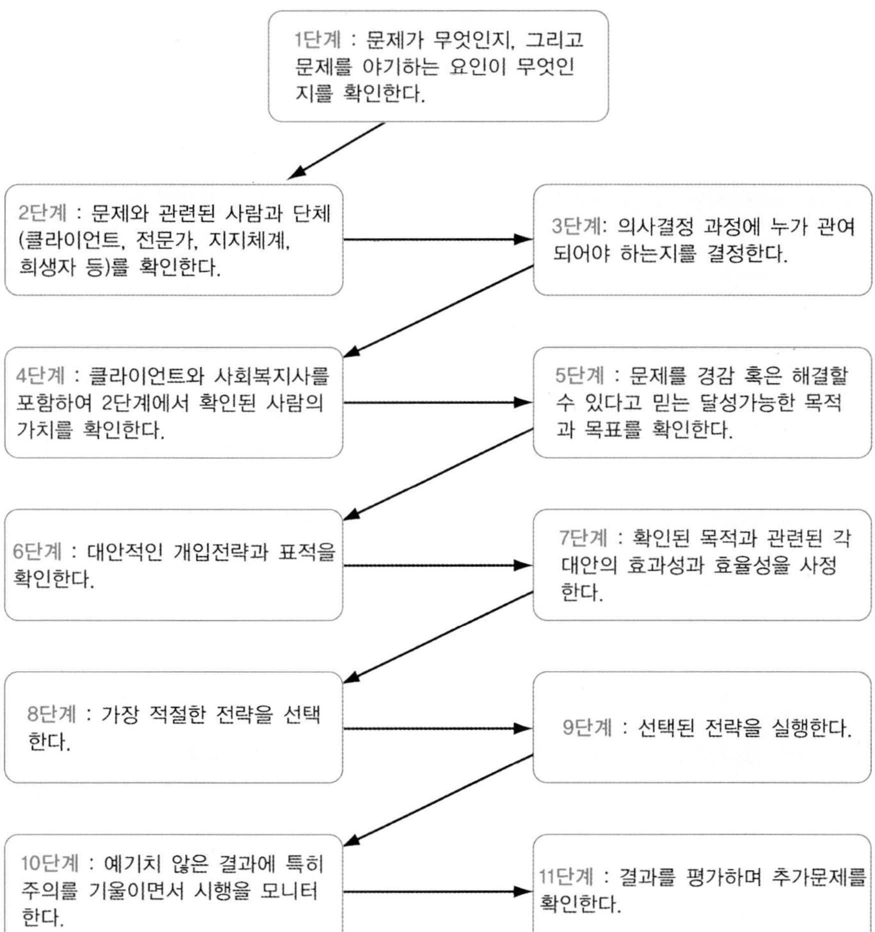

| 그림 5-2 | **일반적 의사결정 모델**

(2) 윤리적 사정심사와 윤리적 원칙의 우선순위 결정

윤리적 사정심사는 사회복지사가 바람직한 실천 활동을 결정하는 과정에서 고려해야 하는 윤리적 측면들을 명확하게 하기 위한 것이다. 윤리적 의사결정을 위해 행해지는 윤리적 사정심사의 고려내용은 다음과 같다.

① 직면하고 있는 윤리적 갈등상황과 관련하여 자신의 개인적 가치가 무엇인지 확인한다.

② 윤리적 의사결정과 관련된 사회적 가치를 확인한다.

③ 윤리적 문제와 관련된 전문가의 가치를 확인한다.

④ 당신이 취할 수 있는 윤리적 선택은 어떤 수단이 있을 수 있는지 확인해 본다.

⑤ 어떤 윤리적 행위가 클라이언트와 다른 사람의 권리를 최대한 보호할 수 있는지 확인한다.

⑥ 어떤 윤리적 행위의 대안이 가능한 사회의 권익을 최대한 보호할 수 있는지 확인한다.

⑦ ①, ②, ③ 간의 갈등을 최소화하기 위해 무엇을 할 수 있는지, ⑤, ⑥사이의 갈등을 최소화하기 위해 무엇을 할 수 있는지 확인한다.

⑧ 어떤 행위가 최소한의 해악의 원칙을 지킬 수 있는지 파악한다.

⑨ 각 행위의 대안들은 어느 정도 효율적이고 효과적이며 윤리적인지를 파악한다.

⑩ 각각의 대안들이 가지고 있는 단기 및 장기적인 윤리적 측면을 고려해서 비교한다.

이러한 윤리적 사정심사의 과정을 거친다고 하더라도 윤리적인 의사결정이 용이한 것은 아니다. 따라서 상충하는 윤리적인 원칙과 행위에 대한 우선순위를 판단하기 위해 윤리적 규칙심사와 윤리적 원칙심사를 하게 된다. 윤리적인 딜레마 상황에서 어떤 선택을 해야만 하는 경우 실천가는 먼저 윤리적 규칙스크린(ERS :

Ethical Rule Screening)을 적용해 보고 그래도 해결이 안 될 경우 윤리적 원칙스크린(EPS : Ethical Principle Screening)을 적용할 것을 권하고 있다(Dolgoff, Loewenberg & Harrington, 2005).

• 윤리적 규칙심사

윤리적 교착상태에서 사회복지사는 먼저 윤리적 규칙심사(Ethical Rule Screen)를 한다. 즉, 윤리강령을 살펴보면서 윤리강령에서 어떤 규칙을 적용할 수 있는지를 결정한다. 이는 콩그레스(Congress, 1999)의 ETHIC모델에서 처음에 윤리강령과 법규 및 판례를 적용하는 것에서 시작하고 있는 것과도 동일한 맥락이다. 윤리적 원칙과 윤리적 규칙을 적용하는 돌고프 외의 윤리적 의사결정 모델에서는 윤리적인 사안과 관련하여 여러 가지의 윤리강령이 적용될 경우나, 윤리강령의 규칙 중 어떤 강령을 적용해야 할지 혼동되는 경우에 그 다음 단계로 윤리적 원칙을 따르게 된다.

윤리강령을 살펴보고 어떤 규칙을 적용할 수 있는지 결정한다. 이러한 규칙들은 사회복지사 개인의 가치 체계보다 우선되어야 한다.

적용 가능한 한 가지 혹은 여러 가지의 강령규칙을 따른다.

구체적인 문제에 대해서 강령규칙이 직접적으로 부합되지 않거나 혹은 여러 개의 강령규칙이 상충되는 지침을 제공하는 경우에는 윤리적 원칙심사를 활용한다.

• 윤리적 원칙심사

윤리적 원칙심사(Ethical Principle Screen)는 윤리적인 교착상태에서 사회복지실천가가 윤리적 원칙의 우선순위에 의해 의사결정을 하는 것을 말한다. 돌고프 외가 제시하고 있는 윤리적 원칙에서 최우선시 하는 것은 생명보호의 원칙이다. 이는 자기결정이나 비밀보장이 클라이언트의 생명보다 우선할 수 없다는 가치를 반영한 것이다. 만약에 이러한 원칙이 없는 상황에서 법률상에 개인의 사생활보호의 의무만이 강조된 경우라면, 상담과정에서 감지된 제3자의 위험에 대해 상담자가 제3자에게 이를 고지하지 못하고 클라이언트의 상담내용에 대해 비밀을 유지해야 할 법적 의무만을 고려할 것이다. 그러나 윤리적 원칙에 그 어떤 윤리적인 실천보다 중요한 것은 클라이언트의 생명보호임이 명시적으로 제시되어 있고 사회복지사가 이를 숙지하고 있다면, 클라이언트의 사생활보장과 제3자의 생명위협의 상황에서 제3자의 생명보호를 우선순위에 두고 의사결정을 할 것이다.

직업의식에 충실하여 자신의 일에 최선을 다했다고 해도 그 과정에서 인간에 대한 존엄성이 고려되지 않는다면, 그리고 생명이 존중되지 않는다면 그 직업의식의 충실성에 대중은 공감할 수 없게 된다. 따라서 사회복지사는 법적인 의무를 넘어서 윤리적인 의사결정을 해야 하는 것이다.

돌고프 외가 제시한 윤리적 원칙 우선순위는 생명보호의 원칙, 평등과 불평등의 원칙, 자율성과 자유의 원칙, 최소해악의 원칙, 삶의 질 원칙, 사생활보호와 비밀보장의 원칙, 정직과 완전공개의 원칙 순서로 제시되고 있다. 이들이 제시한 원칙의 순서와 다소 다르게 우선순위를 구성하는 경우도 있다. 그러나 어떠한 원칙이라 하더라도 인간존엄성과 사회정의실현을 통한 클라이언트의 삶의 질 향상을 추구해야 함은 명확한 것이다.

- **제1원칙 – 생명보호**(principle of the profection of life)

생명보호의 원칙은 클라이언트와 모든 사람에게 우선적으로 적용되는 것으로 다른 윤리적인 원칙보다 우선시 되는 원칙이다.

- **제2원칙 – 평등과 불평등**(principle of equality and inequality)

동일한 환경에 처한 모든 사람은 동일한 방식의 처우를 받아야 하며, 다른 상황에 처해 있는 사람이 불평등의 문제와 관련되었을 경우에는 다르게 처우되어야 한다.

즉, 분배적 정의와 관련하여 불평등한 처우가 평등을 지향할 수 있다는 것으로(취약한 사람에게 더 많은 혜택이 가도록) 사회복지의 가치인 사회정의와 관련된 원칙이다.

• 제3원칙－자율성과 자유(principle of autonomy and freedom)

사회복지사는 실천과정에서 개인의 자기－결정, 자율성, 독립성, 자유를 촉진해야 한다. 개인의 자율성과 자유를 보장하는 것이 클라이언트 자신과 타인에게 해가되는 경우 사회복지사는 제1원칙을 우선순위로 하여 개입해야 할 의무가 있다.

• 제4원칙－최소해악(principle of least harm)

클라이언트에게 해가 되는 윤리적 교착상태에 직면하여 사회복지사는 위해가 되는 상황을 사전에 방지하거나 피하도록 해야 한다. 대안 중 어떤 것을 선택하더라도 누군가에게 위해가 될 수 있는 상황이라면 사회복지사는 클라이언트나 타인에게 최소한의 해가 되는 선택을 해야 한다.

• 제5원칙－삶의 질(principle of quality of life)

사회복지사는 클라이언트 개인 뿐 아니라 지역사회의 삶의 질을 촉진하기 위한 실천을 해야 한다. 사회복지사는 지역에서부터 세계에 이르기까지 복지사회를 구현해야 하며, 사람과 지역사회, 그리고 환경의 발달을 촉진해야 한다.

• 제6원칙－사생활보호와 비밀보장(principle of privacy and confidentiality)

사회복지사는 모든 사람의 사생활보호와 비밀보장의 권리를 강화하기 위해 노력을 해야 한다. 그러나 비밀보장을 하는 것이 오히려 위해가 될 경우, 폭력이나 손해를 예방하는 것이 이 원칙보다 우선되어야 한다.

• 제7원칙－정직과 완전공개(principle of truthfulness and full disclosure)

사회복지사는 진실 된 말을 해야 하며 자신의 클라이언트 및 타인과 관련된 모든 정보에 대해서 충분하게 공개해야 한다. 전문적인 관계가 원활하게 되기 위해서는 신뢰를 요하며 신뢰는 정직을 기본으로 한다.

〈돌고프 외의 윤리적 규칙과 윤리적 원칙심사의 의사결정과정의 적용〉

김할머니는 고학력의 노인으로 가족도 없고 수입도 전혀 없다. 노인을 위한 보호시설의 입소도 강력하게 거부할 뿐 아니라 국가 보조금도 원치 않고 있다. 이 어르신은 시내 번화가 24시간 패스트푸드점에서 커피를 한 잔 시켜서 종일 그곳에서 있으며, 밤에는 인근 교회에서 주무신다. 오랜 기간 수입과 일정거주지가 없어 위생, 건강, 심리 및 정서 상태가 매우 좋지 않다. 그런 가운데 주변에서 원조를 제공하고자 했으나 거부하고 현재의 생활을 유지하고자 한다. 결식과 불규칙한 식사, 노숙에 가까운 삶 등 위해한 상황에 머물고자 하는 이 할머니의 자기결정권을 보장해야 하는 것인가? 아니면 사회복지사가 온정주의로 적극적으로 개입을 해야 하는 것인가?

참고자료 : 집단 의사결정의 장단점(Maier, 1967)

[집단적 의사결정의 장점]

집단적 의사결정(group decision-making)은 많은 사람들이 의사결정에 참여하기 때문에 개인적 의사결정에 비해 5가지의 장점이 있다: (1) 더 큰 지식의 풀(pool of knowledge), (2) 다양한 시각(different perspectives), (3) 지적 자극(intellectual stimulation), (4) 결정의 논리적 근거에 대한 이해(decision rationale), (5) 결정에 대한 헌신과 책임(commitment).

[집단적 의사결정의 단점]

집단적 의사결정은 다양한 구성원 간 상호작용의 문제로 인해 합리적 문제해결 보다는 다른 고려사항이 더 우선시 될 수 있기 때문에 결과적으로 다음과 같은 단점이 발생한다: (1) 소수 사람의 지배(dominate), (2) 만장일치의 집단사고(groupthink), (3) 최소 필요조건만 충족(satisficing), (4) 주된 목표가 부차적 목표에 대체되는 목표의 치환(goal displacement).

참고자료 : 사회복지조직 의사결정의 유의사항

첫째, 윤리적 의사결정은 민주적이고 참여적인 것을 권장하지만, 맹목적인 다수결 원칙을 적용해서는 안 된다. 사회복지조직은 전문적 위계를 갖는 전문적 관료제의 형태를 갖기 때문에 의사결정에서도 위계와 책임의 소재가 명확할 수 있다. 그러나 다수결의 원칙을 적용할 경우 팀원의 전문성과 윤리의식, 성숙도가 전제되지 않는다면 윤리적인 의사결정을 담보하기는 어려울 가능성이 있다.

둘째, 중도의 의견을 따르는 것은 누구도 만족할 수 없는 결과를 야기하게 되며 클라이언트를 위한 최선의 윤리적 선택을 지향할 수 없다. 윤리적 딜레마는 양립할 수 없는 상황에서의 선택이 요구되기 때문에 때로는 타협이 불가능한 상황이 될 수 있다. 물론, 자원배분과 관련하여 때로 불만족하지 않는 결과를 위해 중도의 타협점을 찾을 수도 있을 것이다. 하지만 상충되는 상황에서 타협점을 찾을 경우 두 가지의 윤리적 이슈가 야기될 수 있음도 주지해야 한다.

셋째, 의사결정권의 위임으로 책임회피의 문제가 야기될 수 있다. 전문적 권위에 기반한 의사결정은 결정권자가 최종 책임을 지게 됨을 의미하기도 하지만, 위계적 구조에 따른 결정이 슈퍼바이지의 책임회피로 연결되면 안 되는 것이다. 따라서 결정과정에서 다양한 관점을 수용한 합의 과정이 필요하다.

넷째, 차선의 의사결정을 할 경우 사회복지의 가치와 상충되는 결과가 야기될 수 있다. 자원의 한계, 인력의 제한, 서비스 제공 상황의 장애 등으로 의사결정의 답을 갖고 그 범위에서 의사결정을 하게 되는 문제이다. 자원의 한계 상황에서 수행되는 의사결정을 클라이언트를 위한 최선의 의사결정으로 혼동해서는 안 될 것이다.

CHAPTER

6 사회복지 조직윤리와 윤리경영

"정부의 윤리적 문제들에 대한 최종 해답은
건전한 윤리적 환경 속 정직한 사람이다"
"The ultimate answer to ethical problems in government
is honest people in a good ethical environment."(John F. Kennedy)

사회복지윤리는 주로 윤리적 실천에 국한해 논의되고 있다. 물론 윤리강령에 조직구성원의 윤리적 의무에 대해 기술하고 있으나 이는 조직성원으로서의 의무에 대한 것으로, 조직차원의 윤리적 실천을 촉진하기 위한 조직의 책임에 대한 논의는 제시되고 있지 못하다.

리머는 그의 저서 『사회사업 윤리감사(Social Work Ethic Audit)』에서 윤리적 실천의 상황을 측정하기 위한 지표들을 제시하고 있다. 이 지표는 조직이 윤리적 실천을 위한 체계와 절차를 구비하고 있으며 실제 윤리적 실천을 지원하고 있는지에 대한 위험정도를 우선적으로 확인하도록 하고 있다. 더불어 동일 지표에 대해 각 실천가가 이를 준행하고 있는지를 확인하므로 윤리적 실천과 관련된 기관과 개인의 위험상황을 파악할 수 있도록 하고 있다(Reamer, 2001). 리머의 사회사업 윤리감사는 기관의 윤리적 실행 체계와 지원이 사회복지사의 윤리적 행동을 뒷받침할 수 있음이 전제된 것이다.

실로, 사회복지사의 윤리적 실천을 촉진하기 위해서는 조직차원의 윤리적 풍토가 우선되어야 한다. 특히, 한국은 미국과 달리 개업실천(private practice) 사회복지사가 거의 없고 대부분 조직의 피고용자 신분으로 업무를 담당하기 때문에 상사의 윤리적 리더십(ethical leadership)이나 윤리경영과 같은 조직의 윤리적 풍토

(organizational ethical climate)가 사회복지사의 윤리적 실천을 촉진하는 중요한 기제가 된다. 따라서 본 장에서는 윤리적 실천의 근간이 될 수 있는 조직윤리와 윤리경영에 대해 살펴보고자 한다. 아울러 비윤리적 일탈 사례와 윤리경영 사례를 간략하게 소개하고자 한다.

1. 조직윤리

1) 조직윤리

최근 사회복지에 대한 사회적 관심과 정치적, 행정적, 재정적 지원과 민간기부가 급격히 증가함에 따라 모든 사회복지 전문기관에서 윤리적 행동과 의사결정을 함양하고 증진시키며 구체화할 필요성이 날고 높아지고 있다. 특히 복지재원이 급격히 증가하면서 재정운영의 객관성과 투명성, 그리고 책임성을 확보하기 위한 여러 장치들을 구비하고 있지만 사회복지기관 담당자들의 윤리의식을 증진할 체계적인 지원은 충분히 마련되어 있지 않은 것이 현실이다.

윤리적 실천과 행동은 조직의 생산성과 성과와 무관하지 않으며, 이와 반대로 비윤리적 실행과 부패는 합리적이고 생산적이며 효율적 운영에 장애가 된다는 지적이 있다. 윤리적으로 실패한 조직은 높은 비용지불이 요구되는데, 실패를 치유하기 위한 법집행 자원, 시간과 노력 등의 추가 재원이 소요되기 때문이다(Gary & Al-Kazemi, 2000).

우리나라는 1990년 이후부터 최근까지 사회복지시설의 민간위탁사업의 확장과 일부 영리조직의 사회서비스분야 진출 등, 사회복지의 시장화로 인해 사회복지 본연의 가치와 상충되는 문제가 야기되고 있다. George(1997)는 정부서비스의 민간위탁이 증가할수록 부패와 비윤리적 행동이 증가할 것이며, 정부보다는 민간영역에서 근무하기를 선호하는 경향이 커질수록 부패와 비윤리적 행동이 증가할 것이라고 지적하고 있다. 또한 부패와 비윤리적 행위가 증가할수록 국민의 신뢰가 낮아질 것이라고 예측하고 있다.

사회복지 서비스와 윤리, 그리고 신뢰는 상호 연관되어 있다. 사회복지사의 윤리적 행동은 사회복지기관에 대한 신뢰를 가져오고 신뢰는 사회복지 서비스에 대한 지지와 강화를 가져오게 된다. 만일 윤리의식이 내재화되어 있지 않으면 사회복지 서비스에 대한 국민적 신뢰와 지지를 얻기 어려울 것이다. 특히, 사회복지기관들은 윤리적 가치에 우선순위를 두기 때문에 사회복지기관에서의 비윤리적 행동은 다른 기관보다 더 큰 냉소와 반감으로 직결될 수 있다.

사회복지기관의 대중으로부터의 신뢰구축을 위해서는 구성원 개인의 윤리적 실천도 중요하지만, 구성원의 윤리적 실행을 촉진하기 위한 조직의 윤리적 풍토, 즉 조직윤리가 전제되어야 한다. 조직윤리는 "조직에서 윤리적으로 옳은 행동이 무엇이며 어떻게 이러한 윤리적인 쟁점을 다루어야 하는지에 대한 공유된 인지"이다(Victor & Cullen, 1987). "나쁜 것으로부터 좋은 것을, 그릇된 것에서부터 옳은 것의 이슈들을 구분하는 것과 관련된 규율"(Natale, 1984)을 말한다. 다시 말해 조직 내 구성원의 인지수준에서 마땅히 조직에서 행해야하는 옳은 행동에 대한 공유된 인식으로 이는 조직차원에서 육성이 가능하다는 것이 전제된 개념이다(최소연, 2013).

조직윤리를 파악하기 위해 활용되는 개념으로 조직윤리풍토(organizational ethic climate)가 있다. 조직윤리풍토는 조직전반에 걸쳐 윤리적 가치에 초점을 두고 있는 조직문화를 의미한다. 조직풍토는 조직의 문화 내지는 분위기를 반영하지만 윤리적 풍토는 좀 더 구체적으로는 조직에서의 도덕적이며 윤리적인 분위기에 초점을 두는 것을 의미한다(이정주, 2010). 따라서 조직윤리풍토는 조직성원이 옳다고 생각하는 것에 대한 개인적인 차원을 넘어서 조직의 전반적인 윤리적인 분위기에서 공유된 인지를 의미한다(최소연, 2013).

조직의 윤리적인 분위기를 의미하는 조직윤리풍토는 구성원이 윤리적으로 생각하고 행동할 수 있도록 하기 때문에 개인, 팀, 조직의 전반적인 윤리지향에 긍정적 영향을 미친다. 실로, 여러 연구들이 조직윤리풍토가 구성원들의 윤리나 조직시민행동, 조직몰입과 같은 긍정적 행동과 태도에 영향을 미친다고 보고하고 있다(Deshpande, 1996; Choi, 2015).

(1) 조직윤리의 영향요인

윤리적인 개인들이 그렇지 않은 사람보다 윤리적인 실천을 지향하는가? 그리고 이러한 개인이 조직의 윤리적 역량에도 긍정적인 영향을 미치는가? 반대로 조직의 윤리적인 분위기는 개인의 윤리적 실천을 촉진하는가? 이러한 질문에게 '그렇다'와 '아니다'로 명확한 답을 하는 것은 쉽지 않을 수 있으나 우리 모두는 이러한 개인의 윤리와 조직윤리의 상호작용의 가능성을 배제할 수는 없다. 개인의 윤리와 조직의 윤리는 한 방향의 인과관계이기 보다는 상호 영향을 주고받는 양방향의 관계일 수 있다. 다시 말해 윤리적 개인들이 조직의 윤리를 구성하지만, 역으로 조직의 윤리적 풍토가 개인의 윤리를 촉진할 수 있는 것이다.

① 개인요인(Individual Factors)

사람들은 업무를 담당하면서 무엇이 도덕적으로 옳고 그른가에 대한 윤리적 판단을 내리고 이에 대해 책임을 지게 되는데, 비윤리적인 결정을 더 많이 하는 사람도 있다. DuBrin(2010)은 정직하고 협조적인 사람은 부정직하고 비협조적인 사람보다 더 윤리적으로 행동하려는 경향이 있다고 지적한다. 물론 자질면에서 윤리적인 또는 비윤리적인 사람의 특성을 일반화하기는 어렵다. 그러나 일부 연구에서는 개인적 특성이 윤리적 의사결정에 미치는 영향을 측정하고 있는데 나이가 많은 직원이 젊은 직원보다 더 엄격한 윤리의식을 가지고 윤리적 의사결정을 한다고 보고한다(Gary, 2009). 사회복지사의 경우, 전문적 능력이 윤리적인 책임에 영향을 미친다고 제시되고 있다(김용민, 2011). 그러나 윤리적인 개인적 특성을 모두에게 보편적으로 적용하는 것에는 한계가 있다. 그리고 정직하고 협조적인 개인의 성향은 사회전반의 정직과 관련된 교육과 문화와도 관련될 수 있을 것이다.

개인적 특성과 관련하여 고려할 수 있는 것으로 직업윤리를 들 수 있다. 직업윤리는 막스베버(Max Weber)의 기독교직업관에 근간한 것으로 직업소명의식에 기반하여 일에 대한 개인의 청렴과 성실을 나타내는 것이다. 직업윤리는 "직업 생활에 대한 윤리적 준거 혹은 도덕적 준거로서 사회 구성원간의 관계에 있어서 책임과 의무를 나타내는 근원이 되며, 개인은 물론 국가나 사회의 신뢰와 생산성의 근간이 되는 중요한 요인"이다. 이러한 직업윤리는 직업일반의 윤리, 즉 어떠한 직업에서도 요구되는 행동규범과 특정한 직업이 사회의 역할 분담적 입장에서 가져야 할 행동 규준인 특수직업의 윤리로 구분된다(이형연 외, 2008 : 17). 이러한 분류에 기초했을 때, 사회복지전문직의 윤리는 직업윤리 중 특수 직업윤리로 볼 수 있다.
직업윤리는 현대사회의 세계화・정보화에 의해 확장되면서 조직윤리를 구성하는 중요한 요인으로 대두되었다. 직업윤리는 조직윤리의 하부구조이기도하며, 조직윤리에 영향을 미치는 하위요인으로 조명되기도 한다. 특히 사회복지조직과 같은 인간봉사조직의 경우 전문가윤리는 조직의 윤리임과 동시에 구성원의 개개인의 직업윤리로써 조직윤리에 영향을 미치는 영향요인이기도 하다.

② 조직적 요인(Organizational Factors)

사람들은 개인적 이익을 위해 단독으로 비윤리적인 행동을 하는 경우가 있지만 개인적 이해관계가 아니라 압력이나 조직목표 달성, 조직의 생존을 위해 윤리적 타협을 하는 경우가 있다(Gary, 2009). 비윤리적 행동은 부적절한 성과측정, 자원부족, 과다한 업무, 책임성 결여에서 발생하는 경우가 많다(John & Meier, 2000).

③ 상사의 영향(Boss's Influence)

직원들은 상사의 윤리적 행동을 모델로 자신의 윤리적 행동의 방향을 결정하게 된다. 한 연구결과에 의하면 상사가 윤리적 행동을 한다고 응답한 경우 직원들의 업무상 비행정도가 현저히 낮았다. 자신의 상사가 윤리적 행동의 모범이라고 대답한 직원들의 25%만이 업무상 비행을 목격한 반면 그렇지 않은 직원들의 72%가 업무상 비행을 목격하고 있음을 통해서도 조직에서의 윤리에 있어 상사의 영향력이 크다는 것을 확인할 수 있다(BNA Bulletin to Management, 2000). 또한 상사의 방임적인 슈퍼비전은 비생산적인 행동을 가중시킨다(Deter, Trevino & Burris, 2006).

이러한 맥락에서 볼 때 윤리적인 상사는 조직에서의 윤리적 실천과 윤리적인 행동을 촉진시키는 역할을 한다고 볼 수 있다(Donald, 2010). 그러나 불행하게도 미국의 한 조사에 의하면, 자기 조직의 대표자가 윤리적이라고 대답한 직원은 27%에 불과한 것으로 보고되고 있다(Schramm, 2004).

④ 윤리관련 정책과 강령(Ethics Policies and Codes)

조직의 윤리관련 정책이나 윤리강령은 그 조직이 윤리에 대해서 얼마나 엄격한지 여부를 알 수 있게 한다. 그러나 윤리강령 자체보다는 그 윤리기준을 실제 집행하는 것이 조직의 윤리에 가장 큰 영향을 미칠 것이다(Gary, 2009).

⑤ 조직문화(Organization's Culture)

공식적인 윤리강령이 있고 윤리교육을 실시한다 해도 직장의 윤리문제가 심각하다는 것이 현대사회의 문제 중 하나이다. 미국에서는 직원 10명 중 4명이 직장에서 심각한 윤리문제를 목격하였다고 응답하였고 금융산업에 종사하는 직원의 50% 가량이 비윤리적으로 행동하도록 압력을 받았다고 응답하고 있다(Greengard, 1997; Wells & Schminke, 2001). 이는 조직의 전반적인 윤리지향문화의 필요성을 피력하고 있는 결과이다.

(2) 조직윤리 촉진전략

① 윤리적 리더십

윤리적 역량을 촉진하기 위해서는 개인윤리, 직업윤리, 조직윤리 3가지 차원의 전략적 접근이 요구되는데, 조직윤리에 강력한 영향을 미칠 수 있는 조직차원의 요소로 윤리적 리더십을 꼽을 수 있다.

효과적인 조직문화 형성과 조직성과 제고에 있어 리더십은 핵심요소다(Schein, 1990). 리더십이 조직문화를 형성하며 조직성원의 업무동기와 업무태도를 촉진하기 때문에 조직에서 리더십의 영향은 중요하게 논의되고 있다(Rainey, 2009). 리더의 도덕성과 청렴성은 조직관리와 관련된 리더십의 특성으로 강조되었으며 변혁적 리더십(Bass & Steidlmeier, 1999), 영적리더십(Fry, 2003; Reave, 2005), 서번트 리더십(van Dierendonck, 2011)의 개념에도 이러한 리더의 정직과 도덕성을 포함하고 있다. 리더의 도덕성과 정직성이 리더십의 중요한 요소임에도 윤리적 리더십은 다른 리더십 개념에 비해 최근에 부각되고 있다. 윤리적 리더십은 "개인의 행동과 상호 대인적 관계를 통해 규범적으로 적절한 관리(정직, 신뢰, 공정, 배려 등)를 실행하는 것으로, 직원과 양방적 의사소통 및 윤리적 기준 제공, 부하직원의 잘못에 대한 지도와 공정한 방법을 통한 의사결정 등을 통해 관리를 촉진하는 것"으로 정의된다(Brown, et al., 2005; 최소연, 2013 재인용).

윤리적으로 역량이 있는 관리자는 ① 높은 수준의 개인적이며 전문적인 행동에 관여되어 있으며 ② 관련된 윤리강령과 법률에 대한 지식을 가지고 있고, ③ 도전하는 상황에 직면했을 때 윤리적 이유에 몰입하는 능력을 가지며, ④ 서비스 윤리와 가치를 확인하고 실행할 수 있고, ⑤ 조직에서 윤리적 실천과 행동을 촉진한다(Donald, 2010).

② 윤리적 조직풍토 조성

직원들이 공유하는 조직문화가 직원들의 윤리적 행동에 어떠한 영향을 미치는가는 중요하다. Dubrin(2010)은 조직의 윤리적 풍토 조성을 위한 요소를 제시하였다([그림 6-1]).

윤리적 조직풍토 조성을 위한 리더십의 중요성 뿐 아니라 조직 미션을 조직의 구성원이 함께 공유하며 공공의 목표를 추구할 것을 권한다. 그리고 조직 성원을 대상으로 윤리와 사회적 책임에 대한 훈련을 제공하는 것도 필요하며, 직원들이 범죄나 부패의 기회에 노출되지 않도록 근로조건을 개선하면서 즐거운 일터를 조성하는 것도 조직의 윤리적인 풍토를 조성하기 위해 필요한 방법이다. 뿐 만 아니라 성문화된 윤리강령을 지침으로 하며, 조직에서 발생하는 윤리적 사안에 대해서 공식적인 절차를 통해서 처리하는 조직의 체계가 있어야 한다고 지적한다. 더불어 비리고발자가 피해를 받지 않도록 최대한 보호하면서 사회적 책임을 이행하기 위해 구성원과 조직이 함께 성장하는 지속가능한 성장의 환경을 구축할 것을 권하고 있다.

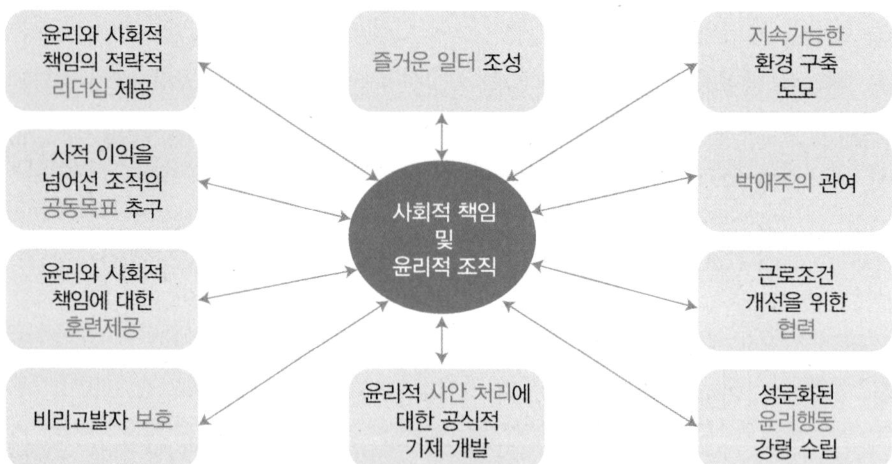

그림 6-1 **윤리적 조직풍토 조성을 위한 전략 체계도**

출처 : Dubrin(2010). Leadership의 내용을 도식화함

3) 사회복지조직의 법규 위반 및 탈윤리 사례

윤리규범을 위반한 사례가 얼마인지 정확히 알 수 있는 통계자료는 없다. 현재의 윤리의 수준이 바람직한 정도인지 아닌지, 다른 기관(정부, 영리, 비영리)과 비교해서 어느 정도인지, 미래의 수준은 어느 정도로 향상되어야 하는지에 관한 기

초적인 조사결과도 없는 것이 사회복지현장의 윤리지향과 관련된 현 주소이다.

사회복지조직은 사회복지시설운영지침에 준해 운영해야 하며 사회복지시설은 관계법령상의 규정을 준수해야할 책임이 있다. 아래는 2015년 보건복지부의『사회복지법인 · 시설 부정수급사례집』에 제시되어 있는 사례들을 일부 발췌한 것이다(보건복지부, 2015). 아래 사안은 규정을 위반한 사례로 관련 법규위반에 더 가까운 사례다. 이러한 사안의 발생은 조직의 비윤리적 풍토와 리더의 윤리의식의 결여에 기인하고 있다.

(1) 운영비 및 시설회계의 부정수급 사례

◎ 사회복지법인 및 시설의 회계부정 사례

구분	내용
시설회계 미분리	법인 내에 사회복지시설 외에 수익사업으로 '◎'와 '◇'을 운영하나 이 수익사업의 수입·지출을 법인 또는 산하시설 어느 회계에도 포함시키지 않고, 법인 대표이사가 시설의 한 직원에게 회계 관리를 전담시키면서 적법한 지출 절차 없이 통장으로만 관리하였음
수익금의 부당사용	사회복지법인에서 산하시설인 장애인직업재활시설의 생산품판매수입 등 운영수익금 5,000,000원을 시설운영과 관련 없는 법인의 자원봉사자실 신축 비용으로 사용하였음
후원금 집행 부적정	◎◎장애인복지관은 부채상환 및 적립금 용도로 비지정후원금을 사용하였고, ◎◎복지재단은 비지정후원금 집행액의 50%를 초과하여 간접비로 사용하였음
후원금 부당사용	A사회복지시설은 천만원이 넘는 비지정후원금을 기관운영비, 직책보조비, 회의비, 잡지출, 예비비 등 용도외 사용하였음.
토의	여러분이 해당 시설 직원이고, 시설 혹은 법인이 규정을 위반한 사실을 알았다면 그 상황에서 어떻게 할 것인가? 위의 사례 중 한 개를 선택하여 자신이 어떻게 할지를 함께 토론해 보자.

◎ 제3자 지불방식 이용료에 대한 보육시설의 부정 및 과다청구 사례

구분	내용
아동허위 등록사례	◎◎민간어린이집에서 아동이 해외로 출국하여 어린이집을 이용하지 않았으나, 8개월 동안 출석한 것으로 허위로 보고하고 기본보육료 및 차등 보육료 등 보조금을 허위로 청구함
자격 없는자에 대한 보조금 허위청구	보육교사가 갑작스럽게 퇴사하자 업무 공백을 최소화한다는 사유로 공개채용 절차를 거치지 않고 자격이 있는 보육교사 등록 후 무자격 교사를 채용하여 12개월간 보육을 함. 등록교사의 통장을 대표자가 관리하면서 처우개선비 등을 수령하였으며, 위반기간동안 기본보육료를 허위 청구하여 보조받음
토의	여러분을 임용한 어린이집 원장이 위의 사례에 해당되는 편법을 하는 사실을 알게 되었다면, 어떤 절차를 거쳐서 이 문제를 해결하고자 하는지 논해 보자.

◎ 장애인 및 노인시설의 보조금 부적정 집행 사례

구분	내용
시설장의 보조금유용	지역아동센터 5개소에서 보조금을 집행하면서 시설장이 현금 사용 후 시설장 개인통장으로 1,930,000원을 되돌려 받았고, 보조금 전용 또는 체크카드를 사용하지 않고 시설장 개인 카드 사용 후 시설장통장으로 4,210,000원을 되돌려 받는 등 총 6,140,000원 부당 집행
입소장애인 개인금전 부당편취	사회복지시설 ◘에서는 사회복지시설 ◫로부터 5명의 장애인을 인계(전원) 받으면서 이들의 은행 통장 잔고도 함께 인수 받은 후 해당 장애인의 동의 없이 일부를 인출하여 시설장 개인통장으로 입금하여 사용하였음
노인복지시설운영비 부당집행	△△△(원장의 장모이며 사실상 사용자는 원장임)의 이동전화요금 6,094,000원을 시설운영비에서 지출하였으며, 승용차를 2009년 구입하여 운행 중 오래되었다는 사유로 2012년 4월 50,000,000원 상당의 승용차를 구입하면서 29,428,000원을 법인예산으로 부당하게 지출하였음.
토의	위의 사례 중 하나를 택하여 여러분이 노인 혹은 취약계층을 대변하여 어떤 역할을 할 수 있을지를 토의해 보자.

법인카드 활용시 포인트의 적립과 활용

- 지적사항 : 카드발급 약정시 최대 0.16%의 포인트 적립이 가능함에도 포인트 적립 약정을 체결하지 않아 최근 4년간 사용액 (약 13억원)에 대한 포인트 약 2,080천원을 적립하지 못하는 등 카드 포인트적립 및 활용률을 높이려는 노력이 미흡한 실정임.
- 조치내용 : 은행 법인카드에 대해 해당 은행과 포인트 적립 약정을 조속히 체결하고, 적립된 포인트는 주기적으로 수입 처리하여 시효경과로 소멸되는 사례가 발생하지 않도록 철저히 관리하기 바람.
- 토의하기

1) 여러분은 기관의 공용카드의 포인트를 관리하여 예산을 절감하는 것을 의무로 생각하는가?

2) 여러분이 한 단체의 회원으로 물품을 개인카드를 사용하여 구입 후 그 단체로부터 현금을 받게 될 것을 가정하자. 이 경우 카드 포인트를 개인이 적립하는 것은 타당한 것인가? 계산 할 때 '포인트를 적립하시겠습니까?'라고 묻는다면, 여러분은 어떻게 대답할 것인가? 그리고 어떻게 대답하고 행동하는 것이 윤리적이라고 생각하는가?

2. 사회복지시설의 윤리경영

사회복지조직의 윤리적 풍토조성의 필요성에 대한 인식 하에 2007년에 한국사회복지사협회가 윤리경영 선도사업을 시범적으로 실시하면서 2009년까지 3년 간 전국 50여 개 이상의 사회복지시설이 윤리경영사업에 동참하였으며 이후 많은 조직으로 확산된 것은 앞에서 제시한 바 있다. 사회복지시설의 사회적 책임성과 투명한 경영은 선택이 아닌 필수이기에 많은 사회복지시설이 윤리경영을 선포하고 있다.

윤리경영에 대한 정의로 소극적인 의미는 준법경영으로 남에게 해를 끼치지 않는 범위 내에서의 자유로운 경영을 의미하며, 적극적 의미에서의 윤리경영은 주주, 이해관계자와 신뢰를 유지하며 사회의 기대, 요구, 책임에 부응하는 경영을 말한다(한국사회복지사협회, 2007). 소극적인 의미로 윤리경영을 적용했을 때는 법적인 요구조건 내에서의 경영의 의미가 강하기 때문에 진정한 의미의 윤리적인 경영을 지향하는 것은 제한될 수 있다. 따라서 적극적인 의미의 윤리경영을 지향하는 것이 바람직하다고 할 수 있다.

보다 구체적으로 윤리경영을 설명하면, 기업 활동과 관련하여 공정, 정의, 양심, 선행, 에티켓, 준법정신, 규범, 도덕 등을 지키는 것을 폭넓게 지칭하는 말이다. 기업활동이 경제적인 이득에만 초점을 두고 영리추구의 목적만을 쫓을 경우 도덕성을 상실하고 탈법을 자행할 수 있다. 그렇기 때문에 기업들이 사회적 책임(CSR : Corporate Social Responsibility)을 지향하면서 정의, 공의, 양심, 선행 등을 구체화하고 있다. 이러한 정의를 사회복지조직에 적용을 할 경우, 사회복지조직의 윤리경영은 사회복지조직이 제반 활동과 관련하여 책임성을 갖고서 공정, 정의, 양심, 선행, 규범을 준수하는 것을 폭넓게 지칭하는 것이라고 할 수 있다.

1) 윤리경영단계

Reidenbach와 Robin(1991)은 기업의 도덕성 발달을 5단계의 피라미드로 도식하고 있다. 이 5단계는 무도덕단계, 준법단계, 대응단계, 윤리관 태동단계, 윤리적 선진단계로 기업이 1~5단계 중 5단계에 해당되는 윤리적 선진단계의 상태를 지향하는 것을 윤리경영으로 보고 있다. 각 단계의 특성은 아래와 같다.

- 1단계 : 주요 이해관계자는 기업주와 경영자들이라고만 생각하며 기업의 이익극대화가 최대의 관심인 단계
- 2단계 : 법을 준수하는 상황에서 기업의 이익극대화에 몰입을 하므로 윤리적

인 사안은 고려되지 않는 단계

- 3단계 : 지역사회의 봉사를 통해 기업의 대외적인 홍보를 하는 것이 기업의 이익을 증대한다고 인식하는 단계
- 4단계 : 윤리와 이익의 균형을 이루는 단계로 윤리강령을 공표하고 기업의 신조를 발표하는 윤리관의 태동단계
- 5단계 : 윤리적인 기업의 운영으로 윤리원칙에 의해 행동을 하는 단계

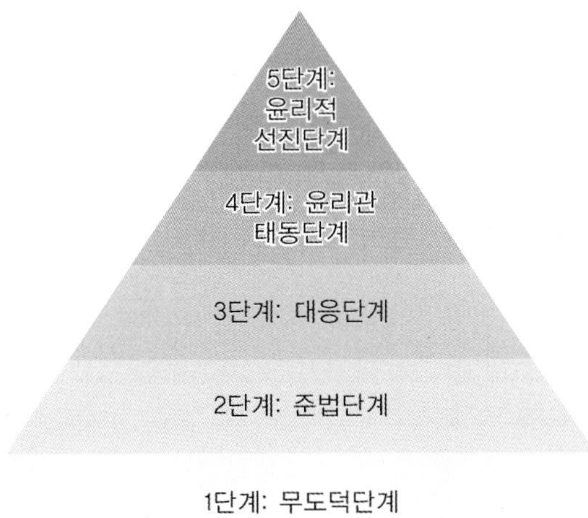

출처 : R. E. Reidenbach & D. P. Robin(1991). "A Conceptional Model of Coporate Moral Development". Journal of Business Ethics, 10(4), pp.293-289.

기업의 도덕성 발달단계를 사회복지조직에 적용하면, 1, 2단계의 경우는 사회복지시설의 주요 이해관계자를 운영법인 혹은 자원제공자로 국한하므로 클라이언트의 이익을 극대화하기 보다는 가시적인 성과에 주된 초점을 두는 경우와 연결해 볼 수 있다. 이 단계는 사회복지시설운영과 관련된 규정과 법은 준수하지만, 윤리적인 실천을 지향하는 것은 취약한 단계를 의미한다. 3단계는 지역사회에 기관의 여러 사업을 홍보하면서 이미지 제고를 위해 헌신하나, 그 초점은 지역사회주민의 삶의 질의 향상보다는 사회복지조직의 이미지 제고에 더 초점을 두고 후원금

이나 자원을 극대화하는 경우를 의미한다. 4, 5단계는 사회복지윤리강령에 기반을 두면서 사회복지조직의 윤리경영을 공표하고 클라이언트와 지역사회를 위해 최선의 실천을 지향하는 단계이다.

조직이 윤리경영을 공표하고 실행하는 이유는 여러 가지가 있겠지만, 궁극적으로는 윤리경영을 통한 기업의 지속가능한 경영을 지향하는 것이다. 따라서 윤리경영은 아래와 같은 이유에서 중요성을 갖는다고 할 수 있다(Davidson, 1994; 임창희, 2006).

첫째, 윤리경영을 통해 조직의 경쟁력을 제고 할 수 있다.

둘째, 윤리경영을 통해 사회적 가치를 창조하는 조직이 될 수 있다.

셋째, 윤리경영을 통해 사회의 일원인 조직시민이 될 수 있다.

넷째, 윤리경영을 통해 근로생활의 질(QWL : Quality of Working Life)을 향상시킬 수 있다.

다섯째, 윤리경영을 통해 환경친화적인 경영을 할 수 있다.

여섯째, 윤리경영을 통해 건전한 지배구조를 가질 수 있다.

일곱째, 윤리경영을 통해 자유시장 경제체제를 유지, 발전시킬 수 있다.

2) 사회복지시설 윤리경영체계

조직에서 윤리경영과 관련된 대상과 주체는 조직 내·외부의 다양한 이해관계자들이다. 사회복지조직에서의 윤리경영을 실행하기 위해서는 다양한 이해관계자들과 협력하지 않고서는 불가능하다. 사회복지조직의 윤리경영과 관련된 이해관계자는 외적으로는 자금 제공처인 정부, 후원자, 기업, 그리고 이용자 및 지역주민이 될 것이다. 내적으로는 조직의 구성원인 직원이 될 것이다. 다음의 표는 윤리경영과 관련된 기업의 윤리적인 사안(임창희, 2006)을 사회복지조직에 응용하여 표로 제시한 것이다(표 6-1).

| 표 6-1 | 사회복지조직의 윤리경영체계와 이슈

	기 업		사회복지조직	
최고 경영자의 윤리	주주에 대해	자금횡령, 부당한 배당	정부, 법인에 대해	공금횡령 및 유용, 공유재 낭비, 법인전입금 편법전용
	사원에 대해	사원차별, 위험노동 강요	직원에 대해	차별, 위험한 업무환경, 근로기준법 미준용
	고객에 대해	불량품판매, 허위광고, 부당한 가격	클라이언트에 대해	질 낮은 서비스 제공, 클라이언트 선별 및 허위 등록
	타사에 대해	부당한 인재 스카웃, 노하우 절도	타기관에 대해	부당한 후원자 및 고객 스카웃
직원의 윤리	회사에 대해	책임불이행, 회사기밀 유출, 근무태만	기관에 대해	근무태만, 도덕적 해이
	사원에 대해	부당한 고자질, 동료승진 방해	동료에 대해	동료의 실천상 윤리간과, 동료의 공적 가로채기
	고객에 대해	고객에 불친절, 고객에게 사기	클라이언트에 대해	모든 비윤리적 실천
소비자(클라이언트)의 윤리	회사에 대해	부당한 반품, 유사상품구입, 회사에 불리한 소문누출	기관에 대해	허위정보(자산조사), 중요정보 고의 누락
	사원에 대해	지나친 봉사요구, 판매원 모욕	직원에 대해	지나친 요구, 사회복지사 모욕 및 폭행
	고객에 대해	줄서기, 새치기, 공공물건독점사용, 품절가능품 사재기	클라이언트에 대해	서비스 이용권 남용 *

* 바우처와 같이 서비스를 이용할 수 있는 권한을 과이용을 할 경우 서비스 대상이 되는 것은 적법할 수 있지만 서비스 활용과 관련하여서는 한정된 자원을 남용하게 되는 비윤리적인 문제가 될 수 있음.

3) 윤리경영 참여사례

2007년 윤리경영 선도사업에 자발적으로 참여한 사회복지시설들은 조직의 미션과 비전을 기반으로 하여 윤리경영을 실천하기 위해 다음과 같은 활동들을 중심으로 윤리경영을 지향하였다.

- 조직의 미션과 비전의 정립
- 윤리의식 제고를 위한 직원교육
- 기관의 윤리헌장 제정
- 윤리경영 선포식
- 고객소리함, 비리척결을 위한 hot-line(내부고발시스템)실시
- 조직 내 윤리적 사안과 관련된 윤리위원회 활동

사회복지시설 윤리경영에 참여한 기관들은 윤리경영을 공표하므로 외부이해관계자, 클라이언트, 내부고객인 직원이 윤리경영에 협력적으로 동참하도록 하였다. 다음은 한국사회복지사협회 윤리경영사업에서 최우수선도기관으로 선정된 한 기관의 윤리헌장이다(출처 : http://www.mybanpo.org).

○○종합사회복지관 윤리헌장

○○종합사회복지관은 "최선의 복지서비스를 제공하는 이웃사랑실천공동체"의 사명을 완수하기 위하여 정직과 신뢰를 바탕으로 내·외부 고객이 협력하여 선을 이루므로, 개인과 지역, 더 나아가 보다 광범위사회체계와 더불어 성장하여 역량 있는 유익한 지역공동체가 되는 것을 최우선의 가치로 두며 다음과 같이 선언한다.

하나, 우리는 인간존엄성의 가치를 기반으로 고객의 삶의 질 향상과 사회정의를 구현하기 위해 항상 고객이 원하는 가치를 핵심에 두고 생각하며 행동한다.

하나, 우리는 윤리적 의사결정을 통해 직원 모두가 최고의 전문가로 성장하도록 책임 있는 인적자원 관리경영을 선도한다.

하나, 우리는 고객 감동을 실현하기 위해 협력기관과의 능동적 관계형성을 통해 상생의 경영을 지향한다.

하나, 우리는 조직 내·외부의 이해관계자와 정직성에 기반을 둔 공조체계를 형성하므로 청렴하고 투명한 조직문화 확산에 솔선한다.

하나, 우리는 고객에 대한 질적 서비스를 제공하기 위하여, 직원의 전문적 역량을 향상하고, 전문가 체계와의 상호협력을 적극 추구한다.

4) 유엔 글로벌 콤팩트(UNGC)

1999년 1월 31일 스위스 다보스에서 열린 세계 경제포럼에서 당시 유엔 사무총장 코피 아난은 비즈니스 리더들에게 사회윤리와 국제환경개선을 위해 유엔기구들과 기업들이 협조해 새롭게 발의한 유엔 글로벌 콤팩트에 동참할 것을 권장하였다. '유엔 글로벌 콤팩트'는 세계 경제의 지속 균형 발전을 이루려 하는 새로운 시도로 나온 것으로 2000년 7월 뉴욕 UN본부에서 개최된 Global Compact 창설

분야	원칙	UN Global Compact 원칙	UN Global Compact 한국사회복지사협회 원칙
인권	1	기업은 국제적으로 선언된 인권보호를 지지하고 존중해야 한다.	한국사회복지사협회는 국제적으로 선언된 인권 보호를 지지하고 존중해야 한다.
	2	기업은 인권침해에 연루되지 않도록 적극 노력한다.	한국사회복지사협회는 인권침해에 연루되지 않도록 적극 노력한다.
노동 규칙	3	기업은 결사의 자유와 단체교섭의 권리를 보장해야 한다.	한국사회복지사협회는 결사의 자유와 단체교섭권의 실질적인 인정을 지지하고
	4	기업은 모든 형태의 강제노동을 배제해야 한다.	모든 형태의 강제노동을 배제하며,
	5	기업은 아동노동을 효율적으로 폐지해야 한다.	아동노동을 효율적으로 철폐하고,
	6	기업은 고용 및 업무에서 차별을 철폐해야 한다.	고용 및 업무에서 차별을 철폐한다.
환경	7	기업은 환경문제에 대한 예방적 접근을 지지해야 한다.	한국사회복지사협회는 환경문제에 대한 예방적 접근을 지지하고,
	8	기업은 환경적 책임을 증진하는 조치를 수행해야 한다.	환경적 책임을 증진하는 조치를 수행하며,
	9	기업은 환경친화적인 기술개발 및 보급을 지원해야 한다.	환경친화적 기술의 개발과 확산을 촉진한다.
반부패	10	기업은 부당취득 및 뇌물 등 부패에 대응해야 한다.	한국사회복지사협회는 부당취득 및 뇌물 등을 포함하는 모든 형태의 부패에 반대한다.

회의에서 공론화하였으며 계속 활동영역을 넓혀가면서 확장되었다. UNGC 한국협회에는 240여개 기업과 기관이 가입하고 있으며(2017년 2월 현재), 기업활동에 있어 친인권, 친환경, 노동차별반대, 반부패 등의 10대 원칙 준수를 핵심으로 하고 있다. 한국사회복지사협회는 사회복지조직의 윤리경영의 확장적용과 관련하여 2012년 유엔 글로벌 콤펙트 회원이 되었다.

유엔 글로벌 콤팩트는 인권, 노동, 환경, 반부패와 관련된 10대 원칙을 제시하고 있는데 이 원칙에 준해 한국사회복지사협회도 10대 원칙을 공표하였다.

5) 윤리경영의 함의와 전망

윤리경영이 사회복지조직에 갖는 함의는 다음과 같이 정리될 수 있다.

첫째, 사회복지실천 윤리가 조직의 맥락에서 조명되므로 윤리적으로 민감한 실천을 지향할 수 있도록 하는 기능을 한다. 조직의 관리자로부터 조직의 일선 직원까지 조직내부 구성원의 윤리적 실천을 체계적으로 지원할 수 있다. 따라서 사회복지사 윤리강령에서 제시된 내용을 실천과정과 조직맥락에서 조직성원 모두가 함께 지향할 수 있는 측면이 있다.

둘째, 조직의 윤리경영과 관련하여 외부 이해관계자의 이해를 촉진하므로 외부고객과 내부고객이 함께 동참하는 윤리경영을 실현할 수 있다. 윤리경영은 조직내부뿐 아니라 외부 이해관계자의 협력적인 동참이 중요하다. 특히, 외부 자원의 존도가 높은 사회복지조직의 경우는 더욱 그러할 수 있다. 사회복지조직의 윤리경영선포 및 윤리강령제정 및 공표 등을 통해 지역사회 내의 다양한 이해관계자들이 윤리경영에 동참하므로 조직의 투명성을 확보하기 위한 노력을 내외부 이해관계자가 함께 지향할 수 있다.

셋째, 윤리경영을 통해 사회복지조직의 책임성을 강화하며 조직의 이미지를 제고할 수 있다. 조직의 효율적이며 효과적인 운영의 지향, 투명성의 강화 등을 통해 조직의 정당성을 부여받을 수 있다. 이러한 과정을 통해 조직의 긍정적인 평판과 이미지를 구축하는 것이 가능하게 된다. 또한 윤리경영의 파급효과로 타 조직의 윤리경영을 촉발하게 되므로 사회복지시설운영의 투명성에 대한 사회적인 인식을 제고할 수 있다.

PART 03

사회복지실천 윤리의 실제 : 쟁점별 사례분석

CHAPTER

7 클라이언트의 권리와 관련된 윤리적 쟁점

1. 클라이언트의 자율성과 사회복지사의 온정주의

1) 클라이언트의 자율성과 사회복지사의 온정주의의 개념

(1) 클라이언트의 자율성과 자기결정

인간의 자유와 자율성은 오랫동안 서구 사회에서 가장 기본적이고 중요한 가치로 인정되었다. 개인의 자유와 자율성에 대한 존중은 사회복지영역에서 '클라이언트의 자기 결정권(self-determination)'이라는 윤리적 원칙으로 구체화된다. 즉 클라이언트는 자신과 관련된 문제에 대하여 스스로 결정하고 선택할 수 있는 욕구와 권리를 지닌다(Biestek, 1957). 따라서 사회복지사는 무엇보다도 클라이언트의 자기결정에 대해서 천부적이며 양도할 수 없는 권리이며, 동시에 욕구라는 인식이 있어야 한다(양옥경 외, 2004).

클라이언트의 자기결정이란 자신과 관련된 문제에 대해 외부의 압력에 구애받지 않고, 주어지는 다양한 선택 가운데서 스스로 결정하는 것을 의미한다. 자기결정은 일반적으로 자율성과 동의어로 사용되는데 국어사전[1]에 의하면 자율성은 '외부의 구속이나 제약을 받지 않고 자기의 행동을 스스로 제어하는 성질'로 설명되고 있다. 이러한 정의는 자율성의 중요한 차원으로 클라이언트의 자유의지를 강조한다. 클라이언트 자기결정의 원칙은 사회복지실천과정에서 자신의 문제에 대해서 스스로 선택하고 결정하는 클라이언트의 권리와 욕구를 실제로 인정하는

1) Daum 국어사전

것이다. 사회복지사는 이러한 권리와 욕구를 인식하고 클라이언트가 자신의 인격과 지역사회의 자원을 적절하게 찾고 활용할 수 있도록 돕고 자율성에 대한 잠재력을 자극하고 촉진할 의무가 있다(Biestek, 1975).

자기결정권은 클라이언트가 자신의 삶을 어떻게 살아가야 할지에 대해서 충분한 정보와 대안이 주어진 가운데 결정(informed decisions)하는 것이며, 이러한 진정한 의미의 자기결정이 허용되고, 가능하며, 격려되어야 한다는 윤리적 원칙이다(Davies, 2000).

클라이언트의 자기결정이 제대로 이루어지기 위해서는 몇 가지 전제되어야 할 조건들이 있다. 첫째, 클라이언트의 문제해결을 위한 다양한 대안들이 제시되고 이러한 대안들 가운데 자신의 문제를 해결하기 위한 선택과 자기결정이 이루어져야 한다는 점이다. 만약 문제해결을 위한 충분한 대안들이 존재하지 않는다면 사실상 클라이언트의 자기결정이 제대로 이루어졌다고 보기 어렵다. 그러나 현실에서 클라이언트가 처한 상황 및 사회경제적 여건은 이러한 다양한 대안들을 충분히 제공하기 어려운 경우가 많다. 예를 들면 클라이언트가 거주하는 지역에 문제해결에 도움이 되는 서비스를 제공하는 기관이 없거나 설사 있다 하더라도 클라이언트의 경제적 상황이나 여건이 서비스를 이용하는데 제약이 있을 수 있다.

둘째, 자율적인 자기결정을 위해서는 바람직한 결정을 내리는데 필요한 정보들이 충분히 제공되어야 한다. 클라이언트가 제공된 정보들을 검토한 후에 내린 결정이어야 한다. 또한 이러한 정보들은 클라이언트가 이해하고 검토할 수 있는 형태로 제공되어야 하는데 제공된 정보가 미흡하거나 혹은 제공된 정보를 정확히 검토할 수 없는 형태일 경우 자기결정권이 이루어지기 어렵다. 예를 들면 정신건강문제를 지닌 한국어가 서툰 결혼이주여성이 지역정신건강증진센터를 방문했을 때, 제공받은 리플렛이나 설명 등을 알아들을 수 없다면 필요한 정보가 제공되었다고 보기 어렵다.

셋째, 클라이언트가 자율성이 발휘되기 어려운 신체적·정신적 상태에 놓여있을 수 있다. 그래서 자신의 의사를 스스로 표현하기 어려운 상황이 발생할 수도 있다. 예를 들면 의식이 없는 심각한 의료적 상태에 있거나 지적 능력이나 인지기능이 부족한 경우, 영유아나 특정 장애를 가진 경우가 이에 해당한다. 이 경우는 클라이언트의 상태 자체가 그들의 자율성을 발휘할 수 없게 만드는 조건이 된다.

따라서 사회복지사는 클라이언트의 자기결정 이면에 자율성이 제한될 수밖에 없는 클라이언트의 조건, 불충분한 정보의 제공으로 인한 제한될 수밖에 없는 클라이언트의 자기결정, 클라이언트가 자율적인 결정을 내리는데 충분한 대안이 마련되어 있지 않아서 선택권의 폭이 좁아질 수밖에 없는 상황들이 있었는지 검토해야 한다. 이러한 조건들이 충분히 고려된 후에야 진정한 의미에서 클라이언트의 자율성과 자기결정권이 보장되었는지 평가할 수 있을 것이다.

클라이언트의 자기결정은 윤리강령에서도 명확하게 제시되고 있다.

한국사회복지사 윤리강령

- 사회복지사는 클라이언트가 자기결정권을 최대한 행사할 수 있도록 도와야 하며, 저들의 이익을 최대한 대변해야 한다.

- NASW의 윤리강령

1.02 자기결정

사회복지사는 클라이언트의 자기결정 권리를 존중하고 증진시키며 자신의 목표를 확인하고 명확히 하려는 클라이언트를 도와준다. 사회복지사는 클라이언트의 행동이나 잠재적 행동이 그 자신이나 타인에게 심각하고 예측가능하며 즉각적인 위험을 초래한다고 전문적으로 판단될 때, 클라이언트의 자기결정권을 제한할 수도 있다.

(2) 사회복지사의 온정주의

사회복지사들은 의미 있는 개입을 통해 사람들을 돕고자 사회복지전문직을 선택한다(Reamer, 1999). 온정주의는 자유로운 개인의 삶에 대해 외부에서 간섭한다는 의미와 타인의 삶에 대한 이타주의적 온정을 표현한다는 두 가지 측면의 개념을 포함하고 있다(김기덕, 2002). 사회복지사의 온정주의적 개입은 클라이언트가 원하지 않아도 이루어지기 때문에 클라이언트는 이를 자신의 삶에 대한 간섭으로 받아들일 수 있다(이순민, 2012). 반면 온정주의는 자신의 자율성과 자유를 억압당하는 사람, 자신의 복지, 행복, 욕구, 이익, 가치 등을 배타적으로 위한다는 근거로 해서 정당화될 수 있는 개인의 자유로운 행위에 대한 간섭으로 개념정의할 수 있다(김기덕, 2002). 따라서 상황이나 조건에 따라서 간섭주의적인 것으로 혹은 온정주의적인 것으로 인식될 수 있다는 상대적인 개념으로 이해해야 한다.

온정주의는 선행의 원칙과 이타주의의 입장에서 정당화되지만 클라이언트의 자기결정에 반하는 온정주의적 개입은 클라이언트의 존엄성을 위협(Childress, 1981)할 수 있기 때문에 온정주의는 그 정당성이 충분하다고 여겨질 때에만 제한적으로 사용되어야 한다. 따라서 온정주의는 클라이언트의 자기결정을 제한해야만 하는 상황이라는 것에 충분한 평가와 합의가 도출되어야만 정당화될 수 있다.

온정주의는 사회복지실천에서 세 가지 유형으로 나타난다(Reamer, 1999). 첫째는 사회복지사가 클라이언트의 이익을 위해 정보를 보류하는 것이 정당하다고 생각하는 경우, 둘째, 클라이언트의 이익을 위해 의도적인 선의의 거짓말을 하는 경우, 셋째, 클라이언트의 이익을 위해 클라이언트의 의사에 반하는 물리적 개입을 하는 경우이다.

2) 자기결정의 한계와 온정주의적 개입의 필요성

클라이언트는 자신과 관련된 문제에 대해서 스스로 결정하고자 하는 욕구와 권리가 있지만, 개인의 자유와 자율성에 대한 권리는 그 개념과 주체의 능력에 따라 상대적인 것이며 이들 상대성의 정도가 사회복지실천과정에서 윤리적 갈등을 초래하게 된다(김기덕, 2002). 개인의 자유와 자율성에 대한 권리를 행사하기 위한 주체의 능력에 따라 상대적으로 전문성이라는 명분으로 개입의 근거를 마련하고, 온정주의를 정당화하는 근거가 되기도 한다.

사회복지사는 클라이언트의 자기결정을 최대한 존중해야 하지만 때때로 클라이언트의 권리를 제한하거나, 온정주의적 개입을 해야 하는 상황들이 발생한다. 그러나 온정주의적 개입이 클라이언트의 의사에 적극적으로 반하는 개입의 형태를 띠거나 과도할 경우 클라이언트의 자율성을 촉진하는 것과는 반대의 결과를 초래할 수도 있음을 사회복지사는 반드시 인식해야 한다. 따라서 클라이언트의 자기결정권과 사회복지사의 온정주의에 입각한 전문성이 해당 사례에서 어떻게 결합하고 적절한 균형을 가지는지에 관련된 윤리적 민감성 확보가 중요하다.

다음에서 클라이언트 자기결정권을 제한할 수밖에 없는 상황들을 살펴보자.

(1) 온정주의적 개입의 요인

온정주의적 개입이 정당성을 가지기 위해서는 다음과 같은 경우에 해당해야 한다. 첫째, 자신에게 이익이 되는 합리적인 결정을 하기에 클라이언트의 능력이 불충분한 경우이다. 즉 클라이언트의 지적, 정신적, 신체적 능력이 불충분하거나 미성년자로서 그 권리를 행사하는데 필요한 합리적인 판단을 하기에 아직 미성숙한 경우가 해당한다. 이와 같은 경우에는 부모나 보호자와 같은 성인들의 합의와 동의가 필요하며, 클라이언트의 자기결정은 제한적으로 수용될 수밖에 없다. 또한 지적능력이 낮거나 인지기능이 저하되어 있는 경우, 신체적, 정신적 건강상태가 불안정하여 사회적 기능이나 판단력 등이 저하된 경우, 클라이언트의 자기결정이 자율적인 의사결정의 산물이 아니라 자신이 가지고 있는 질병의 한 가지 증상으로 판단될 경우도 해당한다. 즉, 합리적이고 유익한 자기결정을 하기에 클라이언트의 능력이 불충분하기 때문에 이 경우 클라이언트의 자기결정이 자신이나 타인에게 부정적인 영향을 가져올 위험성이 높을 수 있다는 점을 반영하는 것이다.

둘째, 클라이언트가 선택할 수 있는 대안이 부재한 경우이다. 합리적인 혹은 자신이 원하는 방향으로의 자기결정을 하는데 자원이 부족하거나 대안이 부재한 경우 클라이언트의 자기결정은 진정한 의미의 자기결정이라고 보기 어렵다. 예를 들어 한 정신장애인이 정신질환이 호전되어 지역사회에서 생활하는 것이 충분히 가능함에도 불구하고 가족들이 퇴원을 반대하거나 퇴원 후 갈 곳이 마땅하지 않아서 시설에 입소하는 것을 결정했다면 전문가는 다양한 대안을 마련하는 노력을 진행해야 한다. 가족들을 설득하거나 지역사회에 거주할 수 있는 이용시설 및 주거시설 등 다양한 대안에 대한 정보를 제공하여 정당한 클라이언트의 자기결정을 도와야 한다.

셋째, 사회복지기관의 규정과 기능에 따라 클라이언트의 자기결정이 제한되는 경우를 들 수 있다. 사회복지기관은 특정한 기능과 사업에 따라 서비스 내용 및 서비스를 받는 자격기준에 관한 규정이 마련되어 있다. 클라이언트가 사회복지기관의 서비스를 활용하기 위해서는 적격요건을 갖추고 있어야 한다. 이러한 점에서 클라이언트가 서비스를 받을 권리와 욕구가 있다고 하더라도 서비스를 제공하는 기관의 적격요건을 갖추지 못한 경우 클라이언트의 자기결정이 제한될 수밖에 없다.

넷째, 사회적 규범이나 법률적으로 자기결정이 제한되는 경우가 있다. 클라이언트가 자기결정한 내용이 사회적 규범을 어기거나 법률적으로 위법이 되는 경우에는 클라이언트의 자기결정을 보호하거나 그 권리를 보호하는데 제한을 지닐 수밖에 없다. 예를 들면 장기밀매, 태아의 낙태, 아동학대나 가정폭력 등과 같은 행위는 허용되지 않는다. 이처럼 클라이언트의 자기결정이 제한받을 수밖에 없는 상황에서 사회복지사의 온정주의적 개입이 필요하다.

한편 클라이언트의 자기결정이 제한받게 되는 또 다른 상황으로는 클라이언트의 자기결정과 관련된 이해당사자 간의 견해 차이가 상이한 경우를 들 수 있다. 즉 클라이언트와 주 보호자의 결정이 상이한 경우나 클라이언트가 원하는 결정과 사회복지사가 바람직하다고 생각하는 결정이 서로 다를 수 있다. 더욱 효과적이고 실효성 있는 전략을 사회복지사가 안내하고 정보를 제공했음에도 불구하고 클라이언트가 다른 선택을 선호할 경우 사회복지사는 어떻게 온정주의적 개입을 해야 하는가? 물론 최종 결정권은 클라이언트 자신에게 있다. 또한 자신에게 좋지 않은 선택을 한다고 하더라도 그것을 사회복지사가 제재할 수 없으며, 그런 권한도 없을 것이다. 그러나 위와 같은 경우에 과연 클라이언트의 자기결정권을 인정하는 것으로 전문가의 역할을 다 했다고 할 수 있는지에 대한 검토가 필요하다. 온정주의적 개입의 정당성은 일시적으로 클라이언트의 자기결정권을 침해하더라도 장기적으로는 전문가의 판단이 클라이언트에게 더 유용하다는 전문적 역량에 관한 신뢰에서 비롯된다고 볼 때 클라이언트의 자기결정권 보호라는 명분으로 사회복지사가 적극적인 온정주의적 개입을 포기한 것은 아닌지 숙고해봐야 할 것이다.

3) 클라이언트의 자기결정권 제한과 온정주의적 개입을 위한 평가

클라이언트의 자율성을 제한할 수 있는 원칙으로 네 가지를 들 수 있다(Munson, 2001). 첫째, 해악의 원칙(Harm principle)으로 클라이언트의 자율성을 제한함으로써 타인에게 해가 되는 것을 방지할 수 있을 때로 예를 들면 강도, 강간, 살인, 학대, 폭력 등과 같은 행동들을 들 수 있다. 의도적으로 해를 끼치는 경우가 아니더라도 해를 끼칠 잠재적 위험이 있는 경우에도 자율성을 제한할 수 있다. 둘째, 온정주의적 원칙(principle of paternalism)으로 타인에게 해를 끼치는 행위의 예방뿐 아니라 적극적으로 클라이언트의 이익을 보호하기 위해서도 클라이언트의 자율성을 제한할 수 있다. 예를 들어 한겨울 영하의 날씨에도 불구하고 노숙인 쉼터에 입소를 거부하는 노숙인을 강제로 입소시키는 경우가 이에 해당한다. 셋째, 법률, 도덕주의 원칙(principle of legal, moralism)으로 법은 해당 사회의 가치들과 무엇이 도덕적인지에 대한 사회적 판단을 반영한다. 따라서 법과 도덕에서 잘못된 것으로 규정하는 것에 대해서는 클라이언트의 자율성에 대한 제한이 정당화된다. 넷째, 복지의 원칙(welfare principle)으로 클라이언트의 자율성을 제한하는 것이 다른 사람에게 이득이 될 때 정당화된다는 주장으로 이는 첫 번째 원칙인 해악의 원칙과 맥락을 같이 한다. 예를 들어 부모가 종교적 신념을 들어 자녀의 적절한 의료적 치료를 거부하는 경우 부모의 자율성을 제한하는 것이 자녀의 복지를 가져올 수 있다는 판단하에서 부모의 자율적 결정을 제한하고 온정주의적 개입을 하게 된다.

이처럼 클라이언트의 자기결정권이 절대적인 권리라 하더라도 경우에 따라서 제한되며, 전문가의 온정주의적 개입이 필요한 경우가 발생한다. 그러나 온정주의적 개입이 클라이언트의 자기결정권을 침해하고 과도하게 간섭하여 인권을 침해하는 위험을 방지하기 위해서 사회복지사는 다음과 같은 내용을 평가한 후 온정주의적 개입을 결정해야 한다. 첫째, 클라이언트의 특성과 관련된 인적 특성으로 클라이언트가 진심으로 원하는 것이 무엇이고, 클라이언트의 욕구와 관련하여 어떤 장해(방해)가 있는지? 그리고 그 장해는 해결 내지 극복될 수 있는 것인지? 클라이언트가 자율성을 가질 만큼 역량이 있는지 평가되어야 한다. 둘째, 사회복지사와 관련된 특성으로 클라이언트의 자율성과 관련된 모든 정보를 수집하였는지, 과거와 현재의 상황에 대한 클라이언트의 관점을 충분히 이해하는지, 자율성을 허용했을 경우 위해나 위험한 상황은 없는지에 대한 평가가 이루어져야 한다. 셋째, 판별능력과 관련한 특성으로 동료와 조직의 타 인력의 조언은 무엇이 있는지 검토해야 한다.

온정주의 개입이 정당하고, 현재 지금의 상태에서 최선이라고 할지라도 한계는 분명히 존재한다. 클라이언트 자신보다 사회복지사가 클라이언트를 더 잘 안다고 할 수 있는지? 만약 그렇다고 가정하더라도 클라이언트의 자발적인 동기 없이 클라이언트가 동의하지 않은 전문적 개입을 통해 바람직한 변화가 성취될 수 있는지? 클라이언트 자신이 동의하지 않은 개입 및 치료에 과연 클라이언트가 적극적으로 참여 혹은 협조할 것인지? 등 전문가에 의한 온정주의 개입에 대해서 회의적인 고민들이 남게 된다. 따라서 사회복지사는 전문적인 실천지식 및 기술을 따르면서도 클라이언트의 자기결정을 최우선으로 존중하지 않을 수 없다. 왜냐하면, 인간은 자신 외에는 누구도 인간을 변화시킬 수 없다는 철학적 원칙과 사회복지 실천과정의 모든 단계에서 클라이언트의 참여를 통한 치료적 효과성에 대한 확고한 믿음이 있기 때문이다(Loewenberg & Dolgoff, 1996).

온정주의적 개입은 클라이언트의 인적 특성과 개입이 일어나는 상황적 특성에 따라 정당화될 수 있다(Reamer, 1983). 인적 특성으로는 첫째, 클라이언트가 충분한 정보를 제공받지 못한 상태에서 자신에 대해 해가 되는 자기결정을 하는 경우이다. 둘째, 클라이언트가 자신에게 적절한 의사결정을 할 능력을 잃은 경우이다. 셋째, 클라이언트가 특정상황이 발생할 경우 자신에게 온정주의적 개입을 하도록 사전에 동의했거나 개입 이후 클라이언트가 동의할 것이라고 판단되는 경우이다. 온정주의적 개입이 정당화되는 상황적 특성으로는 첫째, 온정적 개입이 진행되지 않을 경우 클라이언트에게 심각하고 치명적 위험이 초래되는 경우이다. 둘째, 클라이언트의 자율성과 자기결정을 제한해야 타인에 대한 위험을 예방할 수 있는 경우이다. 이러한 경우의 예로 희귀병 '윌름종양'을 앓는 신애양 사건[2]으로 잘못된 종교적 신념에 의해 자녀의 치료를 거부하는 부모에 대해서 부모의 의사에 반해 신애에 대해 의학적 치료를 진행했던 사례를 들 수 있다. 이 사례는 아동에 대한 친권이 갖는 의사결정권의 경우에도 '가치 있는 친권만이 보호받을 수 있다'는 사회적 합의를 이끌어낸 사건이다. 셋째, 위기상황의 발생으로 즉각 온정주의적 개입이 이루어지지 않으면 클라이언트나 타인의 위험이 발생하는 경우이다. 예를 들어 클라이언트가 자살의 위험성이 매우 높거나 학대나 폭력과 같은 위기상황에서는 클라이언트의 자기결정보다는 적극적이고 즉각적인 개입을 통한 클라이언트의 보호와 안전이 우선시 되어 온정주의적 개입이 정당화될 수 있다.

2) SBS 「그것이 알고 싶다」 '빗나간 믿음－자식의 치료를 거부한 부모', 1999.

4) 사례분석

◎ 사례 : 어머니의 정신건강이 불안정한 한부모 가정

o 사례개요 o

큰별씨는 47세의 주부로 남편과는 5년 전 이혼하고 초등학교 1학년 새별, 3학년인 한별 두 아들과 생활하고 있다. 한별이는 또래관계를 잘 맺지 못하고 지각과 결석이 반복되는 등 학교생활에서 부적응 양상이 관찰되며, 학업성취도 역시 매우 저조한 상태이다. 둘째는 경계선급 지능장애가 의심될 정도로 학습능력이 저하되어 특수학급을 고려해야 할 상황이다. 두 아이 모두 체격이 왜소하고 발육상태도 또래에 비해 좋지 않은 편이다. 큰별씨는 결혼 전 조현병(정신분열병)을 앓은 병력이 있으며 결혼 후 치료를 중단한 상태이며 최근에 감정기복과 사고장애가 심해지면서 엄마로서의 역할을 제대로 해내지 못하는 것으로 평가된다. 간신히 아이들 식사를 챙겨주는 정도인데 이마저도 불규칙적이고 적절한 훈육이나 학습지도, 정서적 안정 등은 거의 이루어지지 않고 있다. 해당 주민센터에서 사례관리대상자 선정을 위해 가정방문했을 당시에도 주방에 며칠째 씻지 않은 그릇들이 그대로 쌓여 있었고, 심지어 방안에 쓰레기가 잔뜩 방치되어 있는 등 주거 및 생활환경이 열악한 상태였다. 가정방문한 사회복지공무원에게도 방어적이고 공격적인 태도였으며, 학교에서 관찰되는 자녀들의 문제에 대해서도 전혀 인식이 없었다. 다만 자녀의 학업에 대해서는 다소 관심을 보이는 양상이었다. 큰별씨는 아이들은 자신이 책임지고 잘 지도하고 기르고 있으니 남의 일에 참견하지 말라는 태도로 외부의 개입에 대해서 거부의사를 보이며, 자녀들에 대한 전문적인 평가나 조현병 치료에 대해서도 완강하게 거부하였다.

• 사례분석 •

☞ 첫째, 이 사례에서 클라이언트는 누구인가?

클라이언트는 엄마 큰별씨인가 자녀인 한별이와 새별인가? 클라이언트가 개인이 아니라 다수일 경우 클라이언트 간의 이해상충이 발생할 수도 있다. 본 사례에서 클라이어트인 자녀들은 아동들로 자기결정을 하기 어려우며, 보호자인 큰별씨 역시 클라이언트로 합리적인 자기결정을 하기에 정신건강이 취약한 상태이다. 클라이언트의 부족한 능력에서 오는 자기결정은 제한되어야 할 수도 있다.

☞ 둘째, 이 사례에서 나타난 문제 그리고 클라이언트의 욕구는 무엇인가?

이 사례에서 드러나는 문제는 자녀의 학업부진 및 학교 부적응, 엄마의 정신건강 문제로 인한 아동 양육 및 일상생활능력 저하이다. 이를 위해서 선결되어야 할 과제가 조현병(정신분열병)의 치료인데 이에 대해서는 완강하게 거부하며 병식이 부족한 상황이다. 모는 자녀의 학습능력향상을 위한 지원에 대한 욕구는 있다.

☞ 셋째, 클라이언트 간의 이해가 상충될 때 누구의 이익이 우선되어야 하는가?

특정 클라이언트의 자기결정 및 권리를 존중할 경우 이로 인해 다른 클라이언트의 권리가 침해되지 않는지 검토해야만 한다. 이 사례에서 엄마이며 아이들의 보호자인 큰별씨의 이익과 자녀들의 이익 중 우선되어야 할 것은 무엇이라고 생각하는가?

☞ 클라이언트인 큰별씨의 자기결정을 존중할 경우 발생할 수 있는 문제는 무엇인가? 그럼에도 불구하고 큰별씨의 자기결정을 존중해야 하는 근거는 무엇인가? 반대로 큰별씨의 자기결정을 제한하고 온정주의적 개입을 할 경우 발생할 수 있는 문제는 무엇인지 생각해 보자.

☞ 어머니와 자녀들의 의견이 상이하고, 어머니와 사회복지사의 의견이 상충될 경우 부모의 결정은 자녀의 자기결정으로 판단해도 되는가?

• 사례에서 나타난 윤리적 쟁점 •

☞ 클라이언트의 자기결정권 보호와 전문가의 온정주의적 개입이 상충되는 사례이다.

☞ 큰별씨의 자기결정을 제한할 근거는 무엇인가? 만약 정신의학적 치료를 거부하는 큰별씨의 자기결정을 존중할 경우 점차 정신건강이 악화될 것이 예측되는데 이 경우 본인이나 자녀들의 생활에 지장을 초래하는 정도가 더욱 심해질 것이 분명하다. 이로 인한 자녀들의 안전과 보호는 더욱 침해받게 된다.

☞ 만약 계속해서 큰별씨가 정신과 치료를 거부하여 상태가 점점 더 심각해진다

면 클라이언트의 자기결정을 무시하고 강제입원을 시도하는 온정주의적 개입을 진행하는 것이 옳은가? 만약 아동들의 보호와 안전이라는 이해를 중시해서 정신과 치료를 강제적으로 시도할 경우 큰별씨의 자녀들은 일시적으로 시설보호를 받고 엄마와 떨어져 지내야 되는데 아직 어린 아동들이다. 또한 큰별씨가 가진 정신과 치료에 대한 불신과 거부감이 강제적 치료로 인해 더욱 높아지면서 장기적 측면에서 치료유지나 협조의 어려움을 가져올 수도 있다.

☞ 윤리적인 의사결정은 실천가의 책임이 따르는 것이기 때문에 신중하게 접근해야 한다. 윤리적 딜레마 해결을 위한 고려사항에서 가장 기본적인 지침은 클라이언트 개인의 사례에 이 지침을 적용하는데 어떤 해석을 내려야 하는지에 대한 사려 깊은 추론이다(오혜경, 2005).

윤리적인 딜레마에 직면했을 때, 실천가는 먼저 직면하고 있는 윤리적 딜레마와 관련된 자기 자신의 가치가 무엇인지, 윤리적 결정에 관련되는 사회의 가치, 그리고 전문가 가치가 무엇인지를 확인하는 것이 필요하다. 둘째, 어떤 선택들이 가능한 선택들인지, 그 선택들을 통해 이익을 받는 사람과 불이익을 받는 사람이 누구인지, 클라이언트의 권리가 최대한 보장이 되는지를 파악해야 할 것이다. 셋째, 실천가가 취하고자 하는 대안이 효율성과 효과성을 고려하고 있는 것인지 그러면서도 윤리적인 것인지 확인해야 할 것이다.

◎ 사례 : 복지관에서 받은 후원금을 담배구입에 사용하시는 어르신

o 사례개요 o

80세 독거어르신 안씨 할머니는 복지관에서 지급받는 결연후원금의 대부분을 담배를 사는데 사용하고 있다. 이 결연후원금은 사용용도가 생활비 지원으로 되어 있으며 개인후원자가 매월 결연후원금으로 3만원을 후원하고 있다. 할머니는 고혈압과 당뇨병을 앓고 계셔서, 담당 사회복지사는 후원금을 건강에 도움이 되는 용도로 사용하도록 설득하였다. 그러나 안씨 할머니는 평생 혼자 살면서 담배가 유일한 친구였다며 후원금의 용도로 담배가 가장 필요한 물품이라며 강경한 태도를 보이고 있다.

• 사례분석 •

☞ 이 사례에서 나타난 문제는 무엇인가?

후원금의 사용처에 대한 사회복지사와 할머니간의 의견상충의 쟁점

☞ 클라이언트의 욕구는 무엇인가?

생활비로 지급된 후원금의 사용 용도를 기호품인 담배를 사는데 쓰겠다는 욕구. 클라이언트가 본인의 욕구에 맞는 후원금의 사용처를 자기결정하였다. 그러나 통상 후원금의 용도로도 적합하지 않을 뿐더러 어르신의 건강에도 해를 끼치는 담배를 구입한다는 그 결정을 그대로 따라야 하는지 생각해보자.

☞ 이 사례에서 누구의 이익이 우선되어야 하는가?

할머니의 욕구, 후원자의 의사, 사회복지사의 판단

☞ 사회복지기관의 후원금은 어떠한 용도로 사용되는 것이 윤리적이라고 생각하는가?

후원금의 사용처에 대해 별도의 지정이 없다면 대상자의 욕구대로 따라야 하는가? 위의 사례와 같은 경우 후원자에게 이러한 사실을 알리고 후원자의 의사를 확인해야 하는가?

☞ 사회복지사의 가치는 후원금으로는 적어도 기호품보다는 생필품구입이 더 적합하다고 생각하는 것이 일반적이다. 후원금과 담배가 갖는 사회적 가치는 어떠한가?

☞ 사회복지사는 어르신이 주·부식의 구입보다 담배구입을 더 선호하는 다양한 이유를 확인해 보아야 한다. 예를 들어 주부식을 구입하더라도 손수 음식을 만들어 먹기 어려운 여건이라서 손쉬운 기호품을 선택하시는 것은 아닌지? 그리고 어르신의 흡연이 현재 적극적으로 금지되어야 할 근거를 제시할 수 있는지, 안씨 할머니가 바람직한 자기결정을 하는 데 필요한 충분한 정보가 제공되었는지, 어떤 정보들이 제공되어야 하는지, 다른 대안은 없는지 생각해 보자.

• 사례에서 나타난 윤리적 쟁점 •

1. 클라이언트의 자기결정권과 전문가의 온정주의적 개입이 상충되는 사례
2. 클라이언트의 자기결정권과 공공성의 원칙이 상충되는 사례

☞ 클라이언트의 자기결정과 후원금이 갖는 사회적 성격으로 인한 후원금 사용처에 대한 사회복지사와 할머니 간의 의견이 상충되는 사례이다. 후원금의 사용은 클라이언트 개인의 자율적인 결정에 맡기는 것이 옳은가, 아니면 후원금이 어르신의 삶의 질과 관련하여 합목적적으로 사용될 수 있도록 적극적으로 개입하는 것이 타당한지 생각해보자.

◎ 사례 : 가정 폭력의 재발위험이 높은 상태에서 귀가를 결정한 가정폭력피해여성

○ 사례개요 ○

송하늘 씨는 남편의 빈번한 가정폭력으로 인해 벌써 세 번째 쉼터생활을 하고 있다. 남편의 가정폭력행동은 매우 심각한 상태로 송하늘 씨는 수차례 골절 및 외상 등 신체적 상처 외에도 만성우울증을 가지게 되었다. 송하늘 씨가 쉼터에서 몸과 마음을 추스르고 귀가하면 얼마 되지 않아 다시 폭력이 반복되는 양상이며, 남편은 알코올 남용문제가 있으며 자신의 폭력행동에 대해서 뉘우치거나 개선의 의지가 없다. 이번에도 이웃들의 제보에 의하면 아내가 돌아오면 가만히 두지 않겠다며 벼르고 있고 날마다 술에 취해 지내고 있다고 한다. 그럼에도 불구하고 송하늘씨는 귀가하겠다고 쉼터담당자에게 통보하였다.

• 사례분석 •

☞ 이 사례에서 클라이언트의 자기결정을 따라야 하는가 아니면 클라이언트의 결정을 말려야 하는가?

☞ 클라이언트의 자기결정을 존중할 경우 발생할 수 있는 문제는 무엇인가?

☞ 클라이언트가 집으로 귀가하겠다고 결정한 이유들에 대해서 충분히 설명되

었는가?

☞ 클라이언트가 합리적인 자기결정을 할 만한 정신적 안정상태로 평가되는가? 만약 불안정한 상태라면 어떻게 하는 것이 바람직한가?

☞ 클라이언트의 귀가결정을 말려야 한다면 어떤 근거를 제시해야 할까?

☞ 안전이 확보될 때까지 퇴소를 연기하도록 납득할 만한 정보와 안내가 제공되었는가?, 남편의 폭력 위험성에 대해서 경고하였는가?

• 사례에서 나타난 윤리적 쟁점 •

☞ 클라이언트의 자기결정과 전문가의 온정주의적 개입이 상충하는 사례이다.

☞ 남편의 지속적인 가정폭력으로 인해 만성적인 우울을 앓고 있는 송하늘 씨는 자기결정을 합리적으로 할 만큼 사고와 정서 및 판단 능력을 갖추지 못하고 있을 수도 있다. 따라서 클라이언트의 자기결정능력에 대한 정밀한 평가를 하고, 이에 따라 온정주의적 개입을 적극적으로 진행해야 할 필요가 있다.

☞ 그럼에도 불구하고 클라이언트가 퇴소를 결정한다면 이후 벌어질 수 있는 위험성을 감안하여 적절한 사후조치를 취해야 할 것이다. 송하늘 씨가 혼자 귀가하지 않도록 하거나 다른 가족들과 당분간 함께 지낼 수 있도록 협조를 요청한다거나, 경찰의 도움을 받아 미리 남편의 폭력행위를 모니터링하고 있음을 알리기 위한 조치 등 적극적인 폭력예방 대책을 마련한 후 귀가해야 할 것이다.

☞ 만약 폭력의 재발 위험성이 높은 상황에서 아무런 조치 없이 귀가하겠다는 클라이언트의 자기결정만을 존중하는 것은 전문성에 위배된다고 볼 수 있다.

◎ 사례 : 자녀의 후원금을 다른 곳에 유용하는 부모

○ 사례개요 ○

보라는 초등학교 5학년으로 무직인 1급 지체장애를 가진 아버지와 85세의 거동이 불편한 할머니와 함께 살고 있다. 어머니는 보라가 두 살 때 가출 이후 소식도 모른다. 보라는 학교를 마치면 지역아동센터를 이용하고 있다. 어려운 환경에도 몸이 불편한 할머니와 아버지도 잘 보살피며 밝게 생활하는 보라의 사연이 알려지면서 매월 10만 원의 결연후원금을 받게 되었다. 그런데 보라의 아버지가 후원금으로 로또를 사거나 술을 마시는데 사용하고 실제로 보라를 위해서는 후원금이 사용되지 않는 것을 알게 된 지역아동센터의 오진실 사회복지사는 보호자인 아버지의 후원금 사용에 대해서 문제제기를 한 상태이다.

• 사례분석 •

☞ 보라를 위해 사용되어져야 할 후원금을 대부분 아버지가 자신의 필요에 사용하고 있는 사례이다.

☞ 만약 보라를 위해 쓰여지지 않더라도 아버지가 지금처럼 로또나 술, 담배를 사는데 사용하는 것이 아니라 몸이 아픈 것을 치료하거나 구직활동을 위해 사용한다면 적합하다고 생각하는가? 즉 후원금을 보라를 위해 사용되지 않더라도 적절한 용도로 사용된다면 합당하다고 볼 수 있는가?

☞ 아동의 보호자인 아버지는 자녀 앞으로 지원되는 후원금을 관리, 집행할 의무와 권리가 있다. 따라서 사회복지사는 보호자의 자기결정에 대해서 관여해서는 안 되는 것인가?

• 사례에서 나타난 윤리적 쟁점 •

☞ 클라이언트의 자기결정과 공공성의 원칙이 상충하는 사례이다.

☞ 사회복지사는 후원금이 합목적적으로 사용되도록 해야 할 공적인 책임이 있다. 따라서 보라를 위해 사용되어야 할 후원금에 대해서 보라의 아버지에게 영향력을 미쳐야 하며 보라를 옹호해야 할 책임이 있다.

☞ 후원금은 보라를 위해서 후원한 것이므로 철저하게 보라를 위해 사용되는 것이 마땅하다. 그러나 보라에게 가장 영향을 많이 미치는 일차집단인 가족들을 위해서 유익하게 사용된다면 직접적으로 보라를 위한 것은 아니더라도 결국

에는 보라에게도 이익이 되는 결과를 가져오는 후원금 사용으로 볼 수도 있을 것이다.

☞ 미성년자 자녀에게 있어서 친권은 친권 자체로서 존중되는 것이 아니라 친권다울 때, 친권으로서 가치가 있을 때 보호되고, 보호자로서의 권리를 인정받을 수 있다. 즉 아동의 경우 부모의 자기결정권보다 선행의 원칙이 더 우선한다(고윤석 외, 2011).

2. 클라이언트의 알 권리와 자기결정

1) 클라이언트의 알 권리의 개념

알 권리(Right to know)란 국민 개개인이 정치·사회현실 등에 관한 정보를 자유롭게 알 수 있는 권리이며, 이러한 정보에 대해 접근할 수 있는 권리를 통칭하는 개념이다. 개인을 둘러싼 사회환경의 영향력이 확대되고, 정보기술이 급속하게 발달하면서 개인들 역시 자신을 둘러싸고 있는 현실에 대한 정보를 얻고자 하는 욕구가 강해짐에 따라 알 권리 문제는 자연스럽게 새로운 인권의 문제로 자리잡기 시작하였다. 현대 사회가 민주화·정보화 사회라는 점에서 알 권리는 갈수록 정당성을 확보해 가고 있으며, 언론·표현의 자유가 실현되기 위해서는 반드시 보장되어야 한다는 견해가 지배적이다(www.doopedia.co.kr). 우리나라의 경우 '공공기관의 정보 공개에 관한 법률'이 1996년에 제정되어 1998년부터 시행되고 있다. 이 법률은 공공기관이 보유·관리하는 정보에 대한 국민의 공개청구와 공공기관의 공개의무에 관해 규정함으로써 국민의 알 권리를 보장하고 국정에 대한 국민참여와 국정운영의 투명성을 확보하기 위해 제정되었다.

2) 사회복지실천현장에서 클라이언트의 알 권리

클라이언트의 정보에 대한 비밀보장의 원칙은 비교적 절대적인 가치로 오랫동안 중요하게 인정되었지만 상대적으로 클라이언트의 알 권리는 제한적으로 인정되어왔다. 사회복지실천현장에서 클라이언트의 알 권리는 고지된 동의의 형태로 구체적으로 실천된다고 할 수 있다.

클라이언트가 자율성을 발휘하여 자기결정을 하기 위해서는 자신에게 최선의 방법을 결정하기 위한 모든 적절한 대안들에 대해서 충분히 알고 있어야 한다. 이는 어떤 결정이나 선택을 위해서 필요한 정보가 충분히 제공되어야 함을 의미한다. 이러한 알 권리는 클라이언트가 받게 되는 서비스에 대해서도 적용된다. 즉 서비스에 대한 상세한 설명과 정보제공, 어떠한 서비스를 받게 되는지, 혹은 어떤 치료나 프로그램에 참여하게 되는지, 서비스에 참여하면서 일어날 수 있는 일들과 나타날 결과와 부작용, 서비스를 거부할 권리 등에 대해서 클라이언트는 알 권리가 있다. 특히 클라이언트가 이해할 수 있는 클라이언트의 언어로 설명하고, 전문용어의 사용을 자제하며 클라이언트의 눈높이에 맞는 설명으로 알 권리를 보장하는 것이 중요하다. 클라이언트는 전문가가 제공하는 정보에 별다른 주의를 기울이지 않는 경향이 있으므로 충분한 설명뿐만 아니라 클라이언트가 정확히 이해했는지에 대한 확인도 필요하다.

충분한 정보제공을 통해 클라이언트는 고지된 동의를 하고 자기결정을 하게 되는데 그러한 동의가 자발적이지 않았다거나 강요에 의한 결정이거나, 겉으로 드러난 강요가 아니라 하더라도 강요의 힘이 작용하였다든지 혹은 현재 대안이 없는 상황이라면 고지된 동의라고 보기 어렵다.

의식수준의 향상 및 정보의 다양화 등으로 인하여 사회복지서비스를 받는 클라이언트들은 과거와 달리 사회복지서비스를 정당한 권리로서 받아들이고 최근 그 선택과 방법의 결정에 이르기까지 자신의 권리를 행사하고자 하는 주도적인 주체로 따라서 클라이언트의 알 권리는 점차 확대되고 강조될 것이다.

한국사회복지사 윤리강령

- 사회복지사는 클라이언트가 받는 서비스의 범위와 내용에 대해, 정확하고 충분한 정보를 제공함으로써 알 권리를 인정하고 존중해야 한다.
- 클라이언트를 대상으로 연구하는 사회복지사는 저들의 권리를 보장하기 위해, 자발적이고 고지된 동의를 얻어야 한다.

• NASW의 윤리강령

1.03 충분한 정보에 근거한 동의

ⓐ 사회복지사는 타당한 정보에 근거한 동의에 기초한 전문적 관계의 맥락 안에서만 클라이언트에게 서비스를 제공해야 한다. 사회복지사는 명확하고 이해하기 쉬운 말로 클라이언트에게 서비스의 목적, 서비스와 관련된 위험, 제3자 지불자의 요청에 의한 서비스의 제한, 관련 비용, 합리적인 대안들, 동의를 거절하거나 취소할 수 있는 클라이언트의 권리 및 동의에 따르는 기간 등을 알려주어야 한다. 또한 클라이언트에게 질문할 기회도 제공해야 한다.

ⓑ 클라이언트가 글자를 모르거나 실천 현장에서 사용되는 언어(primary language)를 이해하기 어려워하는 경우, 사회복지사는 클라이언트가 이해할 수 있도록 필요한 조치를 취해야 한다. 즉 클라이언트에게 상세한 구두설명을 해주고 가능하다면 유자격 통역가나 번역가를 마련해주어야 한다.

ⓒ 클라이언트가 충분한 정보에 근거한 동의를 할 능력이 부족한 경우에는 사회복지사는 적절한 제3자에게 허가를 구하여 클라이언트의 이해 수준에 맞추어 알려 줌으로써 클라이언트의 이익을 보호해 주어야 한다. 그리고 이러한 경우에 사회복지사는 제3자가 클라이언트의 희망과 이익에 부합되도록 행동하는지 확인하는 노력을 해야 한다. 사회복지사는 클라이언트가 충분한 정보에 근거한 동의를 할 수 있는 능력을 향상시키도록 합리적인 조치를 취해야 한다.

ⓓ 클라이언트가 비자발적으로 서비스를 받게 되는 경우에는 사회복지사는 서비스의 성격이나 범위에 관해서, 그리고 클라이언트가 서비스를 거부할 수 있는 한도에 관한 정보를 제공해주어야 한다.

알 권리에 대해서는 찬성과 반대 입장의 의견이 있다. 알 권리를 반대하는 입장에서는 많은 정보 공개로 불필요한 논쟁이 발생하고 이로 인한 행정비용과 시간 낭비 등이 발생한다는 이유로 반대한다. 또한 정보가 공개될 것을 알 경우 공개대상이 되는 정보의 기록과 문서를 최소화하게 되어 결국에는 클라이언트의 알 권리가 실제로는 신장되지 않을 것이라는 입장에서 반대한다. 반면 찬성하는 입장에서는 국민의 자기결정권이 보장되기 위해서는 알 권리의 존중이 전제되어야 한다고 생각한다.

클라이언트에게 충분한 알 권리를 제공한다는 점은 클라이언트의 자기결정과 고지된 동의와 맥락을 같이한다. 즉, 클라이언트가 바람직한 결정을 하기 위해서는 클라이언트의 상황에 대한 충분한 정보가 제공되고 알 권리가 확보되었을 때 가능하다. 또한 고지된 동의의 경우도 마찬가지고 제공되는 서비스에 대한 충분한 내용이 자세히 설명된 후에 진행된다. 최근 한 연구에 의하면 환자가 자신의 진단과 병의 진행 예후 등에 관해 진실을 들을 경우 알 권리가 충족되어 치료를 잘 견디고 좋은 결과를 가져오는데 도움이 되며, 우울, 불안과 두려움이 줄고 고통이 감소하고, 신체적·정서적·사회적 기능과 전반적인 삶의 질이 더 좋은 것으로 나타났다(뉴스투데이, 2010. 3. 16; 매일경제, 2012. 4. 11). 충분한 정보를 제공받은 환자일수록 협조적이고 회복이 빠르며 의사결정에 참여한 환자일수록 의료진의 지시에 더 잘 따라오게 된다고 한다(Sakellari, 2003; 안선화 외 재인용). 한편 사회복지기록에서 클라이언트에 대한 개인 정보의 기록이 정확하게 기록되어 있는지 알 수 있는 권리와, 더불어 잘못 기록되어 있는 자신의 정보에 대한 수정 및 정정의 기회도 보장되어야 한다. 이처럼 클라이언트의 알 권리를 인정하고 서비스 수혜자로서의 관점에서 자신의 삶의 주인공으로서 그 권리와 책임을 강화하는 관점으로 점차 변화되고 있다.

3) 클라이언트의 알 권리의 제한

클라이언트의 알 권리 역시 제한되어야 하는 상황이나 경우가 발생할 수 있다. 상황에 따라서 클라이언트를 위해서 혹은 부정적인 결과를 피하기 위하여 알고 있는 정보의 제공을 유보하거나 또는 선의의 거짓말을 하는 것이 필요한 경우도 발생한다. 이 경우 사회복지사는 이해당사자 및 관련된 사람들의 권리와 복지를 객관적으로 평가하여 누구의 권리와 안녕이 가장 우선시 되어야 하는지, 알 권리가 제한될 경우 누구의 권리와 이익이 가장 침해를 받게 되는지 충분히 평가한 후에 클라이언트의 알 권리를 제한하는 결정을 내릴 수 있다(Reamer, 1990).

4) 사례분석

◎ 사례 : 입양아동의 친부모 정보에 대한 알 권리

o 사례개요 o

미혼모의 자녀로 태어나 1세 때 덴마크로 입양된 한소망 씨는 성인이 되어 친부모를 찾기 위해 한국을 방문하였다. 먼저 자신의 입양을 진행한 기관을 찾아가 친부모에 대한 정보를 알려달라고 요청한다. 그러나 입양 당시 친부모에 대한 비밀보장을 명시한 조건에 따라 기관에서는 친부모에 대한 정보를 제공할 수 없다고 한다.

• 사례분석 •

☞ 입양의 경우 양부모, 친부모, 입양아, 입양 삼자의 알 권리를 인정한다는 것은 각자의 입장에 따라 각각 어떠한 의미를 지니는가?

양부모의 입장에서는 자녀를 잘 키우기 위해 자녀가 된 입양아동의 배경을 알 권리가 있다는 점에서, 친부모의 경우 입양된 자녀가 건강하게 잘 자라고 있는지 알 권리가 있다는 점, 입양아동은 자신의 출신배경과 친부모에 대해서 알 권리가 있고 성장한 후 자신의 뿌리를 찾겠다는 결정을 할 경우 이를 위해 필요한 정보에 접근 가능해야 한다는 점을 의미한다.

☞ 현실적으로는 이러한 알 권리를 보장하기 위해서는 양부모, 친부모, 입양아동 모두 비밀보장을 바라는 정보들을 공개해야 하는 위험에 처해야 하기 때문에 매우 어려운 일이다. 또한 양부모와 친부모 모두 입양 당시 비밀보장을 약속했을 경우 알 권리를 주장하기 어려울 수 있다. 그러나 입양아동의 경우 입양 당시 비밀보장의 원칙에 동의하지도 않았고 입양 자체에 대해서도 자기결정한 바가 없기 때문에 알 권리를 가장 적극적으로 주장할 수 있는 입장이고, 성인이 되어서 자신의 뿌리찾기를 진행할 경우 필요한 정보들이 충분히 제공되어야 한다는 것이 최근의 추세이다. 따라서 입양현장에서 알 권리는 누구도 이의를 제기하지 않는 인간 존엄성의 보장과 자율적인 자기결정을 보장하기 위해서 필요한 권리로서 알 권리의 제한이라는 용어보다는 알 권리를 어디까지 인정해야 하는지에 대한 의미로 받아들이는 것이 적절할 것이다.

• 사례에서 나타난 윤리적 쟁점 •

☞ 클라이언트의 알 권리 vs 비밀보장의 원칙이 충돌하는 사례

☞ 지난 2011년 6월 29일 「입양특례법」이 국회에서 통과되어 2012년 8월 5일부터 시행되었다. 입양특례법이 국회에서 통과되기까지는 누구보다도 귀환입양인들 스스로의 노력이 컸다. 클라이언트의 알 권리와 관련된 법 개정내용을 살펴보면 입양인은 입양기관이 보유하고 있는 입양정보의 공개를 요청할 수 있게 되었다. 입양기관의 장은 친부모의 동의를 받아 정보를 공개하도록 하며, 친부모가 정보공개에 동의하지 않는 경우는 그 인적사항을 제외한 정보를 공개하도록 했고, 친부모가 사망하거나 그 밖에 불가피한 사유로 동의를 얻을 수 없는 경우와 의료상의 목적 등 특별사유가 있는 경우에는 친부모 동의와 무관하게 입양정보를 공개할 수 있도록 했다.

☞ 이와 같은 입양인의 알 권리 명시는 그동안 모국을 방문하고 또 친가족 찾기를 추구해왔던 입양인들이 입양기관의 자의에 의한 정보공개 여부에 따라 고통과 불이익을 당해왔다는 점에 비추어 볼 때, 입양인의 알 권리 확보라는 차원에서 큰 진전이라고 볼 수 있다. 그러나 이번 개정 법률에 반영되지 못한 친부모의 입양인에 대한 알 권리 부분은 한계로 들 수 있다. 친부모는 입양을 통해서 친권을 상실하기 때문에, 입양인에 대해서 알 권리가 전혀 없는 것으로 간주할 수 있을지 모르나, 친자의 신분적 지위의 여하를 막론하고 친자의 생사나 행복여부에 대한 알 권리의 충족 역시 인간존재의 근본적인 의의에 관련되는 일이므로, 친부모의 입양자녀에 대한 알 권리를 보장할 길을 모색해야 할 것이다.

◎ 사례 : 딸의 조현병(정신분열병) 진단을 숨겨달라는 부모님

o 사례개요 o

22세의 대학 3학년인 다정양은 조현병(정신분열병)으로 입원치료를 받았으며 퇴원 후 재활치료를 위해 주치의에 의해 사랑터 사회복귀시설에 의뢰되었다. 먼저 부모님이 방문하여 이용절차를 밟는 중이다. 그런데 가족들은 다정양이 자신이 조현병임을 알게 되면 평소 자존심 강하고, 주변을 많이 의식하는 성격으로 볼 때 심한 충격을 받고 어떤 일을 저지를지 모른다며 매우 불안해하며 다정양의 병명을 알리지 말도록 요청하였다. 부모님 역시 형제들이나 다른 가족들에게 다정씨가 몸이 아파서 잠시 요양하는 것으로 둘러댔다며 강력하게 다정씨에게 정확한 병명을 알리지 말도록 요청한다.

• 사례분석 •

☞ 이 사례에서 클라이언트는 누구인가? 다정양인가 다정양의 부모인가?

☞ 클라이언트에게 병명을 알려줄 경우 발생할 문제는 무엇인지 생각해보자(클라이언트의 알 권리를 보장할 경우).

- 치료를 중단하거나 극단적인 행동을 할 위험성이 있다.

- 심한 충격을 받고 오히려 병세가 안 좋아질 수도 있다.
- 사실을 받아들이지 못하고 적절한 치료나 예후 등에 대해서 관심을 보이지 않는다.
- 클라이언트의 진단을 비밀로 해달라고 요청한 가족과 사회복지사 간의 라포가 깨진다.
- 반면에 클라이언트가 자신의 질환에 대한 정확한 이해와 현실적인 문제들을 파악할 수 있게 된다.
- 앞으로 진행될 치료계획이나 재활계획수립 등을 클라이언트와 솔직하고 개방적으로 논의할 수 있다.

☞ 반대로 다정양의 병명을 계속 숨기고 다른 병명으로 거짓말을 할 경우 발생할 수 있는 문제는 무엇인지 생각해보자.

- 가족과의 신뢰가 확보된다.
- 클라이언트가 좀 더 경미한 질환으로 이해하고 심리적 안정을 찾을 수도 있다.
- 반면에 클라이언트의 알 권리를 제한함으로써 앞으로 진행될 여러 가지 치료나 서비스를 시행하는데 어려움이 예상된다.
- 퇴원 후 재활시설이나 프로그램에 대한 참여를 연계하는 퇴원계획이 진행되어야 하는데 그 과정이 실제로 이루어지기 어렵다.
- 치료나 이후 서비스에 대한 클라이언트의 적절한 자기결정이 이루어지기 어렵다.
- 거짓말을 함으로써 장기적으로 보면 클라이언트와 사회복지사 간의 신뢰가 깨진다.
- 20세 성인인 다정씨가 자신의 질병에 대해서 모르고 있다는 것은 클라이언트의 알권리에 위배된다고 볼 수 있다.

• 본 사례에서 발생할 수 있는 윤리적 문제는 무엇인가? •

☞ 클라이언트의 알 권리와 비밀보장의 원칙이 충돌하는 경우이다.

☞ 다정양의 질환명을 솔직히 알려주거나 아니면 숨기거나 양극단의 입장이 아니라 알리는 과정과 절차를 어떻게 진행해야 하는지. 가족들의 반대를 어떻게 설득해야 하는지. 클라이언트에게 정확한 진단을 알려줄 것인지를 결정하기 위해서 고려해야 할 내용은 무엇인지에 대한 다면적인 검토가 선행되어야 할 것이다.

☞ 자녀의 진단명을 비밀에 부치려는 보호자들의 입장을 공감하고, 그랬을 경우 차후 발생할 수 있는 여러 가지 불이익에 대해서 충분히 논의할 기회를 제공해야 한다. 또한 당사자의 알 권리를 제한할 경우 생기는 이점과 문제점에 대해서 충분히 논의하고 설득해야 하며 이 경우 자기결정권과 고지된 동의 등을 위협할 수 있음을 인식해야 할 것이다.

☞ 본 사례는 알 권리의 제한 여부를 판단하기보다는 언제 사실대로 알릴 것인지에 대한 시점을 정하는 것이 더욱 중요하게 고려되어야 할 것이다. 적절한 시점의 판단을 위해서 클라이언트의 정서 상태, 평소 질환에 대해서 가지고 있던 생각, 현재 상황을 어떻게 이해하고 있는지에 대한 파악 및 가족이 어디까지 클라이언트의 이익을 대변할 수 있는지, 숨겨진 이해관계는 없는지 등을 충분히 검토한 후 적절한 시점을 선택하여 클라이언트에게 정확한 진단을 알려주어야 할 것이다.

◎ 사례 : 미성년자들에 대한 부모나 후견인의 알 권리

o 사례개요 o

16세의 강건함 군은 사회봉사명령으로 복지관에서 자원봉사 및 청소년 사회봉사 프로그램에 참여 중이다. 청소년복지팀의 담당자인 박힘찬 사회복지사는 강건함 군이 친구들과 몇 차례에 걸쳐서 환각성분이 포함된 감기약을 환각제로 사용하였다는 사실을 우연히 알게 되었다. 강건함 군은 부모님에게는 비밀로 해 달라고 간곡히 부탁하였다. 이로 인해 몇 차례 구토증상이 있었고 부모님은 몸이 아픈 것으로 생각하고, 병원에 가보도록 진료비를 주셨고, 의사선생님은 감기약 오남용의 위험을 설명하시고 부모님을 모시고 오라고 하셨지만 부모님께는 식중독이라고 거짓말로 둘러댔다. 호기심으로 해본 일이고 앞으로는 절대로 감기약을 약물로 사용하지 않겠다는 약속을 했다.

그런데 2주일 후 박힘찬 사회복지사가 강건함 군의 어머니와 상담 중 강건함 군이 최근 좀 행동이 이상하다고 걱정하면서 어디가 아픈지 자꾸 토하고 감기가 잘 낫지 않는지 감기약을 계속 먹고 있다며 걱정을 하셨다. 어머니는 박힘찬 사회복지사에게 선생님께는 아이가 모든 것을 잘 털어 놓고 이야기하는 편이니 자신이 모르고 있는 사실이 있다면 숨기지 말고 알려달라고 요청한다.

• 사례분석 •

☞ 이 사례에서 클라이언트는 누구인가? 강건함 군인가 강군의 어머님인가?

☞ 법적으로 미성년자인 16세 청소년의 판단을 자기결정으로 보고 비밀보장을 해야 하는가 아니면 보호자인 부모의 알 권리를 존중해야 하는가?

☞ 누구의 이익이 우선되어야 하는가? 즉, 이 사실을 알리는 것은 누구에게 이익이 되는가? 강건함 군인가 어머님인가?

☞ 이 사례에서 비밀 보장을 할 경우의 이점과 불이익을 생각해보자. 강건함 군과 사회복지사에 대한 신뢰와 라포를 유지시켜 준다. 클라이언트 본인의 동의 없는 비밀보장의 의무를 파기해서는 안될 것이다. 그러나 청소년인 클라이언트의 건강에 중대한 위협이 되는 상황이라면 사회복지사는 어떻게 해야 하는가? 보호자인 부모의 적극적인 정보요청과 알 권리는 어떻게 보호되어야 하는가?

• 사례에서 나타난 윤리적 쟁점 •

☞ 클라이언트의 비밀보장과 보호자의 알 권리가 상충되는 사례이다.

☞ 미성년자인 클라이언트의 경우 의사결정능력, 고지된 동의, 비밀보장의 원칙 적용이 어려울 경우가 많다. 또한 미성년자의 부모나 보호자, 후견인은 미성

년자에 대해서 책임을 지는 사람들로 미성년자에게 일어나는 상황에 대해서 특히 위해가 되는 상황에 대해서는 알아야 할 권리와 보호해야 할 책임의 의무가 있다. 이 사례의 경우는 한번 비밀보장의 기회를 제공했으나 강건함 군이 약속을 이행하지 않은 문제도 함께 관련되어 있다.

☞ 클라이언트의 자기결정을 연령만 가지고 판단하여 미성년자가 비밀보장을 요청한 사안에 대해서 부모에게 전달해서는 안 될 것이다. 무엇보다 비밀보장을 요청한 사안의 내용과 비밀보장여부에 따른 후속적인 영향 등에 대한 고려가 필수적이다. 또한 개인적 차이나 상황에 대한 고려, 보호자의 상황 등을 고려해서 판단해야 한다.

☞ 그러나 이러한 알 권리의 문제가 클라이언트의 건강과 생명에 관련된 사항이라면 관리감독의 책임이 있는 보호자 역시 알아야 할 권리가 당연히 주어져야 한다. 그러나 이러한 사실을 알리는 것에 대해서 클라이언트와 논의하여 강건함 군이 스스로 사실을 부모에게 알리는 시도를 해볼 수 있도록 격려해야 한다.

◎ 사례 : 16세 미혼모의 출산 결정 및 부모에 대한 비밀보장요구

○ 사례개요 ○

16세 아름이는 남자친구와의 관계에서 임신을 한 상태에서 앞으로 벌어질 상황이 두려워 가출하여 전전하다가 현재는 임신 5개월의 상태에서 미혼모시설 입소를 위해 방문하였다. 아름이는 부모님이 아시면 가만히 있지 않을 것이고 아이의 출산을 강하게 거부하실 것이라며 부모님에게는 절대 비밀로 해달라고 사회복지사에게 간곡히 부탁하고 있다.

• 사례분석 •

☞ 부모의 동의 없이 자녀를 출산한다면 이후 발생할 수 있는 문제는 무엇인지 생각해보자.

- 부모님의 출산 반대나 이에 대한 비난에서 당분간 피할 수 있다. 따라서 심적으로 안정된 상태로 출산준비를 할 수 있을 것이다.
- 자녀 출산 후 혼자서 자녀양육 등 해결해야 할 문제들이 많아질 것이다.
- 출산 후 가족들과 단절되어 생활해야 할지도 모른다.

☞ 부모에게 지금이라도 출산계획을 알린다면 발생할 수 있는 문제는 무엇인지 생각해보자.

- 가족들에게 충격과 실망을 안기게 될 것이다.
- 부모님의 실망이 너무 커서 가족들로부터 외면받을지도 모른다.
- 몰래 출산하는 것에 대한 두려움이나 걱정은 감소할 것이다.
- 부모님을 비롯한 가족들에게 실망을 끼치겠지만 앞으로 진행될 일들에 대해서 구체적으로 함께 의논하고 해결해 줄 수 있는 지지체계가 될 수 있다.
- 부모님들 차원에서 남자친구와의 관계에 대해서 논의해 볼 수 있다.

• 사례에서 발견되는 윤리적 쟁점 •

☞ 미성년자의 자녀출산에 관한 자기결정 및 보호자인 부모에 대한 비밀보장의 원칙과 미성년자에게 보호의 의무와 책임 그리고 권리가 있는 보호자의 알 권리가 상충하는 사례

☞ 본 사례의 경우 출산여부에 대한 결정보다는 출산 후 아이 양육, 미혼모로서의 삶, 장래 계획 등 앞으로 발생할 수 있는 문제들에 대해서 검토해보고 미성년자인 아름이가 합리적인 판단을 할 수 있도록 도와야 한다.

3. 고지된 동의와 서비스 계약

1) 고지된 동의의 개념

고지된 동의(Informed consent)는 충분한 설명에 근거한 동의라는 의미로 두 가지 개념적 차원이 존재한다. 첫째, 사회복지사가 개입을 시작하기 이전에 혹은 서비스를 진행하기 전에 이에 대해서 충분히 설명하고 클라이언트의 동의를 구해야 하는 사전동의를 의미한다. 클라이언트가 서비스의 내용을 잘 이해하고 외부 압력에 의하지 않은 자발적인 동의로 서비스 내용에 대해서 동의한다는 의사결정의 절차로 클라이언트에게 서비스 선택 및 서비스 내용에 대한 충분한 정보제공을 전제로 동의를 받게 된다. 둘째, 사회복지사가 클라이언트의 삶에 간섭하지 않고, 또한 클라이언트의 동의 없이는 그와 관련된 정보를 타인에게 제공해서는 안된다는 것을 의미한다. 즉 클라이언트와 관련된 정보를 공개해야 할 경우에 대해서 동의를 받는 절차를 의미한다. 클라이언트의 개인 정보에 대해서는 비밀보장되는 것이 마땅하지만 사회복지실천현장에서 클라이언트에 관한 정보를 부득이 제공해야 할 경우들이 불가피하게 발생하는 것이 사실이다. 예를 들면 기관의 평가자료로 요청되거나 예산 신청과 관련한 이용자에 대한 정보요청 및 사례회의, 교육 및 훈련의 목적 등을 들 수 있다.

이러한 고지된 동의는 이미 우리 사회의 다양한 분야에서 엄격하게 지켜지고 있다. 예를 들면 금융기관의 금융상품에 대한 설명을 충분히 듣고 계약했다는데 대해 엄격한 동의를 요구하거나, 의료기관에서 수술에 대한 동의서를 보호자로부터 받는 것, 다양한 온라인 포털 사이트 가입 시 개인에 대한 정보제공에 대한 동의를 받는 것 등이 이에 해당한다.

따라서 클라이언트는 자신과 관련된 상황에 대한 클라이언트의 알 권리가 확보되어야 한다는 점과, 고지된 동의에 의해 서비스에 대한 내용을 충분히 숙지한 후에 서비스를 계약하고 서비스 과정에 참여해야 한다.

2) 서비스 계약 단계에서의 고지된 동의

클라이언트에게 충분한 정보의 제공을 통한 알 권리가 확보된 상태에서 서비스 계약단계의 동의만 진정한 자기결정의 보장이라고 할 수 있다. 따라서 사회복지 현장에서 고지된 동의가 진행되기 위해서는 일단 충분한 정보의 제공과 클라이언트의 알 권리가 확보되었는지 검토되어야 한다. 클라이언트가 받게 되는 서비스에 대한 상세한 설명과 정보제공, 어떠한 서비스를 받게 되는지, 혹은 치료를 받게 되는지, 프로그램에 참여하게 되는지, 서비스에 참여하면서 일어날 수 있는 일들과 나타날 결과와 부작용 등에 대해서도 클라이언트에게 충분한 정보가 제공된 후 고지된 동의를 받아야 한다. 특히 고지된 동의를 위해서 민감하게 고려해야 할 요소들로는 첫째, 서비스의 내용에 대한 충분한 설명이 클라이언트가 이해할 수 있는 방식으로 전달되었는지의 여부이다. 즉 서비스 내용에 대해서 클라이언트의 개별 특성을 고려하여 결혼이민외국인여성이나 외국인근로자 등 외국인을 위한 번역 리플렛의 제공, 통역 서비스 등이 제공되었는지 검토되어야 하며, 시각장애인의 경우 점자로 작성된 동의서, 청각장애인 클라이언트의 경우 수화통역 서비스 등이 제공되어야 한다. 둘째, 클라이언트가 이해할 수 있는 클라이언트의 언어로 설명하며, 전문용어의 사용을 자제해야 한다. 또한 클라이언트가 사회복지사가 의미하는 대로 이해하였는지에 대한 철저한 확인이 필요하다. 셋째, 동의가 자발적이지 않았다거나 강요에 의해서, 그것이 겉으로 드러난 강요가 아니라 하더라도 강요의 힘이 작용하였다든지 혹은 대안이 전무한 상황이라면 고지된 동의라고 보기 어렵다.

클라이언트의 동의의 방식을 살펴보면(Loewenberg & Dolgoff, 1996) 첫째, 직접적 동의 및 무언의 동의방식으로 직접 예라고 동의한 경우와 "아니오"라고 말하지 않았다고 해서 동의로 해석하는 경우이다. 그러나 적극적 동의 없이 침묵이나 적극적으로 거부의사를 밝히지 않는 것을 동의로 해석해서는 안 될 것이다. 또한 클라이언트에게 서비스를 거부할 권리가 있음을 반드시 알려야 한다. 둘째, 구두동의 혹은 서면동의의 방식으로 말로 동의하거나 혹은 문서상 동의방식에 따라 차이가 있을 수 있다. 셋째, 동의의 시점에 따라 과거 동의와 현재 동의가 있다. 과거에 동의했지만 현재 마음이 바뀌거나 상황이 달라졌거나 여러 가지 여타의 이유로 과거의 동의를 번복하는 경우가 있을 수 있다. 또한 현재 동의와 미래 동의로 클라이언트가 현재 동의를 하였다 하더라도 이것이 반드시 앞으로 진행되는 과정에서 지속적으로 동의할 것인지는 확언하기 어렵다. 따라서 클라이언트가 동의하였다 하더라도 정기적인 동의에 관한 점검이 필요하다.

이러한 고지된 동의과정을 통해 클라이언트는 바람직한 자기결정을 하게 되고, 서비스 계획에 적극적으로 참여하게 되며 클라이언트가 서비스를 통해 달성하게 될 목표나 변화에 대해 잘못된 기대를 하지 않도록 도와준다.

3) 획득한 클라이언트 정보에 대한 고지된 동의

사회복지사는 실천과정에서 클라이언트나 가족들로부터 획득한 정보에 대한 목적과 활용에 대해서 클라이언트에게 구체적으로 알려야 하며 정보의 공개에 대한 동의를 받아야 한다. 정보획득의 방법에 대해서도 동의가 필요한데 기록, 녹음, 녹화영상 등에 대해서도 동의를 획득해야 한다. 한편 사회복지사는 문서, 사진, 컴퓨터 파일 등의 형태로 된 클라이언트의 정보에 대해 비밀보장의 한계 및 정보를 얻어야 하는 목적 및 활용에 대해 구체적으로 알려야 하며, 정보 공개시에는 동의를 얻어야 한다. 즉, 클라이언트의 정보가 공개될 수 있는 경우들에 대해서 사전에 설명하고, 정보공개에 대한 동의를 확보해야 한다. 예를 들면 사례회의, 교육 및 훈련의 목적, 평가자료를 제출하거나 혹은 법적으로 요청되는 경우 등이 해당된다.

한국사회복지사 윤리강령

- 사회복지사는 클라이언트가 받는 서비스의 범위와 내용에 대해 정확하고 충분한 정보를 제공함으로써 알 권리를 인정하고 존중해야 한다.
- 사회복지사는 문서 · 사진 · 컴퓨터 파일 등의 형태로 된 클라이언트의 정보에 대해 비밀보장의 한계 · 정보를 얻어야 하는 목적 및 활용에 대해 구체적으로 알려야 하며, 정보 공개시에는 동의를 얻어야 한다.

4) 사례분석

◎ 사례 : 손자들의 양육부담을 감당하기 어려워 시설보호를 요청하는 어르신

사례개요

9살, 11살 된 두 손자를 돌보고 있는 78세의 양순해 할머니는 손자들을 혼자 양육하는 것이 버겁기만 하다. 경제적으로 곤란할 뿐 아니라 손자들의 학교생활이나 기타 지원해주어야 할 것들에 대해서 어떻게 해주어야 하는지 모르겠고, 친구관계나 학교생활에서도 잘 지내지 못한다는 이야기들이 들릴 때마다 이러다가는 손자들이 혹시 잘못되지나 않을지 걱정이 많다. 점점 손자들을 잘 키울 자신감이 없어지고 최근 자신의 건강상태까지 안 좋아지면서 더 늦기 전에 아이들을 잘 돌보아줄 수 있는 곳에 맡기는게 낫겠다는 생각을 하고 있는 상황이다. 마침 가정방문한 진은혜 사회복지사에게 더 이상 혼자의 힘으로 두 손자를 돌보기 힘들다고 어려움을 호소하며 잘 키워줄 수 있는 아동시설이나 위탁가정 등에 손자들을 보내고 싶다고 말씀하시며 알아봐 달라고 요청하셨다. 할머니의 욕구를 파악한 사회복지사가 적절한 시설들에 대한 정보를 수집하였고, 몇 곳의 시설을 구체적으로 소개하고 그동안의 경과를 말씀드리고자 다시 가정 방문하였다. 또한 할머니의 신중한 판단과 결정을 위해서 시설을 직접 둘러보고 결정하실 수 있도록 계획하였다. 그런데 실제로 아동보호시설에 대한 소개를 하자 갑자기 양순해 할머니는 내가 언제 우리 손자들을 남의 손에 맡기겠다고 했냐며 진은혜 사회복지사에게 다시는 오지 말라며 심하게 화를 내셨다.

• 사례분석 •

☞ 손자녀들의 시설보호를 의뢰한 양순해 할머니의 자기결정은 당시 올바른 자기결정이었는지 생각해보자.

☞ 양순해 할머니의 자기결정과 이에 대한 동의가 바르게 진행되었는가?

☞ 양순해 할머니는 손자들과 자신과 관련된 일에 대해 자기결정을 할 수 있는 능력과 사고를 갖추고 있었는가?

☞ 이 사례에서 사회복지사는 시설보호에 대한 클라이언트의 결정에 신속하게 대처하기보다 어떠한 노력들을 더 기울였어야 했는지 생각해보자.

☞ 할머니의 자기결정이라는 명분으로 사회복지사는 적극적인 온정주의적 개입을 소홀히 한 면은 없었는가?

☞ 먼저 클라이언트가 자신과 관련된 일에 대해 자기결정을 할 수 있는 능력과 사고를 지니고 있는지 사회복지사는 정확하게 평가했어야 한다. 자기결정의 주체가 지녀야 할 능력에는 이성적 능력, 감정적 능력을 포함하여 충분하고 적합한 정보가 제공될 때 가능하다. 그렇다면 이 사례의 경우 양순해 할머니가 손녀들의 양육부담과 스트레스에 대해서 진은혜 사회복지사에게 호소할 당시의 할머니의 자기결정능력에 대해서 사회복지사가 잘못 평가한 것으로 볼 수 있다. 즉 양순해 할머니처럼 자기결정능력이 부족한 주체에게 의사결정을 모두 미루었다는 점에서 전문가인 사회복지사의 온정주의적 개입이 적절하게 이루어지지 못한 사례라고 볼 수 있다.

• 본 사례에서 나타난 윤리적 쟁점 •

☞ 클라이언트의 자기결정과 사회복지사의 온정주의적 개입에 대한 쟁점이 나타나 있는 사례이다. 특히 클라이언트의 자기결정과 서비스 동의에 대한 전문성에 대한 쟁점에 관한 사례이다.

☞ 특히 시설보호나 입양 등과 관련된 자기결정에 있어서 사회복지사는 클라이

언트의 의사는 존중하되 그러한 결정을 하게 된 맥락적 이해를 해야 한다. 그래서 클라이언트의 자기결정이 다양한 대안들을 모두 충분히 고려한 가운데 최종적으로 결정한 것이어야 한다. 또한 클라이언트의 자기결정과 이에 따른 후속적인 개입 서비스에 대한 동의 역시 재차 확인되어야 한다. 개입 서비스가 진행되는 과정에서도 즉, 시설보호에 관련한 시설에 대한 정보수집이 진행되는 과정에서도 클라이언트의 동의가 유지되고 있는지 재차 확인해야 한다. 이는 동의의 시점상의 차이로 인해 클라이언트는 과거에 동의했지만 현재 마음이 바뀌거나 상황이 달라졌거나 여러 가지 여타의 이유로 과거의 동의를 번복하는 경우가 빈번하게 일어날 수 있기 때문이다.

4. 비밀보장과 정보공개

1) 비밀보장의 개념

비밀보장(confidentiality)이란 사회복지사가 클라이언트의 동의 없이는 클라이언트로부터 취득한 정보는 누구에게도 공개할 수 없다는 원칙이다. 즉 대인서비스 조직에서 일하는 전문가가 클라이언트와의 전문적 관계에서 확보한 정보를 누설하거나, 그러한 정보를 획득하게 된 목적 외의 다른 목적으로 사용하지 말아야 할 의무를 말한다(김기덕, 2002). 이러한 비밀보장 원칙의 윤리적 근거는 사생활보호의 권리에 의해 도출되었으며 클라이언트와 사회복지사 간의 매우 중요한 약속이다.

이러한 비밀보장의 준수와 보장이 없다면 클라이언트는 자신의 문제를 사회복지사에게 있는 대로 솔직히 다 털어놓고 문제해결을 위해 노력하기 어렵다. 비밀보장이 확보되지 않는다면 클라이언트는 사회복지사를 신뢰하고 자신의 문제해결을 위해서 사생활과 관련된 내용들을 솔직히 개방하는데 주저할 수밖에 없다. 따라서 제한된 이야기를 하게 되거나 더 나아가 도움을 요청하는 것 자체를 주저할 수도 있다. 또한 이미 진행 중인 클라이언트와 사회복지사 간의 실천관계에서도 비밀보장이 확보되지 않는다면 전문적 관계 자체를 위협하여 문제해결이나 클라이언트의 변화를 기대하기 어려울 수 있는 등 결과적으로 사회복지의 존재 자체를 위협하는 결과를 낳을 수도 있다는 점에서 매우 중요하다.

비밀보장의 원칙은 오랫동안 사회복지사가 준수해야 할 가장 중요한 가치로 존재해 왔다. 그러나 이러한 비밀보장의 준수와는 별도로 클라이언트가 제공한 모든 정보가 정직하고 정확한 정보가 아닐 수 있다는 점도 간과해서는 안 될 것이다. 또한 비밀보장 자체가 클라이언트와 사회복지사 간의 신뢰관계 형성의 중요한 요소이지만 신뢰관계의 전부로 파악해서도 안 될 것이다.

한편 Lowenberg와 Dolofoff(2005)는 개인이 누리는 특권에 대한 보호는 공공에 대한 위험이 시작되는 곳에서 끝난다고 설명하고 있다. 공공에 대한 위험이 야기되는 경우 사회복지사가 개별 클라이언트의 정보에 대한 비밀보장을 보증할 수 없는 상황들이 발생하게 된다. 따라서 사회복지사는 클라이언트의 비밀을 보장하기 어려운 상황들을 어떻게 다룰 것인가에 대해서 윤리적 민감성을 기르는 것이 필요하다.

2) 윤리강령에서 나타난 비밀보장의 원칙

한국사회복지사 윤리강령

- 사회복지사는 클라이언트의 사생활을 존중하고 보호하며, 직무 수행과정에서 얻은 정보에 대해 철저하게 비밀을 유지해야 한다.

- NASW의 윤리강령

1.07 프라이버시와 비밀보장

ⓐ 사회복지사는 프라이버시에 대한 클라이언트의 권리를 존중해야 한다. 사회복지사

는 서비스의 제공이나 사회복지실천평가, 조사수행에 필수적인 경우를 제외하고는 클라이언트로부터 사적인 정보를 얻으려고 해서는 안 된다. 일단 정보가 공유되면 비밀보장의 기준이 적용된다.

ⓑ 사회복지사는 클라이언트나 클라이언트를 대신해서 법적으로 동의할 권한을 인정받은 사람으로부터 타당한 동의를 얻었을 경우에만 비밀정보를 공개할 수 있다.

ⓒ 사회복지사는 강제적인 전문직상의 이유가 있는 경우 이외에는 전문서비스과정에서 취득한 모든 정보에 대해 비밀을 보장해야 한다. 그러나 클라이언트 자신이나 타인에 대한 심각하고 예측가능하며 즉각적인 위해를 방지하기 위해 정보공개가 필요할 경우에는 이러한 원칙이 적용되지 않는다. 모든 경우에 사회복지사는 소기의 목적달성을 위해 필요한 최소한의 정보만을 공개해야 하며, 목적에 직접적으로 관련된 정보만을 공개해야 한다.

ⓓ 사회복지사는 가능한 한 비밀정보가 공개되기 전에 공개사실과 그로 인해 예상되는 결과에 대해서 클라이언트에게 알려야 한다. 이것은 비밀정보의 공개가 법적 요건에 의한 것이든 클라이언트의 동의에 기초한 것이든 상관없이 적용된다.

ⓔ 사회복지사는 비밀보장의 성격이나 비밀보장에 대한 클라이언트의 권리의 한계에 관해서 클라이언트나 다른 관련 당사자들과 의논해야 한다. 또한 클라이언트와 함께 비밀정보가 요구될 수 있는 상황이나 법적으로 비밀정보의 공개가 요청되는 상황들을 검토해야 한다. 이러한 논의는 사회복지사와 클라이언트의 관계에서 가능한 한 빨리 그리고 관계의 전과정을 통해서 필요할 때마다 수행되어야 한다.

ⓕ 사회복지사가 가족, 부부, 집단에 대하여 상담서비스를 제공할 때 각 개인의 비밀보장 권리나 타인과 공유하는 비밀정보를 유지할 의무에 관해서 당사자들간에 합의를 구해야 한다. 그러나 가족, 부부, 집단상담의 참가자들이 그러한 합의를 이행할 것이라는 것을 사회복지사가 보장할 수 없다는 것을 참가자들에게 알려야 한다.

ⓖ 사회복지사는 가족, 부부, 결혼, 집단상담을 받는 클라이언트에게 상담 참가자들 간의 비밀정보의 공개에 관한 사회복지사, 고용주 및 기관의 정책을 알려야 한다.

ⓗ 사회복지사는 클라이언트가 공개할 권한을 주지 않는 한 제3자 지불자에게 비밀정보를 공개해서는 안 된다.

ⓘ 사회복지사는 프라이버시가 보장되지 않는 어떤 실천현장에서도 비밀정보를 논의해서는 안 된다. 공적이나 반공적인 장소, 가령 복도나 대기실, 승강기, 식당 등에서 비밀정보에 관해 논의해서는 안 된다.

ⓙ 사회복지사는 법적 절차의 진행 중 법률이 허용하는 한도 내에서 클라이언트의 비

밀을 최대한 보호해야 한다. 법정이나 법적 권한을 가진 기관이 사회복지사에게 클라이언트의 동의없이 비밀정보나 면책특권정보의 공개를 명령하는 경우 그러한 공개가 클라이언트에게 해가 될 때에는, 사회복지사는 법정에 그 명령을 철회하거나 가능한 한 그 범위를 좁게 한정하거나 또는 그 기록을 일반이 검사할 수 없게 비공개로 유지하도록 요청해야 한다.

ⓚ 사회복지사는 언론매체 관계자로부터 정보를 요청받을 때 클라이언트의 비밀을 보호해야 한다.

ⓛ 사회복지사는 클라이언트의 서면정보, 전자정보, 그리고 기타 민감한 정보에 대한 비밀을 보호해야 한다. 또한 클라이언트의 기록을 안전한 장소에 보관하며 그 기록에 접근할 권한이 없는 타인이 이용할 수 없도록 합리적 조치를 취해야 한다.

ⓜ 사회복지사는 컴퓨터, 전자메일, 팩시밀리, 전화, 전화응답기 또는 다른 전자나 컴퓨터 기술을 통해서 다른 관계자에게 전달된 정보의 비밀을 보장하며 유지하기 위해 예방조치를 취해야 한다. 신상정보의 공개는 가급적 피해야 한다.

ⓝ 사회복지사는 클라이언트의 기록의 이송이나 처리에 있어서 클라이언트의 비밀을 보호하면서 기록과 사회복지실천 자격에 관한 주 법령에 일치하는 방법을 취해야 한다.

ⓞ 사회복지사는 업무의 종료, 자격상실 또는 사망시에 클라이언트의 비밀이 보호될 수 있도록 적절한 사전조치를 취해야 한다.

ⓟ 사회복지사는 교육이나 훈련을 목적으로 클라이언트에 관하여 논의할 때 클라이언트가 비밀정보의 공개에 동의하지 않는 한 그의 신상정보를 공개해서는 안 된다.

ⓠ 사회복지사는 자문가와 함께 클라이언트에 관해 논의할 때 클라이언트가 비밀정보의 공개에 동의하지 않거나 또는 공개를 해야 할 강력한 필요가 없는 한 신상정보를 누설해서는 안 된다.

ⓡ 사회복지사는 사망한 클라이언트의 비밀도 앞에서 언급한 기준에 따라 보호해야 한다.

• 기타 관련 법령에서 비밀보장을 규정하고 있는 경우도 있다.

정신건강 증진 및 정신질환자 복지지원에 관한 법률 제71조(비밀누설의 금지) 정신질환자 또는 정신건강증진시설과 관련된 직무를 수행하고 있거나 수행하였던 사람은 그 직무의 수행과 관련하여 알게 된 다른 사람의 비밀을 누설하거나 공표하여서는 아니 된다.

의료법 제19조(정보 누설 금지) 의료인이나 의료기관 종사자는 이 법이나 다른 법령에 특별히 규정된 경우 외에는 의료·조산 또는 간호업무나 제17조에 따른 진단서·검안서·증명서 작성·교부 업무, 제18조에 따른 처방전 작성·교부 업무, 제21조에 따른 진료기록 열람·사본 교부 업무, 제22조 제2항에 따른 진료기록부등 보존 업무 및 제23조에 따른 전자의무기록 작성·보관·관리 업무를 하면서 알게 된 다른 사람의 정보를 누설하거나 발표하지 못한다.

3) 비밀보장의 원칙

비밀보장의 원칙과 관련된 윤리적 선택에서 검토되어야 할 점들이 있다. 먼저 클라이언트의 모든 정보는 비밀보장되어야 하는지의 여부이다. 만약 비밀보장이 제한되어야 한다면 이에 해당하는 경우로는 첫째, 사회복지사는 클라이언트의 사적 정보에 대한 비밀보장을 해야 하지만 정보내용이 자신과 타인에게 위해할 위험이 있을 경우에는 경고에 대한 책임이 있다. 둘째, 사회복지사는 클라이언트에 대한 정보를 타 전문직이나 동료와 공유해야 할 경우가 있다. 이때 반드시 어떤 정보를 누구에게, 어떤 이유로, 공개하는지에 대해 클라이언트로 하여금 고지된 동의를 얻어야 한다. 셋째, 법이 요구할 경우는 클라이언트의 동의 없이도 정보가 공개될 수 있다.

반면 특정정보에 관해서는 정보출처자의 동의가 없는 한 법정에서 그것을 밝히지 않아도 되는 비밀유지특권(Privileged Communication)이 있다. 그러나 이러한 특권이 적용되지 않는 경우는 다음과 같다. ① 클라이언트가 위험에 빠져 있거나 자신이나 타인을 해치고자 할 때, ② 자살 혹은 클라이언트의 생명을 위협하는 다른 심각한 위험이 있을 때, ③ 아동학대나 방임이 심각하게 의심될 때, ④ 법원으로부터 위임받아 획득한 정보일 때, ⑤ 법원이 특정 사회복지사에게 평가를 부탁했을 때, ⑥ 클라이언트가 범죄를 계획할 때, ⑦ 정신적, 심리적 장애 때문에 클라이언트가 입원이 필요하다고 정한 때, ⑧ 클라이언트가 사회복지사를 실천오류로 고소했을 때, ⑨ 아동의 이익을 최우선으로 고려해야 하는 아동보호 사례일 때, ⑩ 클라이언트가 이미 법정에서 비밀정보를 밝혔을 때, ⑪ 클라이언트가 사회복지사를 해치겠다고 위협할 때, ⑫ 사회복지사가 제공한 전문적 서비스에 대한 비용을 받기 위해 법원명령이 필요할 때이다(Loewenberg & Dolgoff, 1996).

비밀보장의 대상이 되는 정보의 범위는 사회복지사와 클라이언트 사이의 언어적 의사소통 내용만이 아니라 비언어적 의사소통 내용과 그에 대한 사회복지사의 전문적 판단까지 포함한다. 비밀보장의 의무기한은 사례가 종결되거나 클라이언트가 사망한 후에도 지속될 수 있으며 비밀보장의 의무는 항상 절대적인 것이 아니며 상황에 따라서 다른 가치가 우선시 되는 상황이 있을 수 있다. 또한 비밀보장의 의무는 특정한 상황에서 법에 의해 해지될 수 있다(Finn, 1992; Collingridge et al., 2001).

한편 클라이언트에 관한 정보가 많을수록 비밀보장을 해야 하는 정보도 많게 된다면, 사회복지사는 애써 많은 정보를 획득해야 할 필요가 있을까? 여기서 클라이언트에 관해서 수집되는 정보는 분량이 핵심이 아니라 필요한 정보의 정확한 수집이 관건이다. 불필요한 클라이언트의 사생활과 관련된 과도한 정보수집은 오히려 윤리적으로 전문성의 원칙에 위배된다고 볼 수 있다. 따라서 클라이언트가 사회복지사에게 의뢰한 문제와 무관한 클라이언트에 관한 민감한 정보의 수집은 바람직하지 않다.

4) 사회환경의 변화로 인한 비밀보장의 제한과 한계

최근 정보통신의 발전과 정보의 전산화로 인해 클라이언트 정보의 비밀보장이 현실적으로 어렵거나 위협받게 될 가능성이 많아졌다. 왜냐하면 클라이언트에 대한 개별 정보가 사회복지통합전산망, 정신보건정보시스템 등과 같은 전산망을 통해 공유되고 보관되기 때문에 클라이언트의 개인정보에 대한 접근성이 용이해지고, 공개적으로 유포될 위험성도 높아졌다. 또한 이메일이나 공용 팩스, 전화, SNS 등을 통해 클라이언트의 개인정보가 유출될 위험성도 높다. 한편 다문화 결혼이민여성이나 외국인 노동자들의 경우 통역서비스를 제공하는 제3자에게 클라이언트의 정보가 노출될 수밖에 없다. 따라서 클라이언트의 개인 정보를 취급함에 있어서 이전보다 보안에 더욱 민감하고 주의해야 할 환경이 되었다.

또한 공개된 장소나 공공장소 예를 들면 복도나 엘리베이터, 식당, 화장실 등에서 클라이언트에 관한 사적인 대화를 나누어서는 안 되며, 클라이언트의 사적인 정보가 노출되어서는 안 된다. 클라이언트에 대한 정보를 교육적인 목적의 슈퍼비전이나 자문 혹은 사례회의 등에서 다루게 될 때 배포되는 자료에도 클라이언트의 실명이 드러나거나 클라이언트가 누구인지 식별할 수 있는 정보들에 대해서는 가명이나 기타 조치를 한 후 참석자들에게 배포되어야 한다. 또한 독립된 별도의 면담실 공간이 마련되지 못하고 사무실 한켠에 위치해 있거나 상담 내용이 옆방에 다 들릴 정도로 방음이 안 되는 상담실 등 클라이언트 정보에 대한 비밀보장이 위협받는 경우, 개인정보 보호를 위한 적절한 물리적 환경의 구비도 필요하다.

5) 사례분석

◎ 사례 : 군대에서 자신을 괴롭힌 선임에 대한 살해충동을 고백한 클라이언트

o 사례개요 o

조현병(정신분열병)으로 치료를 받고 있는 모진해 군은 군복무시 선임으로부터 잦은 구타와 괴롭힘을 당하는 등 힘든 군대생활을 하였다. 그러한 스트레스가 요인이 되었는지 결국 군입대 1년만에 조현병(정신분열병)이 발병하여 군병원에 6개월간 입원하였고 의가사 제대하였다. 이후 복학도 미루고 지역정신건강증진센터에 다니면서 개별면담과 집단상담 등의 프로그램에 참여하고 있다. 모진해 군은 군대에서의 일들이 생각날 때마다 괴로워서 죽을 것 같고 내가 병이 나서 학교도 못 다니고 인생을 망치게 된 것은 모두 그 선임병 때문이라는 원망 때문에 그를 죽이고 싶은 충동이 하루에도 몇 번씩 든다고 한다. 그리고 선임의 집주소, 학교 등을 알아놓았다며 기회가 된다면 정말 자신이 충동적으로 그 사람을 죽이게 될 것 같다고 담당사례관리자에게 털어놓았다.

• 사례분석 •

☞ 본 사례에서 클라이언트의 비밀을 지킬 경우 발생할 수 있는 문제는 무엇인가?
제3자의 생명의 위험

☞ 반대로 클라이언트의 비밀보장의 원칙을 깨고 제3자에게 위험한 상황을 알린다면 발생할 수 있는 문제는 무엇인가?
클라이언트와의 신뢰관계에 치명적인 손상을 가져오게 되고 이는 결국 효과적인 치료에도 방해가 될 것이다.

참고자료 : 타라소프 사례(Tarasoff v. Board of Regents of the University of California, 1976)

캘리포니아대학교 학생건강서비스센터에서 포다는 무어라는 심리학자에게 상담을 받고 있었다. 포다는 무어에게 여자친구인 타라소프가 수학여행지인 브라질에서 돌아오면 죽이겠다고 말했다. 상담자 무어는 대학의 다른 상담자의 자문을 받아 포다가 위험인물이고 정신과병원에 입원하여 얼마간의 관찰을 해야 할 필요가 있다고 평가하였다. 무어는 곧 학교경찰에 보고했고, 학교경찰은 일단 처음에는 포다를 감금했으나 그가 매우 합리적으로 행동하고 타라소프에게 떨어져 있겠다고 약속했기 때문에 그를 놓아주었다. 그 후 포다는 센터에 나타나지 않았고 상담은 더이상 이루어지지 않았다. 타라소프와 그의 가족들은 이러한 잠재적인 위험에 대해 전혀 모르고 있었다. 타라소프가 브라질에서 돌아오자 포다는 그녀를 죽였다.

타라소프의 부모는 그러한 의도된 위협에 대해 부모에게 알리지 않은 것을 가지고 대학평의회와 상담자를 대상으로 법원에 제소하였고 1976년 캘리포니아 대법원에서 승소하였다. 승소내용은 의도된 폭력에 대해 경고하지 않은 것은 전문가들의 의무에 대한 무책임이었다. 법정은 치료자가 다른 사람의 일반적인 복지와 안전이 문제가 될 때에는 비밀유지를 파괴할 것을 요구하였다

• 사례에서 나타나는 윤리적 쟁점 •

☞ 비밀보장과 공공성의 원칙이 상충되는 사례이다.

☞ 클라이언트 입장에서 사회복지사가 자신의 비밀을 지켜줄 것이라고 생각하고 모든 것을 다 솔직하게 털어놓게 된다. 특히 정신보건사회복지 영역에서의 비밀보장과 사생활 보호는 더욱 엄격하게 다루어진다.

☞ 정신질환을 지닌 클라이언트의 사회적 위험성을 어떻게 객관적으로 평가할 것인가가 가장 핵심이다. 정신보건사회복지사 혼자서 결정하기보다는 팀회

의나 슈퍼비전을 통해 함께 판단하는 것이 바람직하다.

☞ 제3자가 위험에 처할 가능성이 확실하다면 비밀유지의 원칙을 깨고 제3자에게 경고하는 것이 바람직하다. 제3자가 누구인지, 소재지 등에 대한 정보가 없다면 경찰의 도움을 청하는 것도 고려해야 한다. 즉, 어떤 경우에 비밀을 보호하는 것보다 비밀보장을 위반하는 것이 바람직할 수도 있는지에 대한 충분한 논의와 검토가 필요하다.

◎ 사례 : 서비스 만족도 조사를 위한 사회복지관 이용자 명부의 요청

o 사례개요 o

두솔복지관은 3년마다 진행되는 사회복지시설 평가를 받게 되었다. 평가기관에서는 서비스 만족도 조사를 하기 위해서 이용자 명부를 모두 요구하였으며, 그 가운데 무작위로 선정하여 만족도 조사를 하게 된다.

• 사례분석 •

☞ 서비스 이용자의 동의 없이 이용자 명부를 주었을 경우 발생하는 윤리적 문제는 무엇이 있는지 토의해보자.

- 클라이언트 정보에 대한 비밀보장의 원칙이 위배된 사례. 개인 이용자의 전화번호 및 이용여부에 대한 정보가 공개되면서 개인의 사생활과 자율성을 침해받게 된다.
- 정보공개에 관한 동의를 확보하였는지의 여부에 따라 만약 동의하지 않은 이용자에 대한 명부는 제공하지 않아야 한다.

☞ 만약 이용자명부 요청을 거부하는 경우 발생하는 윤리적 문제는 무엇인가?

- 공공성의 원칙－중앙정부나 지자체에서 제공된 예산을 사용하여 프로그램을 진행하고 있다면 지원받은 예산이 적절하게 사용되어야 하는 책무성이 있고 이는 서비스 효과성 혹은 서비스 만족도를 통해 반영될 수 있다.

- 서비스 만족도 조사결과는 다시 기관에 반영되어 서비스 개선 및 제도적 보완을 가져올 수 있다면 개인정보의 침해를 감수하더라도 이용자 명부요청에 동의해 달라고 클라이언트에게 명분 있는 설득을 할 수 있다.

• 본 사례에서 나타나는 윤리적 쟁점 •

☞ 비밀보장과 공공성의 원칙이 충돌하는 사례이다.

☞ 기관 평가는 사회복지기관의 책무성을 확보하기 위한 일환으로 불가피하다. 따라서 클라이언트의 개인정보 및 기록에 대한 완전한 비밀보장을 확보하기는 현실적으로 어려울 수 있다. 그러므로 공공목적에 의해 불가피하게 비밀보장이 제한받을 수밖에 없는 상황들에 대한 정보공개의 동의절차가 반드시 확보되어야 한다. 특히 동의 확보 절차과정에서 사회복지사는 이용자에게 정보공개가 개인정보를 다소 침해하지만 궁극적으로는 서비스 만족도 조사를 통해 기관의 서비스가 향상되고, 좋은 평가는 더 많은 예산을 확보할 수 있는 등 이용자에게 유익한 결과가 돌아가게 되는 공공성의 원칙을 충분히 설명해야 한다.

◎ 사례 : 결혼이민여성을 위한 통역자원봉사자의 활용

o 사례개요 o

포야씨는 베트남출신의 결혼이민여성이다. 한국생활에 적응하기 위해 고민하다가 무지개 다문화지원센터에 찾아왔다. 한진솔 사회복지사는 포야씨가 한국말을 못하고, 영어 사용에도 어려움이 있어서 면담시 베트남 통역을 통해 대화를 하기로 하였다. 면담을 통해 포야씨의 결혼생활, 남편, 자녀들, 시부모님과의 관계 등 사적 정보들이 통역사를 통해 그대로 전달되었다. 통역을 하는 제3자는 클라이언트인 포야씨가 남들에게 드러내고 싶지 않았던 숨기고 싶은 이야기를 들을 수밖에 없었다.

• 사례분석 •

☞ 클라이언트의 욕구나 문제를 보다 정확하게 파악하기 위해서 통역서비스를 이용하였다. 그러나 이 점이 클라이언트 정보에 대한 비밀보장의 원칙을 어기게 되는 결과를 초래하게 되었다.

☞ 만약 통역서비스를 제공하지 않는다면 어떠한 문제가 발생하게 되는지 생각해보자.

정확하지 않은 한국말과 영어로 전달되는 정보로 인해 클라이언트의 욕구와 상황을 정확하게 사정하기 어렵다. 사정이 부정확하면 필요한 서비스와 적절한 자원의 연계도 진행되기 어려울 것이다.

☞ 이 사례와 같은 경우 비밀보장의 원칙을 어떻게 보호할 수 있을까?

클라이언트의 정보에 대한 비밀보호에 대해서 통역서비스 제공자에 대해서도 서면동의를 통해 비밀보장의 의무를 상기시키고, 클라이언트에게도 이러한 조처가 마련되어 있음을 알려야 한다. 혹은 통역자로 포야씨의 친구나 주변 인물들로 포야씨의 사정을 잘 알고 있는 사람을 포야씨의 동의를 받아 활용하는 방법도 고려해 본다.

• 본 사례에서 나타나는 윤리적 쟁점 •

☞ 비밀보장의 원칙과 온정주의적 개입이 상충하는 사례이다.

☞ 비밀보장을 최대한 보장하는 온정주의적 개입방안을 모색해야 한다.

☞ 다문화 클라이언트나 외국인 노동자들의 욕구사정 및 클라이언트의 상황을 정확하게 파악하기 위해서 통역서비스를 제공하는 것이 바람직하다. 의사소통의 어려움이 있는 대상자들에게 적절한 의사소통 기회를 제공하지 않는 것은 알 권리 및 고지된 동의의 가치를 침해하게 된다.

☞ 통역서비스 이외에 복지관 프로그램 등에 대한 안내책자 등도 번역되어 제공되어야 한다.

◎ 사례 : 사례관리 대상자에 대한 이웃 및 지역 지도자들과의 협력

o 사례개요 o

이진진 씨와 손신신 부부는 공공사례관리사업의 대상자로 발굴된 사례이다. 사례관리자 김선해 사회복지사의 욕구조사에 의하면 부부가 사는 집 입구에서부터 쓰레기더미가 가득했으며 방안에서 한쪽에는 고양이와 개가 함께 거주하는 등 즉각 청소와 소독이 필요할 정도의 열악한 주거환경이었다. 또한 이진진 씨는 알코올 남용문제, 손신신 씨는 정신질환을 가지고 있는 것으로 의심될 정도의 행동들이 관찰되는 등 정확한 진단과 평가가 필요한 상태였다. 손신신 씨는 지나가는 이웃들에게 욕설과 쓰레기를 던지는 등의 행동으로 인해 이웃의 민원도 자주 제기되고 있으며, 그동안 집주변에 쓰레기를 방치하거나 소소한 일로 이웃을 의심하는 등 그동안 주변 이웃들과 갈등이 많아서 거의 고립된 상태로 방치되어 있는 가정이었다. 가족이나 보호자가 될 만한 친인척도 전혀 없었다. 김선해 사회복지사는 서비스를 진행하기 위한 자원체계로 해당 지역의 이장 및 부녀회장 등을 만나서 대상자들의 상황과 문제점들을 논의하고 협조를 요청하였다.

• 사례분석 •

☞ 공공사례관리에서 지역민간자원을 개발한다는 차원에서 대상자가 거주하는 지역의 통반장 혹은 이장 및 면장, 부녀회장 등의 지역지도자, 혹은 클라이언트의 이웃에게 문제해결의 협조를 요청하기 위해 클라이언트의 정보를 공개하는 경우 발생하는 윤리적 문제에 대해서 생각해보자.

공공기관이 지닌 권력과 선의의 목적이라는 이유로 클라이언트의 정보에 대한 비밀보장이 간과되는 경우가 발생하기 쉽다.

☞ 클라이언트에 대한 정보를 고지된 동의 없이 공개할 수 있는가?

☞ 클라이언트가 원하지 않을 경우 진단 및 치료를 강제할 수 있는가?

정신건강 증진 및 정신질환자 복지지원에 관한 법률에 의하면(41~44조) 자의입원, 동의입원, 보호의무자에 의한 입원, 특별자치시장, 특별자치도지사, 시장·군수·구청장에 의한 입원이 있다. 정신질환자가 정신의료기관 등에서 입원치료 또는 요양을 받을 만한 정도 또는 성질의 정신질환을 앓고 있는 경우, 정신질환자 자신의 건강 또는 안전이나 다른 사람에게 해를 끼칠 위험이 있어 입원 등을 할 필요가 있는 경우 본인의 의사와 상관없이 일정기간 입원치료가 가능하다.

☞ 마찬가지로 클라이언트가 원하지 않아도 주거환경개선을 위해 쓰레기를 치우고 집안을 청소할 수 있는가? 클라이언트로 인해 주변 지역주민들이 악취나 질병의 위험에 노출된다면 어떻게 해야 하는가?

• 사례에서 나타나는 윤리적 쟁점 •

☞ 클라이언트의 비밀보장과 공공성의 원칙이 상충되는 사례이다.
선의의 목적으로 클라이언트의 동의 없이 정보를 이웃 및 지역지도자들과 공유한 점에서 비밀보장을 침해하였지만 클라이언트들의 자기결정능력이 의심되고 자신뿐 아니라 이웃이나 지역사회에 미치는 해로운 영향을 고려할 때 공공성의 원칙을 고려하지 않을 수 없다.

☞ 본 사례가 클라이언트의 의사에 반하는 온정주의적 개입을 하는 것이 정당화되는 기준에 부합하는지 검토해야 한다.

8 전문가 역할 및 기능 관련 윤리적 쟁점

1. 사회복지실천 기록

1) 사회복지기록의 개념

기록(recording)은 사회복지실천에서 매우 중요한 부분이다. 사회복지기록은 사회복지사가 클라이언트와 사회복지실천을 진행하기 위해 수집된 정보에 대한 기록, 이를 바탕으로 한 사정, 서비스 계획 및 진행 그리고 평가 등 클라이언트에게 제공하는 서비스의 전 과정에 관한 정보의 문서화를 의미한다.

사회복지기록은 다양한 목적으로 활용된다. 클라이언트에 대한 기본적인 정보 및 욕구 확인, 서비스 내용의 보고, 사례의 지속성 유지, 전문가 간 의사소통의 원활화, 클라이언트와 정보 공유, 슈퍼비전, 자문, 서비스의 과정과 효과의 점검(모니터링), 학생과 다른 전문가들에 대한 교육, 행정적 과업을 위한 자료제공, 조사연구를 위한 자료제공 등의 목적으로 활용된다. 또한 개별 사회복지 기록문서들은 해당 클라이언트를 위한 서비스를 계획, 실행하고 평가하는데 사용한다.

사회복지기록은 임상적 기능과 행정적 기능을 지니는데 사회복지실천이 어떻게 계획되고 실행되며 이를 통해 클라이언트의 삶에서 만들어지는 변화들에 관한 구체적인 내용들, 다양한 전문직들의 논의가 반영한 사례회의기록 등은 임상적 기능에 해당한다. 또한 행정적 기능으로 클라이언트, 조직, 전문직에 대한 책무성(accountability)이 초점이 된다. 오늘날 사회복지실천에서 책무성에 대한 요구가 증가함에 따라 서비스의 효과성 및 효율성의 평가, 적절하고 투명한 예산관리 등 책무성을 평가하는데 사회복지기록이 활용되고 있다.

2) 사회복지기록의 원칙

(1) 비밀보장의 원칙

사회복지사는 클라이언트의 사적 권리를 존중하며 모든 정보에 대해 비밀을 유지해야 한다. 그러나 클라이언트가 정보노출을 허락할 때, 서비스 전달을 위해 필요할 때 개인정보를 기관 내에서 공개할 수 있으며 법적 요구 때문에 또는 클라이언트와 제3자를 보호하기 위해서 필수적일 때 외부에 공개할 수 있다.

(2) 요약의 원칙

클라이언트가 받고 있는 서비스와 관련된 정보만을 기록하며 상관없는 개인정보는 기록해서는 안 된다. 클라이언트의 욕구 및 상황파악이라는 미명 아래 불필요한 정보 및 과다한 정보의 수집이 광범위하게 이루어지고 이러한 정보수집이 적절한 것으로 오해하는 관행들이 실천현장에서 묵인되고 있다. 그러나 현재 클라이언트가 처한 문제과 관련이 없는 과도한 개인정보수집은 바람직하지 않으며 반드시 필요한 정보만이 잘 요약되어 기록되어야 한다. 또한 클라이언트에 관한 중요한 정보가 제3자나 타인에게 공개되었을 경우 치명적인 결과를 초래할 수 있는 민감한 내용들은 신중히 다루고 클라이언트의 인권을 고려하여 오히려 간략하게 담당자들이 알 수 있을 정도로만 정보를 기록하는 것이 바람직하다. 예를 들어 성폭행이나 부적절한 관계, 비밀 입양의 사실 등 개인정보 보호가 필요한 민감한 정보에 대해서는 지나치게 자세하고 구체적으로 기술하는 것은 바람직하지 않다.

(3) 정보 접근성의 원칙

무슨 정보가 어떻게 기록되었는지 클라이언트가 볼 수 있는 권리가 있으나 정보 공개 시에는 심사숙고해야 한다. 기록에는 클라이언트뿐 아니라 가족, 주변사람들 및 관련 기관의 견해 및 사회복지사의 전문적 평가 및 의견도 기술되어 있다. 또한 집단 프로그램 참여기록 같은 경우는 클라이언트 외에 그 회기에 참석한 모든 클라이언트에 대한 정보도 함께 기록에 포함되어 있어서 다른 개인의 정보가 노출될 수 있다. 따라서 클라이언트의 요청이라고 하더라도 기록의 전부를 공개하는데 신중한 검토와 논의가 있어야 한다.

특히 사회복지기록이나 기록방법이 전산화된 정보시스템을 통해 기록되고 자료가 정리되는 추세에 따라 폭넓은 대상들이 사회복지기록에 대한 접근이 가능해졌다. 이러한 정보의 전산처리는 한번 입력되면 수정하거나 삭제하는 것도 용이하지 않다. 따라서 이러한 점을 염두에 두고 사회복지기록 시 다소 방어적으로 기록하는 노력도 필요하다.

(4) 익명성의 원칙

사회복지기록을 공개할 시 클라이언트에 대해 익명으로 처리해야 한다. 설사 교육이나 훈련의 목적 혹은 사례회의 등 관련 기관이나 담당자들 간의 의견수렴을 위한 공개라고 할지라도 기록을 공개할 경우 누구인지 알 수 있을 만한 정보 내용은 노출되지 않도록 각별히 신경써야 한다.

3) 사회복지기록과 윤리적 문제

사회복지기록과 관련하여 발생할 수 있는 윤리적 문제는 크게 두 가지 주제로 생각해 볼 수 있다. 첫째, 기록을 누구까지 공유할 것인가? 즉 기록의 공개범위와 관련된 문제이다. 둘째, 어디까지 어떻게 기록할 것인가에 관한 기록의 내용 및 범위의 문제이다.

(1) 사회복지기록의 공개

클라이언트에 관한 기록의 공개는 제한적으로 가능하다. 첫째, 기록 공개에 대한 대상자의 동의가 확보되었을 경우, 둘째 법적으로 의무적 공개가 요청되는 경우, 셋째, 사회복지서비스의 평가 목적으로 활용되는 경우, 넷째, 사례회의 등의 다학제 간, 전문가들 간의 사례에 대한 논의가 필요한 경우, 다섯째, 교육 및 훈련의 목적에 해당하는 경우로 슈퍼비전이나 학생실습, 수련이나 사회복지사 인턴 교육 등에 활용되는 경우가 해당한다.

따라서 사회복지실천의 초기 단계에서 클라이언트로 하여금 상기의 목적에 의해 정보공개가 될 수 있음을 고지하고 정보공개에 대한 동의를 문서로 확보하는 절차를 밟아야 한다. 또한 교육 및 훈련의 목적으로 사례를 논의하는 경우에 클라이언트의 사전 동의에 의한 공개라고 하더라도 클라이언트가 누구인지 알 수 있는 개인신상정보가 공개되어서는 안 될 것이며 이를 위해 이름이나 직장명, 학교명 및 소속기관, 거주지 등에 대한 개인정보는 가명이나 이니셜로 처리되어야 한다.

사회복지기록의 공개가 불가피하게 이루어질 수밖에 없는 경우를 고려할 때 기록의 공개에 대한 클라이언트의 동의도 중요하지만 또한 기록 공개 후 공개된 기록을 본 참여자들에 대한 철저한 사후 관리지침 역시 중요하다. 즉, 참여자들을 대상으로 공개된 기록이 다른 장소나 다른 사람들에게 절대 공개되어서는 안 되는 비밀보장의 의무에 대한 확인이 필요하다. 이를 위해서는 비밀보장에 대한 강조와 약속을 받아내는 서면상의 절차에 해당하는 서면 서약과 같은 절차가 진행되는 것이 바람직할 것이다. 또한 해당 교육 및 회의 이후에 배포된 자료나 기록물에 대한 회수나 폐기가 엄격하게 이루어져서 클라이언트에 대한 개인정보나 사생활이 기록된 문서들이 외부에 유출되지 않도록 철저하게 관리해야 한다.

(2) 클라이언트가 자신의 사례기록에 대해 볼 권리를 요청할 경우

미국의 사회복지사윤리강령(NASW, 2008)은 클라이언트가 자신과 관련된 사회복지기록을 보고자 할 때 이를 허용하는 것을 다음과 같이 규정하고 있다.

1.08 기록에의 접근

ⓐ 사회복지사는 클라이언트가 자신에 관한 기록에 적절하게 접근할 수 있도록 해야 한다. 기록에 대한 클라이언트의 접근이 심각한 오해를 일으키거나, 클라이언트에게 위해를 끼칠 우려가 있을 경우에는 기록을 설명하거나 기록에 관해 조언을 해 주어야 한다. 사회복지사는 기록에 대한 접근이 클라이언트 자신에게 심각한 위해가 될 것이라는 강력한 증거가 있는 예외적인 경우에만 기록 전체 혹은 일부에 대한 클라이언트의 접근을 제한해야 한다. 클라이언트의 요구와 기록의 전부 혹은 일부에의 접근을 제한한 합리적 이유를 클라이언트의 서류철에 기록해야 한다.

ⓑ 클라이언트에게 자신의 기록을 보여줄 때에는 사회복지사는 그 기록 속에 언급되거나 논의되고 있는 다른 개인들의 비밀을 보호할 수단을 강구해야 한다.

사회복지사는 클라이언트에게 기록을 공개할 의무가 있으며 클라이언트는 자신의 사례기록을 읽어볼 수 있는 권리가 있다. 그러나 자신의 사회복지기록에 대한 클라이언트의 접근에 대한 찬반의 의견은 팽팽하다(Gambrill & Pruger, 1997).

먼저 찬성하는 입장에서는 클라이언트 기록의 소유자는 클라이언트의 이익에 관심을 가진 클라이언트 자신이기 때문에 자신의 기록을 자신이 보는 것은 당연한 권리라고 주장한다. 한편 반대하는 입장에서는 사회복지기록은 사례의 지속성을 유지하고 클라이언트의 변화 및 개선을 파악하는데 목적이 있기 때문에 클라이언트가 자신의 기록에 접근하는 것은 긍정적인 효과보다는 부정적인 영향이 많을 것이라고 생각한다. 특히 클라이언트에 대한 부정적인 평가나 내용이 포함되어 있는 경우 클라이언트가 그 기록을 접하게 되면 낙담하거나 사례관리자에 대한 불신감을 증가시키고, 관계를 악화시킬 위험성도 다분히 존재한다. 또한 적절한 근거나 관찰을 통해 평가된 내용이라고 하더라도 만약 클라이언트가 이의를 제기하거나 최악의 경우 이것을 문제삼아 소송을 제기하게 된다면 불필요한 시간과 비용을 낭비하게 되는 일도 발생하게 된다. 또한 사회복지기록은 시간이 경과함에 따라 점차적으로 진행되는 기록이기 때문에 초기의 기록은 다소 부정확할 수 있다. 초기의 기록은 여러 가지 가능성을 두고 상황이나 문제해결방법에 대한 다양한 평가를 하는 단계일 수 있는데 이러한 기록에 클라이언트의 접근을 허용하는 것은 이점보다는 위험성이 더 많을 수도 있다. 따라서 클라이언트가 자신의 사회복지기록에 접근하는 것에 대한 이익과 불이익을 고려해야 한다. 먼저 자신의 기록을 요청하는 클라이언트의 목적과 건강상태, 특히 정신건강상태 등을 고려하여 득실을 따져보고 기록의 공개를 결정해야 할 것이다. 클라이언트 자신의 기록에 대해서 볼 권리를 허용할 경우, 침해 받을 수 있는 제3자의 정보에 대한 비밀보장에 대해서 고려해야 한다. 예를 들어 지역사회재활기관을 이용하는 정신장애인의 사례기록에는 주치의의 견해나 가족들의 의견, 담당 사회복지사의 정보 등 제3자에 대한 정보가 함께 담겨져 있다. 또한 집단프로그램 기록의 경우 함께 참여한 다른 클라이언트에 관한 기록도 포함되어 있다. 이러한 정보들은 비밀보장의 원칙하에 수집된 정보들이기 때문에 단순히 해당 클라이언트만의 정보라고 할 수 없다.

한편 사회복지기록의 초기 단계부터 클라이언트와 함께 기록을 작성하며 검토하는 방법을 활용한다면 잘못된 기록을 정정할 수도 있고 클라이언트가 자신의 상황을 잘 이해시키기 위해 보다 많은 정보를 제공할 수 있어서 효과적이다.

(3) 어디까지 기록할 것인가의 문제

사회사업기록에 포함되는 요소들로는 클라이언트의 특성이나 서비스를 개시하는 방법과 사유, 현재와 과거의 클라이언트 상황에 대한 기술, 자원과 제약, 사정, 서비스에 영향을 미치는 결정들, 서비스 목적, 계획, 특성에 관한 내용, 중간평가 및 서비스 재검토, 서비스 종결의 방법과 사유, 서비스 활동과 결과에 대한 요약 등으로 되어 있다.

특히 사정의 단계에서 수집된 정보들은 클라이언트에 관한 민감하고 개별적인 내용으로 보호되어야 할 사적인 내용이 대부분이다. 사회의 어떤 기관보다 사회복지기관들은 개인과 가족에 대한 많은 정보를 가지고 있다(Gambrill & Pruger, 1997). 개인의 성장과정에 관한 개인력에서부터 병력, 직업력, 소득을 포함한 경제상태 그리고 가족관계를 포함한 가족력, 사회복지서비스 이용 이력 등 같은 개별적인 정보들에 대한 기록들이 대다수이기 때문에 기록에 대한 비밀보장, 정보유출의 위험성 및 정보공개의 문제에 대해 신중하게 고려해야 한다. 따라서 수집된 정보를 기록할 때 사실을 왜곡할 필요는 없지만 현재의 문제와 직접적으로 관련이 없는 클라이언트의 개인정보에 대한 기록에 신중할 필요가 있다. 또한 중요한 정보라고 하더라도 사실의 정황 등에 대한 자세한 기술을 할 경우 어느 정도까지 기술할 것인지에 대한 검토도 필요하다. 예를 들어 참담하고 충격적인 사건을 경험한 클라이언트의 경우 사건의 사실을 기술하는 것 외에 그 정황까지 자세하게 기술할 필요가 있는지, 클라이언트 입장에서 생각해보고 기록해야 할 것이다. 아무리 사회복지서비스 제공을 위한 기록이었다 하더라도 클라이언트의 정보가 타인에게 노출되었을 경우 개인적으로 가족 간에, 직장생활을 포함하여 사회생활에 중대한 위협이 될 수 있는 정보나 고용, 보험, 교육, 신용 등에 불이익이 되는 정보를 기록함에 있어서 신중해야 한다. 개인정보보호법(2012. 3. 23 발효)에서도 제23조에 다음과 같이 규정하고 있다.

제23조(민감정보의 처리 제한) 개인정보처리자는 사상·신념, 노동조합·정당의 가입·탈퇴, 정치적 견해, 건강, 성생활 등에 관한 정보, 그 밖에 정보주체의 사생활을 현저히 침해할 우려가 있는 개인정보로서 대통령령으로 정하는 정보(이하 "민감정보"라 한다)를 처리하여서는 아니된다. 다만, 다음 각 호의 어느 하나에 해당하는 경우에는 그러하지 아니하다.

1. 정보주체에게 제15조 제2항 각 호 또는 제17조 제2항 각 호의 사항을 알리고, 다른 개인정보의 처리에 대한 동의와 별도로 동의를 받은 경우
2. 법령에서 민감 정보의 처리를 요구하거나 허용하는 경우

따라서 사회복지기록에서 제외되어야 할 정보들을 위한 지침은 다음과 같다(Kagle & Kopels, 2008; 홍순혜, 한인영 역, 2010) 첫째, 흥미롭지만 서비스 목적과 직접적으로 관련이 없는 정보는 기록해서는 안 된다. 둘째, 사회복지사의 추측이나 짐작 등 가설에 머문 정보는 기록하지 않는다. 사회복지사의 실천을 위한 결정과 행동에 근거가 되는 정보만이 문서화되어야 한다. 셋째, 실천가의 판단적인 내용이나 클라이언트 및 관련된 사람들을 폄하하는 내용도 기록하지 않는 것이 바람직하다.

(4) 사회복지기록의 보관 및 보완

① 기록의 보관연한

사회복지기록은 정해진 연한까지 보관해야 하며 그 기록에 대한 접근권한에 대해서 기관별 엄격한 내부규정이 마련되어 있어야 한다. 또한 보관기간이 넘은 사회복지기록에 대해서는 폐기해야 한다. 주요 사회복지기록의 정해진 연한은 다음과 같다.

기록종류	보관 및 비치기간
• 시설의 연혁에 관한 기록부	영구
• 재산목록관련 기록	영구
• 인사기록부	영구
• 입소·이용자의 명단, 생활상태, 진료, 투약, 생활·작업 훈련 내용에 관한 서류	10년
• 예산 및 물품관련 서류	5년
• 직업훈련을 실시하는 경우, 임금대장, 자재출납부, 제품출납부, 제품매출대장	5년
• 시설운영일지 및 관계 서류	3년
• 보고서철 및 관계 행정기관과의 수발문서철, 각종 회의기록부	3년
• 소속법인의 정관, 직원의 인사복무, 시설운영에 관한 규정 등 관계서류	3년

의료법에 따라 진료기록부, 진단서, 처방전 등에 주민등록번호 등 개인정보를 사용하도록 하고 있으며 일정기간(환자정보 5년, 진료기록 10년) 보관하도록 의무화하고 있다(의료법 제22조). 의료법에 명시된 보존기간이 지난 개인정보는 원칙적으로 폐기해야 한다. 환자의 개인정보를 폐기해야 하는 시점(진료기록이 최종 작성된 후 10년 경과) 이후에도 개인정보를 계속 보관하려면 정보주체로부터 별도의 동의가 필요하다.

② 기록의 보관 및 보안

클라이언트의 사생활과 비밀보장을 위해서 사회복지사와 해당 기관은 관련 기록을 안전하게 보관해야만 한다. 특히 최근 사회복지기록이 대부분 전자기록화되기 때문에 더욱 개인정보의 보호 및 유출에 대해서 경계해야 한다.

보안은 행정정책과 절차, 물리적이고 기술적인 보호시스템을 통해 사적 권리를 보호하는 것으로 기록에 대한 정당하지 않은 접근을 막고 승인받지 않은 개인정보의 유출을 예방한다(Kagle & Kopels, 2008; 홍순혜·한인영 역, 2010). 사회복지기록에 대한 접근을 권한에 따라 제한하는 기술적 보완절차도 마련되어야 하며 기관에서 사용하던 오래된 컴퓨터 폐기 시에도 하드에 저장되어 있는 클라이언트 관련문서에 대해서 삭제하는 등의 물리적 보완절차도 필요하다. 또한 사무실과 같은 공용장소에서 클라이언트에 관한 기록을 개인컴퓨터로 작성하던 중 기록을 그대로 띄워 놓고 자리를 비우거나 책상이 다른 사람들의 눈에 띄는 곳에 두는 등 부주의 해서는 안 될 것이다. 클라이언트 기록을 공용메일로 전송하거나 여러 사람이 함께 사용하는 사무실의 팩스로 전송할 경우, 개인정보 유출의 위험성에 대한 민감성을 가지고 세심한 보안조치가 필요하다. 사회복지기록의 보관장소 및 보관상태, 누가 정보에 접근했는지에 대한 기록 등에 대해서도 기관의 규정과 지침이 마련되어야 한다.

(5) 윤리강령에 나타난 사회복지기록

한국사회복지사 윤리강령

- 한국의 윤리강령에 의하면, 사회복지사는 문서·사진·컴퓨터 파일 등의 형태로 된 클라이언트의 정보에 대해 비밀보장의 한계·정보를 얻어야 하는 목적 및 활용에 대해 구체적으로 알려야 하며, 정보 공개 시에는 동의를 얻어야 한다.

- NASW의 윤리강령

3.04 클라이언트의 기록

(a) 사회복지사는 기록상의 기술이 정확하며 제공된 서비스가 그대로 반영되어 있다는 것을 보증하기 위해 합리적 수단을 강구해야 한다.

(b) 사회복지사는 서비스의 전달을 용이하게 하고 미래의 클라이언트에게 제공될 서비스의 연속성을 보장하기 위해 충분하고 적시적인 자료를 기록에 포함시켜야 한다.

(c) 사회복지사의 문서자료는 가능한 한 적절하게 클라이언트의 프라이버시를 보호해야 하며 서비스 전달에 직접적으로 관련되는 정보만을 포함해야 한다.

(d) 사회복지사는 서비스 종결 이후에도 미래의 적절한 접근을 보장하기 위해 기록을 보관해야 한다. 기록은 주 법이나 관련 계약서에 명시된 기간 동안 보존해야 한다.

4) 사례분석

◎ 사례 :

o 사례개요 o

강미미 사회복지사는 행복복지관의 재가복지담당사회복지사이다. 최근 신규사례로 발굴된 도라지 씨 가족에 대해서 초기 면접 및 사정과정을 거쳐 서비스 계획을 수립하는 중이다. 도라지 씨 가족은 도라지 씨와 노동현장에서 사고로 신체장애를 입고 노동능력을 상실하여 세상을 비관하며 날마다 술로 세월을 보내고, 종종 가정폭력과 아내에 대한 의처증을 보이는 남편 허상실 씨와 중 1, 중 3에 재학 중인 두 아들과 식당보조로 근근히 살아가고 있다. 최근 도라지 씨가 신장질환이 발병하여 그나마 식당보조일도 꾸준히 하기 어려운 상태에서 의뢰된 사례로 도라지 씨에 대한 기록을 작성하던 중이었다. 마침 복지관에 자원봉사 온 중학생 신기해 군을 업무보조로 받아 사무실에서 재가가정에 배달할 후원물품을 정리시키던 중이었다. 이때 클라이언트의 갑작스런 방문으로 도라지 씨에 대한 정보를 기록하던 컴퓨터를 그대로 두고 상담실로 향했다. 신기해 군이 우연히 강미미 사회복지사 책상에서 문구류를 찾다가 같은 학교 동급생의 가정에 대한 내용임을 알아보게 되었다. 학교와 학년, 성명들이 기록되어 있었기 때문에 신기해 군은 동급생에 관한 내용임을 단번에 알아볼 수 있었다.

• 사례분석 •

☞ 클라이언트의 기록 관리에 관련해서 사회복지사들이 민감하지 못한 경우들을 흔히 발견할 수 있다. 클라이언트의 신상정보 및 개인의 사생활과 관련된 정보들을 기록할 때 그러한 정보가 제3자에게 유출되지 않도록 어떤 노력들이 필요하다고 생각하는가?

공공의 목적이라고 하더라도 다수가 근무하는 사무실에서 클라이언트의 개인 사생활 내용이 작성된 문서를 팩스나 메일로 보낼 때의 위험성은 없는지? 기록을 작성하다가 잠시 자리를 떠나야 할 경우 필요한 조치를 하는지? 작성하던 기록물을 폐기할 때 문서분쇄기 등을 활용한 철저한 관리를 하고 있는지? 사용하던 컴퓨터를 폐기할 때 저장된 자료는 어떻게 처리하는지 점검해 보자.

• 사례에서 나타난 윤리적 쟁점 •

☞ 사회복지사의 부주의로 인한 개인정보유출-비밀보장의 원칙에 위배되는 사례

2. 실천가의 전문성

1) 전문가는 누구인가?

전문가의 가치는 개인의 가치와 다른 것이다. Loewenberg & Dolgoff (1995)에 의하면 사회복지실천 전문가의 중심가치는 다음과 같다. 사회복지의 전문적 관계는 개인존중과 인간존엄을 바탕으로 구축되며 클라이언트의 참여, 클라이언트의 자기존중과 수용, 비밀보장, 정직성, 갈등을 다루는 책임성 등의 가치에 의해 전문적 관계가 증진된다. 사회복지사는 클라이언트의 선택, 서비스 계약, 원조과정에 참여할 권리를 존중하고 사회제도가 보다 인본주의적이며 인간의 요구에 반응할 수 있도록 기여한다. 사회복지사는 다양한 집단들이 가진 고유한 특성을 존중하고 수용하는데 앞장선다. 사회복지사는 질높은 실천을 위해서 전문적 지식과 기술을 끊임없이 연마하고 유지하기 위해서 자신의 윤리적 행동에 책임져야 한다.

전문성의 핵심가치는 역량(competence)으로서 적절한 지식과 기술을 갖추는 것이 필수적이다. 그러나 전문적으로 행동한다는 것은 단순히 기술이나 역량 혹은 철저함만을 의미하는 것 이상의 의미를 지닌다. 전문가는 전문직으로서 해야 할 역할–계약한 업무들을 적절히 수행해야 하며, 전문가로서의 역할과 개인적 감정들이 갈등을 일으킬 경우 사적인 감정을 분리할 수 있어야 한다(Beckett & Maynard, 2005).

다음은 사회복지사들이 하기 쉬운 비전문적 행동들(nonprofessional behaviors)의 예이다(Beckett & Maynard, 2005).

- 보상이 많이 주어지는 특정 사례에 더 많은 시간을 할애하는 경우
- 서비스 이용자를 화나게 하거나 상처 입히는 것을 피하기 위해 전달하기 어려운 메시지를 희석시키거나 서비스 이용자들을 도전하도록 하는데 실패하는 경우
- 자신 역시 클라이언트와 같은 사람이라는 것을 드러내는 한 방법으로 서비

스 이용자에게 자신의 개인적인 문제를 꺼내놓는 경우

- 소속기관에 대항하여 클라이언트와 공모하는 행동들
- 자신이 결정해야 할 판단을 서비스 이용자나 힘이 있거나 두려워하는 전문가에 의해 영향받는 것
- 자신의 유능감을 과시하기 위해 실제로 해줄 수 있는 것보다 많은 서비스를 약속하는 행동
- 서비스 이용자로부터 감사를 받기 위해서 실제로 서비스 이용자가 할 수 있는 일들에 대해서도 개입하는 것
- 자신이 싫어하는 행동을 하는 서비스 이용자에 대한 처벌적인 태도를 취하는 것
- 자신의 업무에 대해서 비판적이거나 무시하는 서비스 이용자에 대해서 처벌적인 태도를 취하는 것
- 자신의 인기를 유지하기 위해서 비전문적 행동을 하는 다른 전문가들에 대해서 모른 척하는 태도를 보이는 것
- 전문가들은 상시 자신들의 행동이 전문가로서의 가치에 위배되지 않는지 철저한 자기점검이 필요하다.

2) 전문성의 확보

전문성의 확보를 위해서는 무엇보다 적합한 자격을 지닌 전문성을 갖춘 사람에 의한 실천이어야 한다. 사회복지사가 담당하게 되는 사례나 업무에 전문성을 갖추기 위해서는 사회복지사 자격 외에도 해당 분야의 전문성을 증명할 수 있는 관련 자격이나 교육 및 훈련이 필요하다. 또한 전문성을 확보하는 노력의 일환으로 슈퍼비전 체계를 갖추는 것도 필수적이다. 사례에 대한 슈퍼비전과 사례회의 그리고 보수교육의 참여 등은 전문성 향상에 필수적이다. 사회복지사를 위한 슈퍼

비전과 교육, 훈련의 기회가 제공되지 않는다면 결국 서비스의 질 향상이라는 측면에서 클라이언트에 지장을 주는 결과가 초래된다. 만약 적정 자격을 갖추지 못한 사회복지사에 의해 개입이 이루어진다면 비윤리적이라고 평가받아야 마땅하다. 전문 자격을 소지해야 가능한 치료기법이나 검사 등을 시행한다면 이 또한 비윤리적 실천이라고 할 수 있다.

사회복지사가 클라이언트를 위한 개입을 할 경우, 그 클라이언트를 위한 최선의 결정이며 그 결정을 위해 최선의 근거를 활용했는가를 점검해 보아야 한다. 이를 위해 증거기반실천(EBP : Evidence Based Practice)의 접근방법을 사용하는 노력이 필요하다. 사회복지사들은 과학적인 근거를 찾기보다는 직관적인 방법이나 체계적이지 못한 임상경험 및 이론들에 의존하는 경우들이 많다. 그러다보니 실천과오로 인한 소송건수가 점차 증가하고, 사회복지실천에서 점차 개입의 효과성을 증진시키고, 전문가에 대한 신뢰감을 강화하는 과학적인 증거의 필요성이 강조되고 있다(Howard et al., 2003). 증거기반실천이란 클라이언트에게 가장 적합한 개입을 위해 체계적 연구를 통해서 입증된 활용가능한 최선의 근거를 이용하여 의사결정하는 것을 말한다.

3) 윤리강령에서 제시하고 있는 전문성

한국사회복지사 윤리강령

전문성 개발을 위한 노력

- 사회복지사는 클라이언트에게 최상의 서비스를 제공하기 위해, 지식과 기술을 개발하는데 최선을 다하며 이를 활용하고 전파할 책임이 있다.
- 사회복지사는 전문성을 개발하기 위해 노력하되, 이를 이유로 서비스의 제공을 소홀히 해서는 안 된다.
- 사회복지사는 한국사회복지사협회 등이 실시하는 제반교육에 적극 참여하여야 한다.

• NASW의 윤리강령

1.04 역량

ⓐ 사회복지사는 자기가 받은 교육, 훈련, 면허, 자격, 자문을 받은 경험, 슈퍼비전을 받은 경험 또는 다른 관련된 전문직 경험의 범위 안에서만 서비스를 제공하고 자신이 전문성을 가지고 있다고 말할 수 있다.

ⓑ 사회복지사가 새로운 개입기술이나 접근법을 이용하여 서비스를 제공하기 위해서는 개입이나 기술에 전문성을 가진 사람들로부터 적절한 교육, 훈련, 자문, 슈퍼비전을 받은 후에만 실질적인 영역에서 서비스를 제공할 수 있다.

ⓒ 새로운 실천영역에서 일반적으로 인정되는 기준이 존재하지 않을 경우 사회복지사는 신중한 판단을 내려야 하며 업무능력을 확인하고 클라이언트를 위험으로부터 보호하기 위한 책임있는 조치(적절한 교육, 연구, 훈련, 자문, 슈퍼비전)를 취해야 한다.

4) 사례분석

◎ 사례 : 가능한 많은 서비스를 제공하는 것이 전문적인가?

○ 사례개요 ○

정샘물 사회복지사는 D군의 사회복지직공무원이다. 진선미 씨 가족에 대해 사례관리를 진행하고 있는데 사례관리의 목적은 진선미 씨 가족의 전반적인 생활기능 향상 및 진선미 씨가 어머니로서의 양육기술을 증진하여 자녀들에게 안정된 양육환경을 제공하는 것이다. 다양한 서비스가 진행되었고 진선미 씨가 조금씩 변화의 조짐도 보이고 있어서 고무적인 사례로 긍정적인 평가를 받고 있다. 한편 진선미 씨 가족에게 필요한 서비스들은 현재의 지역 내에서 제공되기 어려운 가족 상담 서비스, 알코올 상담서비스 등이다 보니 현재 줄 수 있는 서비스나 후원물품 등을 우선적으로 지원하게 되었다. 그러다보니 진선미씨 가족은 사례관리자인 정샘물 사회복지사에 대해서 매우 호의적이고 의지를 많이 하는 등 관계형성은 잘 된 편이다. 반면에 진선미씨의 변화 의지나 동기 등은 사례관리가 진행될수록 점차 더 약화되고 감소되어 즉각 주어지는 서비스들에 대해 더 의지하는 경향이 발견된다.

• 사례분석 •

☞ 사례관리의 목적과 목표는 개별 사례마다 다양하지만 궁극적인 목표는 대상자가 외부의 도움 없이, 자립적인 생활이 가능하게 하는 것이다. 이러한 목표를 달성하기 위해서 사례관리과정에서 욕구조사 및 서비스 제공 계획을 수립하고 서비스를 제공, 연계하는 일련의 활동들을 진행한다. 그런데 서비스의 제공이 현재 대상자의 생활에 보탬이 되고 도움이 되는 것이 명백하다 하더라도 그 결과가 대상자의 자활의욕을 약화시키고 변화의 동기를 저하시키는 방향으로 진행된다면 사례관리자는 전문가라고 할 수 있는가? 온정주의에 대한 논쟁 중의 하나는 지속적인 온정주의적 간섭은 결국 클라이언트의 자유와 자율성을 실현하고자 하는 개인의 의지와 능력을 오히려 약화시키게 된다는 점이다.

☞ 후원물품의 경우 이왕이면 안주는 것보다 주는 것이 낫다고 생각하기 쉽지만 정말 필요한 클라이언트에게 가야 할 후원물품이 다른 사람에게 제공된다면 이는 제한된 자원의 활용에 있어서 공적 책임성을 다하지 못한 것으로 볼 수 있다.

☞ 클라이언트에게 가능한 많은 서비스의 제공과 연계가 효과적인가에 대해서는 클라이언트의 자활 동기 및 자립능력의 향상 측면, 서비스 제공의 효율성 측면, 그리고 제한된 자원의 적정한 활용 측면에서 검토해보아야 한다.

• 사례에서 나타난 윤리적 쟁점 •

☞ 본 사례에서 논의되어야 할 쟁점으로 사회복지사의 전문성을 들 수 있다. 즉 과도한 사회복지사의 온정주의와 클라이언트의 자율성 존중이 상충되는 사례이다.

☞ 제한된 자원에 대한 공적 책임성과 사회복지사의 온정주의가 상충하는 사례라고 할 수 있다.

◎ 사례 : 실습생이 담당하는 사례관리

○ 사례개요 ○

행복복지관은 사회복지학과 3학년 실습생들에게 실습교육의 차원에서 사례관리를 경험해 보도록 교육적 기회를 제공한다. 서비스 이용 대상자로 선정되는데 필요한 평가가 요청된 사례에 대해서 학생들이 가정방문을 통해 초기 면담을 진행하고자 한다. 가정방문을 나가기 전 학생들은 슈퍼바이저로부터 초기 면담에 대해 30분 정도 평가해야 할 내용들에 대해 교육을 받았다.

• 사례분석 •

☞ 사회복지실습생들은 실습기관에서 제공하는 서비스를 어떻게, 어느 정도의 수준으로 담당하는 것이 바람직한지 생각해보자.

☞ 학생들은 전문가인가? 훈련의 목적이라고 하더라도 특정 클라이언트들은 경험이 없고 서비스의 질이 낮을 수밖에 학생들의 실습대상이 되는 것이 공평한가?

☞ 해당 클라이언트는 실습생의 사례가 되는 것에 대해 사전 동의를 구하였는가?

☞ 학생들의 실습대상이 되는 클라이언트의 동의를 구해야 한다. 실습생의 대상으로서 수락여부를 클라이언트가 스스로 결정하게 하는 방법이 바람직하며 이를 위해 협조에 대한 적절한 보상을 하는 것도 필요하다.

☞ 실습생이 클라이언트와 면담하거나 혹은 프로그램을 진행하는 등에 관한 쟁점은 슈퍼비전과 밀접하게 맞닿아 있다. 슈퍼비전이 프로그램의 계획단계에서부터 진행 및 종결까지 세밀하게 진행되어야만 자격이 없는 사람이 실천하는데서 비롯되는 윤리적 문제가 제기되지 않을 것이다. 개별면담의 경우 슈퍼바이저가 직접 면담하는 장면을 보여주고 관찰의 기회를 갖도록 하는 것이 바람직하다.

• 사례에서 나타난 윤리적 쟁점 •

☞ 사회복지실습에서 학생들에게 사례에 접할 기회를 제공하는 경우 발생하는 윤리적 문제는 무엇인지 생각해보자.

☞ 실습생에 대한 온정주의와 클라이언트에 대한 공적 책임성이 상충하는 사례라고 할 수 있다.

3. 실천과정에서 관계의 이슈

1) 전문적 원조관계의 개념

사회복지사와 클라이언트 간의 전문적 관계에 관한 최초의 정의를 내린 Biestek (1957, 김만두 역, 1982)은 관계란 클라이언트와 사회복지사 간의 혹은 사회자원들과의 교류를 가능하게 하는 통로로서, 클라이언트와 그를 둘러싸고 있는 환경 간에 보다 나은 적응을 가져오도록 개인의 능력과 지역사회의 자원을 적절히 동원하고 활용할 수 있도록 돕는 관계라고 설명하였다. 이러한 전문적 원조관계는 '치료적 관계'(Therapeutic Relationship : Alexander & Coffey, 1997; Catty, 2004), '원조관계'(Helping Relationship : Goering and Stylianos, 1988), '작업동맹'(Working Alliance : Gehrs & Goering, 1994), '원조동맹'(Helping Alliance : Priebe & Gruyters, 1995), '치료적 동맹'(Therapeutic Alliance : Clarkin et al., 1987), '협력적 작업관계'(Working Relationship : 엄명용 · 노충래 · 김용석, 2008), '실천관계'(권자영, 2012) 등 다양한 용어들이 사용되고 있다.

많은 학자들이 공통적으로 전문적 관계의 구성 요소로 두 가지를 들고 있는데, 첫째 요소는 클라이언트와 사회복지사 간의 정서적 유대로서 사회복지사와 클라이언트 두 사람 간에 형성되는 인간적 관계이다. 두 번째 요소로는 목표를 세우고 달성해 가는 과정에서 형성되는 작업관계의 차원으로 설명하고 있다(Stiles, Sapiro & Elliot, 1986; Hartley, 1985; Walborn, 1996). 따라서 전문적 원조관계는 사회복지사와 클라이언트가 상호신뢰와 친밀감을 기본으로 하는 정서적인 유대를 맺고, 목표를 함께 합의하며, 목표를 달성하기 위한 다양한 서비스를 협력하여 진행해 나가는 과정에서 형성되는 대인관계라고 할 수 있다(권자영, 2012).

2) 경계와 관련된 윤리적 문제

클라이언트와 사회복지사와의 관계는 사적인 관계가 아닌 전문적 원조관계로 적절한 경계가 유지되어야 한다. 한편 전문적 관계에 대한 한국의 문화적 특성에 대한 고려도 반드시 필요하다. 사회복지사가 생각하는 전문성에 기반을 둔 실천관계와 실제로 클라이언트들이 기대하고 원하는 전문적 관계인 사적이고 개인적인 친밀감으로 표현되는 실천관계의 현실은 사회복지실천에서 관계의 경계 설정의 어려움을 야기할 수밖에 없다(권자영 · 박향경, 2016). 장성숙(2003)은 우리나라에서 상담자의 역할은 서구문화의 내담자에 대한 자율성, 독립성을 강조하는 역할보다는 내담자의 문제 해결과 심리적 안녕을 지원하는 전문가이자 사회적응을 돕는 "제2의 부모"와 같은 역할을 하는 사람으로 언급하고 있는 면도 서구에서의 사회복지실천관계와는 다른 한국적 특성을 전문적 관계에서 고려하고 반영해야 함을 의미한다.

그런데 양자 간의 관계가 전문적 관계가 아닌 사적인 관계의 방향으로 진행되거나 사적인 관계이면서 전문적 관계로 발전되는 상황이 발생할 수 있다. 그래서 경계와 관련된 윤리적 문제는 이중적 관계에서 비롯되는 것이 대부분이다.

서로 간에 관계를 맺고 있는 한 명 이상의 사람들(예를 들면, 부부, 가족 구성원들)에 대하여 서비스를 제공할 때, 사회복지사는 클라이언트로 간주되는 모든 당사자와 서비스를 제공받는 다양한 사람들에 대한 사회복지사로서 직업적 책무의 본질을 명확히 해야 한다. 사람들 사이의 이해관계가 상충될 것을 예상하거나, 잠재적으로 상충될 것으로 예상하는 사회복지사는 관련된 모든 당사자들에 대한 자신의 역할을 명확히 해야 하며, 모든 이해관계의 상충을 최소화하기 위한 적절한 조치를 취해야 한다.

(1) 클라이언트와 이중적 관계이슈

이중적 관계란 클라이언트와 사회복지사가 둘 간의 전문적 원조관계 외의 또 다른 관계를 이중적으로 맺는 것을 의미한다. 예를 들면 학부모–교사, 채무–채권관계, 사업파트너, 연인 및 성적인 관계 등을 들 수 있다. 이러한 이중관계는 전문적 관계를 유지하는데 역할 혼란을 초래하는 등 악영향을 미치게 된다. 왜냐하면 이중적 관계에서 사회복지사는 클라이언트와의 관계에서 객관성을 유지하기 어렵고, 클라이언트의 문제에 대해서 부정확한 사정을 하게 되거나(Davidson, 2005), 제한된 자원 사용에 있어서 객관성을 잃거나 편파적인 개입을 하게 하는 등 위험을 초래하게 된다. 결국 이중적 관계는 클라이언트에게 불이익을 초래하게 된다.

따라서 현재 및 과거 클라이언트와의 성적 관계 혹은 클라이언트의 친지 혹은 지인과의 성적 관계, 현재 및 과거 클라이언트와의 우정관계, 공공장소에서 클라이언트와의 만남, 클라이언트의 사회적 · 종교적 · 생애주기사건에 참석(결혼식, 회갑연, 돌잔치, 장례식 등), 클라이언트와 선물을 주고받는 일, 클라이언트를 선호하는 행위, 클라이언트와 재정적인 이해관계 및 갈등, 서로 각각 관계 있는 둘 혹은 그 이상의 사람에게 서비스 제공, 클라이언트와 물건과 서비스를 교환, 클라이언트에게 자신을 노출하는 행위, 클라이언트였던 사람의 고용, 기관의 행정가 혹은 직원의 이해관계의 재정적 갈등, 기관의 통치 단체 성원의 이해관계와 재정적 갈등 등은 이중적 관계로 금지되어야 마땅하다.

3) 윤리강령에서 제시하고 있는 전문적 관계

한국사회복지사 윤리강령

- 사회복지사는 개인적 이익을 위해 클라이언트와의 전문적 관계를 이용하여서는 안 된다.
- 사회복지사는 어떠한 상황에서도 클라이언트와 부적절한 성적관계를 가져서는 안 된다.

- NASW의 윤리강령

1.06 이익의 갈등

ⓐ 사회복지사는 전문적 선택과 공정한 판단을 저해하는 이익갈등에 항상 주의를 기울이고 이를 피해야 한다. 사회복지사는 이익갈등이 현실적으로 발생하거나 발생하려고 할 때에는 이를 클라이언트에게 알려야 하며 클라이언트의 이익을 최우선으로 하고 클라이언트의 이익을 최대한 보호하는 합리적 조치를 취해서 문제를 해결해야 한다. 어떤 경우에는 클라이언트의 이익을 보호하기 위해서 그를 적절한 곳으로 의뢰하고 전문적 관계를 종결해야 할 때도 있다.

ⓑ 사회복지사는 자신의 개인적, 종교적, 정치적 또는 사업상의 이익을 위해 전문적 관계를 부당하게 이용하거나 타인을 이용해서는 안 된다.

ⓒ 사회복지사는 클라이언트를 이용할 위험이 있거나 잠재적 해를 끼칠 위험이 있는 경우에는 현재나 과거의 클라이언트와 이중, 다중의 관계를 맺어서는 안 된다. 이중, 다중의 관계를 피할 수 없는 경우에는 사회복지사는 클라이언트를 보호하기 위한 합리적 조치를 취해야 하며 분명하고 적절하며 문화적으로 민감한 경계를 설정할 책임이 있다(이중, 다중의 관계는 전문적이든, 사회적이든, 사업적이든 사회복지사가 클라이언트와 한 개 이상의 관계에 관련될 때 일어난다. 이중 다중의 관계는 동시적으로 또는 연속적으로 일어날 수 있다).

ⓓ 사회복지사는 서로 관계를 맺고 있는 두 사람 또는 그 이상의 사람들(예를 들어 부부, 가족성원)에게 서비스를 제공할 때 누가 클라이언트로 간주될 것이며, 서비스를 받는 각 개인들에 대한 사회복지사의 전문적 책임이 무엇인지를 관련 당사자 모두에게 명확히 해야 한다. 서비스 수혜자들 간에 이익갈등이 예상되거나 사회복지사가 갈등적인 역할을 수행해야 할 때에는(예를 들면 사회사업가가 클라이언트들이 관련된 친권의 분쟁이나 이혼소송에서 증언하도록 요청받을 때) 사회복지사는 관련 당사자에게 자신의 역할을 분명히 하고 이익갈등이 최소화 되도록 적절한 행동을 취해야 한다.

• 기타

1.09 성적 관계

ⓐ 사회복지사는 어떤 상황에서도, 합의에 의한 것이든 강제에 의한 것이든 현재의 클라이언트와 성적 행동이나 성적 접촉을 해서는 안 된다.

ⓑ 사회복지사는 착취의 위험이 있거나 클라이언트에게 위해를 끼칠 수 있는 경우는 클라이언트의 친척이나 그와 개인적 친분이 있는 사람과 성적 행동이나 성적 접촉을 해서는 안 된다. 클라이언트의 친척 또는 그와 개인적 친분이 있는 사람들과의 성적 행동이나 성적 접촉은 클라이언트에게 위해를 끼칠 가능성이 있으며, 이는 사회복지사와 클라이언트 간의 적절한 전문적 경계를 유지하기 어렵게 만든다. 명확하고 적절하며 문화적으로 민감한 경계를 설정하는 모든 책임은 클라이언트나 클라이언트의 친척 또는 클라이언트와 친밀한 대인관계를 맺고 있는 기타 당사자가 아니라 사회복지사가 전적으로 지게 된다.

ⓒ 사회복지사는 이전의 클라이언트와 성적 행동이나 성적 접촉을 해서는 안 된다. 왜냐하면 클라이언트에게 해를 입힐 가능성이 있기 때문이다. 만일 사회복지사가 이러한 금지규정에 어긋나는 행동을 한다든지 또는 예외적인 상황 때문에 이러한 금지규정의 예외가 인정되어야 한다고 주장한다면, 이전의 클라이언트가 의도적으로나 비의도적으로 이용이나 강제를 당하거나 조종을 받지 않았다는 것을 입증할 전적인 책임은 클라이언트가 아니라 사회복지사에게 있다.

ⓓ 사회복지사는 과거에 성적 관계를 가졌던 사람에게 임상적 서비스를 제공해서는 안 된다. 과거의 성적 파트너에게 임상적 서비스를 제공하면 그 개인에게 잠재적 해를 입힐 가능성이 있으며 사회복지사와 그 개인 간에 적절한 전문적 경계를 유지하기가 어렵기 때문이다.

4) 사례분석

◎ 사례 : 이성 클라이언트와의 저녁식사

ㅇ 사례개요 ㅇ

노총각 사회복지사 노미혼은 복지관에서 상담팀을 담당하고 있다. 최근 직장에서의 부적응과 스트레스를 이유로 상담을 신청한 정다운 씨와는 지난 반년간 매주 1회씩 상담을 지속해 왔다. 상담이 진행되면서 정다운 씨는 노미혼 사회복지사에게 개별적인 호감을 표현하는 말이나 행동들을 보이곤 했고, 노미혼 사회복지사도 그러한 정다운 씨의 호감 표현이 싫지 않게 느껴지곤 했다. 또한 클라이언트 정다운 씨에 대해서 조금씩 이성으로써 호감을 가지게 되었다. 상담을 통해 직장에서의 스트레스도 잘 조절하고 편안해진 정다운 씨는 감사의 마음을 전하고 싶다며 노미혼 사회복지사에게 저녁식사를 제의한다.

• 사례분석 •

☞ 클라이언트의 저녁식사 제의를 수락하는 것은 어떤 의미를 지니게 될까? 수락하게 될 경우 발생할 수 있는 문제는 무엇인지 생각해보자.

☞ 클라이언트와 사회복지사 간의 전문적 관계가 이성관계로 발전하고 있는 상황이라고 할 수 있다. 일반적인 미혼남녀에게 매우 정상적이고 자연스러운 감정이지만 전문적 관계가 사적인 관계로 발전한다면 사회복지실천에서 어떤 점이 우려되는가?

☞ 두 사람 가운데 더 취약한 클라이언트에게 사회복지사가 전문적 관계를 남용하고 있는 것은 아닌지, 추후로도 상담이 진행되어야 하는데 이성적 관계에서는 치료적 접근이나 개입이 적절히 이루어지기는 매우 어렵다. 사회복지사 입장에서는 클라이언트의 어려움이나 문제를 객관적 혹은 중립적으로 평가하기 어려워진다. 결국 이러한 문제들은 클라이언트의 욕구를 파악하고 이에 맞는 서비스 계획을 세워 진행해 나가는데도 지장을 줄 수 있으며 다른 클라이언트보다 더 많은 관심과 신경을 씀으로써 다른 클라이언트에게 몰입하는데 방해요인으로 작용할 수도 있다.

☞ 두 사람의 관계가 나빠지거나 하는 경우 평소 부적응과 스트레스가 많았던 클라이언트에게 상처와 지장을 초래할 위험성도 높다. 그래서 윤리강령에서 클라이언트와의 이성관계 및 성적인 관계는 엄격하게 금지하고 있다. 본 사례의 경우 호감이 가는 클라이언트의 제의를 어떻게 대처해야 옳은가?

• 본 사례에서 발생할 수 있는 윤리적 쟁점 •

☞ 클라이언트와 사회복지사 간의 전문적 관계가 사적인 이성관계로 전문적 관계의 경계를 넘어서는 경계에 관한 윤리적 쟁점을 보여주는 사례

◎ 사례 : 자원봉사자와 사적으로도 친밀한 인간관계

○ 사례개요 ○

사회복지사 이열심은 오랫동안 자원봉사활동을 해온 봉사자 김자봉과는 사적으로 친밀해져서 호형호제하는 사이로 발전되었다. 김자봉은 시골집에 다녀올 때마다 이열심 사회복지사에게 어머님이 챙겨주신 먹거리들을 나누어 주곤 하였다. 이번에도 역시 어머님이 직접 심고 수확하여 거둔 깨로 짠 참기름을 가져왔다. 이열심 사회복지사도 지방에서 올라와 혼자서 자취하는 등 김자봉 자원봉사자와 비슷한 처지여서 서로의 입장에 공감도 잘되고 먹거리 등을 챙겨주다 보니 다른 자원봉사자들보다는 각별하게 생각하게 된 것이 사실이다.

• 사례분석 •

☞ 특정 자원봉사자와 친밀한 관계를 유지할 경우 발생할 수 있는 윤리적 문제는 무엇인지 생각해보자.

☞ 사회복지사의 담당 프로그램에 오랜 기간 정기적으로 참여해주는 자원봉사자와는 뜻이 맞고 인간적으로 친밀해지는 것은 어찌보면 자연스러운 일일 수 있다. 그러나 공적인 관계인 전문적 관계가 개별적인 사적 인간관계로 점차 발전되는 양상에 대한 인식과 이런 관계가 사회복지사의 실천활동에 미칠 영향에 대한 인식과 경계가 있어야 한다. 왜냐하면 사회복지사와 자원봉사자 간의 개별적 관계로 그치는 것이 아니라 결국 클라이언트에게 제공될 서비스의 내용이나 과정에도 영향을 줄 수 있다는 점을 반드시 고려해야 한다.

• 이 사례에서 나타나는 윤리적 쟁점 •

☞ 자원봉사자와 사회복지사 간의 관계가 사적인 인간관계로 친밀해지는 경우

로 경계의 이슈가 윤리적 문제라고 할 수 있다.

☞ 이열심 사회복지사가 김자봉 자원봉사자의 활동을 평가할 때 전문성과 관련 지식이 앞서는지, 김자봉 자원봉사자에 대한 개인적인 감정이 앞서는지 평가해 볼 일이다. 만약 개인적 감정이 앞선다면 이는 전문성을 침해받게 된다. 자원봉사 활동의 평가, 자원봉사자의 배치, 자원봉사자에 대한 처우 등에 있어서 객관성을 유지하기 어려울 뿐만 아니라 이는 결국 클라이언트의 이익에 위배되는 상황을 초래하게 된다. 또한 자원봉사자가 주는 선물이 호의에 의해서 비롯되었다 하더라도 선물을 받은 사람은 자유롭기 어렵다. 또 어떠한 경우에는 대가성일 수도 있으므로 경계해야 한다. 또한 부정청탁 및 금품수 등 수수의 금지에 관한 법률(2015), 일명 김영란법에 의하면 공무원, 공공기관 임직원, 학교 교직원 등은 일정금액 이상의 금품을 받으면 직무관련성이 없더라도 처벌받게 된다.

4. 사회복지사의 문화적 역량

1) 문화적 역량에 대한 이해

역량은 "어떤 일을 해낼 수 있는 힘이나 기량"을 의미한다. 이러한 역량의 정의에 '문화적'이라는 단어를 결합한 '문화적 역량(cultural competence)'은 다문화 클라이언트에 대한 원조과정을 해낼 수 있는 사회복지사의 능력과 기량을 말한다. 문화적 역량은 다문화 사회에서 사회복지전문직이 지녀야할 필수적인 요소의 하나이다. 미국사회복지사협회는 윤리강령의 '문화적 역량과 사회적 다양성'의 부분에서 사회복지사가 모든 문화에 존재하는 강점을 인정해야 하며, 문화적으로 민감한 실천을 해야 하는 윤리기준을 명시하고 있다(NASW, 2008). 우리나라 사회복지사 윤리강령은 문화적 역량에 대해 명시된 윤리기준을 아직 제시하고 있지 못하고 있다. 그러나 국내체류 외국인이 급격히 증가하면서 결혼이민자와 그 가족에 대해 문화적으로 민감한 실천을 제공할 필요성에 대한 인식은 증가하고 있다.

문화적 역량은 문화적 다양성에 대한 인식을 기반으로 문화적 민감성, 태도, 인식과 다문화에 대한 기술과 지식의 여러 하위개념으로 구성된 포괄적이고 복합적인 개념이다. NASW(2008)는 "개인, 가족, 지역사회의 가치를 인정하며 존엄성을 보호하고 유지하는 방식으로 모든 문화, 언어, 계층, 인종, 민족, 배경, 종교 또는 다른 다양한 요소를 지닌 사람에게 개인과 체계가 존중하며 효과적으로 반응하는 과정"이라고 문화적 역량을 정의하고 있다. Sue(2006)는 내담자(클라이언트)와 내담자 체계의 발달을 최대화할 수 있는 조건을 만들어 내거나 행동을 취할 수 있는 능력으로 태도와 신념, 지식요소, 기술요소로 구성되어 있는 것으로 문화적 역량을 설명하고 있다. 이는 문화적 역량이 클라이언트뿐 아니라 클라이언트를 둘러싼 체계에 대한 이중적인 관점을 지녀야 하는 것이 반영된 정의이다.

또한, Lum(2005)은 자신과 타인에 대한 문화적 인식, 다양한 집단에 대한 지식 획득, 효과적 실천 기술개발, 지속적 탐구를 통한 귀납적 학습의 4가지를 문화적 역량의 구성요소로 제시하고 있다. Lum의 정의는 문화적 역량이 다양한 집단에 대한 이해와 지식을 갖고 있을 뿐 아니라 지속적으로 실천기술의 발전을 지향해야 하며 실천과정에서 문화적 역량이 축적되는 특성이 있음을 설명하고 있는 정의이다. 이러한 학자들의 정의에 기초하여 볼 때, 문화적 역량은 다양한 문화적 상황에서 원조전문가가 효과적으로 업무를 수행하기 위한 가치와 지식, 기술을 기반으로 한 것으로 일련의 행동과 태도로 나타나며 실천과정을 통해서 지속적으로 향상될 수 있는 것으로 정리될 수 있다(최소연, 2012).

그러나 사회복지사가 마땅히 구비해야 하는 문화적 역량에 대한 비판적 시각도 존재한다. 이는 타인의 문화를 이해하고 그 문화를 치료과정의 강점으로 활용하는 것이 과연 가능한가?에 대한 것이다. 즉, 실천가가 자신이 경험하지 않았거나 그 문화권의 구성원이 아닌 상황에서 문화적 역량을 완벽하게 보유하는 것이 과연 가능한가에 대한 비판담론이다(김기덕, 2011). 이러한 비판적인 관점에서 볼 때, 실천가가 문화의 주체인 클라이언트의 문화에 대한 역량을 온전하게 보유하는 것은 본질적으로 불가능하다는 관점을 가질 수 있다. 그렇기 때문에 문화적 역량이 실천과정에서 점차적으로 획득되는 귀납적인 학습의 요소를 갖는 다는 Lum(2007)의 '귀납적 학습'은 설득력이 있어 보인다.

문화적 역량의 특성을 정리하면 다음과 같다.

- 문화적 역량은 다문화 실천상황에서 원조전문가가 당위적으로 구비해야 하는 전문적인 영역의 한 부분이다.
- 문화적으로 민감한 실천을 위해 사회복지사는 문화적 지식과 기술을 구비해야 하며, 클라이언트의 문화에 존재하는 강점을 이해하고 이를 실천과정에서 활용해야 한다.
- 따라서 문화적 역량은 단일 차원의 개념이 아니라 인식, 태도, 행동 등의 복합적인 개념으로 구성되며, 특별히 사람을 대상으로 하기 때문에 인간존엄성의 가치기반을 토대로한 윤리적 내용이 포함된다.
- 타인의 문화를 완벽하게 이해하고 습득하는 것은 제한적일 수 있기 때문에 사회복지사는 클라이언트에 대한 실천과정을 통해 다양한 문화에 대한 실천역량을 지속적으로 개발하고 이를 전파해야 한다.

2) 문화적 역량의 구성요소 및 차원

(1) 문화적 역량의 구성요소

문화적 역량을 구성하는 요소는 학자들에 따라서 다양하게 제시되고 있으나 수(Sue, 2006)는 문화적 태도, 문화적 인식, 문화적 지식과 기술로 정리하고 있다.

- 태도/신념요소(인식) : 문화적으로 다양한 사람에 대한 개인적 신념과 가치와 태도에 영향을 미치는 자기 자신의 문화적 조건화를 이해하는 것

- 지식요소 : 문화적으로 다양한 개인과 집단의 세계관에 대한 이해와 지식
- 기술요소 : 사회의 개별집단에게 서비스를 제공할 때 문화적으로 적절한 개입전략을 결정하고 사용할 수 있는 능력

인식	① 문화적 역량을 갖춘 사회복지사는 자신의 문화배경에 대해 문화적으로 인식하지 못했던 상태에서 민감하게 인식하는 상태로 변하고, 그 문화적 차이를 가치 있게 여기고 존중한다. ② 문화적 역량을 갖춘 사회복지 전문가는 자기 자신의 가치나 편견을 인식하며, 그러한 요소가 사회적으로 다른 집단에게 어떻게 영향을 미칠지 알고 있다. ③ 문화적 역량을 갖춘 사회복지 전문가는 자신과 내담자 사이의 인종적, 성차별적, 성적 지향 그리고 다른 사회인구 변인에서의 차이점을 인정한다. ④ 문화적 역량을 갖춘 사회복지 전문가는 주위환경(개인적 편견, 인종, 성별, 성적 지향, 자아정체성의 단계, 사회정치적인 영향 등)에 민감해서 내담자가 속한 사회의 인구통계학적 집단의 다른 일원이나 또는 자신보다 더 내담자에게 적절한 다른 전문가에게 그 내담자를 의뢰할 수 있다. ⑤ 문화적 역량을 갖춘 사회복지 전문가는 자신의 인종차별, 이성애주의 또는 다른 해로운 태도나 신념과 감정에 대해 인지한다.
지식	① 문화적 역량을 갖춘 사회복지 전문가는 자신이 일하고 있는 특정 집단에 대한 구체적인 지식과 정보를 가지고 있어야 한다. ② 문화적 역량을 갖춘 사회복지 전문가는 사회적 소외집단에 대한 처우방식과 관련하여 미국의 사회정치적 체계의 운영에 대해 잘 이해해야 한다. ③ 문화적 역량을 갖춘 사회복지 전문가는 상담과 임상과 치료에서의 일반적인 특징에 대한 분명하고 뚜렷한 지식과 이해를 가지고 있어야 한다. ④ 문화적 역량을 갖춘 사회복지 전문가는 문화적으로 다른 내담자가 사회복지서비스를 받지 못하도록 하는 제도적 장애물에 대해 알아야 한다.
기술	① 문화적 역량을 갖춘 사회복지 전문가는 광범위한 언어적, 비언어적 반응을 할 수 있어야 한다. ② 문화적 역량을 갖춘 사회복지 전문가는 언어적, 비언어적 메시지를 정확하고 적절하게 보내고 받을 수 있어야만 한다. ③ 문화적 역량을 갖춘 사회복지 전문가는 필요할 때 자신의 내담자를 위하여 제도적인 개입기술을 사용할 수 있어야 한다. ④ 문화적 역량을 갖춘 사회복지 전문가는 자신의 원조방식을 알고 있으며, 자신의 한계를 인정하고, 자신의 방식이 문화적으로 다른 내담자에게 미칠 수 있는 영향

기술	을 예상할 수 있다. ⑤ 문화적 역량을 갖춘 사회복지 전문가는 적극적인 체계적 관점으로 특징지워질 수 있는 원조역할을 할 수 있는데, 이것은 환경적 개입으로 이어진다.

출처 : Sue. D. W.(2006). Multicultural Social Work Practice. 이은주 역(2010). 다문화사회복지실천. pp.66-72를 도표로 정리.

(2) 문화적 역량의 차원

문화적 역량은 실천가가 구비해야 하는 전문적 역량이지만, 실천가의 문화적 역량을 위해서는 기관과 지역사회의 역량 또한 중요하다. Lum(2007)은 문화적 역량을 서비스 제공자 차원 뿐 아니라 전문가가 속한 기관의 문화적 역량과 기관이 속한 지역사회의 문화적 역량의 차원에서 조명하고 있다. 실천가 차원의 문화적 역량은 개인의 가치와 문화적 유산, 문화동화주의 및 다원주의와 관련된 가치 차이와 갈등의 인식, 그리고 클라이언트 문화에 대해 실천가의 자기인식이 있어야 하는 것을 의미한다. 기관차원의 문화적 역량은 조직이 문화적으로 민감한 실천을 하기 위해 직원훈련은 물론이고 프로그램전달과 조직구조가 문화적 인식과 기능을 촉진하는 기관을 의미한다. 지역사회의 문화적 역량은 다양한 문화의 상호작용과 사회정의를 촉진하며 인종차별을 다루는 것과 관련된다(Miely, O'Melia, & DuBios, 2007; 최소연, 2011 재인용).

- **Lum(2007)의 문화적 역량의 차원**

① 실천가차원 : 사회복지사는 자신의 개인적 가치와 문화적 유산과 관련된 자기인식, 문화동화주의 및 다원주의와 관련하여 가치 차이와 갈등, 그리고 타인, 특별히 클라이언트의 문화에 대해 인식해야 한다.

② 기관차원 : 기관의 정책과 인력(예 : 다문화클라이언트를 위한 다문화직원 채용정책), 문화적 역량을 위한 직원훈련, 프로그램 평가, 클라이언트에 대한 정보제공(통번역, 클라이언트의 언어로 홍보 등), 문화적 역량의 슈퍼비전 등 기관차원에서도 문화적 역량을 구비해야 한다.

③ 지역사회차원 : 중범위 및 거시적 차원에서의 역량으로 지역사회의 인식 및 정책 측면에서도 문화적 역량을 구비해야 한다.

문화적 역량의 개인, 기관, 지역사회의 차원은 사회복지사가 문화적으로 역량을 구비하기 위한 체계적 관점을 반영한 것이다. 다문화클라이언트가 속한 지역사회의 정책이나 인식이 문화적으로 둔감하고 다문화에 대해 배타적이라면, 그리고 사회복지사가 속한 기관이 문화적으로 무능하다면 사회복지사의 문화적 역량의 실천은 제약을 받을 수밖에 없다. 따라서 사회복지사가 문화적으로 역량 있는 실천을 하기 위해서는 사회복지사가 속한 기관과 그 기관이 속한 지역사회의 문화적 역량이 결합되어야 한다.

3) 문화적 역량에 대한 윤리강령

(1) 윤리강령의 내용

미국사회복지사 윤리강령은 '문화적 역량과 사회적 다양성'에 대한 사회복지사의 윤리적 의무를 3개 조항으로 제시하고 있다(아래 표). a조항은 문화의 강점에 대한 이해, b조항은 문화에 대한 지식과 실천의 능력, c조항은 문화적 다양성에 대한 이해와 교육의 의무이다. 이 조항을 기초할 때, 문화적으로 둔감한 실천과 클라이언트 문화에 대한 이해부족, 그리고 문화적 역량에 대한 지식의 미습득은 윤리기준에 위배된다.

1.05 문화적 역량과 사회적 다양성(Cultural Competence and Social Diversity)

ⓐ 사회복지사는 문화와 그것이 인간행동과 사회에서 수행하는 기능을 이해하며, 모든 문화가 갖고 있는 강점을 인식해야 한다.

ⓑ 사회복지사는 클라이언트가 속한 문화에 대한 기본적 지식을 가져야 하며 클라이언트의 문화 및 서로 다른 사람들이나 문화적 집단들에 민감하게 서비스를 제공할 수 있는 능력을 발휘할 수 있어야 한다.

ⓒ 사회복지사는 인종, 민족, 국적, 피부색, 성별, 성적 지향, 연령, 혼인관계, 정치적

신념, 종교, 이민, 정신적 또는 신체적 장애에 관한 사회적 다양성 및 억압의 성격 등에 관한 교육을 받고 그것을 이해하도록 노력하여야 한다.

미국사회복지사 윤리강령의 문화적 역량 기준은 구체적인데 반해 한국사회복지사 윤리강령에는 문화적 역량과 관련된 기준은 아직 제시되어 있지 않으며, 다소 포괄적으로 클라이언트의 다양성과 관련하여 차별을 금지하는 기준을 제시하고 있다. 미국사회복지사 윤리강령에도 문화적 역량이외에 '전문가로서의 사회복지사의 윤리적 책임' 부분에 차별하지 말 것을 권하고 있는데, 우리나라와 유사한 조항이나 미국은 차별과 관련된 기준에 '피부색'과 '혼인관계'의 내용이 추가되어 있다.

사회복지사는 클라이언트의 종교·인종·성·연령·국적·결혼상태·성 취향·경제적 지위·정치적 신념, 정신·신체적 장애·기타 개인적 선호, 특징, 조건, 지위를 이유로 차별 대우를 하지 않는다.

(2) 차별에 대한 이해

사회복지사는 클라이언트를 있는 그대로 수용해야 하며(Biestek, 1957), 클라이언트의 다양성과 차이를 인정하고 사회복지사 개인의 선호에 따라 차별을 하지 말아야 하는 윤리적 책임을 지닌다. 차별은 여러 영역에서 발생될 수 있으나 다문화와 관련하여서는 문화적 역량의 하위 영역인 '문화적 태도'에 차별에 대한 내용이 포함된다. 다문화여성과 북한 이탈주민은 한국에 적응하는 과정에서 차별을 경험한 것으로 보고되고 있고, 심지어 서비스 기관을 이용하는 과정에서도 차별을 경험하고 있다(보건사회연구원, 2012).

클라이언트의 독특성과 차이에 대한 사회복지사의 수용과 인정이 없다면 차별이 발생할 수 있다. 사회복지사 윤리강령에 제시된 차별에 대한 윤리적 기준을 보면, 한국사회복지사 윤리강령은 이유를 막론하고 차별대우를 하지 않는다는 책임을 명시하고 있으나 미국사회복지사 윤리강령은 어떤 형태의 차별도 묵인하거나, 조장하거나, 협조해서는 안 된다고 제시하므로 클라이언트와의 관계 속에서 야기되는 차별 뿐 아니라 클라이언트가 당하는 어떠한 유형의 차별도 묵인이나 동조해서는 안 되는 적극적 윤리기준을 명시하고 있다. 더 나아가 사회적·정치적 행동에 대한 윤리강령 조항에는 차별행위를 방지하고 제거하기 위한 활동을 해야 함을 윤리적 의무로 규정하므로 차별적인 사회환경의 변화를 위해 적절한 조치와 행동을 해야 할 윤리적 의무를 강조하고 있다(NASW, 2008).

차별은 모든 차별적 대우 즉, 모든 상이한 대우를 의미한다. 이준일(2007)은 차별의 유형을 다음과 같이 제시하고 있다.

① 합리적 근거가 없는 차별 대우 : 차별은 합리적 근거가 없는 차별행위를 지칭하는 좁은 의미로 이해될 수 있다.

② 불리한 차별 대우와 유리한 차별 대우 : 불리한 대우와 유리한 대우는 비교대상을 차별적으로 대하는 경우에 언제나 발생한다.

③ 법적 차별과 사실적 차별 : 법 적용을 동일하게 할 경우 사실적으로 차별이 야기되므로 이 둘은 동시에 고려되어야 하는 차별의 유형이다. 사실적 차별은 법적 차별로 강화될 수 있는 순환적인 구조다. 법이 차별적이지는 않지만 열악하고 취약한 사람에 대한 고려가 되지 않는다면 사실적 차별이 야기될 수 있다. 예를 들어, 장애인의 불편을 고려하지 않은 채용절차나 임용에 관한 법규는 그것이 법적 차별이 될 것이며, 이러한 채용 절차를 준수하는 것이 법적으로 문제가 없다하더라 결과적으로 사실적 차별이 되는 것이다. 이러한 상황에서 장애인의 경우 법적으로도 사실적으로도 차별을 경험하게 되는데, 이는 장애인의 현실적 조건과 상황이 불리하다는 것을 고려하지 않았기 때문이다.

④ 직접차별과 간접차별 : 직접차별은 법이나 관행이 시행될 때부터 차별목적이 의도되고 명시적으로 표현된 것이며 간접차별은 차별을 의도하지 않았으나 결과적으로 차별이 되는 경우로 차별을 증명하기가 어려운 경우가 많다.

차별과 관련하여 행할 수 있는 조치로 적극적 우대조치[1]가 있다. 이는 열악한 현실적 조건 때문에 결과적으로 차별을 당할 수밖에 없는 사회적 약자를 보호하기 위해 실시되는 다양한 형태의 평등실현조치이다. 그러나 차별을 시정하기 위하여 실시한 일정의 조치가 또 다른 차별을 발생시키는 경우 이 또한 차별이 될 수 있다.

이러한 정의에 기초하여 우리가 생각해야 하는 것은 '동일한 대우가 평등한 것인가' 라는 문제이다. 우리가 동일한 대우가 공정하다고 생각할 수 있지만, 동일한 대우가 항상 평등한 것이 아니고 상이한 대우가 항상 차별이 아닐 수 있다는 것을 이해해야 한다(평등과 불평등의 윤리적 이슈는 본 저서 9장 5절의 한정된 자원 부분에서 다시 생각해 보기로 하겠다). 아래 사례에 대해 여러분은 어떠한 의견을 제시하고자 하는가?

〈적극적 우대조치에 대한 가상 사례〉

청년 실업률이 높은 상황에서 다문화 청년과 북한이탈 청년의 일자리 지원정책의 일환으로 정부는 사회복지공무원 시험에 이들에게 가산점을 부여하도록 하였다.

- 채용을 위한 조건을 달리하여 다문화 혹은 북한이탈 청년들에게 정부가 적극적 우대를 한다면 이는 정의로운 것이라고 생각하는?

- 사회복지분야로 진출하고자하는 여러분의 입장에서 위의 적극적인 우대조치는 정의로운 것인가? 아니면 또 다른 차별인가?

〈누가 역차별을 당하는 것인가?〉

- 군복무를 완수한 사람에게 공무원 채용 시 가산점을 부여하는 것은 국방의 의무에 대한 정당한 보상인가? 아니면 여성에 대한 차별인가?

---

1) 공무원 채용에 여성과 장애인을 우대하는 경우가 해당됨.

- 공무원 채용시 여성에 대한 할당제를 적용하여 남성보다 점수가 적더라도 할당을 채우기 위해 합격이 되고, 군복무를 한 사람에게 가산점은 부여되지 않는다면 이 경우 여성의 사회진출을 위한 정당한 조치인가 아니면 남성에 대한 역차별인가?

차별은 다양한 영역에서 발생할 수 있는데, 사회적 약자나 소수자의 경우 더 차별을 경험하게 된다. 사회복지사 윤리강령에 "클라이언트의 종교・인종・성・연령・국적・결혼상태・성 취향・경제적 지위・정치적 신념・정신, 신체적 장애・기타 개인적 선호, 특징, 조건, 지위"를 이유로 차별을 하지 말라고 제시된 것에서 볼 수 있듯이 차이와 다양성에 대한 존중과 수용이 전제되지 않을 경우 차별은 발생한다.

참고자료 : 『국가인권위원회법』의 차별행위(국가인권위원회법 제2조 제3항)

3. "평등권 침해의 차별행위"란 합리적인 이유 없이 성별, 종교, 장애, 나이, 사회적 신분, 출신 지역(출생지, 등록기준지, 성년이 되기 전의 주된 거주지 등을 말한다), 출신 국가, 출신 민족, 용모 등 신체 조건, 기혼・미혼・별거・이혼・사별・재혼・사실혼 등 혼인 여부, 임신 또는 출산, 가족 형태 또는 가족 상황, 인종, 피부색, 사상 또는 정치적 의견, 형의 효력이 실효된 전과(前科), 성적(性的) 지향, 학력, 병력(病歷) 등을 이유로 한 다음 각 목의 어느 하나에 해당하는 행위를 말한다. 다만, 현존하는 차별을 없애기 위하여 특정한 사람(특정한 사람들의 집단을 포함한다. 이하 이 조에서 같다)을 잠정적으로 우대하는 행위와 이를 내용으로 하는 법령의 제정・개정 및 정책의 수립・집행은 평등권 침해의 차별행위(이하 "차별행위"라 한다)로 보지 아니한다.
   가. 고용(모집, 채용, 교육, 배치, 승진, 임금 및 임금 외의 금품 지급, 자금의 융자, 정년, 퇴직, 해고 등을 포함한다)과 관련하여 특정한 사람을 우대・배제・구별하거나 불리하게 대우하는 행위
   나. 재화・용역・교통수단・상업시설・토지・주거시설의 공급이나 이용과 관련하여 특정한 사람을 우대・배제・구별하거나 불리하게 대우하는 행위
   다. 교육시설이나 직업훈련기관에서의 교육・훈련이나 그 이용과 관련하여 특정한 사람을 우대・배제・구별하거나 불리하게 대우하는 행위
   라. 성희롱[업무, 고용, 그 밖의 관계에서 공공기관(국가기관, 지방자치단체, 「초・중등교육법」 제2조, 「고등교육법」 제2조와 그 밖의 다른 법률에 따라 설치된 각급 학교, 「공직자윤리법」 제3조의2제1항에 따른 공직유관단체를 말한다)의 종사자, 사용자 또는 근로자가 그 직위를 이용하여 또는 업무 등과 관련하여 성적 언동 등으로 성적 굴욕감 또는 혐오감을 느끼게 하거나 성적 언동 또는 그 밖의 요구 등에 따르지 아니한다는 이유로 고용상의 불이익을 주는 것을 말한다] 행위

4) 문화적 역량과 관련된 윤리적 이슈

(1) 문화적 역량 부족사례

미국사회복지사 윤리강령에 사회복지사가 모든 문화 속에 존재하는 강점을 인정하면서 인간행동과 사회에서의 문화의 기능을 이해해야만 함을 명시하고 있듯이(NASW, 2008) 사회복지사는 클라이언트의 문화가 지닌 강점을 우선적으로 알아야 하며, 또한 그것이 강점이라는 것을 인정하고 실천과정에서 활용할 수 있어야 한다. 클라이언트의 문화에 대한 이해를 위해서는 먼저 클라이언트의 문화에 대한 존중이 전제되어야 한다.

뿐만 아니라 다문화 클라이언트가 보이는 의사소통 패턴과 언어에 내포된 의미를 이해할 수 있어야 하며, 그들의 행동양식과 의식, 금기 시 하는 사항에 대한 지식을 사전에 갖고 실천을 해야 한다. Dana(1996)는 클라이언트와의 면접에서 문화적-성향의 면접을 지향해야 할 필요성이 있으며, 사정에 있어 클라이언트의 모국어로 소통하는 것이 문화적인 성향을 지향한 면접의 가능성을 더 지님을 지적하고 있다. Mama(2001)도 한 개인이 지닌 문화를 이해하고자 할 때, 그가 활용하는 언어를 이해하는 것은 중대한 것이라고 말한다. 만일 클라이언트의 문화에 대한 이해가 부족하고 클라이언트와의 의사소통이 어려울 경우는 이중언어를 구사하거나 양쪽 문화에 익숙한 사람으로, 검증된 사람의 도움을 받아야 한다.

아래 사례는 미국에서 아들 살해혐의로 기소된 한인 아버지의 사례이다.

> 2009년 시카고 인근 노스브룩에서 한인 아버지가 아들 살해혐의로 기소되어 재판을 받고 있으며, 현지 교민들이 구명운동을 펼치고 있다. 노스브룩 경찰은 사건직후 아버지 고씨가 범행 일체를 자백했다고 발표했지만 고씨는 이를 부인하고 있다. 아버지 고씨의 체포 이유는 바로 8시간의 경찰조사 과정에서 "(아들이 죽은 것은) 내 탓이다"라며 한인 특유의 자책성 발언을 한 것 때문이다. 고씨의 이 말은 경찰의 통역 과정에서 범

행 자백으로 받아들여진 것으로 풀이된다.

[출처] '美 한인 아들살해 사건' 발생 1년만에 '누명' 의혹[연합뉴스] & 타살 아닌 자살 일수도"…한인 아버지 아들 살해 사건[시카고 중앙일보]2009년 4월 20일

위 사례와 유사한 사건이 오래 전 발생한 적이 있다. 미국 한인여성이 야간근로로 집을 비운 사이, 집에 혼자있던 어린 자녀가 옷장 위의 텔레비전이 넘어지면서 압사당한 사건이었다. 사고 후 엄마는 죄책감으로 '아이는 나 때문에 죽었다. 내가 아들을 죽였다'고 말한 것이 자녀 살해에 대한 자백으로 간주되어 유죄 판결을 받게 되었고 이 후 한인사회에서 구명운동을 벌인 사건이었다. 자녀에 대한 책임감과 자녀를 잘 돌보지 못한 것에 대한 자책성 발언이 통역과정에서 범행의 자백으로 받아들여진 것이다. 이는 한국 문화와 정서에 대한 이해부족뿐 아니라 말에 내포된 진정한 의미를 파악하지 못해 야기된 결과이다.

이러한 사례를 통해 알 수 있는 것은, 클라이언트 원국가의 문화에 대한 이해와 지식이 없는 상태에서 클라이언트를 원조하고자 하는 것은 비윤리적인 실천이 될 수 있으며 돌이킬 수 없는 실천과오를 범할 수 있다는 것이다.

(2) 사회복지사와 다문화 클라이언트 간 가치 상충사례

전문가는 자신의 가치, 클라이언트의 가치, 그리고 전문직의 가치가 무엇인지를 알아야 한다(Dolgoff 외, 2005). 그리고 사회복지사가 개인적으로 추구하는 가치가 클라이언트의 가치와 다르다고 자신의 가치를 클라이언트에게 부여해서는 안 된다. 다문화 클라이언트는 자신이 성장한 원국가의 문화와 원국가의 지배적인 가치에 익숙하기 때문에 한국사회의 지배적인 가치와는 충돌할 수 있다. 사회복지사와 클라이언트의 가치가 다른 것으로 인해 손실이 있거나 삶의 질 향상에 문제가 발생을 하지 않는다면, 클라이언트의 가치는 존중되어야 할 것이다.

아래 사례는 사회복지사에게 익숙한 가치와 다문화클라이언트가 성장한 원국가의 가치가 다른 상황에서 야기된 것으로 사회복지사가 다문화 가정 자녀에게 과도한 온정주의의 개입을 한 사례이다.

〈클라이언트와 전문가의 가치 차이와 사회복지사의 과도한 개입〉

근검절약을 중요하게 생각하는 환경에서 성장한 결혼이주여성 미키코는 한국 남편과 결혼하여 한국에서 생활한지 8년이 되었으며 아들과 딸을 키우고 있다. 미키코는 딸을 어린이 집에 보내면서 초등학생 아들이 신던 실내화를 깨끗하게 빨아서 보냈다. 첫 등원시 대부분 새 학용품, 새 옷, 새 신발을 장만해 주는 학부모에게 익숙한 어린이집 선생님은 낡은 실내화를 가져온 것이 마음에 걸려 다음날 실내화를 버리고 새 실내화를 사서 미키코의 딸이 신도록 하였다. 며칠 후 딸이 가져온 실내화를 보고서 미키코는 자신이 보낸 실내화를 버리고 새 신발을 사서 보낸 것을 이해 할 수 없었다. 미키코는 맘이 안 좋았으나 어린이집 선생님에게는 말하지 못했다고 하며 한국 사람들은 번쩍거리는 것, 새 것을 좋아하고 너무 빨리 변해서 정신이 없다며 사회복지사에게 털어 놓았다.

이 상황에서 어린이집 교사가 민감하지 못했던 것은 무엇인가?

- 이 가정이 경제적으로 열악하여 신던 실내화를 갖고 왔다는 편견을 갖고 있지는 않았는지 생각해 볼 필요가 있다.
- 첫날에는 새 실내화와 새 학용품을 가지고 온다고 생각한 것은 아닌지 자신의 고정관념을 점검해 볼 필요가 있다.
- 신던 실내화에 대해서 아무런 불편이 없음에도 새 실내화로 교체하므로 새것이 좋다는 가치를 아이에게 주입하게 되지 않았는지 고려해볼 필요가 있다.
- 아동의 보호자인 부모가 있음에도 정확한 정황을 확인하지 않고 지나치게 온정주의적인 개입을 한 것은 아닌지에 대해서 고려해 보아야 할 것이다.
- 무엇보다도 한국사회의 가치와 개인의 가치가 전문직의 가치보다 우세하게 작용한 것은 아닌지 숙고해 볼 필요가 있다.

(3) 존재하지 않는 자에 대한 보호와 지원

불법체류자는 합법적으로 국내체류허가를 받지 않고 정해진 체류 허가기간을 초과하여 출입국 관리법을 위반한 사람들이다. 국내체류 외국인 중 불법체류자는 세금납부의 의무도 없고 법치의 의무 역시 해당되지 않기 때문에 존재하지만 존재하지 않는 자일 수 있다. 고용 허가제 도입으로 한국에 들어온 외국인 노동자 중 체류 기간이 만료되어 출국해야 하지만 이들 중 출국하지 않고 불법체류자로 남아 있는 비율은 증가되고 있는 추세이다(불법체류자는 2011년 167,780명에서 2015년 213,565명으로 5년 새 27%가 증가함: 법무부 출입국·외국인정책본부자료, 2015).

불법체류자는 열악한 노동시장에 불법으로 고용되어 의료혜택과 산업재해의 보장에서 제외된 사각지대에 놓인 사람들이다. 또한 이들을 고용하는 사업주의 탈세까지 연결되는 이중의 문제를 안고 있다. 뿐만 아니라 불법체류자 자녀는 무국적자로 한국에 체류하지만 문서상으로는 존재하지 않기 때문에 합법적으로 보호받지 못하고 있는 것이 더욱 문제이다.

인권단체와 종교단체의 경우는 불법체류자의 권익을 보호하기 위해 노력을 하고 있지만 정부의 예산을 지원받는 민간사회복지시설의 경우 법적인 책무성과 관련하여 서류상에 존재하지 않는 이들을 보호하는 것은 용이한 일이 아닐 수 있다. 아래 사례를 통해 사회복지사가 어떤 과정을 통해 불법체류자인 K씨를 지원하는 것이 윤리적인 실천일 수 있는지를 논해보자.

○ 사례 ○

불법체류 중인 파키스탄인 K는 3개월째 임금이 체불되어 경제적으로 매우 어려운 상황이다. 그러나 불법체류자의 신분이라서 체불임금에 대해 회사에 요구하지 못하고 있다. 외국인 근로자지원센터에서 일하고 있는 사회복지사 박선생에게 찾아가보라고 K의 파키스탄 친구가 권유하여 K는 박선생에게 자신의 처지를 호소하였다.

이 상황에서 박선생은 K를 어떻게 원조할 수 있을까? 불법체류자이기 때문에 법을 준수하여 출입국관리사무소에 신고를 해야 하는 것인가? K가 근무하고 있는 회사의 임금

체불을 고용노동부에 신고해야 하는 것인가? K가 체불임금을 받고 한국에 합법적으로 체류하도록 도와야 하는 것인가? 자신의 국가로 돌아가도록 권유를 해야 하는 것인가? 이 상황에서 당신이 박선생이라면 어떻게 개입을 할 것인가?

- K씨를 지원하는 궁극적인 목적은 무엇인가?
- K씨가 직면하고 있는 문제 중 가장 시급하게 해결해야 하는 것은 무엇인가?
- 법을 준수하면서도 K씨의 권익을 옹호하는 방법은 무엇인가?

사회복지사는 다양한 정보를 제공할 수 있을 것이다. 적법한 절차를 거쳐서 국내에 체류할 수 있도록 원조할 수 있다. 또한 K씨를 적극적으로 지원을 해 줄 수 있는 민간의 외국인 근로자지원단체를 연결할 수 있을 것이다. 한국에 거주하고 있지 않지만 서류상 존재하지 않은 K씨에 대한 개입과정을 윤리적인 실천의 측면에서 고려해 보자.

(4) 조직구성원의 다양성

슈퍼바이저와 슈퍼바이지가 동일한 인종인 경우에 슈퍼바이지의 효능감이 높은 것으로 보고되고 있다(Jeffreys, 2001). 이는 익숙하고 편하게 인식되는 상황일 때, 업무에 대한 자신감을 가질 수 있음을 시사하는 것이며 조직 구성원의 다양성과 이질성에 대한 존중과 배려가 필요함을 반증하는 결과이기도 하다. 그러나 조직의 환경이 구성원 모두에게 익숙하고 동질적인 것은 아니다. 또한 어떤 경우는 동질적 요소보다 이질적인 상황에서 구성원이 더 동기화될 수도 있을 것이다.

조직 구성원의 다양성을 어떻게 관리하는가(diversity management)는 이미 인적자원관리의 일환으로 논의되고 있다. 인종, 국적, 성별, 종교, 문화 등과 같이 다양한 배경의 구성원이 함께 업무를 수행할 때 이들의 다양성을 존중하며 문화적 강점을 활용하여 조직성과로 연결하는 접근은 조직관리의 과제이기도 하다. 미국은 노동시장의 인종차별문제에 대한 대응으로 고용기회균등정책(Equal Employment Opportunity)을, 그리고 소수자우대정책(Affirmative Action)을 통해 다양성을 존중하는 고용 정책을 실시하고 있다. 실로, 다양성의 존중에 대한 이슈는 주로 다수 집단의 소수자와 관련이 되는 경우가 많기 때문에 고용차별과 불공정성의 문제를 완벽하게 차단하는 것은 힘든 과업이다.

다양성 관리란 '내적 · 외적 차이를 가진 다양한 노동력을 공평하고 효율적으로 활용하기 위한 체계적인 인적자원관리 과정'으로 정의된다(유민봉 · 박성민, 2014). 조직 구성원은 다른 사람과 다른 독특성을 갖고 있다는 이질적인 면과 동시에 이와 반대로 구성원간 외적요소나 가치관이 유사하다는 동질적인 측면을 갖게 된다. 그런데 서로 유사한 타인에게 호감을 갖게 되며(Graves & Powell, 1995) 이질적 요소가 많다고 인식할 경우는 의사소통의 문제와 갈등이 야기될 수 있기 때문에 구성원의 다양성을 효과적으로 관리하는 전략이 요구된다(오화선 · 민경률 · 박성민, 2015).

사회복지조직은 클라이언트의 다양성을 존중하는 것 뿐 아니라 사회복지사를 비롯한 조직구성원의 다양성 관리에도 관심을 가져야 한다. NASW 윤리강령에는 동료에 대한 사회복지사의 윤리적 책임부분에서 동료의 인종, 민족, 국적, 피부색, 성적지향, 연령, 혼인관계, 정치적 신념, 종교, 정신적 혹은 신체적 장애와 같은 개인적 특성에 대해서 비난을 하지 않아야 하며 이에 대해 존중할 책임을 명시하고 있다(NASW, 2008). 동료 간에는 서로의 차이를 인정하는 존중의 문화를, 그리고 조직관리차원에서는 조직성원의 다양성이 업무상황에서 시너지를 발휘할 수 있도록 하는 배려의 문화를 접목해야 한다.

다문화적인 인적구성을 고려한 모집, 선발의 공정성 확보, 개인특성을 고려한 배치와 인적자원 개발, 공정한 승진과 보상, 가족친화형 고용환경을 통한 일-가정 양립, 유연근무제 등은 다양성관리의 유형들이다. 조직의 다양성 관리는 구성원에게 긍정적인 영향을 미치고 있는데, 조직성원의 몰입, 직무만족, 창의성, 갈등감소와 같은 조직효과성에 긍정적 영향을 미치는 것으로 보고되고 있다(Choi & Rainey, 2014; 오화선 · 민경률 · 박성민, 2015).

표 8-1 개인의 다양성 수용도

※ 아래는 다양성 수용정도에 대한 문항이다. 각 상황에서 어떻게 느끼는지 1점(매우불편하다)~5점(매우 편하다)사이 응답한 후 합산한 점수로 자신의 수용 정도를 확인할 수 있다.

	VU	U	N	C	VC
1. 팀에서 여성과 남성이 함께 일하고 있을 때	1	2	3	4	5
2. 성원모두가 나와 다른 성별로 구성되어 있는 팀을 지도할 때	1	2	3	4	5
3. 성전환을 한 사람과 친구를 할 경우	1	2	3	4	5
4. 다른 인종의 사람과 친구가 될 경우	1	2	3	4	5
5. 성별이 다른 사람과 친구를 할 경우	1	2	3	4	5
6. 6A는 이성애자 일 경우, 6B는 동성애자일 경우 응답 6A-나는 이성애자이나 친구가 동성애자 일 경우 6B-나는 동성애자인데 친구가 동성애자가 아닐 때	1	2	3	4	5
7. 나는 애완동물로 생각하는 데 그것을 먹는 사람과 함께 저녁식사를 할 때	1	2	3	4	5
8. 내가 혐오동물이나 벌레로 생각하는 것을 먹는 사람과 저녁식사를 할 때	1	2	3	4	5
9. 에이즈양성인 사람이 팀의 동료여서 함께 일을 할 때	1	2	3	4	5
10. 교통사고로 사람을 죽여 형을 살고 출소한 사람과 팀의 동료로 일을 할 때	1	2	3	4	5

출처 : DuBrin, Andrew J.(2010). Leadership: Research Findings, Practice, and Skills. OH: Mason, South-Western.

* 1(VU) : 매우 불편하다(Very Uncomfortable), 2(U) : 불편하다(Uncomfortable), 3(N) : 그저 그렇다(Neutral), 4(C) : 편하다(Comfortable), 5(VC) : 매우 편하다(Very Comfortable)

☆ 40-50점 : 다양한 사람과 일할 때 높은 수준의 관용과 융통성을 지닌 사람

☆ 21-39점 : 당신과 다른 사람과 일할 때 평균정도의 관용을 지닌 사람. 차이와 다름에 대한 관용을 조금 더 갖는 다면, 효과적인 다문화지도자가 될 수 있음.

☆ 10-20점 : 당신과 다른 사람과 일을 할 때 많은 어려움이 있을 수 있는 사람. 다문화 지도자로 성과를 발휘하기는 어려울 수 있음.

5. 슈퍼비전의 윤리적 쟁점

슈퍼비전은 사회복지실천현장에서 사회복지의 질적 함양을 위해 사회복지사가 하는 일을 그 일에 대한 사전 경험이 풍부한 사회복지사가 지도감독하는 일을 지칭한다(양옥경 외, 2010). 그러나 비단 사회복지사뿐 아니라 사회복지실습생이나 자원봉사자에 대한 지도감독도 슈퍼비전의 맥락에서 함께 고려되어야 한다.

슈퍼비전은 슈퍼비전을 제공하는 슈퍼바이저와 슈퍼비전을 제공받는 슈퍼바이지의 관계 속에서 진행되는데, 이 관계는 기관에서의 공식적 관계이다. 슈퍼바이저는 슈퍼바이지에 비해 상위의 지식과 기술을 겸비하고 있어야 하며, 소속된 기관에서 슈퍼바이저로 공식적인 권위가 부여되어야 한다. 슈퍼비전은 슈퍼바이저, 슈퍼바이지, 클라이언트, 업무환경, 활용되는 주된 이론 등 여러 요소가 관련되지만, 무엇보다도 슈퍼비전의 핵심은 슈퍼바이저와 슈퍼바이지 그리고 슈퍼바이지가 담당하고 있는 업무와 관련된 클라이언트이다.

사회복지실천과정에서 슈퍼비전의 필요성과 중요성은 지속적으로 강조되어 왔다. 이는 사회복지가치를 기반으로 클라이언트에게 질적인 서비스를 제공하기 위해서 그리고 윤리적 실천을 위해서 정기적이고 공식적인 상사의 지도감독이 요구되기 때문이다. 따라서 슈퍼비전의 단기 목표는 사회복지사의 업무능력향상, 업무를 효율적으로 할 수 있는 작업환경의 제공, 그리고 업무만족감의 증진일 수 있으나 중장기적이며 궁극적인 목적은 슈퍼바이지인 사회복지사의 업무와 관련된 제반 역량강화를 통한 클라이언트에 대한 질적이고 윤리적인 실천, 그리고 조직의 책임성 이행이라 하겠다.

무엇보다도 사회복지실천현장에서 상위의 지식과 기술을 겸비한 슈퍼바이저에 의해 슈퍼비전이 제공되어야 하는 것은 슈퍼바이지의 실천상의 과오를 예방하고 결과적으로 클라이언트에게 질적인 서비스를 제공할 수 있는 기제로 슈퍼비전이 주요 역할과 기능을 하기 때문이다. 따라서 본 절에서는 슈퍼비전과 관련된 윤리강령의 내용을 살펴보고 윤리적 쟁점의 사례를 고찰해 보도록 하겠다.

1) 슈퍼비전에 관한 윤리강령

(1) 슈퍼비전에 관한 한국 윤리강령의 내용

우리나라의 사회복지사 윤리강령에는 동료에 대한 윤리기준 중 하위 내용으로 4개 항목의 슈퍼비전 관계와 관련된 윤리기준을 명시하고 있다. 무엇보다도 슈퍼바이저는 업무상 상사이기 때문에 슈퍼바이지에 비해 상위의 권한을 갖게 되며, 이로 인해 권력의 오남용이 발생할 수 있기 때문에 슈퍼바이저의 권력적 지위의 남용을 금하고 있다. 이와 더불어 업무와 관련된 공정한 책임 수행과 슈퍼바이지의 성장을 위해 평가의 내용을 공유할 것을 제시하고 있으며 슈퍼바이저의 지도를 따라야 하는 슈퍼바이지의 윤리적 책임도 강조하고 있다.

표 8-2 한국 사회복지사 윤리강령 : 슈퍼바이저 윤리기준

슈퍼바이저	• 슈퍼바이저는 개인적인 이익의 추구를 위해 자신의 지위를 이용해서는 안 된다.
	• 슈퍼바이저는 전문적인 기준에 의해 공정하게 책임을 수행하며, 사회복지사, 수련생 및 실습생에 대한 평가는 저들과 공유해야 한다.
	• 사회복지사는 슈퍼바이저의 전문적 지도와 조언을 존중해야 하며, 슈퍼바이저는 사회복지사의 전문적 업무수행을 도와야 한다.
	• 슈퍼바이저는 사회복지사, 수련생 및 실습생에 대해 인격적, 성적으로 수치심을 주는 행위를 해서는 안 된다.

◎ 슈퍼비전과 관련된 윤리적 사례

1. 대학원에 다니고 있는 슈퍼바이저가 '프로그램개발과 평가' 수업 과제를 위해 팀원에게 하고 있는 프로그램의 내용을 정리해서 줄 것을 요구하고 있다. 이러한 상황에서 내가 팀원이라면 어떻게 해야 하는가?

2. 실습목표 중 하나는 실습생의 자아인식을 향상하는 것이며 사회복지에 대한 정체성을 증진하는 것이다. 실습종료 시점에서 실습생이 자신에 대한 평가내용을 전혀 알지 못한다면 윤리강령의 기준에 위배되는 것이라는 점에 대해서 공감하는가?
3. 노인복지프로램을 처음 담당하게 된 초임 사회복지사가 노인집단활동 프로그램을 새롭게 기획하였다. 슈퍼비전을 받고 싶었으나 슈퍼바이저가 매우 바빠서 활동내용에 대해서는 구체적인 피드백을 받지 못한 상황에서 프로그램을 시작하였다. 2회기 집단 프로그램 중에 레크리에이션을 진행하는 과정에서 노인이 넘어져서 사고를 당했다. 프로그램 내용을 다시 살펴보니 노인에게는 부적절한 레크리에이션이었다. 슈퍼바이저는 믿고 맡겼는데 왜 이런 내용을 프로그램에 넣었냐고 질책을 하고 있다. 초임 사회복지사는 슈퍼바이저의 검토와 결재를 받아서 한 것이라고 말하고 있다. 과연 이 상황에서 어떤 윤리적인 사안들이 제시될 수 있으며, 이러한 일이 발생하지 않기 위해서는 어떻게 해야 하는 것인가?
4. 실습슈퍼바이저가 지나치게 농담을 하여 실습 초기부터 불편한 상황이었는데 실습 중반이 되어도 외모에 대한 농담을 계속하고 있다. 건의를 하면 실습슈퍼바이저와의 관계나 실습점수에 불이익을 받을 것 같아 말도 못하고 있다. 여러분이 이 상황의 실습생이라면 어떻게 대응하겠는가?

(2) 슈퍼비전에 관한 미국사회복지사 윤리강령의 내용

미국사회복지사 윤리강령은 슈퍼비전과 자문을 함께 묶어서 윤리기준을 제시하고 있다. 이 내용의 핵심은 슈퍼바이저의 중요한 자격으로 슈퍼비전을 제공하기 위해 필수지식을 구비해야 함을 강조하고 있으며, 자신의 능력의 범위 안에서만 제공할 것을 권하고 있다. 미국윤리강령의 이 윤리기준은 다중업무를 담당하면서 여러 팀원을 비롯하여 많은 실습생을 지도하고 있는 한국사회복지사들이 고민해야하는 내용일 수 있다. 자신을 도구로 활용하는 사회복지사에게 중요한 것은 자아인식이다. 자신의 능력의 범위와 한계에 대한 인식은 슈퍼바이저, 슈퍼바이지, 그리고 클라이언트에 대한 윤리적 책임의 기본이 될 것이다.

미국사회복지사 윤리강령은 슈퍼비전에 있어 경계와 관계의 이슈를 제시하고 있으며 슈퍼바이지의 업무와 관련된 공정성을 강조하고 있다. 슈퍼바이저-슈퍼바이지의 관계이면서 동시에 사제관계, 친인척관계, 채권채무관계, 이전 클라이언트이면서 현재 동료의 관계는 전문적 경계를 모호하게 할 수 있는 이중 및 다중 관계다. 모든 이중 및 다중관계가 문제되는 것은 아니지만, 이중 및 다중관계는 전문적 관계의 경계에 부정적일 수 있기 때문에 사전에 이를 예방하는 조치가 요구된다.

슈퍼비전은 슈퍼바이지의 전문적인 성장을 지원하는 과정이므로 슈퍼바이저와 슈퍼바이지의 양방적인 평가를 통해 성장을 위한 피드백을 제공해야 한다. 이 피드백은 슈퍼바이지이의 성향이 좋은지 혹은 나쁜지를 평가하는 것이 아니라 업무와 관련된 내용에 대한 공정한 평가여야 하며 슈퍼바이지의 성장과 발전을 위한 슈퍼바이저의 조언과 충고를 담고 있어야 한다.

표 8-3 미국 사회복지사 윤리강령 : 슈퍼바이저 윤리기준

내 용
(a) 슈퍼비전이나 자문을 제공하는 사회복지사는 필요한 지식과 기술을 갖추고 있어야 하며, 자신의 지식이나 능력의 범위 내에서만 제공해야 한다.
(b) 슈퍼비전이나 자문을 제공하는 사회복지사는 명백하고, 적절하며, 문화적으로 민감한 경계를 설정할 책임이 있다.
(c) 사회복지사는 슈퍼바이지를 착취하거나 해를 끼칠 가능성이 있을 경우에는 슈퍼바이지와 이중, 다중의 관계를 가지면 안 된다.
(d) 슈퍼비전을 제공하는 사회복지사는 공정하고 정중하게 슈퍼바이지의 성과를 평가해야 한다.

슈퍼비전의 윤리에 대해 학자들이 제시한 내용은 다음과 같다.

① Brown과 Bourne(1996)의 슈퍼비전의 윤리성

- 슈퍼비전은 기관과 사회의 구조적 배경에서 고찰될 필요가 있다.
- 사회복지실천과 지역사회보호는 본질적으로 직원들 간에 높은 수준의 상호 의존성이 있는 집합적인 팀 중심의 활동이기 때문에 슈퍼비전은 이것이 갖

는 함의를 고려할 필요가 있다.

- 슈퍼비전은 과제 수행, 조정, 통제 기능만큼이나 슈퍼비전 관계, 감정, 직원 발전도 중요하게 여기는 인간중심적 활동이다.
- 슈퍼비전의 내용과 과정은 반억압적이고 반차별적이어야 하기 때문에 서비스 이용자와 직원들 모두를 세력화시킬 의무가 있다.
- 슈퍼바이지들과 슈퍼바이저들은 그들의 학습이 자율적일 때 최선의 학습을 하는 성인들이기 때문에 슈퍼비전에서 능동적이고 적극적인 접근법이 채택된다.
- 정규적인 슈퍼비전은 모든 사회복지사들이 받을 권리가 있는 자원이다.

② Reamer(2001)의 슈퍼비전 윤리성

- 클라이언트가 고지된 동의를 하기 위해 필요한 정보를 슈퍼바이지에게 제공해야 한다.
- 개입계획을 통해 발전하고 실행하고자 하는 슈퍼바이지의 노력을 감독해야 한다.
- 클라이언트와 접하는 전체 과정에서 슈퍼바이지의 과오(비밀정보의 부적절한 공개와 같은)에 대해 확인하고 반응을 해야 한다.
- 슈퍼바이저는 클라이언트가 언제 다른 곳으로 의뢰되어야 하며, 치료의 종결은 언제 해야 하는지에 대한 것을 슈퍼바이지가 알게 해야 한다.
- 슈퍼바이지가 언제 자문을 받아야 하는지에 대해 알아야 한다.
- 슈퍼바이지의 역량부족, 비윤리적 행동과 관련한 이슈에 대해 슈퍼바이지가 기꺼이 말할 수 있도록 능력과 자발성을 모니터링해야 한다.
- 슈퍼바이지와 그들의 클라이언트 사이의 경계가 적절한지를 모니터해야 한다.
- 신체적인 위험으로부터 제3자를 보호해야 한다.
- 필요 이상의 방임적인 개입 계획 및 수행을 간파하거나 중지시켜야 한다.
- 특정 클라이언트의 개입에 필요한 외부 전문가를 활용할 수 있어야 한다.

- 슈퍼바이지와 정기적으로 만나야 한다.
- 슈퍼바이지의 기록, 결정, 행동들을 고찰하고 승인한다.
- 슈퍼바이지의 결근 등의 부재 시 적절히 담당해야 한다.
- 제공된 슈퍼비전을 문서화해야 한다.
- 슈퍼바이지와의 관계에서 적절한 경계를 유지해야 한다.
- 적시에 그리고 정보가 될, 성과평가와 피드백을 슈퍼바이지에게 제공해야 한다.
- 슈퍼비전에 대한 동의서는 문서화해야 한다.
- 윤리적인 관심과 이슈들을 다루려는 슈퍼바이지의 노력에 주의깊게 반응해야 한다.
- 슈퍼바이지에게 적절한 슈퍼비전을 제공받을 충분한 시간을 주어야 한다.
- 슈퍼바이지가 자신들의 전문적인 책임을 수행할 수 있도록 업무량을 적절히 제공하도록 한다.

2) 슈퍼비전과 관련된 윤리적 쟁점

NASW(1996)의 Working paper에서 제시된 슈퍼비전의 문제점은 다음과 같다 (Itzhaky, 2000).

- 슈퍼비전이 클라이언트의 욕구보다 과도하게 사회복지사에게 초점을 맞추는 경우 : 슈퍼바이저가 슈퍼바이지의 전문적인 발달에만 초점을 둔다면 클라이언트는 전문적인 성장을 위한 도구가 될 수 있다. 슈퍼비전을 제공하는 목적은 사회복지사의 전문적인 성장을 통한 클라이언트에 대한 질적 서비스 제공이라는 사실을 잊어서는 안 될 것이다.
- 슈퍼비전이 종종 검열 혹은 통제를 위해 사용되며 전문적 개발을 위해 활용되지 않는 경우 : 슈퍼비전은 검열과 통제의 수단이 아니다. 실천상의 오류를 예방하고 보다 나은 전문 서비스 제공을 위한 지도감독의 성격을 갖는다. 따라

서 슈퍼바이저나 슈퍼바이지의 학습에 대한 개방성이 전제되어야 할 것이다.

- 슈퍼비전의 효과성을 평가하기 위한 인정되고 명료한 기준의 부재 : 슈퍼비전의 중요성에도 불구하고 실제 슈퍼비전이 얼마나 효과가 있었는지에 대한 객관적인 기준은 부재하다. 이러한 이유로 슈퍼비전의 효과가 과학적으로 제시되고 있지 못하고 있다.
- 슈퍼비전이 일반적으로 "닫힌 문 뒤에서(behind closed doors)" 행해지므로 사회복지사와의 관계에 있어 슈퍼바이저의 권력 오용의 가능성 문제 : 슈퍼바이저는 위계 구조상 권한을 갖고 있다. 그 권한은 기관에서 목적적으로 부여받은 것임에도, 간혹 이 권한이 오용되므로 인해 슈퍼비전의 목적을 달성할 수 없는 경우도 있을 수 있다.

위에 지적하고 있는 슈퍼비전의 문제점 이외에 슈퍼비전의 윤리적인 측면과 관련하여 몇 가지 사례를 살펴보도록 하자.

(1) 슈퍼비전 체계를 구비할 수 없는 시설

사회복지시설이 '시설장-부장 혹은 과장-선임-사회복지사'의 위계구조를 갖기 위해서는 조직의 규모가 일정 수준 이상이어야 한다. 의사결정 과정의 책임체계가 명확한 전문적 위계구조를 갖지 못할지라도 적어도 2인 이상의 사회복지사가 종사할 경우 경력에 따라 전문적 위계를 가질 수 있다. 물론 슈퍼바이저가 직제 상 상급자를 의미하는 것은 아니지만 우리나라의 경우 대부분 팀장이나 과장 등 상급자 혹은 선임에 의해 슈퍼비전이 제공되기 때문에 조직구조의 체계는 윤리적 실천을 지향하기 위해 일면 안전장치의 기능을 한다고 볼 수 있다. 그러나 최근 소규모시설이 급증하면서 사회복지사 1인 종사시설이 증가하고 있는데, 이 경우는 직제 상 상위의 지식과 기술을 겸비한 슈퍼바이저를 둘 수 없는 문제가 있다.

이 경우 아래의 대안을 생각해 볼 수 있다.

- 외부 인력의 자문을 통해 슈퍼비전의 기능을 보완할 수 있다.
- 지역사회 네트워크를 통해 유관시설 소속 슈퍼바이저의 슈퍼비전을 정기적으로 제공 받을 수 있다.
- 유사기관 간 네트워킹을 통해 동료슈퍼비전을 활용할 수 있다.
- 원로사회복지사의 전문봉사활동을 통해 슈퍼비전과 자문을 받을 수 있다.
- 윤리적 사안과 관련하여 윤리위원회의 자문을 활용할 수 있다.

사회복지사가 한 명인 소규모 시설에서 실습을 하는 경우 실습지도에도 제한이 따를 수 있다. 사회복지사가 과도한 업무와 슈퍼비전을 병행하는 것이 현실적으로 어려울 수 있으며, 윤리적 사안과 관련하여서도 기관 의사결정 체계의 스크리닝을 받을 수 없는 문제가 있다.

아래 사례를 읽고 가능한 대안에 대해 토론해 보자.

☞ O그룹홈은 15년 넘게 동일한 장소에서 운영되어 오면서 재정난이 심해 시설개보수를 하지 못하고 있다. 낡고 좁은 방 2개의 단층 주택에 5명의 아동이 거주하고 있는데 여름방학에 아동 학습 및 생활지도를 위해 실습생을 받고 있다. 이번 실습생은 4명인데, 함께 실습을 하지 않고 요일별로 각각 실습을 하면서 아동을 지도하고 있다. 실습지도는 이 그룹홈에서 유일하게 실습지도자 자격이 있는 원장이 담당하고 있다. 그러나 실습생에게 '알아서 아동을 지도하세요'라고 말할 뿐 구체적인 방향이나 실습내용에 대한 슈퍼비전은 제공되지 않고 있다. 중간평가가 있을 것을 기대했지만 평가는 진행되지 않아 이후 실습도 동일하게 진행될 것 같아 걱정이다. 그룹홈에서 실습을 한 것은 아동을 밀착 지도하면서 구체적으로 배울 수 있을 것이라는 생각에서였지만 전문적인 배움의 기회는 주어지지 않고 봉사를 하고 있는 느낌이다. 게다가 아동이 공부할 책상도 없어 마루에서 좌식책상 겸 밥상에서 지도하고 있고, 아동의 방은 매우 지저분하고 어수선하고 정리정돈이 전혀 되고 있지 않고 장판과 벽지는 일부 훼손된 상황이다. 실습을 하면서 지도를 못 받는 것 뿐 아니라 이 그룹홈이 진정 아동을 위한 공간인지 고민이 되고 있다.

- 어떤 윤리적인 쟁점이 있는가?

• 어떤 윤리적 지침을 근거로 위의 문제를 접근하고 대안을 모색할지 토론해 보자.

(2) 슈퍼바이저의 자격문제

누가 슈퍼바이저인가? 기관의 상급자, 경력이 많은 직원, 연장자, 아니면 학력이 높은 직원. 이러한 여러 조건들이 논의될 수 있지만, 슈퍼바이저의 최대의 자격은 지식과 기술면에서 슈퍼바이지보다 상위인 자여야 한다(Kadushin, 1992). 지식과 기술이 상위라는 것을 명확히 확인하기 어렵기 때문에 대부분의 경우 팀장 혹은 과장과 같이 직제 상 상급 경력자에 의해 슈퍼비전이 제공되고 있다. 그런데 문제는 슈퍼비전을 어떻게 제공하고 어떤 내용으로 슈퍼비전을 주는지에 대해서 현장 실무자들이 모르는 경우가 있다.

슈퍼비전의 방법과 기술을 학습하는 방법은 다양하지만, 가장 효과적인 학습방법은 슈퍼비전을 통해서이다. 슈퍼바이저를 모델삼아 슈퍼바이지가 슈퍼비전기법을 학습하고, 이후 슈퍼바이저가 되었을 때 이를 활용하는 것이다. 그러나 우리나라의 경우 정신보건사회복지나 의료사회복지와 같이 일부 전문영역을 제외하고는 슈퍼바이저 자격취득에 대한 규정이 없기 때문에 슈퍼바이저 간에도 슈퍼비전의 기법과 지식에 대한 격차가 심한 것이 현실이다.

뿐만 아니라 다학제 전문가가 팀원인 경우 슈퍼바이저와 슈퍼바이지의 전문자격이 상이함에도 슈퍼바이저의 역할을 수행하는 경우도 있으며, 사회복지시설에서 일반직으로 근무하다가 사회복지사가 된 경우 사회복지사 근무경력이 슈퍼바이지에 비해 적음에도 사회복지시설에 근무한 경력이 길다는 기준을 적용하여 슈퍼바이저가 되는 경우도 있다. 그리고 슈퍼바이저에 비해 슈퍼바이지가 상위의

학위를 보유하고 있을 경우도 슈퍼바이저의 자격과 관련하여 적합한지에 대해서도 논란이 될 수 있다. 슈퍼바이저가 누구인가? 이와 관련하여 쟁점이 될 수 있는 사안은 다음과 같다.

- **상급자인 슈퍼바이저가 사회복지사 2급이고 슈퍼바이지인 신입직원이 사회복지사 1급인 경우** : 사회복지사업법상에 1급 사회복지사와 2급 사회복지사의 기준이 상이한 상황에서 상급자인 2급 사회복지사가 1급 사회복지사인 신입직원의 슈퍼비전을 주는 것이 타당한가? 찬반논란이 있을 수 있다. 여러분은 어떤 의견인가?

- **학사학위의 슈퍼바이저가 석사학위의 슈퍼바이지를 지도하는 경우** : 대학졸업 후 4년간 사회복지현장에서 근무한 선임자가 대학원을 졸업하고 현장 2년차인 후임자의 슈퍼바이저가 되는 경우 현장경험이 많기 때문에 슈퍼바이저로 가능한가? 아니면 학위와 경험 둘 다 상위여야 슈퍼바이저의 자격이 되는 것인가? 여러분은 어떻게 생각하는가?

- **사회복지관 재직기간은 길지만 사무직에서 사회복지직으로 전환하여 사회복지사 종사기간은 슈퍼바이지에 비해 짧은 경우** : 슈퍼바이저의 사회복지시설 총재직 기간은 10년이지만 사회복지사자격증을 취득하고 종사한 기간은 4년인 상황에서 5년차 사회복지사의 슈퍼바이저라면 적격이라고 생각하는가? 여러분은 어떻게 생각하는가?

- **타분야 전문직에게 사회복지사가 슈퍼비전 주는 경우** : 여러 전문직이 종사하여 물리치료사와 간호사가 팀원으로 있어 이들의 슈퍼바이저로 사회복지사가 슈퍼비전을 주는 것은 타당한가? 어느 정도의 범위에서 제공해야 하며,

타당하지 않다면 어떤 대안이 있을 수 있겠는가?

• **슈퍼바이저와 직접 관련 없는 업무에 대한 슈퍼비전** : 슈퍼바이지가 슈퍼바이저의 힘을 약화시키는 게임 중 '당신이 이 일에 대해서 아는 것이 무엇입니까?'(Kadushin, 1992)라는 것이 있다. 실무경험이 없는 분야나 아니면 지금 담당을 하고 있지 않은 업무, 혹은 삶의 경험이 없는데(자녀를 양육해 본 경험이 없는데 아동지도에 관한 슈퍼비전을 주는 경우) 슈퍼비전이 가능한가에 대한 것이다. 그렇다면, 장애인복지 팀장이 아동복지를 담당하고 있는 슈퍼바이지에 대해 슈퍼비전을 주는 것은 불가능한 것인가? 슈퍼바이저는 직접적인 실천을 하지 않더라도 그동안의 경험과 지식과 기술을 토대로 충분히 슈퍼비전을 제공할 수 있는 것이 아닌가? 이와 관련하여 여러분은 어떻게 생각하는가?

(3) 슈퍼비전을 제공하지 않는 문제

슈퍼비전은 적시에 제공되어야 한다(양옥경 외, 2010). 실습생이나 자원봉사자에게 클라이언트와 대면하는 업무를 할당하면서 적시에 슈퍼비전을 제공하지 않는 것이 비윤리적인 실천일 수 있음에 공감을 하는가? 클라이언트는 질적인 서비스를 제공 받을 권리가 있기 때문에 가장 숙련된 사회복지사와 접할 수 있어야 한다. 따라서 사회복지사 자격증이 없는 실습생이 직접 실천을 할 경우 일단의 안전조치를 구비해야 한다. 안전조치의 가장 기본은 직무분석일 수 있다. 이는 기관의 직무분석을 통해 각 업무에 요구되는 지식, 기술, 능력 그리고 각 업무의 과업 및 책임과 의무를 명시하므로 그에 맞는 인력에게 업무를 할당할 수 있게 되며, 업무와 인력의 적합성을 고려한 결정을 할 수 있게 된다(Lewis, Lewis, Packard, & Soufflée, 2001). 직무분석을 통해 특정 직원이 담당해야 할 업무, 직원 중 경력자가 해야 할 업무, 그리고 실습생이 해도 될 업무 등이 명시되어 실습생에게는 난이도와 위험도를 고려한 업무가 할당될 수 있다.

직무분석을 통해 업무가 할당된다 해도 휴먼서비스에 대한 기술은 불확정적인 특성을 갖기 때문에 숙련이 되지 않은 직원이나 실습생에게는 적시에 슈퍼비전이 제공되어야 한다. 또한 초임 사회복지사나 실습생의 경우 대상자에 대한 이해가 불충분하며 지식과 기술이 불충분할 수 있기 때문에 제한된 범위에서 직접 서비스를 할당해야 하며, 슈퍼바이저가 면밀히 지도감독해야 한다.

다음의 사례에 대해 실습지도자와 실습생의 입장에서 논의해 보자.

☞ 실습 중 수정 학생은 사례관리 대상자를 재사정을 하게 되었다. 실습지도자에게 실습생인 자신이 재사정을 해도 되는지 묻자 그동안 업무가 많아 재사정을 못했기에 실습생을 활용하는 것이라고 설명해 주었다. 수정 학생은 사례의 변화사항을 모르기 때문에 신규사정처럼 면접을 하면서 자신이 재사정을 잘하는 것인지 불안하기만 했다. 그러던 중 다가구주택 2층에 사는 클라이언트 집을 방문하러 계단을 올라가다가 2층 초입에 묶여있던 개가 짖는 소리에 놀라 계단에서 굴러 넘어졌다. 깁스를 하고 치료받느라 남은 기간 동안 실습은 할 수 없었다.

- 어떤 윤리적 쟁점이 있는가?

- 윤리강령의 어떤 조항에 위배가 되는지 부록에 제시된 한국과 미국사회복지사협회 윤리강령에서 조항을 찾아보자.

☞ 도농복합지역 노인복지관에서 실습을 한 영빈 학생은 복지관 뒤뜰에서 어르신 대상 여가프로그램을 진행하였다. 노인복지관 시설평가준비로 바쁜 실습지도자는 프로그램 진행 시 문제가 발생하면 연락을 하라고 말한 후, 사무실에서 평가를 준비하였다. 여가프로그램 진행 중, 쉬는 시간에 어르신 한 분이 가져온 막걸리가 문제가 되었다. 드시지 마시라고 했지만 어르신은 술잔을 돌리며 영빈 학생의 만류도 무시하고 막걸리를 계속 권하여 영빈 학생은 거절할 수 없어 한잔을 마시게 되었다. 다른 어르신도 술을 권하여 영빈학생을 실습 중, 여러 잔을 마시게 되었다.

- 어떤 윤리적 쟁점이 있는가?

- 윤리강령의 어떤 조항에 위배가 되는지 부록에 제시된 한국과 미국사회복지사협회 윤리강령에서 조항을 찾아보자.

초임 사회복지사나 실습생과 같이 비숙련 실천가의 실천과오의 최종 책임은 슈퍼바이저이다. 실천과오를 예방하며 질적 서비스를 위해서 슈퍼비전은 선택이 아니라 필수적으로 제공되어야 한다.

09 사회복지조직, 환경과 관련된 윤리적 쟁점

이 장에서는 사회복지조직의 업무환경의 변화와 관련된 윤리적 쟁점에 대해 살펴보고자 한다. 조직내부의 갈등, 클라이언트를 대상으로 하는 조사와 연구, 조직의 규정 그리고 기술발전 및 한정된 자원배분과 관련된 쟁점에 대해서 살펴보도록 하겠다.

1. 조직내부의 갈등

사회복지조직의 환경변화 중 하나는 사회복지시설 종사자의 사회복지노동조합 활동이다. 사회복지노조는 시설비리나 사회복지사처우 개선을 위한 활동을 주로 하고 있으나 사회복지사의 노조활동에 대해서는 이견이 존재한다. 사회복지사의 근로환경이 개선되어야하는 것에는 이견이 없지만, 그것에 접근하는 방법에 차이가 있기 때문이다.

사회복지시설은 민간위탁 형태로 운영되기 때문에 노사관계에서 사용자는 정부가 아니라 위탁 사회복지법인이 된다. 그러나 주인이 없는 사회복지시설의 법적인 사용자가 사회복지법인이라는 것을 온전히 수용하기에는 무리가 있어, 실질적 사용자는 정부라는 인식이 존재하고 있다. 사회복지시설의 사용자인 비영리사회복지법인은 직영시설을 제외하고는, 정부로부터 사회복지시설을 위탁받아 계약기간 동안 사업을 수행하기 때문에 대부분 사회복지조직은 노조활동보다는 노사협의체나 직원고충처리위원회가 활동하고 있다. 그러나 일부 조직은 법인의 파행적

운영이나 심각한 근로기준법 위반으로 인해 조직 내부에서 노조가 영향력을 행사하고 있다.

정부로부터 혹은 외부의 자원에 의존해 목적사업을 수행하는 사회복지시설에서 누가 노동자이고 누가 사용자인지에 대해서 명확히 이해할 필요가 있다(서울시사회복지사협회, 2004).

① 근로자란 : 근로기준법상의 근로자는 "직업의 종류를 불문하고 사업 또는 사업장에서 임금을 목적으로 근로를 제공하는 자"(근로기준법 제2조)를 말한다. 따라서 사회복지시설에서 임금을 목적으로 종사하는 모든 정규직과 비정규직 직원은 근로자에 해당된다.

② 시설장은 근로자에 해당되지 않음: 사회복지시설의 시설장은 위탁법인에서 임명하고, 급여는 정부보조금으로 지원되지만 대외적으로 시설을 대표하고 인사권을 갖고 있기 때문에 근로기준법상 근로자에 해당되지 않는다.

③ 근로기준법상 사용자란 : 사업주, 사업경영담당자, 기타 근로자에 관한 사항에 대하여 사업주를 위하여 행위를 하는 자를 말한다.

④ 사회복지시설의 사업주 : 사업주는 그 사업을 책임지는 경영주체를 의미하므로 사회복지시설에서의 사업주는 "법인"이라고 할 수 있다.

비영리법인이 운영하는 사회복지시설에서 노사갈등이 발생하는 가장 큰 이유는 탈윤리경영과 관련된다. 또 일부는 근로기준법 미준용과 관련된다. 사실, 사회복지시설에서 근로기준법을 완벽하게 준수하기란 쉽지 않은데 이는 정부지원금으로 근로기준법상에 제시된 근로자에 대한 법적 복리후생을 온전하게 준수하는 것이 현실적으로 불가능하기 때문이다. 예를 들어, 직원의 야근수당을 근로기준법에 준해 지급하는 것은 사회복지시설의 예산부족으로 인해 불가능하기 때문에 대체휴무를 권하거나 법적 기준에 못 미치는 야근 수당을 지급하는 경우가 많아 지속적으로 개선되어야 할 과제이다. 그럼에도 불구하고 대부분 사회복지시설에서는 노사갈등 없이 원활하게 사업을 수행하고 있다. 이는 사회복지조직의 존재이유가 클라이언트의 삶의 질의 향상을 목적으로 하는 비영리법인이라는 것에 대해 구성원의 암묵적 합의가 있기 때문이며 사회복지조직을 위해 위탁법인에서 성실하게 지원을 하고 있다는 것에 대한 공감이 가능할 경우에 해당된다. 또는 일부 위탁법인의 운영이 발전적인 방향으로 개선되어야 함에도 노사갈등의 문제가 야기될 경우 법인차원에서 위탁을 포기할 수도 있기 때문이다.

〈근로기준법의 적용과 클라이언트에 대한 서비스 제공〉

☞ 한 사회복지시설에서 노조활동으로 근로기준법을 엄격하게 준수할 것을 합의했다고 가정을 해보자. 직원들은 출퇴근 시간을 엄수하고 야근수당이 지원되지 않을 경우 초과근무를 할 수 없다는 입장을 노조가 표명하고 있으나 이에 대한 지원을 정부보조금으로는 충당할 수 없는 상황이라 실질적으로 초과근무수당을 제공할 수 없는 실정이다. 이 상황에서 클라이언트가 상담을 받기 위해 오후 5시 45분에 방문을 하였다. 6시 퇴근이기에 직원의 퇴근이 임박한 시간이다.

- 이 기관에 근무하는 사회복지사로 가정을 하고 어떻게 대응해야 하고, 실제 본인은 어떻게 할 것인지 토론해 보자. 부록의 미국사회복지사 윤리강령 3.10조항을 살펴보면서 이 조항 외에 어떠한 윤리강령 조항이 이 사안에 적절한 지침을 제공할 수 있는지에 대해서 논의해보자. 그리고 윤리강령의 기준에 근거하여 이 상황의 사회복지사라면 어떻게 대응할 것인지 의견을 나눠보자(방문한 클라이언트에게 다음에 상담하자고 돌려보낼 것인가, 아니면 15분 정도의 시간만 할애하여 상담을 할 것인가, 퇴근이 늦어지더라도 상담을 할 것인가?)

2. 연구, 조사 및 평가

최근 사회복지조직의 책임성에 대한 강조와 평가제도의 도입, 공모사업을 통한 프로그램의 전문화, 그리로 현장중심의 연구 활성화로 클라이언트와 사회복지사를 대상으로 한 연구조사가 활발하게 진행되고 있다. 아울러 증거기반실천(Evidence-Based Practice)이 사회복지학에도 접목되면서 최선의 임상적 근거를 위한 연구조사의 필요성이 강조되고 있으며(Roberts & Yeager, 2006), 사례중심의 질적 연구로 클라이언트를 대상으로 하는 심층면접이 행해지고 있다.

사회복지실천현장에서 연구조사가 윤리적 쟁점으로 논의되는 것은 연구의 대상이 서비스 대상인 클라이언트라는 점이다. 클라이언트를 대상으로 제공된 서비스의 효과성을 입증하는 과정에서 고지된 동의, 서비스 제공여부에 대한 비밀보장, 사생활의 보호, 연구결과와 관련된 정보공개, 그리고 실험집단과 통제집단을 구성하는 과정에서 통제집단에 대한 서비스의 유보로 인한 윤리적 문제 등, 연구조사와 관련된 윤리적인 사안이 야기될 수 있다.

1) 윤리강령의 연구조사 관련 내용

한국사회복지사 윤리강령의 연구조사와 관련된 조항은 사회복지사의 '전문성 개발을 위한 노력'의 항목에 제시되고 있다. 사회복지사는 클라이언트에게 최상의 서비스를 제공하기 위해 지식과 기술을 개발하고 전파해야 하며, 클라이언트를 대상으로 하는 연구에서 클라이언트로 하여금 자발적인 동의를 얻을 것을 권하고 있다. 더 나아가 연구과정에서 얻은 정보에 대한 비밀보장과 연구로 인해 야기되는 위험으로부터 클라이언트를 보호해야 하며 자신의 전문성 개발이 클라이언트에 대한 서비스 제공보다 우선시 될 수 없음을 명시하고 있다.

미국사회복지사 윤리강령은 '사회복지전문직에 대한 사회복지사의 윤리적 책임'

안에 '5.02평가와 조사연구에 대한 윤리적 책임'으로 16개의 기준을 제시하고 있다(부록에 제시된 NASW 윤리강령을 참조할 것). 사회복지사 개인의 연구조사 뿐 아니라 정책과 프로그램의 실행과 실천 개입에 대한 감사 및 평가의 책임과 전문지식의 발달을 위한 평가조사활동을 촉진할 것, 그리고 새로운 지식에 대한 비판적 검토와 과학적인 방법으로 활용한 연구결과를 활용할 것을 권하고 있다. 무엇보다도 연구조사와 관련하여 연구과정에 참여하는 클라이언트의 권익옹호에 대한 기준을 명시하고 있다.

NASW 윤리강령은 연구 참여자인 클라이언트의 권익보호를 위한 윤리적 기준을 상세하게 명시하고 있다. – 연구와 관련된 동의 획득과 연구를 거부할 수 있는 권리 보장, 조사 참여에 관한 구체적 정보제공과 참여에 따른 위험과 보상에 대한 고지, 클라이언트의 동의를 구할 수 없을 경우의 대안적 방법, 연구진행 중 철회할 수 있는 권리, 조사 참여자의 서비스 이용에 대한 보호, 연구결과 활용과 조사자료 보관 및 폐기에 관한 책임, 연구결과의 정직한 보고, 책임있는 연구를 위한 학생과 조사자에 대한 교육.

○ 사례 ○

프로그램 효과성 측정을 위한 실험설계

과잉행동아동의 집중력 향상을 위한 프로그램의 효과성을 측정하기 위해 방과후 보호프로그램 참여 30명 아동 중 과잉행동성향이 있는 10명을 선정하여 이 중 5명에게만 프로그램을 진행하였고(실험집단) 나머지 5명은 관찰만 하였다(통제집단). 이는 방과후 보호 프로그램의 일환이고 아동들이 아직 어려서 별도의 동의서를 작성하지 않고 진행하였다. 프로그램을 통해 참여 대상자의 과잉행동은 현저히 감소했으나 통제집단의 5명은 전보다 과잉행동을 더 보이거나 여전히 과잉행동을 보이고 있다.

- 어떤 윤리적인 쟁점이 존재하는가?

• 윤리강령의 어떤 조항에 위배가 되는가?

• 사회복지사가 윤리적인 쟁점에 직면하지 않기 위해서 어떻게 했어야 하는가?

2) 사회복지시설 평가

사회복지시설은 사회복지사업법에 의해 3년마다 시설평가를 받게 된다. 이 평가는 사회복지사업법 제43조 2항 및 시행규칙 제27조 1항에 근거한 것으로 의무사항이다. 평가는 각 시설 유형별 지표에 따라 진행되며(한국사회복지협의회 시설평가실에서 지표 확인 가능), '자체평가-현장평가-확인평가-의견수렴 및 결과분석'으로 진행된다. 사회복지시설 평가는 그 결과에 따라 정책 제언이나 인센티브제공, 평가결과가 낮은 기관에 대한 사후지도 등의 후속조치가 있기 때문에 기관들은 평가지표에 맞는 사업진행을 통해 좋은 평가 결과를 얻고자 한다.

우리나라 사회복지시설 평가는 인증평가의 방식이 아니기 때문에 기관 간 서열화와 불필요한 경쟁을 유발한다는 현장의 비판이 있으며(한국사회복지관협회, 2013), 평가를 받기 위한 서류작업으로 많은 시간이 소요된다는 문제가 제기되고 있다. 또한 실천 과정을 일정 기관 관찰하는 것이 아니라 한 시점에서 준비된 서류를 중심으로 시행여부를 파악하기 정량적인 측면이 강하다는 비판이 계속 제기되고 있다.

◎ 사회복지시설 평가자료의 조작사례

○ 사례 ○

K복지관은 시설평가지표에 맞추기 위해 이미 종결된 프로그램계획서와 평가서를 수정하기로 하였다. 프로그램계획서에 '욕구조사 자료'나 '초점집단면접 결과'를 반영하여

계획했어야 하는데, K기관 사회복지사는 이를 반영하지 않았다. 평가자료를 검토하던 부장은 이미 종결된 사업이지만 수정해서 평가점수를 올리자고 하였고 사회복지사도 이를 수용하였다. 컴퓨터 파일로 저장된 이 프로그램 계획서에 부장이 "여기에 초점집단 결과 추가해 넣으세요"라고 적어 사회복지사에게 주었는데, 바쁘게 준비하는 과정에서 그 문안이 적혀있는 상태로 평가자료가 제출되었다. 이로 인해 현장평가위원은 평가 자료가 사후에 수정되었다는 사실을 알게 되었다.

- 이 상황은 어떤 윤리적 쟁점에 해당되는가?

- 여러분이 K복지관의 사회복지사이고 부장이 위와 같은 요구를 했다면 어떻게 대처를 할 것인가?

- 어떤 윤리강령의 기준에 근거하여 이 사례에 대한 대안을 제시하고자 하는가?

◎ 사회복지시설 평가위원의 윤리

○ 사례 ○

D사회복지기관은 평가를 받던 중 현장평가위원으로부터 이 기관의 프로그램 자료를 활용하면 좋겠다며 자료를 복사해 달라는 부탁을 받았다. 평가기관의 담당자는 기관의 노하우가 담긴 우수한 프로그램의 계획서를 복사해 주고 싶지 않은 마음이 간절했지만, 혹시 평가에 불이익이 될 수 있을 것 같아 어쩔 수 없이 프로그램계획서를 복사해 주었다.

- 위의 사례에는 어떤 윤리적인 쟁점이 존재하는가?

- 윤리강령의 어떤 조항에 근거하여 이 사례에 대한 대안을 제시하고자 하는가?

(출처: 한국사회복지협의회 시설평가원 자료)

4) 이해관계자의 우선순위

사회복지 프로그램은 외부 재원에 의존하므로 자원제공자에게 프로그램을 통해 의도한 결과가 도출되었음을 제시해야 한다. 또한 사업에 대한 홍보를 통해 조직의 대외적 이미지를 구축하기도 한다. 외부 프로포절에 의해 수행되는 프로그램의 공통점은 모든 프로그램의 성과가 긍정적이라는 점이다. 이는 프로그램의 치밀한 기획과 전문적인 개입, 그리고 실천의 전체 과정에서의 노력이 결부되어 나타난 결과일 수 있으나, 거의 대부분의 프로그램이 성과와 관련하여 집단의 평균치를 보고하거나 프로그램의 효과에 영향을 미칠 수 있는 외적 타당도를 고려하지 못해서 발생하기도 한다.

사회복지프로그램이 모든 참여대상에게 효과가 있는 만병통치의 방안은 아닐 수 있다. 따라서 어떤 경우에 프로그램이 효과가 있었으며, 그렇지 않은 경우는 왜 변화를 만들지 못했는지에 대한 면밀한 분석과 보고를 해야 한다.

아울러, 프로그램의 책임성을 입증하기 위해 다양한 방법으로 홍보를 하게 된다. 그러나 제한적으로 홍보를 해야 할 프로그램도 있으며 홍보시의 초상권을 보장하거나 익명성을 보장해야 하는 경우도 있고, 아예 홍보를 하지 말아야 하는 사업도 있을 것이다. 사회복지사는 홍보가 클라이언트에게 미칠 영향을 사전에 민감하게 고려해야 한다. 외부의 자원제공자는 주요 이해관계자이지만, 사회복지기관의 최우선의 고객이자 이해관계자는 클라이언트라는 사실을 잊지 말아야 한다.

사례

외부 지원사업의 성과보고를 위한 홍보

E기관은 외부 프로포절을 통해 조손가정프로그램을 진행하였다. 지원기관을 알리고 이 프로그램의 효과를 홍보하기 위해 지역 인터넷신문에 조손가정프로그램 기사를 홍보하였다. 인터넷신문에 올릴 프로그램 사진을 선별하는 과정에서 조부모와 손자녀의 야외나들이 발대식 사진을 제공하였다. 물론, 사전에 조부모에게 사진이 활용됨을 고지하고 구두의 동의를 받았다.

• 이 사례는 어떤 윤리적인 쟁점이 존재하는가?

• 윤리강령의 어떤 조항에 근거하여 이 사례에 대한 대안을 제시하고자 하는가?

조부모는 손자녀의 양육자이며 손자녀에게 의미있는 타인(significant others)임이 분명하지만, 조부모의 동의가 손자녀의 동의와 같은 것은 아니다. 우리는 이 교재의 앞부분에서 이미 자기결정권에 대해서 학습하였다. 진정한 자기결정권을 행사하기 위해서는 아무런 불이익 없이 거부 할 수 있는 권한도 있어야 한다. 그러나 무엇보다 이 상황에서 사회복지사가 윤리적으로 민감해야 하는 것은 이러한 사진홍보가 기관과 지원단체를 위해 필요한 것일지라도 결과적으로 클라이언트에게 긍정적 영향보다 위해가 될 수 있다는 것을 먼저 알아야 한다. 그럴 경우, 다른 방법이나 다른 사진을 활용하여 클라이언트를 보호하면서도 이 사업을 위한 홍보를 할 수 있을 것이다.

만일, 이 사업에 참여했던 아동이 5년 후 청소년이 되어 자신의 사진이 인터넷에 올려 있고 그 사진 위에 '조손가정을 위한 나들이'라는 문구를 발견할 것을 가정해본다면 사회복지사의 근시안적 생각이 클라이언트에게 의도하지 않은 피해를 주게 되는 비윤리적인 실천이 될 것이다.

3. 조직의 규정

사회복지조직은 정부의 『사회복지시설운영지침』에 의해 운영되며, 시설별 내부규정을 구비하여 조직내부의 관리와 경영의 지침을 삼고 있다. 사회복지시설은 사람을 대상으로 하기 때문에 도덕적 가치를 반영한(Hasenfeld, 1992) 운영원칙과 비전을 제시하며 운영 전반에 걸쳐 사회복지의 가치와 부합되도록 노력을 해야 한다. 사회복지조직의 행정과 일반 행정의 근본적 차이는 사회복지조직이 인간존재의 가치와 도덕성 측면에 근거하여 운영하는 휴먼서비스 기관이라는 점이다. 따라서 존재지향적 인간관, 성장 잠재성과 인간존재의 고귀함, 독특함에 대한 추구, 삶의 의미에 대한 추구, 그리고 인간존재의 창조적 잠재성의 가치가 사회복지조직의 관리에 반영되어야 하는 휴머니즘의 가치다(김영종, 2010). 사회복지조직 관리를 위한 전략들이 인간존엄성의 가치를 기반으로 해야 한다는 것에는 이견이 있을 수 없다. 사회복지시설의 규정과 업무절차, 심지어 활용되는 양식도 클라이언트에 대한 존중의 가치가 반영되어야 한다.

1) 기관에 대한 사회복지사의 윤리적 책임

각 사회복지시설은 정부의 시설운영지침과 기관의 내부 규정에 준해 운영된다. 이러한 규정은 클라이언트와 관련하여서는 주된 클라이언트 대상, 사업의 범위와 내용, 그리고 클라이언트와 지역사회에 대한 기관의 역할과 기능을 명시하고 있다. 직원과 조직운영에 관해서는 인적자원관리 및 조직운영 전반에 관한 규정(복무규정, 실습규정, 인사규정, 급여규정, 슈퍼비전규정, 사례관리규정, 회의규정, 회계규정 등)의 내용을 명시하고 있다.

조직에 고용된 구성원은 조직의 규정을 준수해야 할 의무가 있다. 우리나라 윤리강령은 '사회복지사의 기관에 대한 윤리기준'에서 사회복지사는 기관의 정책과 사업목표 달성 및 서비스의 효율성과 효과성 증진을 위해 노력해야 하며, 기관의 부당한 처사에 대응해야 하고, 소속된 기관의 활동에 적극 참여하여 기관의 발전을 도모해야 할 세 가지의 윤리적 기준을 명시하고 있다.

미국사회복지사 윤리강령은 보다 세부적으로 기관에 속한 직원의 윤리적 의무를 명시하고 있다. 사회복지사의 고용주에 대한 윤리(NASW 윤리강령 3.09)로 7개의 기준을 제시하고 있다.--(a) 고용주와 고용기관에 충실해야 할 윤리적 의무, (b) 고용된 기관의 서비스 절차와 효율·효과를 위한 개선 노력의 의무, (c) 고용주가 사회복지사 윤리강령을 지향하도록 하는 윤리적 책임, (d) 고용기관의 활동이 윤리강령과 합치 되도록 하는 윤리적 의무, (e) 고용기관의 고용정책이 반차별적이 되도록 하는 행동의 의무, (f) 공정한 인사정책의 기관에서 근무하고 실습해야 하는 개인의 윤리적 책임, (g) 고용된 기관의 자원을 책임있게 사용할 의무. 이 조항들 외에도 기관에 속한 사회복지사의 윤리적 책임에 관한 조항은 '동료에 대한 사회복지사의 윤리적 책임', '전문가로서의 윤리적 책임'의 부분에도 명시되어 있다.

미국은 기관에 대한 사회복지사의 윤리적 책임에 사회복지사가 공정한 인사정책을 시행하는 기관에 취업해야 하고 그런 기관에서만 학생의 현장 실습을 배치하도록 하므로 비윤리적 기관, 불공정한 기관에서 종사하는 것 자체가 개인의 윤리적 책임의 일부임을 명시하고 있다. 또한 후원금과 외부자원에 의존하는 사회복지기관의 자원을 절대로 부적절하게 사용하지 말아야 하며, 청기직 의식을 갖고(stewardship) 합목적적으로 활용해야 함을 강조하고 있다.

2) 기관규정 준수의 쟁점

(1) 기관규정의 경직성

사회복지조직은 팀제를 지향하고 있지만 전문직의 특성 상 슈퍼바이저-슈퍼바이지의 전문적 관료제의 형태가 접목되는 구조이다. 그리고 일부 조직은 최고관리자의 성향에 따라 관료조직의 특성이 강한 경우도 있다. 관료조직은 업무와 책임이 명확한 장점이 있으나 규정에 의해 운영되기 때문에 경직성이 야기되어 목적전치(goal displacement)가 발생할 우려가 있다(황성철 외, 2014).

아래는 기관의 규정준수와 클라이언트에 대한 서비스 제공 사이에서 신입사회복지사가 어떤 대안을 제시할 수 있을지에 대한 사례이다.

○ 사례 ○

기관의 규정 준수와 서비스제공

한 기관에 노숙인(걸인)으로 보이는 3명의 성인이 지나가던 길에 너무 배가 고파서 왔다며, 무료급식을 자신들에게도 제공해 달라고 하고 있다. 이 기관은 일반 주거지역에 소재하고 있어 무료급식은 실시하지 않고, 대신 노인대학 어르신의 요청으로 신청자에 한해 3,000원의 비용으로 유료급식을 실시한다. 이 급식은 복지관 이용자를 제외한 외부인의 이용을 금하고 있다. 신입사회복지사 A가 기관의 여러 파트에서 수련을 하던 중 안내데스크에서 노숙인의 급식요청을 받게 되었다. A는 친절하게 "우리기관은 무료급식을 하지 않습니다"라고 안내하였으나, "너무나 배가 고프니 급식을 주면 좋겠다"고 하고 있으며 A 사회복지사도 이들을 그냥 돌려보내는 것은 아니라는 생각이 들어 고민 중이다.

- 기관의 규정을 준수할 경우 식사를 제공할 수 없으며, 식사를 제공할 경우 기관의 규정은 준수할 수 없다.
- 어떤 윤리적 쟁점이 있으며, 이 사안에 대해 어떤 윤리 원칙을 적용할 수 있겠는가?
- 이 기관 사회복지사로서 어떤 대안을 모색할 것인가?

대부분의 일선 사회복지사는 기관의 규정을 철저하게 준수하고자 한다. 규정준수에만 초점을 두게 되면 이 기관이 누구를 위해, 어떤 목적으로 존재하고 있는지를 생각하기보다는 기관의 방침이 우선시되는 경향이 있다. 만일, 기관의 규정과 업무매뉴얼을 준수하는 것에 충실한 초임 사회복지사라면 위의 사례에서 대해 급식은 불가하다는 원칙을 고수할 것이다. 그러나 어느 정도의 권한을 갖고 있으며 사회복지기관의 존재이유에 대한 가치가 내재된 선임 사회복지사라면 상사와 논의하거나 이들의 필요를 충족할 다른 대안을 마련하기 위해 적극적일 것이다. 사회복지사는 도움이 필요한 사람에게 서비스를 제공해야 할 의무가 있으며 동시에 기관의 규정을 지켜야할 구성원의 윤리적 책임도 있다(한국사회복지사협회 윤리강령 : NASW윤리강령). 기관의 규정 준수는 구성원의 당위적인 책무이지만 서비스가 필요한 사람에게 어느 정도의 관용의 접근을 할 수 있음에도 경직된 규정으로 인해 배타적이 되는 것은 사람보다 규정이 앞선 목적전치의 현상이 될 수 있음을 주지해야 할 것이다. 따라서 기관의 내부규정은 엄격성과 동시에 사람 중심의 유연함의 특성을 동시에 가질 수 있어야 한다.

4. 기술 발전에 따른 윤리적 쟁점

기술의 발전은 사회복지실천에 많은 편이를 제공하고 있다. 1980년대만해도 사회복지사들은 가정방문을 통해 클라이언트에게 직접 후원금을 전달하였다. 이후 후원금 입출금의 투명성이 강조되면서 후원대상자의 통장으로 후원금을 입금하였다. 그 과정에서 출금전표에 후원대상자의 은행계좌와 금액을 적는 번거로움을 감수해야 했다. 그 이후 전산화가 되면서 인터넷 뱅킹을 통해 후원대상자에게 후원금을 입금하는 것은 용이해졌다. 사회복지사들이 클라이언트의 집을 방문하여 후원금 수령도장을 받는다던가, 후원대상자의 계좌를 수기로 적고 무통장 입금을 하는 것은 불필요한 일이 되었다.

대상자를 의뢰하는 경우에도 의뢰와 관련된 기록물을 등기로 우편발송을 하던 것에서 지금은 팩스나 스캔작업을 통해 이메일로 쉽게 자료를 주고받기도 한다. 클라이언트에 관한 정보도 전산시스템에 체계적으로 입력하며, 대용량 정보의 보관도 과거에 비해 용이해졌다. 클라이언트와 관련된 내용뿐 아니라 재정관리도 전산회계시스템을 활용하므로 회계장부의 기록과 보관이 간편해진 상황이다. 이렇듯 기술의 발전을 통해 업무와 관련된 많은 부분이 용이해졌지만 기술의 오남용으로 인한 폐해도 야기되고 있다.

이 절에서는 사회복지현장에서 기술의 발전에 따른 윤리적인 쟁점을 간략하게 소개하고자 한다. 주로 사회복지사가 업무와 관련하여 활용하는 매체와 관련된 것이다. 의료기술의 발달로 인해 클라이언트를 원조하는 과정에서 직면할 수 있는 윤리적인 사안도 있을 수 있으나 이 절에서는 의료분야의 윤리적 이슈에 대해서는 직접적으로는 다루지 않을 것이다.

1) 기기 활용과 관련된 윤리적 쟁점 : 클라이언트에 대한 정보관리

클라이언트에 관한 기록이나 의뢰신청서를 다른 기관에 전송해야 하는 경우가 있다. 클라이언트에 관한 정보를 이송하는 방법은 다양할 수 있다. 등기우편, 팩스전송, 이메일전송, 심지어 의뢰과정에서 클라이언트로 하여금 직접 전달토록 하는 방법 등 여러 방법이 활용될 수 있으나 팩스전송이나 이메일을 주로 활용한다. 팩스전송은 담당자가 직접 수령을 하기보다는 행정지원부서를 경유하는 경우가 많기 때문에 정보 노출의 위험이 있으며 이메일은 경우에 따라서는 보안에 취약할 수 있다. 이러한 이유로 클라이언트에 관한 기록물을 이송할 경우 사적정보가 공개되지 않도록 세심한 주의를 기울여야 한다.

최근에는 클라이언트의 서비스 기록을 전산정보시스템에 기록하여 기관차원에서 통합관리하고 있다. 이 경우 직원들에게 ID와 비밀번호를 부여하여 접근권을 제한하고 있지만, 기록과정에서 다른 클라이언트나 자원봉사자가 내방을 한다든지 혹은 전산관리자가 통합 ID와 비밀번호로 모든 정보에 접근권한을 갖고 있을 경우, 심지어 정보 입력 중에 자리를 비울 경우 클라이언트의 사적정보는 공개될 위험이 있다.

기술의 발전은 내방상담이나 전화상담 이외에도 온라인 상담을 가능케 하였다. 인터넷을 통한 화상상담은 내방이 어려운 클라이언트에게는 도움이 될 수 있으나 이 상담에 대해 미국 임상사회사업가단체는 심각한 윤리적 쟁점이 있음을 지적하고 있다(Dolgoff 외, 2005).

첫째, 정보가 인터넷을 통해 전송될 경우 비밀보장은 불가능하다.

둘째, 클라이언트와-치료자의 상호작용에 대한 실시간(real-time) 기록의 존재는 법정 소환에서 증거자료로 활용될 수 있다.

셋째, 제시되고 있는 정보가 정확한지 확증할 수 없으며 온라인 치료의 효과성에 대한 실증적 증거도 존재하지 않는다.

넷째, 비밀보장의 침해, 제한되거나 부정확한 정보로 인한 오진, 사회복지사 면허가 발급된 주(State)와 다른 지역에 속한 클라이언트에 대한 관할 문제 등으로 클라이언트에게 위해를 야기할 가능성이 매우 높다.

한국사회복지사 윤리강령은 기기의 활용과 관련하여 클라이언트와의 관계 역영에서 '사회복지사는 문서, 사진, 컴퓨터 파일 등의 형태로 된 클라이언트의 정보에 대해 비밀보장의 한계, 정보를 얻어야 하는 목적 및 활용에 대해 구체적으로 알려야 하며, 정보공개 시에는 동의를 얻어야 한다'고 명시하고 있다. 미국사회복지사 윤리강령도 클라이언트에 대한 사회복지사의 윤리적 기준 부분에서(1.07 사생활과 비밀보장의 부분) 클라이언트의 서면, 전자기록, 기타 민감한 정보를 보호할 것과 사회복지사가 컴퓨터, 전자우편, 팩스, 전화 및 전화 자동응답기 그리고 전자 혹은 컴퓨터 기술을 사용할 경우 클라이언트의 비밀정보를 보장해야 함을 명시하고 있다.

정보기술의 발전으로 업무의 효율성이 증가했지만, 컴퓨터에 입력된 기존의 자료를 활용하여 다른 클라이언트의 정보를 입력하는 경우 이전 클라이언트의 일부 정보가 노출될 위험이 있다. 사회복지사가 작성했던 이전 클라이언트의 사례관리 파일에 다른 클라이언트의 내용을 기록하거나 재사정 내용을 기록하게 되는 경우에는 이전 내용을 완전히 지우거나 빈 양식을 활용해서 작성해야 할 것이다.

2) 기기 활용과 관련된 윤리적 이슈 : 인터넷, 이메일, SNS

인터넷으로 인해 업무에 필요한 정보를 쉽게 검색할 수 있을 뿐 아니라 물품

구입도 용이해 졌다. 전문직과 지역사회 유관 기관과 이메일이나 SNS를 활용하므로 의사소통과 정보교환도 수월하게 되었다. 이러한 매체의 활용이 업무의 효율성에 긍정적인 부분이 있으나 오남용으로 인해 야기되는 문제가 있기 때문에, 사용규정을 별도로 만들어 매체활용을 통제하는 경우도 있다. 특별히 보안이 요구되는 업무의 경우 이메일이나 인터넷 사용 규정을 명시해 놓고 있지만 사회복지 윤리강령은 클라이언트에 대한 사생활보호와 관련된 부분을 제외하고는 아직 명시된 윤리적 기준은 없다.

미국 프로리다주 힐스버러 카운티의 윤리 선언문(Hillsborough County Statement of Ethics)은 원격통신(telecommunication)을 할 때 직원이 해서는 안 되는 사안을 제시하고 있다. 그 내용은 불법행위, 도박, 성적 노출자료, 무기, 약물, 폭력, 부적절한 말(신성모독, 외설, 인종, 민족 혹은 차별적 내용, 명예를 훼손하는 말), 부적절한 내용(편파적인 정치나 종교적 견해) 등을 인터넷을 통해 접근하거나, 보내거나, 저장하거나, 내려 받거나, 올리거나, 게시하거나, 블로그에 올리거나, 인터넷에서 직접 메시지를 주고받거나(instant messaging), 민감한 자료를 출력하거나 하는 행동은 엄격히 금지된다고 규정하고 있다. 그리고 이 규정을 위반할 시에는 고용관계가 종료됨을 명시하고 있다. 그렇다고 사적인 인터넷 사용을 전면 금지하는 것은 아니다. 규정과 절차에 따라 간헐적으로 짧게 사용하는 것은 허용하고 있다. 이메일을 사용할 경우에도 책임 있고, 효율적이며 윤리적이고 합법적으로 업무와 관련하여 사용할 것을 규정하고 있다.

| 표 9-1 | Wall Street Journal 직장-윤리 퀴즈의 응용

	그렇다	아니다
• 회사의 이메일을 개인적인 이유로 사용하는 것은 잘못된 것인가?		
• 회사의 컴퓨터를 활용해 인터넷으로 개인물품을 구입하는 것은 잘못인가?		

출처 : Wall Street Journal 21, Oct, 1999.

직장에서 이메일과 인터넷을 개인적인 용도로 사용하는 것에 대해서 어떤 응답을 제시하였는가? 그리고 여러분이 옳다고 생각한 응답이 실제 여러분의 행동과 일치하는가? 업무를 위해 지원된 기기와 업무 시간을 사적인 일로 사용해서는 안 되며, 이는 미국사회복지사 윤리강령의 핵심가치인 성실성(integrity)을 실천하는 것이기도 하다.

최근에는 스마트폰을 통해 인터넷 접근과 이메일사용, 그리고 SNS를 실시간 활용할 수 있기 때문에 업무의 효과성을 위한 기기 활용과 업무의 몰입을 위한 기기 활용의 제한이라는 새로운 관리의 이슈가 제기되고 있다. 직원의 모든 행동을 통제하는 것은 사실상 불가능하다. 통제의 방법보다는 직원이 어떻게 업무에 더 몰입하고 어떻게 윤리적으로 행동할 수 있는가의 조직의 윤리적 풍토 조성이 보다 바람직한 관리의 방법일 것이다.

〈사회복지사의 업무시간의 활용과 할당: 자원봉사자에 의한 정보입력〉

A기관은 많은 자원봉사자가 활동하고 있다. VMS(자원봉사활동인증센터)에 매월 접속하여 자원봉사자 활동내용을 입력해야 하는데, 자원봉사관리를 담당하고 있는 양○○ 사회복지사와 장○○ 사회복지사는 자원봉사 정보입력에 대해 다른 견해를 갖고 있다. 장○○ 사회복지사는 다른 업무가 많아 입력을 할 수 없어 사회복지전공 대학생자원봉사자를 활용하여 VMS에 입력을 하고 있으나 양○○사회복지사는 자원봉사의 정보를 다른 자원봉사를 통해 입력할 수 없다면서 입력을 위한 시간이 부족하기 때문에 자신의 업무를 조정해 달라고 팀장에게 요청을 하고 있다. 팀장은 자원봉사활동이 비밀정보가 아니므로 봉사자를 활용할 것을 권하지만, 양○○사회복지사는 이용자의 정보를 다른 이용자에게 주는 것은 비윤리적이라고 완강한 입장이다.

- 여기서의 윤리적 쟁점은 무엇인가? 자원봉사활동내역을 자원봉사자가 입력하는 것과 팀장의 업무 지도와 무관하게 자신의 견해를 강력히 주장하는 것 사이에어 여러분은 어떤 것이 이 사안에서 타당하다고 생각하는가?

• 클라이언트에 대한 상담정보와 같이 민감하거나 비밀보장을 해야 하는 것이 아니라면, 그리고 개인정보보호법에 저촉되지 않으며 자원봉사자가 준사회복지사의 역할이 가능하다면 양○○사회복지사가 입력업무를 하는 것보다 전문적인 업무를 하는 것이 타당하지 않은 것인가? 여러분은 어떻게 생각하는가?

5. 한정된 자원 배분

불평등 이슈를 완화하고 사회정의를 실현하기 위해 사회복지사는 자원을 공정하게 배분해야 한다. 그러나 자원은 한정되어 있기 때문에 누구에게 우선적으로 배분해야 하는지는 쉽지 않은 결정이다. 자원이 어느 한쪽에 우선적으로 배분되면 결과적으로 다른 쪽에 배분되는 자원이 줄어들기 때문이다.

Callahan(1989)은 발달지체 혹은 조기사망 아동을 위해 개발된 수명연장 의술을 노인에게 제공하는 것에 반대하면서 수명연장 치료는 연령을 기준으로 할당되어야 한다고 주장했다(Sendel, 2010, 재인용). 이는 수명연장을 위한 제한된 치료비용이 우선적으로 연령이 적은 아동에게 할당되어야 한다는 논리이다. 정부의 예산 할당도 특정 정책에 우선적으로 할당을 할 경우 다른 정책의 예산은 줄어들게 된다. 2016년 보육대란이 사회적으로 이슈가 되자 정부가 누리과정에 긴급 예산을 편성하였고 결과적으로 낙후지역 과밀학급 해소의 예산은 축소되었다.

무상보육과 무상급식 등 보편적 복지는 빈곤가정의 자녀와 중산층 이상의 자녀에게 동일한 혜택을 주는 것이 정의로운가, 무상급식지원으로 예산을 할당하므로 열악한 교육환경 개선이 어렵게 된다면 이는 타당한가와 같은 논란을 야기했다. 만일 가용 자원이 풍부하다면 이러한 논란은 큰 이슈가 되지 않을 것이다. 그러나 자원은 한정되어 있기 때문에 분배적 정의를 실현하는 방식으로 배분되어야 한다.

1) 자원의 분배적 정의

롤스(Rawls, 1971)는 공리주의에 대한 비판적 대안으로 정의론을 제시했다. 롤스의 공리주의에 대한 비판은 공리주의가 '최대다수의 최대 행복'이라는 효용의 극대화를 주장하지만 개인이 얻는 만족이나 쾌락을 측정하는 것이 불가능하고, 각각 다른 쾌락의 정도를 비교하는 것도 어려우며, 무엇보다 다수의 행복을 위해 소수의 희생이 정당화되는 것은 분배정의에 어긋난다는 것이다(Sendel, 2010).

롤스는 공정성으로서의 정의를 '평등의 원칙'과 '차등의 원칙'으로 말한다. 평등의 원칙은 언론의 자유, 종교의 자유와 같은 기본 자유를 모든 시민에게 평등하게 제공해야 하는 것으로 결과의 평등이 아니라 절차와 형식에 초점을 맞추는 원칙이다. 차등의 원칙은 사회적, 경제적 불평등을 인정한다면 사회 구성원 가운데 가장 어려운 사람들에게 이익이 돌아 가야하는 형평성의 관점이다. 다시 말해, 최소수혜자에게 최대의 혜택이 돌아가도록 하는 것으로 가장 빈곤한 사람들의 복지에 대해 우선적으로 배려해야 한다는 것이 정의론의 핵심이다. 차등의 원칙과 더불어 롤스는 유사한 능력과 기능을 가진 사람이라면 그들이 태어난 사회적 지위와 무관하게 유사한 삶의 기회를 보장 받아야 한다는 '공정한 기회 균등'의 원칙을 말하고 있다(Rawls, 1971).

그러나 차등의 원칙이 정확히 얼마나 평등할지, 원초적 위치에 놓인 사람이 정말로 차등의 원칙을 선택할지(자신이 높은 지위에 놓일지 모른다는 희망으로 불평등한 사회를 선택할 수 있기에)와 관련하여 롤스의 정의론에 회의적인 비판이 제기되고 있으나(Sendel, 2009), 정의론의 분배 공정성은 사회복지의 가치인 사회정의실현과 가장 취약한 대상에게 우선적으로 헌신하는 사회복지의 지향에 대한 철학적 기조를 제공한다(공리주의에 대한 비판적 관점은 본 교재 2장에서 논의하였음).

리머는 자원의 할당은 공정하게 이뤄져야 하나 사회복지현장에서 자원할당을 위한 결정이 윤리적 문제를 충분히 고려하지 못하고 있다고 언급하면서, 자원할당 기준이 기관 관리자의 개인적 성향에 의해 영향을 받거나 정책적 압력과 기관의 기존 업무방식에 의해 결정되므로 공평성과 정의와 관련하여 복잡한 문제가 발생한다고 지적하였다(Reamer, 1999). Reamer는 사회복지사가 자원을 관리하면서 어려운 의사결정을 할 경우 참고할 수 있는 분배공정성의 원칙을 네 가지로 요약하고 있다.

첫째, 평등의 원칙은 모든 사람이 일정 한도 내에서 동등하게 분배하는 것이다. 한정된 자원을 동일하게 분배하므로 분배의 과정보다는 결과를 강조한 방법이다. 그러나 자원을 나눌 수 없는 경우가 있고 실천 현장에서 대상자에게 같은 양을 제공하는 것이 언제나 수용 가능한 것은 아닐 수도 있다. 예를 들어, 노숙인을 위한 침구가 한 개인데 4명이 필요로 할 경우 이 침구를 4등분 할 수는 없을 것이다.

둘째, 분배공정성의 원칙은 욕구에 기초한다. 여기서의 욕구는 가장 취약한 사람의 욕구가 우선 시 됨을 의미한다. 욕구수준이나 심각성에 따라서 순위를 정하는 방식이다. 노숙인 4명 중 3명은 건강하고 1명이 아픈 사람이라면 아픈 클라이언트에게 침구를 먼저 제공하는 것은 어렵지 않다. 그러나 경쟁적인 욕구상황에서 자원을 어떻게 배분하는 가는 쉬운 일은 아니다. 4명 모두가 아플 경우 1개 침구를 어떻게 배분할 것인가? 이럴 경우 욕구는 긴급성에 따른 선별적 배분(예를 들어, 더 위급하게 아픈 사람)에 의해 결정될 것이다.

셋째, 분배공정성의 원칙은 과거와 현재의 억압에 대한 보상의 성격을 갖는다. 단순히 욕구나 평등의 기준만 고려하는 것이 아니라 차별받는 사람을 우선적으로 고려해야 한다. 적극적우대조치(차별철폐조치)가 이에 해당된다. 가장 취약한 사람에게 우선적으로 헌신한다는 사회복지의 서비스의 가치도 분배공정성의 이 원칙에 해당되는 것이다. 그러나 누가 가장 취약한가를 판단하는 것 또한 쉬운 일은 아니다.

넷째, 분배공정성의 원칙은 사람이 기여한 것에 따라서 분배되어야 한다. 과거와 미래의 기여에 비례하여 배분되어야 한다는 이 원칙은 사회복지실천에서는 설득력이 있는 주장은 아니다. 사회복지윤리강령은 클라이언트의 지불능력과 무관하게 도움을 필요로 하는 클라이언트를 도와야 하는 윤리적 의무를 갖기 때문이다. 기여의 원칙은 수급의 기한을 제한하고 혜택을 받기 위해 근로를 해야 하는 복지개혁의 정책(TANF : 한시적 공공부조)이 이에 해당된다.

사회복지사는 한정된 자원을 어떤 기준으로 분배해야 하는가에 대해서 심사숙고해야 한다. 평등, 욕구, 보상, 그리고 기여의 원칙 중 어떤 기준을 적용할지, 그리고 어떤 기준을 우선시 할지 심사숙고하여 자신의 결정이 정의로우며 정당화될 수 있도록 윤리적으로 판단해야 한다.

2) 자원배분의 윤리적 책임

자원배분의 윤리적 책임은 미국사회복지사 윤리강령 3.07a와 b조항에 명시되어 있다. a는 자원의 동원과 개발을 위한 적극적인 옹호의 역할을 제시하고 있으며, b는 자원배분의 공정성을 위한 과정의 원칙을 명시하고 있다-"ⓐ 사회복지실천 행정가는 클라이언트의 욕구를 충족시키기 위한 적절한 자원을 얻기 위해 자신이 속한 기관의 내부 및 외부에서 옹호활동을 펴야 한다", "ⓑ 사회복지사는 공개적이고 공정한 자원 배당절차를 옹호해야 한다. 모든 클라이언트들의 욕구가 충족될 수 없을 때에는, 적절하며 일관되게 적용되는 원칙에 입각한 비차별적인 자원 할당절차를 개발해야 한다". 더 나아가 미국사회복지사 윤리강령은 기회의 균등에 관한 윤리적 기준도 제시하고 있다(6.04ⓐ "사회복지사는 모든 사람이 인간의 기본적 욕구를 충족하고 완전히 발전되는데 필요한 자원, 고용, 서비스 및 기회에 동등하게 접근할 수 있도록 보장하는 사회적, 정치적 행동을 취해야 한다", 6.04ⓑ "사회복지사는 특히 취약하고 불리한 상황에 처한 사람들, 억압, 착취당하는 사람과 집단을 비롯하여 모든 사람의 선택의 폭과 기회를 넓히기 위해 노력해야 한다").

한국사회복지사 윤리강령에는 자원배분과 관련된 구체적인 윤리기준은 없으나 사회정의와 관련된 기준은 제시되어 있다. 사회복지사의 사회에 대한 윤리기준에

"사회적 약자를 옹호하고 대변하는 일을 주도해야 한다"와 "사회정의를 증진시키기 위한 사회정책의 수립, 발전, 입법, 집행을 요구하고 옹호해야 한다"의 사회정의에 대한 윤리 기준이다. 윤리강령의 조항에 자원배분과 관련된 명확한 기준이 제시되어 있지 않더라도 사회복지사는 정의로운 사회를 위해 한정된 자원을 공정하게 배분해야 할 책임이 있으며 이를 위해 윤리적으로 판단을 해야 할 의무가 있음을 잊어서는 안 된다.

3) 한정된 자원배분의 윤리적 쟁점

(1) 무상급식 사례 : 보편적 복지와 선별적 복지

무상복지에 대한 대표적 논란은 2011년 서울시의 무상급식 정책이다. 현재는 무상급식을 시행하고 있으나 그 당시 이 정책은 뜨거운 논란을 불러왔다. 사례에 제시된 무상급식에 대한 찬반의 견해를 검토하고 개인적으로는 어떤 견해를 지지하는지 의견을 나눠보자. 그리고 사회복지사로서 리머가 제시한 자원배분의 원칙에 근거하여 무상급식이 어떤 원칙과 기준에 의해 분배된 것인지, 그리고 무상급식이 정의로운 분배인지 의견을 나눠보자.

소외계층만을 위한 선별적 무상급식만을 주장해왔던 당시 오세훈 서울시장과 한나라당은 꼭 필요한 저소득층 30%에게 선별적으로 무상급식을 시행하도록 하겠다는 의견을 폈다. 이와 반대로 민주당은 부모의 소득수준과 무관하게 초등학교 저학년을 시작으로 중학생까지 전면 무상급식 정책을 시행해야 한다는 주장을 내세우며 서로 갈등을 빚었다.

전면 무상급식에 대한 반대측의 입장은 이미 저소득층과 결식아동들을 대상으로 제한적 무상급식을 시행하고 있는데 왜 전면 무상급식을 해야 하냐는 것과 한정된 예산을 전면 무상급식에 우선적으로 쓰게 되면 그만큼 결국 빈민 아동들을 위한 복지 예산은 줄어들 수밖에 없다는 우려를 피력하였다.

전면 무상급식 찬성측은 일부만 무상 급식을 하면 아이들이 '눈칫밥'을 먹게 된다는 이유로 전면 무상급식을 찬성하며, 또한 빈곤층뿐 아니라 중산층과 서민을 위한 확대된 복지 정책이 가계지출을 줄임으로써 가처분 소득을 늘리고, 실질소득 증가→소비 촉진→내수 진작→투자 확대→일자리 증가를 가능하게 만들 수 있다고 주장하였다.

2) 청년배당 사례

지방자치제도는 지방정부의 재정자립도에 따라 지역 간 복지제도에도 차등을 야기할 수 있다. 2016년 성남시는 3대 무상복지를 실시한다고 선언하면서 경기도와 마찰을 빚었다. 성남시의 3대 무상복지는 청년배당, 무상교복, 산후조리지원으로 지역화폐로 지원되며 이 지역화폐는 성남시의 전통시장이나 소상인 등 영세업체에서만 사용하도록 제한되어 있다. 2016년 각 무상복지의 특성은 다음과 같다.

① 청년배당 : 성남시 3년 이상 거주한 만 24세에 해당되는 시민(약 11,300명)에게 분기별로 125,000원씩 연 50만원을 지역화폐로 지급(이후 전자카드식으로 제공 예정).

② 무상교복 : 중학교 신입생(약 8,900)명에게 15만 원을 현금으로 지급. 이후에는 지역경제활성화 및 일자리 창출을 위해 성남 관내 교복생산자 협동조합에 의뢰하여 생산한 교복을 현물로 지급예정

③ 산후조리지원: 성남시 신생아(약 9,000명)에게 예정지원금 25만 원을 성남지역화폐로 지급

성남시의 무상복지에 대한 논란은 유독 청년배당에 더 집중되고 있다. 무상복지는 포퓰리즘이라는 비판과 함께 상위법을 어긴 지자체의 위법 행동이라며 경기도는 성남시와 법정공방을 하고 있는 반면, 성남시는 법적 문제가 없다는 입장으

로 청년, 학생, 산모의 지원 뿐 아니라 지역화폐 사용으로 경제 활성화 효과가 크다고 피력한다. 아울러 성남의 지역소상인, 청년단체, 주민들은 이 무상복지를 적극 지지하고 있다.

성남시 청년배당은 해당 연령 모든 청년이 대상이라는 보편적 복지이지만, 시민 전체를 놓고 볼 때는 낮은 취업률과 높은 실업률의 냉혹한 현실에 처한 취업을 앞 둔 청년이라는 특정연령대에 대한 선별적 측면도 있다. 그렇다면 이 청년배당은 어떤 분배의 원칙에 해당되는 것인가?－평등, 욕구, 보상, 기여. 누구에게나 동일한 양을 제공하는 평등의 원칙과 취업을 준비하고 취업을 위한 격려를 필요로 하는 욕구, 그리고 현실적으로 열악한 현실에 직면한 청년층에 대한 보상 등의 측면에서 그 원칙을 찾을 수 있을 것이다.

본 절에서는 청년배당에 대한 정치적 이념의 찬반토론은 수용하지 않는다. 단지 분배적 정의의 관점에서 청년배당에 대한 사회복지사와 사회복지학도의 의견을 공유하면서 자원 배분과 관련된 사고의 깊이를 넓히고자 한다.

여러분은 청년배당이 한정된 자원의 배분과 분배정의를 지향하고 있다고 생각하는가? 현재 보다 더 정의로운 분배의 방법이 있다면 사회복지사로서 고려해 볼 사안은 무엇인가?

(3) 업무량 증가와 저임금

테일러(Taylor)의 과학적 관리론은 업무와 동선의 최적 상태를 과학적으로 분석해 분업을 통해 대량생산을 가능하게 하였다. 이 과학적 관리론은 복지분야에도 도입되어 노동의 효율성을 높이고 있으나 오히려 이러한 테일러리즘(Taylorism)은 하나의 일자리를 여러 개의 직무로 나누어 각 업무에 가능한 적은 보수를 주는 추세로 바뀌었으며, 이로 인해 복지서비스의 전문화를 저해하고 있다(Kuttner, 2008).

사회복지사는 사람에 대해 전인적(whole human being) 시각으로 접근해야 하는 것을 교육받아왔다. 한 사람의 사회복지사가 다양한 기술을 가지고 다양한 업무를 담당하여 클라이언트를 전인적으로 돌보면서 클라이언트의 삶의 변화를 도울 수 있다. 그러나 테일러리즘은 한 사람의 사회복지사가 좁은 범위의 업무를 담당함으로써 임금을 낮추고 더 많은 클라이언트를 담당하도록 한다. 이는 사회복지 예산과 사회복지사의 업무시간의 할당과 관련되는 것으로 효율성은 증대하는 반면 많은 업무로 인해 서비스의 질 저하가 야기된다. 이러한 문제에 대해 Kuttner(2008)는 복지서비스의 전문화는 이러한 테일러리즘의 경향을 바꾸는 것에서부터 시작되어야 한다고 지적한다.

한국 사회복지현장에서도 거의 모든 사회복지기관이 재정적 한계에 직면하고 있으며 현대사회의 유망직종이라는 사회복지사의 보수는 현실적으로 낮기 때문에 개선되어야 한다는 주장이 지속적으로 제기되고 있다(보건복지부, 2008; 2010). 사회복지사들은 놀라운 끈기와 희생, 심지어 가족의 희생을 감수하면서 많은 업무를 수행하지만 결국 소진, 이직률, 낮은 전문성, 낮은 보수의 악순환(vicious circle)이 반복된다.

사회복지사의 업무나 시간의 배분과 관련하여 아래와 같은 사안을 생각해보자.

① 클라이언트가 증가하여 정부에서 각 사회복지시설에 보조금을 증액하였다. 그런데 이 보조금은 직접사업비여서 클라이언트를 위한 직접 사업에만 사용이 가능하다. 따라서 클라이언트를 대상으로 진행되는 사업은 증가하였으나 이 사업 운영을 위한 사회복지사는 충원을 할 수 없다. 그렇다면 이런 방식의 자원할당은 정당한 것인가?

② 사회복지사의 업무분업화로 인해 사회복지사가 좁은 범위의 업무를 수행하는 대신 이전 보다 많은 클라이언트를 담당하게 되어 클라이언트 1명당 서비스제공에 할애되는 시간이 줄어든다면 클라이언트는 줄어든 서비스 시간으로 인해 불만족 하겠지만, 더 많은 클라이언트가 혜택을 받을 수 있는데 이러한 방식의 사회복지사의 시간과 업무의 배분은 수용 가능한 것인가?

위의 두 가지 자원배분은 클라이언트나 사회복지사 모두에게 만족스러운 방식은 아니다. 그러나 불행하게도 사회복지현장에서 위의 두 사례는 낯선 것은 아니다. 외부 후원금이나 공모사업의 경우 인력에 대한 비용지불을 제한하고 있기 때문에 사회복지사는 한정된 시간을 이전 보다 더 쪼개면서 클라이언트를 위한 서비스 확충이라는 정당성으로 공모사업을 지속해서 확장하고 있다. 그러나 사회복지사의 과중된 업무가 결과적으로 서비스 질의 저하로 연결된다면, 제한된 시간에 많은 클라이언트를 대상으로 하는 것이 옳다고 단정하기는 어려운 것이다.

여전히 사회복지사는 한정된 자원을 배분해야 하는 현장에서 일을 하고 있으며, 한정된 자원에 대한 공정한 분배의 이슈는 미래에도 지속될 것이다. 그러나 사회복지사는 한정된 자원의 테두리에 머물러서는 안 된다. 클라이언트의 권익을 옹호하기 위해 자원을 개발하고 확충하는데 적극적이어야 한다. 그리고 자원을 배분함에 있어 윤리적 판단에 의해 심사숙고해야 하며, 정의로운 분배를 통해 사회정의를 실현 하는 것에 최선을 다해야 한다.

PART

부록

1. 한국사회복지사 윤리강령
2. NASW 윤리강령

1. 한국사회복지사 윤리강령(2001. 12)

Ⅰ. 전문

사회복지사는 인본주의·평등주의 사상에 기초하여, 모든 인간의 존엄성과 가치를 존중하고 천부의 자유권과 생존권의 보장활동에 헌신한다. 특히 사회적·경제적 약자들의 편에 서서 사회정의와 평등·자유와 민주주의 가치를 실현하는데 앞장선다. 또한 도움을 필요로 하는 사람들의 사회적 지위와 기능을 향상시키기 위해 저들과 함께 일하며, 사회제도 개선과 관련된 제반 활동에 주도적으로 참여한다. 사회복지사는 개인의 주체성과 자기결정권을 보장하는 데 최선을 다하고, 어떠한 여건에서도 개인이 부당하게 희생되는 일이 없도록 한다. 이러한 사명을 실천하기 위하여 전문적 지식과 기술을 개발하고, 사회적 가치를 실현하는 전문가로서의 능력과 품위를 유지하기 위해 노력한다. 이에 우리는 클라이언트·동료·기관 그리고, 지역사회 및 전체 사회와 관련된 사회복지사의 행위와 활동을 판단·평가하며 인도하는 윤리기준을 다음과 같이 선언하고 이를 준수할 것을 다짐한다.

Ⅱ. 윤리기준

1) 사회복지사의 기본적 윤리기준

(1) 전문가로서의 자세

① 사회복지사는 전문가로서의 품위와 자질을 유지하고, 자신이 맡고 있는 업무에 대해 책임을 진다.

② 사회복지사는 클라이언트의 종교·인종·성·연령·국적·결혼상태·성 취

향·경제적 지위·정치적 신념·정신, 신체적 장애·기타 개인적 선호, 특징, 조건, 지위를 이유로 차별 대우를 하지 않는다.

③ 사회복지사는 전문가로서 성실하고 공정하게 업무를 수행하며, 이 과정에서 어떠한 부당한 압력에도 타협하지 않는다.

④ 사회복지사는 사회정의실현과 클라이언트의 복지증진에 헌신하며, 이를 위한 환경조성을 국가와 사회에 요구해야 한다.

⑤ 사회복지사는 전문적 가치와 판단에 따라 업무를 수행함에 있어, 기관 내외로부터 부당한 간섭이나 압력을 받지 않는다.

⑥ 사회복지사는 자신의 이익을 위해 사회복지전문직의 가치와 권위를 훼손해서는 안된다.

⑦ 사회복지사는 한국사회복지사협회 등 전문가단체 활동에 적극 참여하여, 사회정의실현과 사회복지사의 권익옹호를 위해 노력해야 한다.

(2) 전문성 개발을 위한 노력

① 사회복지사는 클라이언트에게 최상의 서비스를 제공하기 위해, 지식과 기술을 개발하는데 최선을 다하며 이를 활용하고 전파할 책임이 있다.

② 클라이언트를 대상으로 연구하는 사회복지사는 저들의 권리를 보장하기 위해, 자발적이고 고지된 동의를 얻어야 한다.

③ 연구과정에서 얻은 정보는 비밀보장의 원칙에서 다루어져야 하고, 이 과정에서 클라이언트는 신체적, 정신적 불편이나 위험·위해 등으로부터 보호되어야 한다.

④ 사회복지사는 전문성을 개발하기 위해 노력하되, 이를 이유로 서비스의 제공을 소홀히 해서는 안된다.

⑤ 사회복지사는 한국사회복지사협회 등이 실시하는 제반교육에 적극 참여하

여야 한다.

(3) 경제적 이득에 대한 태도

① 사회복지사는 클라이언트의 지불능력에 상관없이 서비스를 제공해야 하며, 이를 이유로 차별대우를 해서는 안 된다.
② 사회복지사는 필요한 경우에 제공된 서비스에 대해, 공정하고 합리적으로 이용료를 책정해야 한다.
③ 사회복지사는 업무와 관련하여 정당하지 않은 방법으로 경제적 이득을 취하여서는 안 된다.

2) 사회복지사의 클라이언트에 대한 윤리기준

(1) 클라이언트와의 관계

① 사회복지사는 클라이언트의 권익옹호를 최우선의 가치로 삼고 행동한다.
② 사회복지사는 클라이언트에 대하여 인간으로서의 존엄성을 존중해야 하며, 전문적 기술과 능력을 최대한 발휘한다.
③ 사회복지사는 클라이언트가 자기결정권을 최대한 행사할 수 있도록 도와야 하며, 저들의 이익을 최대한 대변해야 한다.
④ 사회복지사는 클라이언트의 사생활을 존중하고 보호하며, 직무 수행과정에서 얻은 정보에 대해 철저하게 비밀을 유지해야 한다.
⑤ 사회복지사는 클라이언트가 받는 서비스의 범위와 내용에 대해, 정확하고 충분한 정보를 제공함으로써 알 권리를 인정하고 존중해야 한다.
⑥ 사회복지사는 문서 · 사진 · 컴퓨터 파일 등의 형태로 된 클라이언트의 정보에 대해 비밀보장의 한계 · 정보를 얻어야 하는 목적 및 활용에 대해 구체적

으로 알려야 하며, 정보 공개시에는 동의를 얻어야 한다.

⑦ 사회복지사는 개인적 이익을 위해 클라이언트와의 전문적 관계를 이용하여서는 안 된다.

⑧ 사회복지사는 어떠한 상황에서도 클라이언트와 부적절한 성적관계를 가져서는 안 된다.

⑨ 사회복지사는 사회복지 증진을 위한 환경조성에 클라이언트를 동반자로 인정하고 함께 일해야 한다.

(2) 동료의 클라이언트와의 관계

① 사회복지사는 적법하고도 적절한 논의 없이 동료 혹은, 다른 기관의 클라이언트와 전문적 관계를 맺어서는 안 된다.

② 사회복지사는 긴급한 사정으로 인해 동료의 클라이언트를 맡게 된 경우, 자신의 의뢰인처럼 관심을 갖고 서비스를 제공한다.

3) 사회복지사의 동료에 대한 윤리기준

(1) 동 료

① 사회복지사는 존중과 신뢰로서 동료를 대하며, 전문가로서의 지위와 인격을 훼손하는 언행을 하지 않는다

② 사회복지사는 사회복지전문직의 이익과 권익을 증진시키기 위해 동료와 협력해야 한다.

③ 사회복지사는 동료의 윤리적이고 전문적인 행위를 촉진시켜야 하며, 이에 반하는 경우에는 제반 법률규정이나 윤리기준에 따라 대처해야 한다.

④ 사회복지사가 전문적인 판단과 실천이 미흡하여 문제를 야기시켰을 때에는,

적절한 조치를 취하여 클라이언트의 이익을 보호해야 한다.

⑤ 사회복지사는 전문직 내 다른 구성원이 행한 비윤리적 행위에 대해, 제반 법률규정이나 윤리기준에 따라 조치를 취해야 한다.

⑥ 사회복지사는 동료 및 타 전문직 동료의 직무 가치와 내용을 인정 · 이해하며, 상호 간에 민주적인 직무관계를 이루도록 노력해야 한다.

(2) 슈퍼바이저

① 슈퍼바이저는 개인적인 이익의 추구를 위해 자신의 지위를 이용해서는 안 된다.

② 슈퍼바이저는 전문적 기준에 의해 공정하게 책임을 수행하며, 사회복지사 · 수련생 및 실습생에 대한 평가는 저들과 공유해야 한다.

③ 사회복지사는 슈퍼바이저의 전문적 지도와 조언을 존중해야 하며, 슈퍼바이저는 사회복지사의 전문적 업무수행을 도와야 한다.

④ 슈퍼바이저는 사회복지사 · 수련생 및 실습생에 대해 인격적 · 성적으로 수치심을 주는 행위를 해서는 안 된다.

4) 사회복지사의 사회에 대한 윤리기준

① 사회복지사는 인권존중과 인간평등을 위해 헌신해야 하며, 사회적 약자를 옹호하고 대변하는 일을 주도해야 한다.

② 사회복지사는 필요한 사회서비스를 개발하기 위한 사회정책의 수립 · 발전 · 입법 · 집행에 적극적으로 참여하고 지원해야 한다.

③ 사회복지사는 사회환경을 개선하고 사회정의를 증진시키기 위한 사회정책의 수립 · 발전 · 입법 · 집행을 요구하고 옹호해야 한다.

④ 사회복지사는 자신이 일하는 지역사회의 문제를 이해하고, 그것을 해결하는

일에 적극적으로 참여해야 한다.

5) 사회복지사의 기관에 대한 윤리기준

① 사회복지사는 기관의 정책과 사업목표의 달성, 서비스의 효율성과 효과성의 증진을 위해 노력함으로써, 클라이언트에게 이익이 되도록 해야 한다.
② 사회복지사는 기관의 부당한 정책이나 요구에 대하여, 전문직의 가치와 지식을 근거로 이에 대응하고 즉시 사회복지윤리위원회에 보고해야 한다.
③ 사회복지사는 소속기관 활동에 적극 참여함으로써, 기관의 성장발전을 위해 노력해야 한다.

6) 사회복지윤리위원회의 구성과 운영

① 한국사회복지사협회는 사회복지윤리위원회를 구성하여, 사회복지윤리실천의 질적인 향상을 도모하여야 한다.
② 사회복지윤리위원회는 윤리강령을 위배하거나 침해하는 행위를 접수받아, 공식적인 절차를 통해 대처하여야 한다
③ 사회복지사는 한국사회복지사협회의 윤리적 권고와 결정을 존중하여야 한다.

2. NASW 윤리강령

2008년 개정된 내용

1.05 문화적 역량과 사회적 다양성

ⓒ 사회복지사는 인종, 민족, 국적, 피부색, 성별, 성적 지향, 성정체성 또는 성적 표현(gender identity or expression), 연령, 혼인관계, 정치적 신념, 종교, 이민, 정신적 또는 신체적 장애에 관한 사회적 다양성 및 억압의 성격 등에 관한 교육을 받고 그것을 이해하도록 하여야 한다.

2.01 존중

ⓐ 사회복지사는 동료를 존중하여야 하며 동료의 자격, 견해, 의무 등을 정확하고 공정하게 표명해야 한다.

ⓑ 사회복지사는 클라이언트나 다른 전문가들과 의사소통에서 동료에 대한 부당하고 부정적인 비판을 피해야 한다. 부당하고 부정적인 비판은 동료의 능력 수준 또는 인종, 민족, 국적, 피부색, 성, 성적 지향, 성정체성 또는 성적 표현, 연령, 혼인관계, 정치적 신조, 종교, 이민, 정신적 또는 신체적 장애와 같은 개인적 특성에 관해 언급하는 것을 포함한다.

4.02 차별

사회복지사는 인종, 민족, 국적, 피부색, 성별, 성적 지향, 성정체성 또는 성적 표현, 연령, 혼인관계, 정치적 신조, 종교, 이민, 정신적 또는 신체적 장애에 근거한 어떤 형태의 차별도 실행, 묵과, 조장, 협력해서는 안 된다.

6.04 사회적, 정치적 행동

ⓓ 사회복지사는 인종, 민족, 국적, 피부색, 성, 성적 지향, 성정체성 또는 성적 표현, 연령, 혼인관계, 정치적 신념, 종교, 이민, 정신적 또는 신체적 장애를 이유로 특정 개인이나 집단, 계급을 지배, 착취, 차별하는 행위를 방지하고 제거하기 위한 활동을 하여야 한다.

I. 전문

사회복지전문직의 근본적인 사명은 인간의 복리를 향상시키고 모든 사람들의 기본적인 욕구를 충족하도록 지원하는데 있으며 특히 취약하고, 억압받고 가난한 사람들의 욕구와 임파워먼트에 관심을 둔다. 사회복지실천의 역사적, 결정적 특징은 사회적 맥락 속에서 개인의 행복과 사회의 행복에 전문적으로 초점을 맞추는 것이다. 사회복지실천의 기본은 생활상의 문제를 야기하거나, 이바지하거나, 대처하는 환경적 요인에 주의를 기울이는 것이다.

사회복지사는 클라이언트와 함께 그리고 클라이언트를 위해 사회정의와 사회변화를 증진시킨다. "클라이언트"란 개인, 가족, 집단, 조직 및 지역사회를 포함하는 말로 사용된다. 사회복지사는 문화적 · 민족적 다양성에 민감하고 차별, 억압, 빈곤, 기타 사회적 부정의를 없애려고 노력한다. 이 활동들은 클라이언트에 대한 직접적 사회복지실천, 지역사회조직화, 슈퍼비전, 자문, 행정, 권리옹호, 사회적 · 정치적 행동, 정책개발과 집행, 교육, 연구 및 평가 등의 형태로 나타날 수 있다. 사회복지사는 사람들이 자신의 욕구를 다루는 능력을 증진시키도록 노력한다. 사회복지사는 또한 개인의 욕구나 사회적 문제에 대한 제반 조직, 지역사회, 기타 사회제도의 책임성을 증진시키고자 노력한다.

사회복지전문직의 사명은 일련의 핵심가치에 기반을 두고 있다. 이 핵심가치들은 전문직의 역사를 통해 사회복지사들이 견지해온 것으로 사회복지실천의 독특한 목적과 관점의 기반을 이루고 있다. 즉

- 서비스
- 사회정의
- 인간의 존엄과 가치
- 인간관계의 중요성
- 성실
- 역량

이들 핵심가치들은 사회복지전문직의 독특성을 잘 나타내고 있다. 이 핵심가치들과 거기서 파생된 원칙은 인간 경험의 배경과 복잡성 안에서 균형을 이루어야 한다.

II. NASW 윤리강령의 목적

전문직 윤리는 사회복지실천의 핵심이다. 전문직은 그 기본적 가치, 윤리적 원칙 및 윤리적 기준을 명확히 할 의무가 있다. NASW 윤리강령은 사회복지사의 행동을 인도하기 위해 이러한 가치와 원칙 및 기준들을 제시하고 있다. 이 강령은 그들이 수행하는 전문기능이나 일하는 장소, 서비스 대상과 관계없이 모든 사회복지사와 사회복지학과 학생들에게 적용된다.

NASW 윤리강령은 다음과 같은 여섯 가지 목적을 가진다.

1. 강령은 사회복지실천 사명의 기반이 되는 핵심가치를 확인한다.
2. 강령은 전문직의 핵심가치를 반영하는 광범위한 윤리적 원칙을 개괄하며 사회복지실천의 지침으로 사용되어야 할 일련의 구체적 윤리기준을 확립한다.
3. 강령은 전문적 책임에 갈등이 생기거나 윤리적 불확실성이 일어날 때 사회복지사들이 적절한 고려사항을 확인하는데 도움을 줄 수 있도록 기획되었다.
4. 강령은 일반 대중이 사회복지전문직에게 책임을 부여할 수 있는 윤리적 기준을 제공한다.
5. 강령은 이 분야에 새롭게 들어온 실천가들에게 사회복지실천의 사명, 가치, 윤리적 원칙, 윤리적 기준을 사회화시킨다.
6. 강령은 사회복지사가 비윤리적 행위에 관여하고 있는지를 평가하기 위해 사회복지전문직이 자체적으로 사용할 수 있는 기준을 명확히 표명한다. NASW는 회원에 대해 제기된 윤리적 불만 사항을 심판하기 위한 공식절차를 두고 있다. 이 강령에 동의함으로써 사회복지사는 강령의 실행에 협력해야 하며,

NASW 심판절차에 참여해야 하고, 강령에 기반한 모든 NASW의 징계결정 및 제재조치를 준수해야 한다.

이 강령은 윤리적 문제가 발생할 때 의사결정과 행동의 지침이 되는 일련의 가치, 원칙 및 기준을 제시한다. 그러나 사회복지사가 모든 상황에서 어떻게 행동해야 할 것인가를 규정하는 일련의 규칙을 제공하지는 않는다. 이 강령을 구체적으로 적용할 때는 그것이 고려될 상황과 강령의 가치, 원칙 및 기준 간의 갈등 가능성을 고려해야 한다. 윤리적 책임은 개인적, 가족적 관계에서 사회적, 전문적 관계에 이르기까지 모든 인간관계에서 생긴다.

더욱이 NASW 윤리강령은 어떤 가치, 원칙 및 기준이 가장 중요하며 우선해야 하는지를 갈등이 발생할 때 이에 대해 구체적으로 규정하고 있지 않다. 갈등이 생겼을 때 여러 가지 가치, 윤리적 원칙 및 윤리적 기준의 우선 순위를 어떻게 해야 할 것인가에 대해서는 사회복지사들 간에도 합리적인 의견의 차이가 있을 수 있다. 특정 상황에서의 윤리적 의사결정은 사회복지사 개개인이 충분한 정보에 근거하여 판단해야 하며 전문직의 윤리적 기준이 동료심사과정에서 어떻게 적용되고 판단되는지도 고려해야 한다.

윤리적 의사결정은 하나의 과정이다. 사회복지실천에서는 복잡한 윤리적 문제를 해결해주는 간단한 해답이 없는 경우가 많다. 사회복지사는 윤리적 판단이 요구되는 제반 상황에서 강령의 모든 가치, 원칙 및 기준을 고려해야 한다. 사회복지사의 결정과 행동은 강령에 적혀 있는 글자 그대로의 의미뿐 아니라 그 정신과도 일치되어야 한다.

이 강령에 더하여, 유용한 윤리적 고찰을 할 수 있는 많은 다른 정보자원들이 있다. 사회복지사는 일반적 윤리이론과 원칙, 사회복지실천이론과 조사, 법률, 규정, 기관의 정책 및 기타 관련 윤리강령 등을 고려해야 한다. 이때 사회복지사는 NASW 윤리강령을 제 일차적으로 고려해야 한다는 점을 인식해야 한다. 사회복지사는 클라이언트와 자신의 개인적 가치와 문화적, 종교적 신념과 실천이 윤리적 의사결정에 미치는 영향을 알고 있어야 한다. 또한 사회복지사는 개인의 가치와 전문직의 가치 사이에 일어날 수 있는 어떤 갈등도 알고 있어야 한다. 윤리적 딜레마에 직면하였을 때 사회복지사는 추가적인 지침으로써 전문직의 윤리나 윤리적 의사결정에 관한 관련문헌들을 참고하고 적합한 자문을 구해야 한다. 여기에는 기관 내의 또는 사회복지실천조직 내의 윤리위원회, 조정기구, 식견이 있는 동료, 슈퍼바이저나 법률고문들과의 상담이 포함될 수 있다.

사회복지사의 윤리적 책임이 기관의 방침이나 관련되는 법률, 규정과 충돌하는 경우가 있을 수 있는데 이때에는 사회복지사는 강령에 명시된 가치, 원칙, 기준에 일치하는 방법으로 그 갈등을 해결하도록 책임 있는 노력을 다해야 한다. 만일 갈등에 대한 합리적인 해결이 어려운 경우 사회복지사는 결정을 내리기 전에 적절한 자문을 구해야 한다.

NASW 윤리강령은 NASW에 의해 활용되며 또한 개인, 기관, 조직 및 단체(자격심의위원회, 전문직 책임보험 공급자, 법원, 기관이사회, 정부기관, 기타 전문직 집단) 등의 강령을 채택하고 그것을 준거틀로 사용하고자 하는 경우에 사용된다. 강령기준의 위반이 자동적으로 법적 책임이나 법률위반을 의미하는 것은 아니다. 그러한 결정은 법적, 사법적 절차에 의해서만 이루어질 수 있다. 강령에 대한 위반이 제기되면 동료심사과정을 거치게 된다. 이러한 과정은 일반적으로 법적·행정적 절차와는 별도로 법적 조사나 절차와 분리되며 전문직이 자체적으로 회원에게 권고나 징계를 가할 수 있다.

윤리강령이 윤리적 행위를 보증할 수는 없다. 더욱이 윤리강령이 모든 윤리적 문제나 논쟁을 해결할 수 없으며 또한 도덕적 공동체 내에서 책임 있는 선택을 하려는 노력과 관련되는 풍부하고 복잡한 내용들을 포착할 수 없다. 윤리강령은 전문가들이 갈망하며 그들 행동의 판단기준이 되는 가치, 윤리적 원칙 및 윤리적 기준을 제시하는 것이다. 사회복지사의 윤리적 행위는 윤리적인 실천에 관여하고자 하는 개인적인 헌신에서 연유되어야 한다. NASW의 윤리강령은 전문직의 가치를 지지하며 윤리적으로 행동하려는 모든 사회복지사들의 헌신을 반영한다. 원칙과 기준은 도덕적 문제를 분명히 인식하며, 신념을 가지고 신뢰할만한 윤리적 판단을 내리려고 애쓰는 사람들에 의해 적용되어야 한다.

III. 윤리원칙

다음의 포괄적인 윤리원칙들은 서비스, 사회정의, 개인의 존엄과 가치, 인간관계의 중요성, 성실과 역량 등 사회복지실천의 핵심가치들에 기반을 둔 것이다. 이 원칙들은 모든 사회복지사가 갈망하는 이상을 뜻한다.

- 가치 : 서비스
- 윤리원칙 : 사회복지사의 제 일차적 목표는 어려운 사람들을 돕고 사회문제를 해결하는 것이다.

사회복지사는 타인에 대한 서비스를 자기 이익에 우선토록 한다. 사회복지사는 어려운 사람들을 돕고 사회문제를 해결하기 위해 자신의 지식, 가치와 기술을 이용한다. 사회복지사는 자신의 전문직 기술의 일부를 재정적 보상에 대한 기대를 하지 않고 자발적으로 제공하도록 권장된다.

- 가치 : 사회정의
- 윤리원칙 : 사회복지사는 사회적 부정의에 도전한다.

사회복지사는 사회적 변화, 특히 취약하고 억압받는 개인이나 집단과 함께, 또한 이들을 위해서 사회적 변화를 추구한다. 사회변화를 위한 사회복지사의 노력은 1차적으로 빈곤, 실업, 차별이나 기타 여러 형태의 사회적 불공평에 그 초점을 맞춘다. 이러한 활동은 억압이나 문화적, 민족적 다양성에 대한 민감성과 이에 관한 지식을 증진하고자 노력한다.

사회복지사는 필요한 정보, 서비스, 자원에 대한 접근과 기회의 균등, 그리고 모든 사람들의 의사결정에 대한 실질적인 참여를 보장하려고 노력한다.

- 가치 : 인간의 존엄과 가치
- 윤리원칙 : 사회복지사는 인간의 본질적인 존엄과 가치를 존중한다.

사회복지사는 개인적인 차이나 문화적·민족적 다양성에 유의하면서 관심과 존중의 자세로 모든 사람들을 대해야 한다. 사회복지사는 클라이언트가 사회적으로 책임 있는 자기결정을 내리도록 도와야 한다. 사회복지사는 클라이언트 스스로 변화하고 자신의 필요를 해결할 수 있도록 그의 역량과 기회를 향상시키고자 노력하여야 한다. 사회복지사는 클라이언트와 사회 전반에 대한 이중적 책임을 인식해야 한다. 또한 클라이언트의 이익과 일반 사회의 이익 간의 갈등을 전문직의 가치, 윤리적 원칙 및 전문직의 윤리적 기준에 일치하는, 사회적으로 책임 있는 자세로 해결하도록 힘쓴다.

- 가치 : 인간관계의 중요성
- 윤리원칙 : 사회복지사는 인간관계의 핵심적 중요성을 인식한다.

사회복지사는 두 사람 또는 여러 사람들 간의 관계가 변화의 중요 수단임을 이해한다. 사회복지사는 원조과정에 있는 모든 사람들과 파트너로서 관여한다. 사회복지사는 개인, 가족, 집단, 조직 및 지역사회의 복리를 증진, 회복, 유지 및 향상시키기 위해 의도적인 노력으로 인간관계를 강화하고자 힘쓴다.

- 가치 : 성실
- 윤리원칙 : 사회복지사는 신뢰받을 수 있는 행동을 한다.

사회복지사는 전문직의 사명, 가치, 윤리적 원칙, 윤리적 기준을 항상 숙지하여 이와 일치되도록 실천한다. 사회복지사는 정직하고 책임 있게 행동하며 자신들이 소속된 조직의 입장에서 윤리적 실천을 증진시킨다.

- 가치 : 역량
- 윤리원칙 : 사회복지사는 자기 전문분야 내에서 실천하며 전문직의 전문성을 개발하고 향상시킨다.

사회복지사는 전문적 지식이나 기술을 증진시키고 그것을 실천에 적용하고자 지속적으로 노력한다. 또한 전문직의 지식기반 확대에 이바지하도록 노력해야 한다.

IV. 윤리기준

윤리기준은 모든 사회복지사의 전문직 활동에 관련된다. 이러한 기준들은 다음과 관련되어 있다.

1) 클라이언트에 대한 사회복지사의 윤리적 책임
2) 동료에 대한 사회복지사의 윤리적 책임
3) 실천현장에서의 사회복지사의 윤리적 책임
4) 전문직으로서의 사회복지사의 윤리적 책임
5) 사회복지전문직에 대한 사회복지사의 윤리적 책임
6) 사회전반에 대한 사회복지사의 윤리적 책임에 관한 것이다.

다음에 열거하는 기준의 일부는 전문직 행동에 대한 강제적 지침이며 기타 일부는 권장사항이다. 각 기준이 어느 정도로 강제적인가는 윤리기준에 위반되는 행위에 대한 심사를 책임진 사람들의 전문적 판단에 달려 있다.

1. 클라이언트에 대한 사회복지사의 윤리적 책임

1.01 클라이언트에 대한 헌신

사회복지사의 일차적 책임은 클라이언트의 복리를 증진시키는 것이다. 일반적으로 클라이언트의 이익이 최우선이다. 그러나 특별한 경우, 사회복지사의 사회 전반에 대한 책임이나 특정 법정 의무가 클라이언트에 대한 충성에 우선해야 할 때가 있을 수 있다. 이런 경우에는 클라이언트에게 그것을 알려야 한다(예를 들어 사회복지사가 클라이언트의 아동학대 사실이나 자신 또는 타인을 해치려고 위협한 사실을 보고하도록 법적으로 요구받는 경우).

1.02 자기결정

사회복지사는 클라이언트의 자기결정권리를 존중하고 증진시키며 자신의 목표를 확인하고 명확히 하도록 클라이언트를 도와준다. 사회복지사는 클라이언트의 행동이나 잠재적 행동이 그 자신이나 타인에게 심각하고 예측가능하며 즉각적인 위험을 초래한다고 전문적으로 판단될 때, 클라이언트의 자기결정권을 제한할 수도 있다.

1.03 충분한 정보에 근거한 동의

ⓐ 사회복지사는 타당한 정보에 근거한 동의에 기초한 전문적 관계의 맥락 안에서만 클라이언트에게 서비스를 제공해야 한다. 사회복지사는 명확하고 이해하기 쉬운 말로 클라이언트에게 서비스의 목적, 서비스와 관련된 위험, 제3자 지불자의 요청에 의한 서비스의 제한, 관련 비용, 합리적인 대안들, 동의를 거절하거나 취소할 수 있는 클라이언트의 권리 및 동의에 따르는 기간 등을 알려주어야 한다. 또한 클라이언트에게 질문할 기회도 제공해야 한다.

ⓑ 클라이언트가 글자를 모르거나 실천현장에서 사용되는 언어(primary language)를 이해하기 어려워하는 경우, 사회복지사는 클라이언트가 이해할 수 있도록 필요한 조치를 취해야 한다. 즉 클라이언트에게 상세하게 구두설명을 해주고 가능하다면 유자격 통역가나 번역가를 마련해주어야 한다.

ⓒ 클라이언트가 충분한 정보에 근거한 동의를 할 능력이 부족한 경우에는 사회

복지사는 적절한 제3자에게 허가를 구하여 클라이언트의 이해 수준에 맞추어 알려줌으로써 클라이언트의 이익을 보호해 주어야 한다. 그리고 이러한 경우에 사회복지사는 제3자가 클라이언트의 희망과 이익에 부합되도록 행동하는지 확인하는 노력을 해야 한다. 사회복지사는 클라이언트가 충분한 정보에 근거한 동의를 할 수 있는 능력을 향상시키도록 합리적인 조치를 취해야 한다.

ⓓ 클라이언트가 비자발적으로 서비스를 받게 되는 경우에는 사회복지사는 서비스의 성격이나 범위에 관해서, 그리고 클라이언트가 서비스를 거부할 수 있는 한도에 관한 정보를 제공해주어야 한다.

ⓔ 전자매체(컴퓨터, 전화, 라디오 및 텔레비전)를 통해 서비스를 제공하는 사회복지사는 이 서비스에 연관된 한계나 위험을 서비스 수혜자에게 알려야 한다.

ⓕ 사회복지사는 클라이언트의 음성을 녹음하거나 비디오로 찍거나 혹은 제3자가 클라이언트에게 제공되는 서비스를 관찰하도록 허용하기에 앞서 클라이언트로부터 충분한 정보에 근거한 동의를 얻어야 한다.

1.04 역량

ⓐ 사회복지사는 자기가 받은 교육, 훈련, 면허, 자격, 자문을 받은 경험, 슈퍼비전을 받은 경험 또는 다른 관련된 전문직 경험의 범위 안에서만 서비스를 제공하고 자신이 전문성을 가지고 있다고 말할 수 있다.

ⓑ 사회복지사가 새로운 개입기술이나 접근법을 이용하여 서비스를 제공하기 위해서는 개입이나 기술에 전문성을 가진 사람들로부터 적절한 교육, 훈련, 자문, 슈퍼비전을 받은 후에만 실질적인 영역에서 서비스를 제공할 수 있다.

ⓒ 새로운 실천영역에서 일반적으로 인정되는 기준이 존재하지 않을 경우 사회복지사는 신중한 판단을 내려야 하며 업무능력을 확인하고 클라이언트를 위험으로부터 보호하기 위한 책임 있는 조치(적절한 교육, 연구, 훈련, 자문, 슈퍼비전)를 취해야 한다.

1.05 문화적 역량과 사회적 다양성

ⓐ 사회복지사는 문화와 그것이 인간행동과 사회에서 수행하는 기능을 이해하며, 모든 문화가 갖고 있는 강점을 인식해야 한다.

ⓑ 사회복지사는 클라이언트가 속한 문화에 대한 기본적 지식을 가져야 하며 클라이언트의 문화 및 서로 다른 사람들이나 문화적 집단들에 민감하게 서비스를 제공할 수 있는 능력을 발휘할 수 있어야 한다.

ⓒ 사회복지사는 인종, 민족, 국적, 피부색, 성별, 성적 지향, 연령, 혼인관계, 정치적 신념, 종교, 이민, 정신적 또는 신체적 장애에 관한 사회적 다양성 및 억압의 성격 등에 관한 교육을 받고 그것을 이해하도록 노력하여야 한다.

1.06 이익의 갈등

ⓐ 사회복지사는 전문적 선택과 공정한 판단을 저해하는 이익갈등에 항상 주의를 기울이고 이를 피해야 한다. 사회복지사는 이익갈등이 현실적으로 발생하거나 발생하려고 할 때에는 이를 클라이언트에게 알려야 하며 클라이언트의 이익을 최우선으로 하고 클라이언트의 이익을 최대한 보호하는 합리적 조치를 취해서 문제를 해결해야 한다. 어떤 경우에는 클라이언트의 이익을 보호하기 위해서 그를 적절한 곳으로 의뢰하고 전문적 관계를 종결해야 할 때도 있다.

ⓑ 사회복지사는 자신의 개인적, 종교적, 정치적 또는 사업상의 이익을 위해 전문적 관계를 부당하게 이용하거나 타인을 이용해서는 안 된다.

ⓒ 사회복지사는 클라이언트를 이용할 위험이 있거나 잠재적 해를 끼칠 위험이 있는 경우에는 현재나 과거의 클라이언트와 이중, 다중의 관계를 맺어서는 안 된다. 이중, 다중의 관계를 피할 수 없는 경우에는 사회복지사는 클라이언트를 보호하기 위한 합리적 조치를 취해야 하며 분명하고 적절하며 문화적으로 민감한 경계를 설정할 책임이 있다(이중, 다중의 관계는 전문적이든, 사회적이든, 사업적이든 사회복지사가 클라이언트와 한 개 이상의 관계에 관련될 때 일어난다. 이중,

다중의 관계는 동시적으로 또는 연속적으로 일어날 수 있다).

ⓓ 사회복지사는 서로 관계를 맺고 있는 두 사람 또는 그 이상의 사람들(예를 들어 부부, 가족성원)에게 서비스를 제공할 때 누가 클라이언트로 간주될 것이며, 서비스를 받는 각 개인들에 대한 사회복지사의 전문적 책임이 무엇인지를 관련 당사자 모두에게 명확히 해야 한다. 서비스 수혜자들 간에 이익갈등이 예상되거나 사회복지사가 갈등적인 역할을 수행해야 할 때에는(예를 들면 사회복지사가 클라이언트들이 관련된 친권의 분쟁이나 이혼소송에서 증언하도록 요청받을 때) 사회복지사는 관련 당사자에게 자신의 역할을 분명히 하고 이익갈등이 최소화되도록 적절한 행동을 취해야 한다.

1.07 사생활보호와 비밀보장

ⓐ 사회복지사는 사생활보호에 대한 클라이언트의 권리를 존중해야 한다. 사회복지사는 서비스의 제공이나 사회복지실천평가, 조사수행에 필수적인 경우를 제외하고는 클라이언트로부터 사적인 정보를 얻으려고 해서는 안 된다. 일단 정보가 공유되면 비밀보장의 기준이 적용된다.

ⓑ 사회복지사는 클라이언트나 클라이언트를 대신해서 법적으로 동의할 권한을 인정받은 사람으로부터 타당한 동의를 얻었을 경우에만 비밀정보를 공개할 수 있다.

ⓒ 사회복지사는 강제적인 전문직상의 이유가 있는 경우 이외에는 전문서비스과정에서 취득한 모든 정보에 대해 비밀을 보장해야 한다. 그러나 클라이언트 자신이나 타인에 대한 심각하고 예측가능하며 즉각적인 위해를 방지하기 위해 정보공개가 필요할 경우에는 이러한 원칙이 적용되지 않는다. 모든 경우에 사회복지사는 소기의 목적달성을 위해 필요한 최소한의 정보만을 공개해야 하며, 목적에 직접적으로 관련된 정보만을 공개해야 한다.

ⓓ 사회복지사는 가능한 한 비밀정보가 공개되기 전에 공개사실과 그로 인해 예상

되는 결과에 대해서 클라이언트에게 알려야 한다. 이것은 비밀정보의 공개가 법적 요건에 의한 것이든 클라이언트의 동의에 기초한 것이든 상관없이 적용된다.

ⓔ 사회복지사는 비밀보장의 성격이나 비밀보장에 대한 클라이언트의 권리의 한계에 관해서 클라이언트나 다른 관련 당사자들과 의논해야 한다. 또한 클라이언트와 함께 비밀정보가 요구될 수 있는 상황이나 법적으로 비밀정보의 공개가 요청되는 상황들을 검토해야 한다. 이러한 논의는 사회복지사와 클라이언트의 관계에서 가능한 한 빨리 그리고 관계의 전과정을 통해서 필요할 때마다 수행되어야 한다.

ⓕ 사회복지사가 가족, 부부, 집단에 대하여 상담서비스를 제공할 때 각 개인의 비밀보장 권리나 타인과 공유하는 비밀정보를 유지할 의무에 관해서 당사자들 간에 합의를 구해야 한다. 그러나 가족, 부부, 집단상담의 참가자들이 그러한 합의를 이행할 것이라는 것을 사회복지사가 보장할 수 없다는 것을 참가자들에게 알려야 한다.

ⓖ 사회복지사는 가족, 부부, 결혼, 집단상담을 받는 클라이언트에게 상담 참가자들 간의 비밀정보의 공개에 관한 사회복지사, 고용주 및 기관의 정책을 알려야 한다.

ⓗ 사회복지사는 클라이언트가 공개할 권한을 주지 않는 한 제3자 지불자에게 비밀정보를 공개해서는 안 된다.

ⓘ 사회복지사는 사생활보호가 보장되지 않는 어떤 실천현장에서도 비밀정보를 논의해서는 안 된다. 공적이나 반공적인 장소, 가령 복도나 대기실, 승강기, 식당 등에서 비밀정보에 관해 논의해서는 안 된다.

ⓙ 사회복지사는 법적 절차의 진행 중 법률이 허용하는 한도 내에서 클라이언트의 비밀을 최대한 보호해야 한다. 법정이나 법적 권한을 가진 기관이 사회복지사에게 클라이언트의 동의없이 비밀정보나 면책특권정보의 공개를 명령하는 경우 그러한 공개가 클라이언트에게 해가 될 때에는, 사회복지사는 법정에 그

명령을 철회하거나 가능한 한 그 범위를 좁게 한정하거나 또는 그 기록을 일반이 검사할 수 없게 비공개로 유지하도록 요청해야 한다.

ⓚ 사회복지사는 언론매체 관계자로부터 정보를 요청받을 때 클라이언트의 비밀을 보호해야 한다.

ⓛ 사회복지사는 클라이언트의 서면정보, 전자정보, 그리고 기타 민감한 정보에 대한 비밀을 보호해야 한다. 또한 클라이언트의 기록을 안전한 장소에 보관하며 그 기록에 접근할 권한이 없는 타인이 이용할 수 없도록 합리적 조치를 취해야 한다.

ⓜ 사회복지사는 컴퓨터, 전자메일, 팩시밀리, 전화, 전화응답기 또는 다른 전자나 컴퓨터 기술을 통해서 다른 관계자에게 전달된 정보의 비밀을 보장하며 유지하기 위해 예방조치를 취해야 한다. 신상정보의 공개는 가급적 피해야 한다.

ⓝ 사회복지사는 클라이언트의 기록의 이송이나 처리에 있어서 클라이언트의 비밀을 보호하면서 기록과 사회복지실천 자격에 관한 주 법령에 일치하는 방법을 취해야 한다.

ⓞ 사회복지사는 업무의 종료, 자격상실 또는 사망 시에 클라이언트의 비밀이 보호될 수 있도록 적절한 사전조치를 취해야 한다.

ⓟ 사회복지사는 교육이나 훈련을 목적으로 클라이언트에 관하여 논의할 때 클라이언트가 비밀정보의 공개에 동의하지 않는 한 그의 신상정보를 공개해서는 안 된다.

ⓠ 사회복지사는 자문가와 함께 클라이언트에 관해 논의할 때 클라이언트가 비밀정보의 공개에 동의하지 않거나 또는 공개를 해야 할 강력한 필요가 없는 한 신상정보를 누설해서는 안 된다.

ⓡ 사회복지사는 사망한 클라이언트의 비밀도 앞에서 언급한 기준에 따라 보호해야 한다.

1.08 기록에 대한 접근

ⓐ 사회복지사는 클라이언트가 자신에 관한 기록에 적절하게 접근할 수 있도록 해야 한다. 기록에 대한 클라이언트의 접근이 심각한 오해를 일으키거나, 클라이언트에게 위해를 끼칠 우려가 있을 경우에는 기록을 설명하거나 기록에 관해 조언을 해주어야 한다. 사회복지사는 기록에 대한 접근이 클라이언트 자신에게 심각한 위해가 될 것이라는 강력한 증거가 있는 예외적인 경우에만 기록 전체 혹은 일부에 대한 클라이언트의 접근을 제한해야 한다. 클라이언트의 요구와 기록의 전부 혹은 일부의 접근을 제한한 합리적 이유를 클라이언트의 서류철에 기록해야 한다.

ⓑ 클라이언트에게 자신의 기록을 보여줄 때에는 사회복지사는 그 기록 속에 언급되거나 논의되고 있는 다른 개인들의 비밀을 보호할 수단을 강구해야 한다.

1.09 성적 관계

ⓐ 사회복지사는 어떤 상황에서도, 합의에 의한 것이든 강제에 의한 것이든 현재의 클라이언트와 성적 행동이나 성적 접촉을 해서는 안 된다.

ⓑ 사회복지사는 착취의 위험이 있거나 클라이언트에게 위해를 끼칠 수 있는 경우는 클라이언트의 친척이나 그와 개인적 친분이 있는 사람과 성적 행동이나 성적 접촉을 해서는 안 된다. 클라이언트의 친척 또는 그와 개인적 친분이 있는 사람들과의 성적 행동이나 성적 접촉은 클라이언트에게 위해를 끼칠 가능성이 있으며, 이는 사회복지사와 클라이언트 간의 적절한 전문적 경계를 유지하기 어렵게 만든다. 명확하고 적절하며 문화적으로 민감한 경계를 설정하는 모든 책임은 클라이언트나 클라이언트의 친척 또는 클라이언트와 친밀한 대인관계를 맺고 있는 기타 당사자가 아니라 사회복지사가 전적으로 지게 된다.

ⓒ 사회복지사는 이전의 클라이언트와 성적 행동이나 성적 접촉을 해서는 안 된다. 왜냐하면 클라이언트에게 해를 입힐 가능성이 있기 때문이다. 만일 사회

복지사가 이러한 금지규정에 어긋나는 행동을 한다든지 또는 예외적인 상황 때문에 이러한 금지규정의 예외가 인정되어야 한다고 주장한다면, 이전의 클라이언트가 의도적으로나 비의도적으로 이용이나 강제를 당하거나 조종을 받지 않았다는 것을 입증할 전적인 책임은 클라이언트가 아니라 사회복지사에게 있다.

ⓓ 사회복지사는 과거에 성적 관계를 가졌던 사람에게 임상적 서비스를 제공해서는 안 된다. 과거의 성적 파트너에게 임상적 서비스를 제공하면 그 개인에게 잠재적 해를 입힐 가능성이 있으며 사회복지사와 그 개인 간에 적절한 전문적 경계를 유지하기가 어렵기 때문이다.

1.10 신체적 접촉

사회복지사는 클라이언트와 신체적 접촉을 해서는 안 된다. 그러한 접촉(포옹하거나 어루만지는)의 결과 클라이언트에게 심리적 위해를 줄 가능성이 있기 때문이다. 클라이언트와 적절한 신체적 접촉을 하는 사회복지사는 그러한 신체적 접촉에 대한 명백하고 적절한, 문화적으로 민감한 경계를 설정할 책임이 있다.

1.11 성희롱

사회복지사는 성적으로 클라이언트를 희롱해서는 안 된다. 성적 희롱은 성적 접근, 성적 요청, 성상납의 요구 및 기타 성적 성격을 띤 언어적, 신체적 행위들을 의미한다.

1.12 모욕적인 언어

사회복지사는 클라이언트에게 또는 그에 관한 서면 또는 구두 의사소통에서 모욕적인 언어를 사용해서는 안 된다. 사회복지사는 클라이언트에게나 그에 관한 모든 의사소통에서 정확하고 정중한 언어를 사용해야 한다.

1.13 서비스 비용의 지불

ⓐ 요금을 설정할 때 사회복지사는 그 요금이 공정하고 합리적이며 수행되는 서비스에 부합되도록 하여야 한다. 클라이언트의 지불능력도 고려해야 한다.

ⓑ 사회복지사는 클라이언트로부터 전문적 서비스에 대한 대가로 물품이나 용역을 받아서는 안 된다. 물물 교환적 타협은 특히 서비스가 포함될 때 이익갈등이나 이용의 가능성이 있으며 사회복지사와 클라이언트 간에 부적절한 관계가 조성될 수 있다. 사회복지사는 이러한 교환이 해당 지역사회에서 전문직들 간에 인정된 서비스를 제공하기 위해 필수적이고 강요없이 결정되며, 또한 클라이언트 주도 하에 클라이언트의 충분한 정보에 근거한 동의에 따라 이루어짐이 분명한 매우 제한적인 경우에만 그 교환을 검토하고 이에 참여하여야 한다. 전문적 서비스의 대가로서 클라이언트로부터 물품이나 용역을 받는 사회복지사는 이러한 교환이 클라이언트나 전문적 관계에 해롭지 않다는 사실을 입증할 전적인 책임을 진다.

ⓒ 사회복지사는 그의 고용주나 기관을 통해 서비스를 이용할 수 있는 자격을 가진 클라이언트에 대해 사적으로 서비스에 대한 요금이나 어떤 다른 대가도 요청해서는 안 된다.

1.14 의사결정 능력이 없는 클라이언트

충분한 정보에 근거한 의사결정 능력이 없는 클라이언트를 대신해서, 사회복지사는 클라이언트의 이익과 권리를 보호하기 위해 합리적인 조치를 취해야 한다.

1.15 서비스의 중단

사회복지사의 부재, 재배치(전근), 질병, 장애 또는 사망과 같은 이유로 서비스가 중단될 경우, 사회복지사는 서비스의 계속성을 보장하기 위해 합리적인 노력을 기울여야 한다.

1.16 서비스의 종결

ⓐ 사회복지사는 클라이언트에 대한 서비스나 관계가 더 이상 요구되지 않거나 클라이언트의 욕구나 이익에 부응하지 못할 경우, 그 클라이언트에 대한 서비스 및 전문적 관계를 종결해야 한다.

ⓑ 사회복지사는 여전히 서비스를 필요로 하는 클라이언트를 포기하는 잘못을 피하기 위해 합리적 조치를 취해야 한다. 사회복지사는 모든 상황에서 제반 요인들을 신중히 고려하고 가능한 역효과를 최소화하도록 유의하면서 특별한 경우에만 서비스를 철회해야 한다. 그리고 사회복지사는 필요한 경우 서비스가 지속될 수 있도록 적절한 조치를 취해야 한다.

ⓒ 행위별 수가제 하에서 일하는 사회복지사는 재정적 계약조건을 클라이언트에게 명확히 알렸고, 클라이언트가 현재 자신이나 타인에게 절박한 위험을 가하고 있지 않으며, 요금 미지불에 의한 임상적 및 기타 결과가 해결되고 이에 대해 클라이언트와 논의를 했다면, 미지불액을 내지 않는 클라이언트에 대한 서비스를 종결할 수 있다.

ⓓ 사회복지사는 클라이언트와 사회적, 경제적 또는 성적 관계를 추구하기 위해서 서비스를 종결해서는 안 된다.

ⓔ 클라이언트에 대한 서비스를 종결하거나 중단할 예정인 사회복지사는 신속히 클라이언트에게 통지해야 하며 그의 욕구와 선호에 맞게 서비스를 이전, 의뢰하거나 계속하도록 해야 한다.

ⓕ 직장을 떠나고자 하는 사회복지사는 클라이언트에게 서비스의 지속을 위해 적절한 대안과 그 대안의 이득과 위험을 알려야 한다.

2. 동료에 대한 사회복지사의 윤리적 책임

2.01 존중

ⓐ 사회복지사는 동료를 존중하여야 하며 동료의 자격, 견해, 의무 등을 정확하고 공정하게 표명해야 한다.

ⓑ 사회복지사는 클라이언트나 다른 전문가들과의 의사소통에서 동료에 대한 부당하고 부정적인 비판을 피해야 한다. 동료의 능력수준 또는 인종, 민족, 국적, 피부색, 성, 성적지향, 성 정체성 또는 성적표현, 연령, 혼인관계, 정치적 신념, 종교, 이민, 정신적 또는 신체적 장애와 같은 개인적 특성에 관해 언급하는 것을 포함한다.

ⓒ 사회복지사는 클라이언트의 행복에 이바지하기 위해서라면 사회복지실천 동료뿐 아니라 다른 전문직의 동료와도 협력해야 한다.

2.02 비밀보장

사회복지사는 동료와의 전문적 관계나 상호교류과정에서 동료와 공유하게 된 비밀정보를 보호해야 한다. 사회복지사는 동료들에게 비밀보장에 관한 사회복지사의 의무와 그와 관련된 모든 예외들에 대해 확실하게 이해시켜야 한다.

2.03 다학문간 협동

ⓐ 다학문간 팀의 성원인 사회복지사는 사회복지전문직의 시각, 가치와 경험을 끌어내어 클라이언트의 행복에 영향을 미치는 결정에 참여하고 기여해야 한다. 다학문간 팀 전체로서 또는 개별 성원으로서의 전문적, 윤리적 의무가 명확히 확립되어야 한다.

ⓑ 팀의 결정에 대해 윤리적인 우려를 제기하는 사회복지사는 적절한 경로를 밟아 의견차이의 해결을 시도해야 한다. 만일 그러한 불일치가 해결될 수 없는 경우에는 클라이언트의 복리에 부합하는 방향으로 우려사항을 해결하기 위한

별도의 방법을 모색해야 한다.

2.04 동료가 관련된 분쟁

ⓐ 사회복지사는 자신의 지위획득이나 이익을 위해서 동료와 고용자 간의 분쟁을 이용해서는 안된다.

ⓑ 사회복지사는 동료와의 분쟁에서 클라이언트를 이용하거나 동료 간의 갈등에 대한 부적절한 논쟁에 클라이언트를 끌어들여서는 안된다.

2.05 자문

ⓐ 사회복지사는 동료의 자문이 클라이언트에게 최선의 이익이 되는 경우에는 언제든지 그 동료에게 충고나 조언을 구해야 한다.

ⓑ 사회복지사는 동료의 전문분야와 적임능력의 영역에 관해서 알고 있어야 한다. 또한 자문의 주제에 관한 지식과 전문성 및 적임능력이 입증된 동료에게서만 자문을 구해야 한다.

ⓒ 사회복지사가 클라이언트에 관해서 동료들과 논의할 때에는 자문의 목적달성에 필요한 최소한의 정보만을 공개해야 한다.

2.06 서비스 의뢰

ⓐ 사회복지사는 클라이언트에게 충분한 서비스를 제공하기 위해서 다른 전문가의 특수한 지식과 전문성이 필요할 때, 혹은 자신이 제공하는 서비스가 클라이언트에게 별로 효과적이지 못하거나 상당한 정도의 진전을 이루지 못하여 추가적인 서비스가 요구된다고 판단될 때, 클라이언트를 다른 전문가에게 의뢰해야 한다.

ⓑ 다른 전문가에게 클라이언트를 의뢰하고자 하는 사회복지사는 책임의 순조로운 전환을 촉진시키기 위해 적절한 조치를 취해야 한다. 또한, 클라이언트와 관련

된 자료를 클라이언트의 동의 하에 의뢰할 전문가에게 모두 제공해야 한다.

ⓒ 의뢰를 하는 사회복지사가 의뢰 과정에서 아무런 전문적 서비스도 제공하지 않은 경우에 사회복지사들이 의뢰의 대가로 보수를 주거나 받아서는 안된다.

2.07 성적 관계

ⓐ 슈퍼바이저나 교육자로서 기능하는 사회복지사는 슈퍼비전을 받는 사람이나, 학생, 훈련생 또는 자신의 전문적 권위를 행사하는 다른 동료와 성적 행위나 성적 접촉에 관여해서는 안된다.

ⓑ 사회복지사는 이익갈등이 일어날 수 있는 동료와의 성적 관계를 피해야 한다. 동료와 성적 관계에 빠지거나 빠질 우려가 있는 사회복지사는 필요에 따라서 이익갈등을 피하기 위해 전문적 책임을 이전할 의무가 있다.

2.08 성희롱

사회복지사는 슈퍼비전을 받는 사람, 학생, 훈련생 또는 동료를 성적으로 희롱해서는 안된다. 성희롱이란 성적 유혹, 성적 권유, 성적 행위의 요구 또는 성적 성격을 띤 기타 언어적, 신체적 행위이다.

2.09 동료의 결함

ⓐ 사회복지실천 동료의 개인적 문제, 심리사회적 고통, 약물남용 또는 정신건강상의 문제와 같은 결함이 효과적인 업무실천에 방해가 됨을 직접 알게 된 사회복지사는 가능하다면 그 동료와 함께 의논을 하고 치료를 받을 수 있도록 동료를 지원해야 한다.

ⓑ 사회복지실천 동료의 결함이 업무실천 효과를 방해하고, 그 동료가 자신의 결함에 대해 적절한 조치를 취하지 않는다고 판단하는 사회복지사는 고용주, 기관, NASW, 인가규제 단체 및 다른 전문직 단체가 수립한 적절한 경로를

통해 조치를 취해야 한다.

2.10 동료의 능력부족

ⓐ 사회복지실천 동료의 무능력에 대한 직접적인 정보를 가지고 있는 사회복지사는 가능한 한 그 동료와 의논하여 구체적 대책을 강구할 수 있도록 동료를 지원해야 한다.

ⓑ 사회복지실천 동료가 무능력한데 이에 대해서 적절한 수단을 강구하지 않는다고 판단하는 사회복지사는 고용주, 기관, NASW, 인가규제 단체 및 기타 전문직 단체가 수립한 적절한 경로를 통해 조치를 취해야 한다.

2.11 동료의 비윤리적 행위

ⓐ 사회복지사는 동료의 비윤리적 행위를 저지하고, 예방하고, 적발하고 시정하도록 적절한 대책을 강구해야 한다.

ⓑ 사회복지사는 동료의 비윤리적 행위에 관한 문제를 다루기 위해 수립된 정책이나 절차를 이해하고 있어야 한다. 사회복지사는 윤리적 고충처리를 다루는 국가, 주 지방의 수속절차 등에 정통해야 한다. 여기에는 NASW, 인가규제 단체, 고용주, 기관 및 다른 전문직 단체들이 제정한 정책이나 절차 등이 포함된다.

ⓒ 동료가 비윤리적 행위를 한다고 판단하는 사회복지사는 가능하다면, 그리고 그러한 논의가 생산적인 경우에 그 동료와 그 문제에 관해 논의하여 해결을 추구해야 한다.

ⓓ 동료가 비윤리적 행위를 한다고 판단하는 사회복지사는 필요에 따라 적절한 공식 경로를 밟아서(가령 주의 인가기관이나 규제기관, NASW조사위원회, 기타 전문가 윤리위원회와 접촉하는 일 등) 행동을 취해야 한다.

ⓔ 사회복지사는 비윤리적 행위를 했다고 부당하게 고발당한 동료를 변호하며 원조해주어야 한다.

3. 사회복지사의 실천현장에서의 윤리적 책임

3.01 슈퍼비전과 자문

ⓐ 슈퍼비전이나 자문을 제공하는 사회복지사는 필요한 지식과 기술을 갖추고 있어야 하며 자신의 지식이나 능력의 범위 내에서만 제공해야 한다.

ⓑ 슈퍼비전과 자문을 제공하는 사회복지사는 명백하고 적절하며 문화적으로 민감한 경계를 설정할 책임이 있다.

ⓒ 사회복지사는 슈퍼바이지를 착취하거나 해를 끼칠 가능성이 있을 경우에는 슈퍼바이지와 이중, 다중의 관계를 가지면 안된다.

ⓓ 슈퍼비전을 제공하는 사회복지사는 공정하고 정중하게 슈퍼바이지의 성과를 평가해야 한다.

3.02 교육 및 훈련

ⓐ 교육자로서, 학생의 실습지도자로서 또는 훈련자의 역할을 담당하는 사회복지사는 자신의 지식과 능력의 범위 내에서만 지도해야 하며, 전문직에서 활용되는 가장 최근의 지식정보와 지식에 기반을 두고 지도해야 한다.

ⓑ 교육자, 학생실습지도자의 역할을 담당하는 사회복지사는 공정하고 정중하게 학생의 성적을 평가해야 한다.

ⓒ 교육자 혹은 학생실습지도자의 역할을 담당하는 사회복지사는 학생에 의해 서비스를 제공할 때는 언제나 클라이언트에게 알리는 적절한 조치를 취해야 한다.

ⓓ 교육자 혹은 학생실습지도자의 역할을 담당하는 학생을 착취하거나 해를 끼칠 가능성이 있을 경우에는 학생과 이중, 다중의 관계를 가지면 안된다. 사회복지실천 교육자나 실습지도자는 명백하고 적절하며 문화적으로 민감한 경계를 설정할 책임이 있다.

3.03 업무평가

타인의 업무를 평가하는 책임을 가진 사회복지사는 공정하고 사려깊게, 명문화된 기준에 입각하여 그 책임을 수행해야 한다.

3.04 클라이언트의 기록

ⓐ 사회복지사는 기록상의 기술이 정확하며 제공된 서비스가 사실을 반영하는 것을 보증하기 위해 적절한 수단을 강구해야 한다.
ⓑ 사회복지사는 서비스의 전달을 용이하게 하고 미래의 클라이언트에게 제공될 서비스의 연속성을 보장하기 위해 충분하고 적시적인 자료를 기록에 포함시켜야 한다.
ⓒ 사회복지사의 문서자료는 가능한 한 적절하게 클라이언트의 프라이버시를 보호해야 하며 서비스 전달에 직접적으로 관련되는 정보만을 포함해야 한다.
ⓓ 사회복지사는 서비스 종결 이후에도 미래의 적절한 접근을 보장하기 위해 기록을 보관해야 한다. 기록은 주 법이나 관련 계약서에 명시된 기간 동안 보존해야 한다.

3.05 청구서 작성

사회복지사는 제공된 서비스의 성격이나 한도를 정확하게 반영하며, 실천현장에서 누가 서비스를 제공했는지 확인해주는 청구서 작성방식을 수립하고 유지해야 한다.

3.06 클라이언트의 이전

ⓐ 동료나 다른 기관으로부터 서비스를 받고 있는 개인이 사회복지사에게 서비스를 받기 위해 접촉하게 될 때 사회복지사는 서비스 제공에 합의하기 전에 클라이언트의 욕구를 신중하게 고려해야 한다. 야기될 수 있는 혼란이나 갈등을

최소화하기 위해서 사회복지사는 클라이언트와 다른 서비스 제공자와 관계의 성격에 대해서, 또한 새로운 서비스 제공자와 관계를 맺는 것의 의미와, 예상할 수 있는 이익과 위험에 대해서 충분히 논의할 필요가 있다.

ⓑ 만일 새로운 클라이언트가 다른 기관이나 동료에게서 서비스를 받아왔다면 사회복지사는 이전의 서비스 제공자와의 자문이 클라이언트에게 최선의 이익이 될지를 클라이언트와 의논해야 한다.

3.07 행정

ⓐ 사회복지실천 행정가는 클라이언트의 욕구를 충족시키기 위한 적절한 자원을 얻기 위해 자신이 속한 기관의 내부 및 외부에서 옹호활동을 펴야 한다.

ⓑ 사회복지사는 공개적이고 공정한 자원 배당절차를 옹호해야 한다. 모든 클라이언트들의 욕구가 충족될 수 없을 때에는, 적절하며 일관되게 적용되는 원칙에 입각한 비차별적인 자원할당절차를 개발해야 한다.

ⓒ 행정가인 사회복지사는 직원에게 적절한 슈퍼비전을 제공할 수 있는 자원을 기관이나 조직에 확보하기 위하여 합리적인 조치를 취해야 한다.

ⓓ 사회복지실천 행정가는 자신이 책임지고 있는 근무환경이 NASW 윤리강령에 부합되며, 이 윤리강령의 준수를 권장하고 있는지 확인해야 한다. 또한 사회복지실천 행정가는 자신의 조직 내에서 그 강령을 어기고 방해하고 저지하는 여러 조건들을 배제할 합리적 수단을 강구해야 한다.

3.08 지속적인 교육과 직원의 능력개발

사회복지실천 행정가나 슈퍼바이저는 그들의 책임 하에 있는 모든 직원에 대해 계속 교육 및 직원개발을 제공하고 계획하기 위한 합리적 수단을 강구해야 한다. 지속적인 교육과 직원의 능력개발은 사회복지실천 및 윤리에 관한 최근의 지식 및 새로운 발전을 다루어야 한다.

3.09 고용주에 대한 의무

ⓐ 사회복지사는 일반적으로 고용주나 고용기관에 대한 서약에 충실해야 한다.

ⓑ 사회복지사는 고용기관의 정책과 절차 및 서비스의 효율과 효과를 개선하기 위해 노력해야 한다.

ⓒ 사회복지사는 고용주가 NASW 윤리강령에 공포된 사회복지사의 윤리적 책임과 이것이 사회복지실천에서 갖는 함축된 의미를 인식하도록 합리적 조치를 취해야 한다.

ⓓ 사회복지사는 고용기관의 정책, 운용절차, 규칙이나 행정명령이 윤리적인 사회복지실천에 방해가 되도록 허용해서는 안된다. 사회복지사는 고용기관의 활동이 NASW 윤리강령과 확실히 일치하도록 합리적 조치를 취해야 한다.

ⓔ 사회복지사는 고용기관의 업무할당이나 고용정책, 실천에서 차별을 예방하고 일소하기 위한 행동을 취해야 한다.

ⓕ 사회복지사는 공정한 인사정책을 시행하는 기관에만 취업을 하며, 이러한 기관에만 학생의 현장실습배치를 주선해야 한다.

ⓖ 사회복지사는 고용기관의 자원의 현명한 집사로서 적절하고 현명하게 자원을 보관하며 결코 그 자금을 부적절하거나 의도하지 않은 목적에 사용해서는 안된다.

3.10 노사분쟁

ⓐ 사회복지사는 클라이언트에 대한 서비스나 근무환경을 개선하기 위해 노동조합의 결성이나 참가를 포함하는 조직화된 활동에 관여할 수 있다.

ⓑ 노사분쟁, 준법투쟁, 파업 등에 관련된 사회복지사의 행동은 전문직의 가치, 윤리적 원칙 및 윤리적 기준에 의해서 주도되어야 한다. 현실적으로 사회복지사들 간에 파업이나 준법투쟁 중의 전문가로서의 일차적 의무에 관해서 의견의 차이가 존재하는 것은 당연하다. 사회복지사는 활동방향을 결정하기 전에 관련 이슈들과 그것이 클라이언트에게 미칠 수 있는 영향을 신중하게 검토해야 한다.

4. 전문가로서 사회복지사의 윤리적 책임

4.01 능력

ⓐ 사회복지사는 자신의 현재 능력에 근거하여 또는 요구되는 능력을 획득할 의사가 있을 때에만 직업상의 책임 및 고용을 수용해야 한다.

ⓑ 사회복지사는 전문적 실천 및 전문 기능의 수행에 능숙해지고 그러한 상태를 유지하도록 힘써야 한다. 사회복지사는 사회복지실천과 관련된 최신의 지식을 갖추고 있어야 하며 이를 비판적으로 검토해야 한다. 사회복지사는 일상적으로 전문문헌을 검토하고 사회복지실천 및 사회복지실천윤리에 관한 계속 교육에 참가해야 한다.

ⓒ 사회복지사는 경험을 기반으로 한 지식을 포함하여 사회복지실천이나 사회복지실천윤리에 관련된 이미 인정받고 있는 지식에 기초하여 실천에 임해야 한다.

4.02 차별

사회복지사는 민족, 인종, 국적, 피부색, 성별, 성적지향, 성정체성 또는 성적표현, 연령, 혼인관계, 정치적 신념, 종교, 이민, 정신적 또는 신체적 장애에 근거한 어떤 형태의 차별도 실행, 묵과, 조장, 협력해서는 안 된다.

4.03 사적인 행위

사회복지사는 그의 전문적 책임수행능력을 방해하는 사적인 행위를 용납해서는 안 된다.

4.04 부정직, 사기, 기만

사회복지사는 부정직, 사기, 기만행위에 가담, 묵인하거나 연루되어서는 안 된다.

4.05 결함

ⓐ 사회복지사는 자신의 개인적 문제, 심리사회적 디스트레스, 법적 문제, 약물남용 또는 정신건강상의 문제로 전문적 판단이나 수행을 그르치거나 또는 자신이 전문적으로 책임을 지고 있는 클라이언트의 최선의 이익을 저해해서는 안 된다.

ⓑ 자신의 개인적 문제, 심리사회적 디스트레스, 법적 문제, 약물남용 또는 정신건강상의 문제가 전문적인 판단 및 실천을 방해하게 되면 사회복지사는 즉시 업무량을 조정하거나 서비스 제공을 종료하거나, 클라이언트와 타인을 보호하기 위해 필요한 다른 조치들을 통하여 자문을 구하며 전문적 도움을 얻어 적절한 치료적 조치를 강구해야 한다.

4.06 잘못된 설명

ⓐ 사회복지사는 발언이나 행동을 할 때 그것이 개인으로서의 언동인지 또는 사회복지전문직 자체, 사회복지전문직 기관 또는 사회복지사를 고용한 기관의 대표로서의 언동인지를 명백하게 구분해야 한다.

ⓑ 전문적 사회복지실천기관을 대표하는 사회복지사는 기관의 공식적이고 허가된 의견을 정확하게 표명해야 한다.

ⓒ 사회복지사는 클라이언트, 기관, 일반 대중에게 표명하는 자신의 전문직 자격, 자격증명서, 교육, 능력, 소속, 제공된 서비스, 성취될 결과에 대한 설명이 정확하다는 것을 보장해야 한다. 사회복지사는 실제로 취득한 관련 전문직 자격증명만을 주장해야 하며, 타인에 의한 부정확하고 그릇된 설명이 있으면 시정조치를 취해야 한다.

4.07 권유

ⓐ 사회복지사는 자신이 처한 환경 때문에 부당한 영향, 조작, 강제 등의 영향을

받기 쉬운 잠재적인 클라이언트에게 원하지 않는 권유를 해서는 안 된다.

ⓑ 사회복지사는 현재의 클라이언트나 특수한 환경 때문에 부당한 영향을 받기 쉬운 사람들에게 추천장에 배서를 간청(클라이언트의 이전의 진술을 추천장에 사용하는데 동의해달라는 간청)해서는 안 된다.

4.08 공적의 인정

ⓐ 사회복지사는 출처의 명시를 포함하여 실제로 자신이 수행했거나 공헌한 일에 대해서만 책임을 지며 공적을 인정받아야 한다.

ⓑ 사회복지사는 타인의 업적과 공헌을 정직하게 인정해야 한다.

5. 사회복지 전문직에 대한 사회복지사의 윤리적 책임

5.01 전문직의 성실성

ⓐ 사회복지사는 높은 수준의 실천을 유지하고 증진시켜야 한다.

ⓑ 사회복지사는 전문직의 가치, 윤리, 지식 및 사명을 지지하며 증진시켜야 한다. 사회복지사는 적절한 연구조사, 활발한 토의와 책임감 있는 비판을 통해서 전문직의 성실성을 보호, 증진, 개선해야 한다.

ⓒ 사회복지사는 사회복지전문직의 가치, 성실성 및 그 능력을 증진하는 활동에 시간과 전문성을 할애해야 한다. 이러한 활동에는 교육, 조사, 자문, 서비스, 법적 증언, 지역사회에의 발표 및 전문직 단체에 참가하는 일 등이 있다.

ⓓ 사회복지사는 사회복지실천의 지식기반에 이바지하며 실천, 조사 및 윤리에 관련된 지식을 동료들과 공유해야 한다. 사회복지사는 전문 학술문헌에 기여하며 전문가 회합이나 회의에서 그들의 지식을 공유해야 한다.

ⓔ 사회복지사는 미승인, 무자격 사회복지실천을 방지해야 한다.

5.02 평가와 조사

ⓐ 사회복지사는 정책, 프로그램의 실행 및 실천개입을 감시, 평가해야 한다.

ⓑ 사회복지사는 지식의 발달에 이바지하도록 평가와 조사를 증진, 촉진시켜야 한다.

ⓒ 사회복지사는 사회복지실천에 관련되는 새로운 지식을 비판적으로 검토하며 평가와 조사연구에서 얻은 입증자료를 전문직 실천에 충분히 활용해야 한다.

ⓓ 평가와 조사에 종사하는 사회복지사는 일어날 수 있는 결과들을 신중하게 고려하며 평가 및 조사 참가자의 보호를 위해 개발된 지침을 따라야 한다. 적절한 제도적 검토위원회의 자문을 구해야 한다.

ⓔ 평가와 조사에 종사하는 사회복지사는 참가자들로부터 충분한 정보에 근거한 문서화된 동의를 받아야 한다. 이때, 참가거부에 대한 암시적 또는 현실적 손해나 불이익이 없고 부당한 참가권유가 없어야 하며, 참가자의 행복, 프라이버시, 존엄성이 고려되어야 한다. 정보에 근거한 동의에는 참가의 성격, 한도, 기간과 더불어 조사참가 시의 위험요소나 보상에 관한 정보 등이 포함되어야 한다.

ⓕ 평가와 조사연구의 참가자가 충분한 정보에 근거한 동의를 할 수 없을 때에도 사회복지사는 참가자의 수준에 적절한 설명을 하여 가능한 한 참가자로부터 동의를 얻어야 하며 정당한 대리인으로부터 문서화된 동의를 얻기도 한다.

ⓖ 사회복지사는 특정 형태의 자연적 관찰이나 공문서 조사와 같은, 동의의 절차를 밟지 않은 평가나 조사를 설계 및 실시해서는 절대로 안 된다. 그러나 그 조사에 대한 엄격하고 신뢰할 만한 검토결과 예상되는 과학적, 교육적 또는 응용적 가치 때문에 정당하다고 판명되거나 또는 동의절차를 반드시 요구하지 않으면서 동등하게 효과적인 대안적 방법이 없는 경우에는 예외이다.

ⓗ 사회복지사는 평가나 조사 참가자에게 언제나 불이익 없이 동의를 철회할 권리가 있음을 알려주어야 한다.

ⓘ 사회복지사는 평가나 조사 참가자가 적절한 지지적 서비스를 이용할 수 있도록 합리적 조치를 취해야 한다.

ⓙ 평가와 조사에 종사하는 사회복지사는 부당한 신체적, 정신적 디스트레스, 위해, 위험, 박탈 등으로부터 참가자들을 보호해야 한다.

ⓚ 서비스 평가에 관여하는 사회복지사는 수집된 정보를 전문직의 목적을 위해서, 그리고 이 정보에 관해 전문적 관련이 있는 사람들과만 논의해야 한다.

ⓛ 평가와 조사에 종사하는 사회복지사는 참가자와 그들에게서 얻은 자료의 익명성과 비밀을 보장해야 한다. 사회복지사는 비밀보장의 한계, 비밀을 보장하기 위해 취해진 조치, 그리고 조사 자료가 포함된 기록들이 폐기될 시기 등을 참가자에게 알려야 한다.

ⓜ 평가와 조사의 결과를 보고하는 사회복지사는 공개를 허락하는 정당한 동의가 없는 한 신상정보를 생략함으로써 참가자의 비밀을 보호해야 한다.

ⓝ 사회복지사는 평가와 조사연구의 결과를 정확하게 보고해야 한다. 결코 그 결과를 꾸미거나 왜곡해서는 안 되며, 출판 후에 인쇄된 자료에서 잘못이 발견되었을 때에는 표준적 출판 방법을 이용하여 시정조치를 취해야 한다.

ⓞ 평가와 조사에 종사하는 사회복지사는 참가자와의 이익갈등이나 이중관계에 유의하고 이를 피해야 하며 현실적으로 갈등이 일어나거나 일어나려고 할 때에는 참가자에게 그 사정을 알려야 한다. 그리고 참가자의 이익이 최우선되도록 문제해결 수단을 강구해야 한다.

ⓟ 사회복지사는 책임감 있는 조사연구에 관해 자신과 학생 및 동료들을 교육해야 한다.

6. 사회전반에 대한 사회복지사의 윤리적 책임

6.01 사회복지

사회복지사는 한 지역으로부터 전세계적 차원에 이르기까지 사회의 일반적인 복지를 향상시키고 인간과 지역사회 및 환경을 개선해야 한다. 사회복지사는 인간의 기본적 욕구충족에 기여하는 생활 조건의 향상을 옹호하며, 사회정의 실현에 도움이 되는 사회적, 경제적, 정치적 및 문화적 가치와 제도를 증진시켜야 한다.

6.02 대중의 참여

사회복지사는 사회정책이나 사회제도를 형성함에 있어서 충분한 정보에 근거한 일반대중의 참여를 촉진시켜야 한다.

6.03 공공의 긴급사태

사회복지사는 공공의 긴급사태에 직면해서 가능한 한 최대의 전문적 서비스를 적절하게 제공해야 한다.

6.04 사회적, 정치적 행동

ⓐ 사회복지사는 모든 사람이 인간의 기본적 욕구를 충족하고 완전히 발전되는데 필요한 자원, 고용, 서비스 및 기회에 동등하게 접근할 수 있도록 보장하는 사회적, 정치적 행동을 취해야 한다. 사회복지사는 실천에 미치는 정치적 영역의 영향을 인식해야 하며, 인간의 기본적 욕구를 충족하고 사회적 정의를 증진시키며 사회환경을 개선하기 위한 정책과 법률 개정을 옹호해야 한다.

ⓑ 사회복지사는 특히 취약하고 불리한 상황에 처한 사람들, 억압, 착취 당하는 사람과 집단을 비롯하여 모든 사람의 선택의 폭과 기회를 넓히기 위해 노력해야 한다.

ⓒ 사회복지사는 미국 내에서 나아가 전 세계적 차원에서 문화적, 사회적 다양성을 존중하는 제반조건을 증진시켜야 한다. 사회복지사는 차이를 존중하는 정책과 실천을 옹호하며, 문화적 지식과 자원의 확장을 지원하고, 문화적 다양성을 옹호하는 프로그램이나 제도를 지지하며, 모든 사람들의 권리를 보장하고 평등과 사회정의를 앙양하는 정책을 증진시켜야 한다.

ⓓ 사회복지사는 민족이나 인종, 국적, 피부색, 성, 성적지향, 성정체성 또는 성적 표현, 연령, 혼인관계, 정치적 신념이나 종교, 이민, 정신적 또는 신체적 장애를 이유로 특정 개인이나 집단, 계급을 지배, 착취, 차별하는 행위를 방지하고 제거하기 위한 활동을 하여야 한다.

참고문헌

고미영 · 최경원 · 황숙연 역(2005). **사회복지실천의 가치와 윤리**. Frederic G. Reamer, *Social Work Values and Ethics*(2n ed.). 사회복지실천연구소.

권자영(2012). "정신장애인이 지각한 실천관계가 재활성과에 미치는 영향". 정신보건과 사회사업, 40(1), pp. 119-148.

권자영 · 박향경(2016). "실천관계에 대한 사례관리자와 정신장애인 인식에 관한 연구: 지역사회정신보건실천현장을 중심으로". 정신보건과 사회사업, 44(4), pp. 154-183.

김기덕(2002). **사회복지윤리학**. 나눔의 집.

김기덕(2003). "사회복지 지식의 인식론적 기초". 상황과 복지, 15, pp. 13-43.

김기덕(2004a). "푸코와 사회복지: 인본주의에 대한 미완의 기획". 사회복지연구, 24, pp. 45-72.

김기덕(2004b). "한국의 사회복지윤리와 철학 교과서 분석". 상황과 복지, 17, pp. 13-46.

김기덕(2005). "롤즈의 정의론에 관한 철학적 고찰: 윤리적 측면과 인식론적 측면을 중심으로". 사회복지연구, 26, pp. 67-90.

김기덕(2006). "하버마스의 비판이론의 사회복지 실천에의 적용가능성에 대한 탐색적 연구-의사소통행위이론을 중심으로". 사회복지학, 58(4), pp. 119-139.

김기덕(2007). "변화하는 사회복지전문직 윤리: 그 가능성과 한계". 국민과 함께 하는 힘 있는 사회복지사. 한국사회복지사협회, pp. 39-64.

김기덕 외(2008a). **사회복지와 인권**. 양서원.

김기덕 외 역(2008). **사회복지조사방법론**. Rubin, A. & Babbie, E. *Research Methods for Social Work*. 센게이지러닝.

김기덕 · 나영희(2008b). "마샬사회권의 정치철학적 해석을 통한 사회복지 레짐 분석에 관한 탐색적 연구". 사회복지학, 61(4), pp. 265-285.

김기덕(2011). "문화적 역량 비판 담론에 관한 사회철학적 분석". 한국사회복지학, 63(3), pp. 239-260.

김세환(2004). **끝나지 않는 식민지 학문 100년**. 도서출판 박이정.

김영종(2010). **사회복지행정**. 학지사.

김용민(2011). "사회복지사가 인지한 전문적 능력이 윤리적 책임에 미치는 영향". 보건사회연구, 31(4), pp. 125-153.

김혜란 · 홍선미 · 공계순(2001). **사회복지실천기술론**. 나남출판사.

백종현(20007). 철학의 기념과 주요문제. 철학과 현실사.
보건복지부(2008). 사회복지시설종사자 보수체계 개선연구. 보건복지부.
보건복지부(2010). 사회복지시설종사자 처우실태 및 제도개선 방안. 보건복지부.
보건복지부(2015). 사회복지법인 · 시설 부정수급 사례집. 보건복지부.
비판과 대안을 위한 사회복지학회(2002). 사회복지연구방법론의 동향과 전망. 비판과 대안을 위한 사회복지학회 2002년 추계학술대회자료집.
서미경(2003). "정신장애인의 인권보장과 제한에 관한 연구". 한국사회복지학, 55, pp. 231-254.
서미경 · 김영란 · 박미은 역(2000). 사회복지실천윤리. Frank M. Loewenberg & Ralph Dolgoff, *Ethical Decisions for Social Work Practice*(5th ed.). 양서원.
서울시사회복지사협회(2004). 사회복지시설 노무관리 실무 매뉴얼. 서울시사회복지사협회.
송재룡(2001). 포스트 모던 시대와 공동체주의. 철학과 현실사.
송형만(2009). 국민연금 정책 공론장의 합리성 분석. 가톨릭대학교 사회복지학과 박사학위논문.
송휘칠 외 역, Sahakian 저(1986). 윤리학의 이론과 역사. 박영사.
실천철학연구회 역(2004). 사회정치철학. J. Christman, *Social and political philosophy: A contemporary introduction*. 한울아카데미.
안선화 · 김용순 · 유문숙 · 방경숙(2009). "환자의 알권리와 자기결정". 한국의료윤리학회지, 12, pp. 153-164.
양옥경 외(2004). 사회복지윤리와 철학. 나눔의 집.
양옥경 · 이기연 · 최소연 · 현진희(2010). 사회복지지도감독론. 양서원.
엄명용 · 노충래 · 김용석(2008). 사회복지실천 기술의 이해. 학지사.
오혜경(2005). 사회복지윤리와 철학. 창지사.
오화선 · 민경률 · 박성민(2015). "다양성관리가 구성원들의 관계갈등과 창의성에 미치는 영향에 관한 연구". 한국인사행정학회보, 14(2), pp. 69-97.
유민봉 · 박성민(2014). 한국인사행정론. 서울: 박영사.
이기홍 역(1999). 사회과학방법론-실재론적 접근. Sayer, *A. Method in social science: A realist approach* (2nd ed.). 한울 아카데미.
이동명(2001). "정신보건법상의 강제입원에 관한 연구". 형사정책, 13(1), pp. 137-163.
이동수(2010). "노인복지시설 종사자의 관계관리와 직무태도 및 서비스 질에 관한 연구". 사회과학담론과 정책, 3(1), pp. 63-89.
이순민(2012). 사회복지윤리와 철학. 학지사.
이은주 역(2010). 다문화사회복지실천 Sue. D. W. 2006. Multicultural Social Work Practice.

이정주(2010). "행정윤리풍토유형에 따른 행태론적 조직효과성에 관한 탐색적 연구: 경기도 G시 공무원의 인식을 중심으로". 한국사회와 행정연구, 21(2), pp. 29-53.

이준상 · 박영준(2005). "아동복지시설종사자의 임파워먼트, 전문성, 그리고 서비스 질에 관한 인과모형". 사회복지개발연구, 11(4), pp. 321-346.

이준일(2007). **차별금지법**. 고려대학교출판부.

이형연 · 김미숙 · 정윤경 · 김민수 · 신유형(2008). 한국인의 직업의식 및 직업윤리 실태: 기업구성원의 직업의식과 직업윤리. 한국직업능력개발원.

이학종 · 양혁승(2005). **전략적 인적자원관리**. 박영사.

임창희(2006). **경영학원론**. 학지사.

장성숙(2003). "한국문화와 현실역동상담의 상담자-내담자 관계". 한국심리학회지: 상담 및 심리치료, 15(2), pp. 147-160.

정규원(2002). "의료행위에서의 온정적 간섭주의와 자율성 존중". 법철학연구, 5(1), pp. 231-254.

조승옥 · 김동식 역(2002). **현대과학철학 논쟁–쿤의 패러다임**. Lakatos, I. & Musgrave, A. *Criticism and the growth of knowledge*. 아르케.

최소연(2010). "한국다문화 연구동향과 원조전문직의 문화적 역량". 이화사회복지연구회 창립기념학술대회자료집.

최소연(2011). "원조전문기관 문화적 역량 척도개발 연구". 한국사회복지조사연구, 28, pp. 147-168.

최소연(2013). "사회복지시설의 조직윤리에 관한 연구: 윤리적 리더십,조직윤리풍토, 조직유효성의 관계". 한국사회복지행정학, 15(4), pp. 313-344.

한국보건사회연구원(2009). 전국다문화가족실태조사 연구. 보건복지부 · 법무부 · 여성부 · 한국보건사회연구원.

한국사회복지관협회(2013). 한국사회복지관협회 관장세미나 자료집.

한국사회복지교육협의회. 사회복지학 교과목 지침서 2010, 2011: 114.

한국사회복지사협회(2001). 사회복지사 선서. http://www.welfare.net/

한국사회복지사협회(2007). **사회복지윤리경영 교육 · 실천 매뉴얼**. 한국사회복지사협회.

한국의료윤리학회(2011). **전공의를 위한 의료윤리**. 군자출판사.

한국정신보건사회사업학회 편(2000). **정신보건 전문요원 수련교재**. 양서원.

한인영 외(2011). **사회복지개론**. 학지사.

홍순혜 · 한인영 역(2010). **사회사업기록**. Kagle and Kopels, *Social Work Records*. 시그마프레스.

허라금(2005). **자기성실성의 철학: 원칙의 윤리에서 여성주의 윤리로**. 철학과 현실사.

황성철 · 정무성 · 강철희 · 최재성(2014). 사회복지행정론. 정민사.

Abramson, M. (1983). "Autonomy versus Paternalistic Beneficience: Practice Strategies". *Social Casework,* 66, pp. 385-393.

Aesthetics. (1988). *The New Encyclopaedia Britannica*(15th ed.). Encyclopaedia Britannica.

Alexander, L. B., & Coffey, D. S. (1997). "Understanding the Therapeutic Relationship". *Current Opinion in Psychiatry,* 10, pp. 233-238.

Anscombe, E. (1958). "Modern Moral Philosophy". *Philosophy,* 33, pp. 1-19.

Askheim, O. (2003). "Empowerment as guidance for professional social work: an act of balancing on a slack rope". *European Journal of Social Work,* 6(3), pp. 229-240.

Audi, R. (ed.). (1995). *The Cambridge Dictionary of Philosophy*. Cambridge University Press.

Ayer, A. (1949). "On the Analysis of Moral Judgement". *Horizon,* 20, pp. 165-181.

Banks, S. & Nohr, K. (ed.)(2012). *Practising Social Work Ethics Around the World: Cases and Commentaries*. NY: Routledge.

Bauman, W. (1993). *Postmodern Ethics*. Blackwell.

Beauchamp, T. (1982). *Philosophical Ethics*. McGraw-Hill.

Beckett, C & Maynard, A (2005). *Values & Ehtics in Social Work*. SAGE Publication.

Bentham, J. (1948). *An Introduction to the Principles of Morals and Legislation.* Oxford: Oxford University Press.

Benton, T. & Craib, I. (2001). *Philosophy of Social Science*. Palgrave.

Biestek, F. (1957). *The Casework Relationship.* Chicago: Loyolar University Press.

BNA, Bulletin to Management (2000). "Ethics Policies Are Big with Employers, but Workers See Small Impact on the Work · place". *BNA Bulletin to Management* (June 29, 2000): 201

Bok, S. (1983). *The Limit of Confidentiality.* The Hastings Center report 13.

Bolland, K. & Atherton, C. (2002). "Heuristic Versus Logical Positivism: Solving the Wrong Problem". *The Journal of Contemporary Human Services,* 83(1), pp. 7-13.

Bowen, R. T. (2010). *Ethic and the Practice of Forensic Science*. Boca Raton, FL: Tylor and Francis Group.

Brown, A. & Bourne, I. (1996). *The Social Work Supervisor*. Bukingham: Open University Press.

Brown, M. E., Trevino, L. K., & Harrison, D. A. (2005). "Ethical leadership: A social learning perspective for construct development and testing". *Organizational Behavior and Human Decision Processes*, 97, pp. 117-134.

Burns, J. M. (1978). *Leadership.* New York: Harper and Rovs.

Burr, J. & Goldinger, M. (1988). Philosophy and Contemporary Issues. *Macmillan,* pp. 6-7.

Burtler, J. (1949). *Five Sermons*. New York: Liberal Arts Press.

Catty, J. (2004). "'The vehicle of success': Theoretical and empirical perspective on the therapeutic alliance in psychotherapy and psychiatry". *Psychology & Psychotherapy: Theory, Research, Practice,* 77, pp. 255-272.

Childress, J. F. (1981). *Priorities in Biomedical Ethics*. Philadelphia: West-minister Press.

Chodoff. P., (1984). "Involuntary hospitalization of the mentally ill as a moral issue". *American Journal of Psychiatry,* 141.

Choi, S. Y. (2015). "The Effects of Ethical management on Social Workers' Orgnaizational Effectiveness: With Focus on the Mediating Effects of Superior Ethical Leadership and Employee Ethics". *Infomation-An Interdisciplinary Journal,* 18(5), pp. 2033-2038.

Choi, S., & Rainey, H. G. (2014). "Organizational Fairness and Diversity Management in Public Organizations Does Fairness Matter in Managing Diversity?". *Review of Public Personnel Administration,* 34(4), pp. 307-331.

Clark, C. (2000). *Social Work Ethics: Politics, Principles and Practice.* Palgrave.

Clarkin, J. F., Hurt S. W., & Crilly, J. L. (1987). "Therapeutic Alliance and Hospital Treatment Outcome". *Hospital and Community Psychiatry,* 38, pp. 871-875.

Collingridge, M., Miller, S & Bowles. W. (2001). "Privacy and Confidentiality in Social Work". *Australian Social Work*, 54(2), pp. 3-13.

Congress, E. P. (1999). *Social Work Values and Ethics*. CA: Wadworth.

CSWE. (1992). *Curriculum Policy Statement for Master's Degree Programs in Social Work Education*, Alexandria, Va.

Daft, R. L., & Marcia, D. (2013). *Management: The New Workplace*. South-Western: Cengage Learning.

Dana, R. H. (1996). "Culturally competence assessment practice in the United States". *Journal of Personality Assessment,* 66(3), pp. 472-487.

Davidson, J. (1994). "The case for Corporate Cooperation Community Affairs". *Business and Society Review,* 90.

Davies, M. (2000). *Blackwell Encyclopaedia of Social Work; Wiley-Blackwell.*

Davis, K. & R. L. Blomstrom. (1975). *Business and Society: Environment and Responsibility* (3rd ed.). NY: McGraw-Hill.

Dean, R. & Fenby, B. (1989). "Exploring Epistemologies: Social Work Action as a Reflection of Philosophical Assumption". *Journal of Social Work Education,* 25(1), pp. 46-54.

Delaney, C. (ed.). (2004). *The Liberalism-Communitariainsm Debate*. Lanham.

Deshpande, S. P.(1996). "The impact of ethical climate types on facets of job satisfaction". *Journal of Business Ethics,* 15, pp. 655-660.

Deter, Trevinom & Burris in Brown, M. E., Trevino, L. K.(2006). "Ethical Leadership: A Review and Future Decision". *The Leadership Quarterly,* 17(6), pp. 596-619.

Dolgoff, R, Loewenberg, F. M., & Harrington, D. (2005). *Ethical Decisions for Social Work Practice*(7th ed.). CA: Tomson Brooks/Cole.

Dominelli, L. (2004). *Social Work: Theory and Practice for a changing Profession*. Polity.

Donagan, A. (1977). *The Theory of Morality.* Chicago: University of Chicago Press.

DuBrin, A. J. (2010). *Leadership: Research Findings, Practice, and Skill*s. Mason, OH: South-Western.

Dutelle, A. W. (2011). *Ethics for the Public Service Professional*. FL: CRC Press.

Dworkin, G. (1971). "Paternalism". *in Morality and Law.* Richard Wasserstrom. Wadsworth.

England, H. (1986). *Social Work As Art*. Allen and Unwin.

Fay, B. & Moon, D. (1994). What would and adequate philosophy of social science look.

Feldman, F. (1978). *Introductory Ethics*. Prentice-Hall.

Finn, P. (1992). Professionals and confidentiality. Syd LR, 1992: 14, pp. 317-319.

Frankena, W. (1973). *Ethics.* Prentice-Hall Inc.

Friedlander, W. and Apte, R. (1974). *Introduction to Social Welfare*. Prentice Hall.

Fry, L. W. (2003). "Toward a theory of spiritual leadership". *The Leadership Quarterly,* 14, pp. 693-727.

Gambrill, E. & Pruger, R. (1997). *Controversial Issues in Social Work Ethics: Values, and Obligations.* MA: Allyn & Bacon.

Gary, D. (2009). *A Framework for Human Resource Management.* Upper Saddle River, NJ: Pearson Prentice Hall.

Gary, Z. & Al-Kazemi, A. A. (2000). "Administrative Ethics and Organizational Learning in Kuwait and the United States: An Empirical Approach". *International Journal of Public Administration,* 23, pp. 21-52.

Gehrs, M., & Goering, P. (1994). "The Relationship Between the Working Alliance and Rehabilitation Outcomes of Schizophrenia". *Psychosocial Rehabilitation Journal,* 18(2), pp. 43-54.

Gewirth, A. (1978). *Reason and Morality*. Univ. of Chicago Press.

Gilgun, J. & Abrams, L. (2002). "The Nature and Usefulness of Qualitative Social Work Research: Some Thoughts and Invitation to Dialogue". *Qualitative Social Work,* 1(1), pp. 39-55.

George, F. H. (1997). *The Spirit of Public Administration*. San Francisco, CA: Jossey-Bass Publishers.

Goering, P. N. & Stylianos, S. K. (1988). "Exploring the Helping Relationship Between the Schizophrenic Client and Rehabilitation Therapist". *American Journal of Orthopsychiatry,* 58, pp. 271-280.

Graves, L. M., & Powell, G. N. (1995). "The Effect of Sex Similarity on Recruiters' Evaluations of Actual Applicants: A test of the Similarity Attraction Paradigm". *Personnel Psychology*, 48(1), pp. 85-98.

Greco, J. (1999). Introduction: *What is Epistemology?* In J. Greco and E. Sosa (eds.), The Blackwell Guide to Epistemology. Blackwell Publishers.

Greengard, S. (1997). "50 Percent of Your Employees are Lying, Cheating, and Stealing". Workforce 76(October 1997), pp. 44-53.

Hare, R. (1952). *The Language of Morals.* Oxford University Press.

Hare-Mustin, R. (1994). Discourses n the Mirrored Room: A Postmodern Analysis of Therapy, *Family Process* 33(1), pp. 19-35.

Hartley, D. E. (1985). "Research on the therapeutic alliance in psychotherapy". *American Psychiatric Association Annual Review,* 4, pp. 532-549.

Hasenfeld, Y. (1980). "Implementation of Change in Human Service Organizations: A Political Economy Perspective". *Social Service Review,* Vol. 54.

Hasenfeld, Y. (1992). *Human Services as Complex Organization,* Newbury Park: Sage Publications.

Heineman-Pieper, J., Tyson, K. & Heineman-Pieper, M. (2002). "Doing Good Science Without

Sacrificing Good Values: Why the Heuristic Paradigm is the Best Choice for Social Work". *The Journal of Contemporary Human Services*, 83(1), pp. 15-28.

Howard. M. O, McMillen, C. J, & Pollio, D. E, (2003). Teaching Evidence-Based Practice : Toward a New Paradigm for Social Work Education. *Research on Social Work Practice*, 13(2), pp. 234-259.

Imre, R. (1984). "The Nature of Knowledge in Social Work". *Social Work,* 29(1), pp. 41-45.

Itzhaky, H. (2000). "The Secret in Supervision: An Integral Part of the Social Worker's Professional development, Families in Society". *The Journal of Contemporary Human Services,* 81(5), pp. 529-537

Ives, B. D. (1973). "Decision Theory and the Practicing Manager". *Business Horizon,* 16(38), pp. 35-46.

Jasson, B. (2012). *The Reluctant Welfare State: Engaging History to Advance Social Welfare Practice in Contemporary Society*. Belmont, CA: Brooks/Cole.

Jeffreys, J. W. (2001). *The impact of Supervision on Social Worker Perception of Self-Efficacy*. Ph. D. Dissertation, State University of New York at Albany.

John, B. & Meier, K. J (2000). "Goal Displacement: Assessing the Motivation for Organizational Cheating". *Public Administration Review,* 60, pp. 173-182.

Joseph, M. (1987). The Religious, and Spiritual Aspects of Clinical Practice. *Social Thought,* 13, 414-420.

Kadushin, A. (1992). *Supervision in Social Work*. Columbia University Press, NY.

Kutttner, R. (2008). *Obama's Challenge: America's Economic Crisis and the Power of a Transformative Presidency*, *White River Junction*, Vermont: Chelsea Green Publishing.

Ladd, R. (1996). *Children'r Rights Re-visited: Philosophical Readings*. Wadsworth Publishing Company.

Leiby, L. (1985). "Moral Foundations of Social Welfare and Social Work: A Historical View". *Social Work,* 30, pp. 323-330.

Lewis, H. (1984). "Ethical Assessment". *Social Casework,* 65(4), pp. 203-211.

Lewis, J. A., Lewis, M. D., Packard, T., & Soufflée, F. Jr. (2001). *Management of Human Service Programs*. Belmont, CA: Wadsworth/Thomson Learning.

Loewenberg, F. & Dolgoff, R. (1996). *Ethical Decisions for Social Work Practice.* F. E.

Peacock Publishers.

Loewenberg, F., Dolgoff, R. & Harrington, D(2005). *Ethical Decisions for Social Work Practice.* (7th Edition). Brooks/Cole-Tomson Learning.

Loomba, D, & Levey. (1973). S. *Health Care Administration.* Philadelphia: J. B. Lippicott Company.

Lum, D. (2005). *Cultural Competence, Practice Stages, and Client Systems: A Case Study Approach*. CA: Brooks/Cole.

Lum, D. (2007). *Cultural Competence, Practice: A Framework for Understanding Diverse Groups and Justice Issues.* CA: Brooks/Cole.

Maier, N. F. R. (1967). "Asset and Liability in Group Problem Solving: The Need for Integrative Function". *Psychological Review*, 74, pp. 239-249.

Mansbridge, J. (1990). *Beyond Self-Interest Chicago*: University of Chicago Press.

Martin, M. & McIntyre, L. (eds.) (1994). *Readings in the Philosophy of Social Science*. The MIT Press.

Menzel, D. C. (2005). "Research on Ethics and Integrity in Governance: A Review and Assessment". *Public Integrity,* 7(2), pp. 147-168.

Moore, G. (1903). *Principia Ethica.* Cambridge University Press.

Munson, R. (2000). *Intervention and reflection: Basic issues in medical ethics. Belmont*, CA: Wadsworth Publishing.

NASW. (1996). Code of Ethics. NASW.

NASW. (2008). Code of Ethics. NASW.

Natale, S. M. (1984). "Organizational ethics: What is it and what does it mean for non profits?". *The Nonprofit World Report*, pp. 27-29.

Nietzsche, F. (1966). Genealogy of Morals. trans. W. Kaufmann. Random House.

Perry, R. (1954). *Realms of Value*. Cambridge. MA: Harvard University Press.

Pojman, L. (2002). *Ethics: Discovering Right & Wrong*. Wadsworth.

Pozatek, E. (1994). "The Problem of Certainty: Clinical Social Work in the Postmodern Era". *Social Work,* 39(4), pp. 396-403.

Priebe, S., & Gruyters T. (1995). "Patients' Assessment of Treatment Predicting Outcome". *Schizophrenia Bulletin,* 21, pp. 87-94.

Rachels, J. (1986). *The Elements of Moral Philosophy*. Random House.

Rainey, H. G. (2009). *Understanding and Managing Public Organizations.* CA: Jossey-Bass Inc.

Rapoport, L. (1968). Creativity in Social Work. Smith College Studies in *Social Work,* 38(3), pp. 139-161.

Rawls, J. (1971). *Theory of Justice.* MA: Harvard University Press.

Reamer, F. (1993). *The Philosophical Foundations of Social Work*. NY: Columbia University Press.

Reamer, F. (1994). "*Social Work Values and Ethics*". In F. Reamer(Ed). The Foundations of Social Work Knowledge. NY: Columbia University Press.

Reamer, F. G. (1998). *Social Work Value and Ethics*. NY: Columbia University Press.

Reamer, F. G. (1999). *Social Work Value and Ethics*. 2nd ed. NY: Columbia University Press.

Reamer. (2001). *Social Work Ethic Audit.* NASW Press.

Reave, L. (2005). "Spiritual values and practice related to leadership effectiveness". *The Leadership Quarterly*, 16(5), pp. 655-687.

Reidenbach, R. E. & Robin, D. P. (1991). "A Conceptional Model of Corporate Moral Development". *Journal of Business Ethics,* 10(4), pp. 273-289.

Rhodes, M. L. (1986). *Ethical Dilemmas in Social Work Practice*. Boston: Routledge & Kegan Paul.

Roberts, A. R., & Yeager, K. (2006). *Foundations of Evidence-based Social work Practice*. NY: Oxford University Press.

Rossi, P. H., & Freeman, H. E. (1985). *Evaluation: A Systematic Approach*, Sage Pub.

Rothman, J., Smith, W., Nakashima, J., Paterson, M. A., & Mustin, J. (1996). "Client's self-determination and professional intervention: Striking a Balance". *Social Work, 41*, pp. 396-404.

Sakellari, E. (2003). "Patient's autonomy and informed consent". ICUS and Nuvsing Web journal, 13, pp. 1-9.

Saleebey, (1990). "Philosophical Disputes in Social Work: Social Justice Denied". *Journal of Sociology and Social Welfare,* 17(2), pp. 29-40.

Sandel, M. (2009). *JUSTICE: What's the right thing to do?*. NY: Farrar, Straus and Giroux.

Sandel, M. J. (1998). *Liberalism and the Limits of Justice*. NY: Cambridge University Press. 2nd ed.

Sartre, J. (1957). *Existentialism and Human Emotions.* trans. B. Frechtman. Philosophical

Library.

Schein, E. H. (1992). *Organizational Culture and Leadership* (2nd ed.). Jossey-Bass Publication.

Schramm, J. (2004). "Perceptions on Ethics". HR Magazine (November 2004), 176.

Schwartz, H. et al. (1988). "Autonomy and the Right to Refuse Treatment. Patients' Attitudes After Involuntary Medication". *Hospital and Community Psychiatry,* 39.

Sercombe, H.(2010). *Youth Work Ethics*. LA: SAGE.

Sidgwick, H. (1907). *The Method of Ethics.* Macmillan.

Singer, P. (1994). Ethics. Oxford University Press.

Siporin, M. (1988). Clinical Social Work as an Art Form. *Social Casework,* 69(3), pp. 177-183.

Stevenson, C. (1944). *Ethics and Language.* Yale University Press.

Stiles, W. B., Shapiro D. A., & Elliot R. (1986). "Are All Psychotherapies Equivalent?" *American Psychologist,* 41, pp. 165-180.

Streissguth, T. (2009) *Welfare and Welfare Reform,* NY: Facts on File.

Sue, D. W. (2006). *Multicultural Social Work Practice.* John Wiley & Sons, Inc.

Tarasoff v. Board of Regents of the University of California, 1976.

Thompson, M. (2000). *Ethics,* Contemporary Books.

Thompson, N. (2005). *Understanding Social Work: Preparing for Social Work.* Palgrave.

Trevithick, P. (2008). Revisiting the Knowledge Base of Social Work: A Framework for Practice. *British Journal of Social Work,* 38, pp. 1212-1237.

Van Dierendonck, D. (2011). "Servant leadership: A review and synthesis". *Journal of Management*, 37(4), pp. 1228-1261.

Victor, B., & Cullen, J. B. (1987). "The organizational bases of ethical work climates". *Administrative Science Quarterly*, 33(1), pp. 101-125.

Walborn, F. S. (1996). Process Variables: Four Common Elements of Counseling and Psychotherapy. US: Thomson Brooks/Cole Publishing Co.

Walborn, F. S. (1996). *Process Variables: Four Common Elements of Counseling and Psychotherapy*. US: Thomson Brooks/Cole Publishing Co.

Wall Street Journal (1999). The Wall Street Journal Workplace-Ethic Quiz. *Wall Street Journal,* 21, Oct, 1999.

Weick, (1987). "Reconceptualizing the Philosophical Perspective of Social Work". *Social Service Review,* 61(2), pp. 218-230.

Wells, D. & Schminke, M. (2001). "Ethical Development and Human Resources Training: An Integrator Framework". *Human Resource Management Review,* 11, pp. 135-138

Wood, K. (1990). Epistemological Issues in the Development of Social Work Practice Knowledge. In L. Videka-Sherman and W. Reid (eds.). *Advances in Clinical Social Work Research.* NASW Press, pp. 373-390.

〈인터넷 자료출처〉

매일경제. 2012년 4월 11일

시카고 중앙일보. 2009년 4월 20일

오마이뉴스. 미디어다음. 2009년 7월16일

Daum 국어사전

kncws.bokji.net

MBC 뉴스투데이 2010년 3월 16일

SBS 그것이 알고 싶다. '빗나간 믿음'-자식의 치료를 거부한 부모, 1999. 8. 21.

www.esteelauder.co.kr

www.doopedia.co.kr

www.jbfoundation.or.kr

www.mybanpo.org

www.naswdc.org

www.newsA.co.kr

www.unglobalcompact.kr

www.welfare.net

찾아보기

저자 약력

김기덕

현재 순천향대학교 사회복지학과 부교수로 있다. 서울대학교 사회복지학과와 동대학원을 졸업하고 미국 아리조나주립대학교에서 사회복지학 박사학위를 받았다. 주요 저서로 『사회복지윤리학』, 『사회복지조사론』(공저), 『사회복지와 인권』(공저), 『사회복지학개론』(공저) 등이 있고 역서로 『사회복지조사방법론』(공역), 『도덕철학의 기초』(공역) 등이 있다.

최소연

현재 남서울대학교 사회복지학과 부교수로 있다. 강남대학교 사회사업학과를 졸업하고, 이화여자대학교 사회복지학과에서 석사와 박사학위를 받았다. 대학재직 전 이화여대종합복지관과 이화여대성산종합복지관에 재직하였으며 반포종합사회복지관 관장을 역임하였다. 주요 저서로 『실천가와 연구자를 위한 사회복지척도집』(공편), 『사회복지와 탄력성』(공역, 대한민국학술원 우수학술도서), 『사회복지지도감독론』(공저) 등이 있다.

권자영

현재 세명대학교 사회복지학과 부교수로 있다. 이화여자대학교 사회복지학과를 졸업하고 동대학원에서 석사와 박사학위를 받았다. 대학재직 전 한강성심병원과 삼성서울병원에서 의료 및 정신의료사회복지사로 재직했으며 서초열린세상(정신장애인사회복귀시설)의 시설장을 역임하였다. 주요 저서로 『정신과 환자를 위한 통합재활프로그램 워크북』(공저), 대한의료사회복지사협회 임상시리즈 『낮병원』과 『당뇨병』(공저) 등이 있다.

▌사회복지윤리와 철학▐

1판 1쇄 발행 2012년 8월 25일
2판 1쇄 발행 2017년 2월 28일
2판 5쇄 발행 2023년 2월 10일

저　　자 | 김기덕 · 최소연 · 권자영
발 행 인 | 박철용
발 행 처 | 양서원
주　　소 | 경기도 파주시 직지길 522 파주출판도시
전　　화 | 031-955-8000(代)
팩　　스 | 031-955-8005
홈페이지 | www.yswpub.co.kr
이 메 일 | yswpub@chol.com
출판등록 | 1987년 11월 24일 제 406-2003-037 호

ISBN 978-89-994-0686-7

정가 22,000원